Deep Ecology

Deep Ecology: Living as if Nature Mattered

Published in the United States of America by Gibbs Smith, Publisher;
Text ©2007 Bill Devall and George Sessions.
This Korean Language edition published 2022 by Bulkwang Publishing,
Republic of Korea by arrangement with Gibbs Smith through LENA Agency.
All rights reserved.

딥 에콜로지
Deep Ecology

자연과의
화해를 위한
지혜의
생태학

빌 드발 · 조지 세션스 지음

김영준 · 민정희 · 박미숙 · 함엄석 옮김

원더박스

차례

생태 위기 시대를 헤쳐 갈 '오래된 지혜'를 찾아서

최근의 코로나19 팬데믹 상황과 급증하는 기후위기의 파국적 사례들을 겪으며 많은 이들이 오늘날의 생태 문제를 다시 돌아보기 시작했다. 인간 중심적인 개발과 발전의 이데올로기가 최악의 역병과 환경 재난으로 귀결되는 모습에 생태 위기를 바라보는 태도 자체도 임박한 사태에 대응하는 것으로 점점 달라지는 모양새다. 현재의 총체적 환경 위기가 더 이상 기존의 관습적 대응만으로는 해소될 수 없다는 공감대가 서서히 퍼지면서, 보다 근본적인 차원에서 사회 전체의 변화가 필요하다는 목소리 또한 점점 힘을 얻어 가고 있다.

그러나 성장 신화의 도취에 가려져 있었을 뿐, 생태적 파국을 경고하고 인간-자연 관계의 근본적인 재설정을 요구하는 목소리는 이전부터 꾸준히 이어져 오고 있었다. 그중 심층생태학Deep Ecology 은 생태환경에 대한 현대 문명의 부정적 영향과 파급을 근본에서부터 문제 제기하며 급진적인 변화를 외쳐 온, 지난 세기 가장 도저한 사상사적 목소리 중의 하나로 우뚝했다.

심층생태학은 자연생태계를 효율적 관리의 대상이자 인간 편익을 위한 수탈의 원천으로만 파악해 왔던 기존의 도구적 자연관이 현재의 극단적인 생태 위기를 불러온 것으로 진단하고, 인간-동물-비생물 생태계 전체 사이의 유기적인 연결성을 회복할 것을 촉구하는 사상이다.

심층생태학은 '과학으로서의 생태학'과는 분명히 구별되는데, 심층생태학의 주요 관점들을 논의한 1982년의 인터뷰에서 아르네 네스는 심층생태학과 과학으로서의 생태학을 다음과 같이 대조해 설명한다.

> 심층생태학의 본질은 더 깊은 질문을 묻는 데 있습니다. …… 과학으로서의 생태학은 특정한 생태계를 유지하는 데 어떤 종류의 사회가 가장 좋은가를 묻지 않습니다. 그런 건 가치이론, 정치학, 윤리학을 위한 질문이라고 생각하죠. …… 심층생태학에서는 현재의 사회가 사랑, 안전, 그리고 자연에의 접근과 같은 인간의 기본적인 필요를 충족시켜 주고 있는지를 묻고, 그렇게 질문함으로써 우리 사회의 근본에 깔린 가정들에 이의를 제기합니다. 어떤 사회가, 어떤 교육이, 종교의 어떤 형태가 전체로서의 지구 위 모든 생명에게 이로운 것인지를 묻고, 더 나아가 그에 필요한 변화를 만들어 내기 위해서 우리가 무엇을 해야 하는지를 묻습니다. 우리는 과학적 접근법에만 국한되어 있지 않습니다.

심층생태학은 일정한 논리 체계 아래 학문적 보편성을 불어넣으려고 하기보다는, 인류가 선험적으로 직관해 온 인간-자연의 연결성을 재발견하고 그 과정에 보탬이 될 만한 동서고금의 전거典據

를 방대하게 활용하여 사상의 '그림'을 그려내 보이는 일에 집중한다. 앞선 세대의 철학적 거장들을 여전히 소환하고 있지만 그들의 사유를 떠받들지 않고, 외려 그들에게 질문을 던지며 종종 논리의 오류를 직격한다. 엄정하고 수미일관한 학문체계라기보다는 살이 돋고 피가 흐르는 '오래된 지혜'에 가까운 것이다.

우리 사회 지성계에 미친 사상적 영향력과 특유의 통찰에도 불구하고 국내에서 심층생태학은 그동안 불완전하고 파편적인 정보로만 유통되어 왔다. 사상의 전모를 보여 줄 만한 원저의 번역이 부재했던 탓도 있지만, 심층생태학의 사상적 모태가 인류의 오랜 직관과 영성에 기대고 있는 탓이 더욱 컸다. 동양의 선불교, 북미 선주민의 지혜, 미국의 초월주의자, 사회생태학, 간디의 비폭력주의, 유토피아 문학 등, 사상의 이해에 도움이 될 만한 원천이라면 편편이 그러모아 '심층생태학'이란 이름표를 붙여 놓았기에 사상의 전체상을 파악하기가 어려웠다.

이 책은 국내에 처음 소개되는 심층생태학 번역서이다. 오늘날 환경운동의 얼개를 규정한 지적 근원을 살펴 그 안에 숨어 있는 인간 중심적 가정들을 밝히는 지성사적 접근과 함께, 개인적인 차원에서 생태의식 함양의 실천적 지침까지 제공하는 그야말로 심층생태학의 종합 안내서와 같은 역할을 충실히 수행하고 있는 책이다. 담론과 실제의 어느 한 측면에 치우침 없이 심층생태학의 전모를 균형 있게 다루고 있다는 점에서 이 책은 지난 세기 영미권 환경 사상 분야의 가장 중요한 저작 중 하나로 꼽히기도 한다. 물론 원저가 쓰인 때와는 30년을 넘는 시차가 있어서 본문에 언급된 구체적인 사건과 수치는 많이 달라졌다. 그러나 심층생태학의 '오래된 지혜'를 파악하기에는 전혀 무리가 없을 것이라고 확신한다.

마지막으로, 이 책에서 사용된 '심층생태학Deep Ecology'이란 용어가 특정 영역에 국한되지 않고 보다 광범위한 맥락에서 사용되는 개념어임을 재차 언급해 두고 싶다. 번역서의 제목으로 원어를 그대로 읽은 '딥 에콜로지'를 사용한 이유도, '학學, science'이라는 말이 '과학적 접근법'만을 협소하게 환기시켜 다른 상상력을 제약할 것을 우려했기 때문이다. 본문 내용에도 'Deep Ecology'를 '심층생태사상'으로 옮기는 것을 고려해 보았으나, 익숙함을 이유로 기왕에 잘 알려진 용어를 그대로 활용하기로 했다.

또 관련서의 선례가 없어 본문에 쓰인 다양한 개념어의 역어 선택에도 자주 어려움을 겪었다. 번역상 오류를 지적해 주시면 배움의 기회로 여기고 때가 닿을 때 수정 반영하겠다는 약속을 드린다.

역자들을 대표하여
함엄석 씀

서문

기술-산업 사회에서의 환경 문제들은 여러 사람들이 "계속되는 환경 위기"라 부르는 것들의 명백한 징후를 보여 주기 시작하고 있다. 이는 점점 인격과 문화의 위기로도 여겨지고 있다.

20세기의 환경 및 생태 관련 사회 운동은 이런 계속되는 위기에 대한 대응의 하나였다. 이 운동은 관련한 문제들 중 일부를 고심해서 다루기도 했고, 토지를 관장하는 공기관이나 법률을 일부 개혁하고자 시도했으며, 시민들의 태도 변화를 꾀하기도 했다. 하지만 개혁 그 이상의 것이 필요하다. 여러 철학자와 신학자가 바야흐로 우리 시대를 위한 새로운 생태학적 철학의 정립을 요구하고 있다.

그러나 어쩌면 우리에게 필요한 것은 새로운 어떤 것이 아닐지도 모른다. 우리는 아주 오래된 무언가를 다시 깨닫고, 지구의 지혜에 대한 우리의 이해를 다시금 일깨우는 것이 정작 필요한 것일 수도 있다고 생각한다. 가장 넓은 의미에서 우리는 무도회로의 초대에 응해야 한다. 이 무도회란 인간과 식물과 동물과 지구가 모두 합일하는 춤의 축제다. 우리는 생태학적 의식을 함양해야 한다. 그리고 우리는 지금의 곤경에서 빠져나올 수 있는 방법은 사람들이 생각하는 것보다 훨씬 간단할 수도 있다고 생각한다.

환경 위기에 대응하면서, 이 책은 개인적이고 개별적인 선택권과 집단적인 선택권 및 공공정책이라는 주제를 오가고 있다. 개인적인 수준에서, 우리는 자기성찰, 정화, 조화, 그리고 모든 존재에 대한 긍정과 그 존재들을 춤추며 기리는 것 등을 권장한다. 지성적이고 역사적인 분석의 수준에서, 이 책은 문화의 계속되는 위기를 직접적으로 초래한 우리 사회의 지배적인 세계관들을 검토하고 그 내용들을 독자에게 보여 줄 것이다. 그런 다음 지금의 위기에 대처하기 위한 생태학적, 철학적, 영적인 접근법을 제시한다.

공공정책의 수준에서, 우리는 자연자원 관리에 대한 다양한 관습적 접근법들을 검토하고 비판하며, 그에 대한 현실적인 대안들을 제시한다. 본 책의 주된 요지는 현재의 곤경에 대한 지적인 검토와 함께 인간에게 반드시 필요한 것들이 무엇인지 명확히 하려는 데 있다.

이 책은 높은 생활수준을 영위하면서 가능한 최선의 세상에 살고 있다고 생각하는 독자에게는 숙고할 만한 대안적 관점들을 제시한다. 개념과 추상 관념과 윤리 이론, 경제학과 정치적인 문제를 다루는 철학자, 자원 관리자, 그리고 정치인에게는 공공정책에 대한 지배적인 접근법이 지닌 몇몇 한계점을 심층생태학의 관점에서 제시한다. 진실한 실존과 정결한 인격을 추구하는 독자에게는 자신을 더 성숙시키는 데 도움이 될 수 있는 직접 행동의 이론을 제공한다.

이 책은, 첫 장에서 향후 수십 년 동안 환경 및 생태 운동에서 가능할 법한 시나리오들을 다루는 것으로 시작한다. 보다 근원적인 질문을 던지고 생태 의식을 함양하는 데 기반을 둔 접근법을 제안하고자 한다. 제2장에서는 문화와 공동체에 관한 비주류 전통을 논의하고, 다른 인간 및 동식물 들과 지구라는 보다 넓은 범위의 공동체에 필요한 것들을 제공하는 동시에 그들 자신의 불가결한 필요사항도 충족시킬 수 있도록 개인이 택할 수 있는 구체적인 형태의 직접 행동들을 다루고 있다. 제3장은 지배적인 세계관과 그에 대한 비판적 논평들을 요약한다. 제4장에서는 지배적인 세계관을 개선하려는 개량주의적 대응을 논의하고 있는데, 철학적 측면과 개혁에 따르는 정치적인 문제라는 양 측면 모두에서 이 논의를 살펴본다.

제5장은 심층생태학의 기본적인 직관과 최종적인 규범, 그리고 그 원칙을 제시한다. 제6장에서는 심층생태학적인 통찰들의 다양한 원천과 그 철학적인 원칙이 소개되어 있다. 제7장에서는 야생지가 인간에게 반드시 필요하다는 점, 그리고 지구상에 남아 있는 야생의 장소에 현재 영향을 미치고 있는 공공의 정책 결정들에 대하여 논의한다.

제8장에서 우리는 기술관료적 산업사회에서 자연자원을 관리할 때 맞닥뜨리게 되는 현실적인 문제를 살펴보고, 심층생태학의 시각에서 관리상의 몇 가지 제안을 제시하고 있다. 에코토피아 비전의 중요성이 제9장에서 언급되고 있는데, 저명한 작가들의 에코토피아 관련 언급을 함께 살펴보며 이 점을 확인하고 있다.

제10장은 심리사회 발달이론들에 기반해 성숙함을 증진시키기 위한 즉각적인 행동의 이론을 제시하고 있다. 마지막 장에서는 직접 행동의 주제로 되돌아가 생태학적인 저항을 논의하는데, 이는 곧 심층생태학적 통찰과 원칙들에 근거를 둔 생명에의 긍정이다.

『딥 에콜로지』는 생각으로의 초대이며 도전적인 질문과 딜레마를 제시한다. 독자들이 심층생태학에 대한 개인적인 통찰력을 키우는 것을 돕고자 여러 작가의 짧은 글들을 실어 두었다. 이들의 흥미롭고 고무적인 통찰과 인식과 논쟁들은 본문과 별개의 텍스트로 읽어도 무방하다. 그렇지만, 독자들이 발췌된 글과 본문의 내용을 서로 연결하면서 창의적인 독서를 하기를 권한다.

전체적으로 살펴보면, 인간과 지구 간의 균형에 인간의 힘이 커져감에 따라, 결정적이고 다양한 측면의 변화가 야기되었다. 한때 가혹하고 두려운 주인이었던 자연은 이제 정복되어 인간의 힘으로부터 보호가 필요하다. 그러나 인간이 제아무리 지적이고 기술적인 성취를 가파르게 이루었다 해도 여전히 자연에 단단히 속한 존재이기 때문에, 균형의 변화는 인간에게도 해가 되는 쪽으로 작용했고, 그리하여 인간이 지구에게 가하는 위협은 인간 스스로에게 가하는 위협인 것이기도 하다.

—조나단 셸Jonathan Schell, 『지구의 운명The Fate of the Earth』(1982)

바빌론의 촛불들

자정의 바빌론 거리들을 지나며,

무기고들의 철탑 사이로,

창문 없는 고문의 성곽 사이로 나 있는 그 거리를,

우리는 맨발로 달린다, 촛불을 꽉

움켜쥔 채, 떨고 있는 불꽃을 가리려고

애쓰며, 이렇게 외치면서

"잠든 자들아 일어나라!"

바라건대,

각운의 약속이 사실이기를,

공포의 이 장소에서

우리 다시 고요한 새벽의 집으로 돌아가

이제 막 시작한 일들을 할 수 있을 것이라는.

—데니스 레버토프Denise Levertov, 『바빌론의 촛불들Candles in Babylon』

일러두기

1. 이 책의 모든 각주는 이해를 돕기 위한 역자 주이다.
2. 단행본과 정기 간행물은 『 』로, 개별 작품, 논문, 장 제목, 기사 제목 등은 「 」로 표기
   했다. 책 제목은 국내에서 출간된 제목을 적는 걸 원칙으로 하고, 출간되지 않은 작
   품은 제목을 번역해 옮겼다.

제1장

아무것도
할 수 없지만,
모든 것이 가능하다

우리에겐 완전히 살아 있는 자연, 즉 공기, 음식,
온기, 영적인 것…… 이 모든 것이 필요하다.
우리는 자연이 인간에게 부차적인 것들을 제공하기
위해서만 필요하다는 듯 살고 있다. 말하자면 종이,
여가, 미식거리, 돈벌이 되는 직업 같은 것들.
—수전 그리핀, 『여성과 자연Women and Nature』(1978)

이 세상의 심각한 문제들은 자연이 움직이는 방식과
인간이 생각하는 방식 간의 차이에서 비롯한 결과이다.
—그레고리 베이트슨(1976)

이 장에서는 많은 사람들이 당대의 문화가 근본적으로 잘못되어 있고, 균형이 깨져 있다고 인식하고 있으며, 그에 대한 대응으로서 환경 및 생태주의 운동이 나왔다고 이야기한다. 앞부분에서 우리는 이 운동에 대한 몇 가지 대안적인 시나리오를 제시한다. 각 시나리오마다 심층생태학을 이해하는 데 도움이 되도록 그 전후사정을 설명할 것이다. 이 장의 후반부에선 심층생태학 및 생태적 인식의 함양에 관한 주요 주제 몇 가지를 논의한다.

1. 환경 및 생태주의운동에 관한 몇 가지 시나리오

(1) 개량적 환경보호주의

환경보호주의는 흔히 산업화된 국가에서 최악의 대기 및 수질 오염, 원주민이 거주하는 야생환경의 파괴, 근시안적인 개발계획 중의 일부를 줄이거나 완화할 목적으로 종래의 정치 과정 영역에만 국한하여 추진하는 시도라고 여겨진다.

환경운동에 대한 시나리오의 하나는 몇 가지 자연자원 정책을 개선하려는 시도를 계속 이어 가는 것이다. 예를 들어, 생태활동가들은 미국의 대규모 공공용지를 광물이나 석유 혹은 가스 채굴을 위해 임대하려는 행정부의 결정에 대해 항소할 수 있다. 그들은 환경영향보고서 초안에 대해 논평할 수도 있다. 정치인들에게 국가적으로 가치 있는 자연환경을 보호하라고 요구할 수도 있을 것이다. 독성 폐기물, 대기 및 수질 오염, 토양침식 같은 거대한 문제들에 관심을 불러일으킬 수도 있을 것이다. 이런 정치, 교육 활동은 건강한 생태계의 필요성을 환기시킨다.

그러나 이 시나리오에서 환경보호주의는 매우 전문적인 방향으로 흐르는 경향이 있고, 자원 할당을 둘러싼 단기적인 공공정책의 쟁점에만 방향이 맞춰져 있다. 경제성장과 발전이라는 근본적인 전제에 도전하고 의문을 제기해 그 전제를 전복하려는 노력 없이 단지 몇 가지 최악의 자연 이용 관례를 개혁하려고만 시도한다. 이 시나리오를 채택하는 환경보호주의자들에게는 '그저 또 하나의 특수한 쟁점을 다루는 단체'라는 딱지가 쉽게 붙을 것이다. 또 정치게임을 하려면, 관심 있는 모든 개별 법안에 대해 어느 정도 타협을 할 수밖에 없을 것이다.[1]

일반적으로, 이전부터 해오던 방식의 이런 시나리오는 국가환경정책법National Environmental Policy Act, NEPA이나 멸종위기종보호법Endangered Species Act과 같은 입법적 성과물과 산업화된 대부분 국가들에서 제정된 오염물질에 대한 법률 및 다른 환경문제 안건에 대한 개혁을 그 기반으로 삼고 있다.

이런 작업은 소중하다. 예컨대 댐 건설이 제안되면 경제적 논거를 들어 그것이 경제적으로 골칫거리일 뿐이라는 점을 드러내 보임으로써 건설을 막아 낼 수도 있다. 그러나 분명 이런 접근에는 문제가 따른다. 환경문제에 분권적이고 지역적으로 접근하는 조직을 총괄하고 있는 피터 버그는, 이와 같은 접근방식을 통찰력 있게 비판한다. 그는 앞서의 접근방식이 "범접할 수 없는 살인무기를 상대로 전쟁을 치르면서 싸움에 졌다 싶을 때마다 다른 전장으로 근거지를 옮겨 다니는 야전 응급치료소를 운영하는 것과 같다"[2]고 말한다. 개량주의 활동가들은 종종 자신들이 비판하고 있는 바로 그 정치 시스템 안에 스스로가 갇혀 있다고 느낀다. 그들이 자원경제학자들의 언어—즉 생태학을 '투입-산출 모델'로 바꾸고 숲을 '상품 생산 체계'로 전환하는 언어, 그리고 자연을 언급할 때 인간 경제의 비유를 사용하는 언어—를 사용하지 않을 경우, 그들에겐 곧 감상주의적, 비이성적 혹은 비현실적이라는 딱지가 붙는다.

『자유의 생태학The Ecology of Freedom』(1982)과 『탈희소성 아나키즘Post-Scarcity Anarchism』(1970)의 저자인 머레이 북친은 선택은 분명하다고 말한다. 환경생태주의 운동은 "스스로 그 체계와 방법에 분명히 반대한다고 공언한 바로 그 시스템의 부속물로 제도화되어 버릴" 수도 있고, 아니면 비주류의 전통을 따라갈 수도 있다. 비주류 전통은 작은 공동체 안에서 인격적인 성장에 집중하고 공동체 공

간의 생태적 온전함을 지키면서 생태 의식을 함양하는 길을 선택한다.[3]

————— ◆ —————

피터 버그는 개량적 환경보호주의 접근방식을 이렇게 비판한다.

전형적인 환경보호주의는 그 지지자들 사이에 기이하고 부정적인 정치적 불만감을 야기해 왔다. 거의 매일 벌어지는 새로운 참상에 촉각을 곤두세우면서, 그들은 생명을 위협하는 각각의 새로운 상황들에 맞서 규모를 조사하고, 그에 저항하고자 뛰쳐나가고, 앞으로의 재발을 막으려고 기력이 소진될 때까지 캠페인을 벌인다. 물론 가치 있는 일이다. 하지만 응급실로만 이루어진 병원을 생각해 보라. 거기엔 임산부 진료도, 소아과 진료도, 앞날이 기대되는 치료법도 없다. 그저 심하게 훼손된 외상 환자들뿐이다. 많은 경우 가망이 없거나 시간만 질질 끌어 지치게 만든다. 몇 사람을 구해 내더라도 언제나 손쓸 수 있는 것보다 더 많은 환자들이 문으로 밀려들어 온다. 환경을 구하는 일은 범접할 수 없는 살인무기를 상대로 전쟁을 치르면서 싸움에 졌다 싶을 때마다 다른 전장으로 근거지를 옮겨 다니는 야전 응급치료소를 운영하는 것이 돼 버렸다. 환경보호의 도덕적 기초를 의심하는 사람은 아무도 없으나, 기본적으로 끝없는 몸부림과도 같은 방어적인 태도는 살육을 완전히 끝내려는 노력에 방해가 된다. 환경운동가들은 상황이 얼마나 심각한지 알지만 자신들은 그저 타협 외에는 할 수 있는 게 없는 입장에 처해 있다고 생각한다.

왜 지구를 소중히 여기고 생명을 숭상하려는 좀 더 적극적인 정치적 접근이 없었는가? 후기 산업사회의 거대한 실패에 따른 충격으로 혼란에 빠지는 일이 잦아지고 있다는 점이 그 한 가지 이유이다. 유익한 활동을 수행하려는 우리의 낙관적인 시도와 미래를 향한 신중한 희망은 후기 산업사회라는 눈사태가 닥쳐오자마자 왜소해져 버리는 듯하다.

———— ◆ ————

1980년 '지구의 날'●에 발표된 생태운동 단체에 보내는 공개 편지에서 머레이 북친은 환경운동을 전문화된 영역으로 가져가려는 움직임에 명백히 비판적인 태도를 취했다. 머레이 북친은 다음과 같이 결론 내린다.

저는 생태운동을 하는 모든 사람들이 중대한 결정을 내릴 필요가 있다고 믿습니다. 1980년대는 과연 권한의 지역분산 및 대체 기술에 대한 자유옹호론자(아나키스트)들의 약속, 그리고 동호인 단체, 직접 민주주의, 직접 행동에 따른 실천을 기반으로 하는 예지력 있는 생태적 미래의 개념을 유지할까요? 아니면 이데올로기적 반계몽주의로 뒷걸음질치거나 '권력'과 '효율성'을 획득하는 '주류 정치'로, 즉 우리가 그렇게 방향을 전환하고자 노력했던 바로 그 '주류'를 따라감으로써 우울한 후퇴를 하게 되는 십 년으로 기록될까요? 자신들이 전념을 다해 반대하는 바로 그 대중 조작과 대중매체와 대중문화의 형식을 모방해서 허구적인 '대중적 지지층'을 뒤쫓으려고 할까요? 이 두 가지 방향은 서로 조화를 이룰 수 없습니다. 우리가 '매체'를 활용하고 사람들을 동원하고 행동을 취하는 방식은 정신과 영혼에 호소하는 것이어야 하지 이성과 인간성에 어떠한 여지도 남기지 않는 조건화된 반응이나 충격 전술에 기대는 것이어서는 안 됩니다. 생태운동이 스스로

● 지구 환경보호의 중요성을 알리기 위해 제정되었으며, 매년 4월 22일이다.

그 체계와 방법에 반대한다고 분명히 공언한 바로 그 시스템의 단순한 부속물로 제도화되어 버리기 전에 어쨌든 선택을 해야만 합니다. 그 선택은 의식적이면서 단호하게 내려져야 합니다. 그렇지 않으면 십 년이 아니라 우리의 한 세기 전체가 영원히 가망 없는 시기가 되어 버릴 것입니다.

◆

(2) '신보수주의' 혹은 '도덕적 다수'의 전술

환경운동에 관한 두 번째 시나리오는 '신보수주의New Right'와 '도덕적 다수Moral Majority'*의 정치적 전술을 모방하는 것이 될 것이다. 전문가에 의해 관리되는 정치적 캠페인 기술은 사회적 쟁점과 선출직 후보자 모두에게 공히 적용될 수 있는데, 이 기술은 20세기 영국 작가 조지 오웰이 명명한 '신어newspeak'와 대규모 대중의 세분화된 집단들에 대한 '타겟팅'이 정교하게 결합한 형태로 발전되었다. 이는 대중에 대한 우편물 홍보와 텔레비전 및 라디오 광고, 그리고 선전 활동으로 이루어져, 주로 공포심과 불안감 그리고 미국적 기질의 편집증적 측면을 심리적으로 이용하고 있다. 이기는 것만이 유일한 목표인 아노미 사회에서, 이런 캠페인은 정치적 권력 획득을 위한 동력을 창출해 낼 수 있다.

몇몇 환경단체는 정치적 교육활동을 통해 환경에 관심 있는 유권자 연합을 구성하려는 시도를 하고 있다. 자연보호유권자동맹, 시에라클럽, '지구의 벗' 및 다른 단체들의 정치행동위원회political action committee, PAC**는 대기업들의 정치행동위원회에 맞선다는 점을 분명히 하고 있다.

그러나 여론조사에서 1980년대 미국의 여론이 수질오염과 대기오염 방지법에 찬성하고 광물과 석유와 가스 탐사를 위해 야생지wilderness를 개방하는 일에 반대한다 하더라도, 대중의 여론이란 변덕스럽고 피상적이며 조작에 쉽게 영향을 받는다. 심층생태학은 현대적 관점의 여러 요소에 명백히 비판적이나, 일부 환경운동 지지자들은 정치적 캠페인의 성공을 위해 국수주의나 에너지 안보 등의 주제를 활용하는 것이 때로는 전술적으로 현명하다고 주장한다.

그러나 환경운동의 방향이 전문가가 운영하는 정치 캠페인이나 세련된 광고를 내보내는 쪽으로 좀 더 이동하게 되면, 운동의 리더십은 한층 더 중앙으로 집중될 것이고, 이렇게 되면 소규모의 '급진적인 비전문가amateur' 단체들이 운동에 새로운 활력을 불어넣거나 캠페인을 주도하는 일에서 의미 있는 역할을 하기 어려워질 수 있다. 집권화된 조직에서의 전문가적 리더십은 자발적 참여의 뿌리를 잘라낼 수 있고, 전문가와 관료들로 조직을 운영하려는 경향과 대중 정치로의 추세를 강화시킬 수도 있다.

●   미국의 보수주의 기독교 정치 단체.

●●   미국에서는 기업, 노조 등의 이익단체가 직접 정치자금을 기부할 수 없기에 별도의 정치행동위원회를 설립해 그 명의로 기부하는 방식을 취한다.

(3) 뉴에이지

세 번째 시나리오는 환경생태운동이 뉴에이지로 끌려들어 가 그 일부로 포섭되리라는 것인데, 이때의 뉴에이지는 기본적으로 지구를 인간에게 쓰이기 위한 재료로 여긴다. 예수회 학자인 피에르 테야르 드 샤르댕과 과학기술 분야 전문가인 버크민스터 풀러의 대중적 인기는 인간중심주의(인간중심성)의 지속적인 호소력과, 진보와 진화의 도구로써 신에게 선택을 받은 인간이라는 목적론적 비전을 잘 보여 주는 증거라 할 수 있다.

테야르는 자연자원 관리를 다루는 우리의 논의에서 비판받지만, 그는 유전공학, 컴퓨터 기술, 대중매체와 같은 산업에 종사하는 많은 이들에게는 깊은 영감을 준다. 캘리포니아주 샌프란시스코 남쪽 저 유명한 실리콘밸리에는 첨단기술을 비롯해 화성 식민지, 우주여행, '우주선 지구호the spaceship Earth'의 부조종사로서의 인간이라는 상상에 '흥분한' 진보적이고 논리정연하고 부유하고 상당히 젊은 전문직 종사자들이 수천 명이나 있다.

생태학자 제임스 러브록은 『가이아: 살아 있는 생명체로서의 지구』에서 뉴에이지의 전망을 이렇게 말한다. "우리 인간이라는 존재는 제아무리 현대 과학기술로 튼튼히 무장하고 있다고 해도 그저 가이아의 한 부분에 불과하다고 할 수 있다. 인간은 과학기술을 발전시킴으로써 필요하면 얼마든지 에너지를 사용할 수 있게 되었으며, 또 정보를 가공하고 전달하는 통로를 마음대로 가질 수 있게 되었다. 사이버네틱스 이론은 만약 인간이 에너지를 생산하는 속도보다 더 빨리 정보를 처리할 수 있는 기술을 개발한다면 지금과 같은 혼란의 시대를 무난히 빠져나올 수 있다고 시사한다. 이를 달리 표현하면, 만약 우리가 과학기술을 적절히 통제할 수만 있다면 그 기술의 사용을 그리 두려워할 필요가 없다는 뜻이 된다."[4]

많은 뉴에이지 사상가는 지구의 자연적인 과정에 인간이 동반자로 참여하는 것은 '용납할 수 없는 일이 아니며' 동등한 역할을 맡아야 한다고 결론짓는다.[5] 뉴에이지의 궁극적인 이상은 우주선 지구호라는 비유에 있다. 우주선 지구호에 타고 있는 인간은 전적으로 인간이 만들어 개량한 우주선에 식민지 이민단을 싣고 화성으로 이주할 것이며, 그때 첨단과학기술 분야의 전문가들은 영웅이 될 것이다.

(4) 수정 자유주의

환경생태운동의 네 번째 시나리오는 자유주의적 접근방식이 될 것이다. 자원경제학자 존 베이든과 생물학자 개릿 하딘은 몇 년간 그들이 대화를 위한 "합리적 토대"라고 부르는 것을 정의하는 작업을 해왔다. 그들에게 이것은 '공유지의 비극'을 극복하기 위해 재산 '소유권'을 분명히 한다는 것을 의미한다. 토지의 '환경수용력carrying capacity'이란 자연자원을 산출하는 토지의 역량을 감소시키지 않으면서 그 지역에서 수 세대 동안 기를 수 있는 곡물, 가축, 목재 등의 총량이다. 사람들이 땅을 공동으로 소유하면, 그들은 공유지를 훼손하면서까지 각자의 단기 이익 극대화를 추구한다는 것이 '공유지의 비극'의 의미다.

만약 시에라클럽, 오듀본협회, 환경운동연합과 같은 단체들이 토지를 재산으로 보유하고 그 땅을 생물다양성 보존을 위해 사용하길 원한다면, 그건 그들의 선택이다. 그들은 쇼핑센터 건설과 같은 소득 증대를 위한 땅의 개발은 틀림없이 포기할 것이다. 하지만 그들은 재산의 적법한 소유자로서 자신들이 주관적으로 선호하는 가치에 기반한 '합리적 결정'을 내릴 수 있다.

이와 관련한 한 가지 사례로 베이든은 오듀본협회를 자주 인용하는데, 이 협회는 미국의 몇몇 지역에 땅을 소유하여 그곳을 '야생동식물 보호구역'으로 활용하고 있지만 조직을 위해 소득을 창출하려고 몇 군데 땅에서는 석유 및 가스의 추출과 소의 방목을 허용한다.

공공토지에 속한 야생지를 보존하는 일에 대해 베이든은 이렇게 주장한다. "야생지 보호 지지자들의 사익 추구는 사회의 나머지 성원들이 그 비용을 부담하도록 만든다. 한편, 광산채굴업자가 득세할 경우 그들은 흔히 야생지의 가치를 파괴해 버리는데, 이때도 다른 사람들에 대한 보상이라곤 없다." 베이든은 이어 다음과 같이 말한다. "우리가 제안하는 바는, 현재 야생지 계통에 포함된 땅은 시에라클럽, 오듀본협회, 야생지협회와 같이 자격 있는 환경단체의 수중에 들어가야 한다는 것이고, 땅을 취득한 환경단체는 그 대가로 1) 향후 어떤 야생지도 정치적 명령에 따라 지정되지 않는다는 데 동의하고, 2) 취득한 땅의 (자신들의 규칙에 따른) 개발이나 환경적으로 악화된 지역의 정화 작업은 취득한 야생지 지역과 동일한 면적을 대상으로 해야만 한다. 현재 광대한 영역에서 채굴 작업이 금지되어 있는 이 지역들은, 결과적으로 잠재적 이익 대비 생태계의 훼손 가능성을 비교해 판단을 내릴 수 있는 전문성을 가진 단체들에 의해 관리될 것이다."[6]

미국이 다시금 자유기업체제에 몰두하고, 정부 규제가 사적 재산권에 대한 간섭으로 비판받고 있는 시대에 이런 전략은 환경운동단체들에게 매력적이다. 다만 환경운동단체들이 베이든의 제안을 받아들일 때의 위험성은, 이 경우 심층생태학의 보다 광범위한 쟁점들에 대해서는 고심하지 않게 된다는 점이다. 수정 자유주의적 접근은 흔히 자원보전과 개발 이데올로기라고 불리는 기존의 방식에 환경운동단체들을 더욱 단단히 묶어 놓을 것이고, 이는 다분히 인간 중심적이다.

2. 심층생태학과 생태 의식 기르기

지금까지 살펴본 시나리오와는 달리, 심층생태학이 제시하는 대안은 강력하다.

심층생태학은 개인, 공동체, 그리고 자연 전체 간에 새로운 균형과 조화를 발달시키기 위한 방안으로서 부상하고 있다. 심층생태학은 잠재적으로 우리의 가장 깊은 갈망을 충족시킨다. 즉 우리의 가장 기초적인 직관에 대한 신뢰와 믿음, 직접 행동하려는 용기, 우리 몸의 리듬과 맺는 자발적이고 천진한 교류를 통해 발견되는 감각적인 조화로움을 만끽할 때의 기쁨에 넘치는 자신감, 흐르는 물의 리듬, 날씨와 계절의 변화, 그리고 지구 위 생명체의 전체적인 순환 같은 것들 말이다. 여기서 우리는 심층생태학이 보여주는 비전을 좀 더 살펴보고자 한다.

심층생태학 운동은 우리 스스로를 바꾸는 작업과 관련이 있는데, 이는 시인이자 철학자인 게리 스나이더가 말하는 "진짜 과업real work", 즉 우리 자신을 곰곰히 살펴서 좀 더 진실된 존재가 되는 과업에 해당한다.

이것은 우리가 생태 의식 함양이라고 부르는 과업이다. 이 과정은 돌과 늑대와 나무와 강의 사실성을 더욱 자각하게 되는 것, 즉 모든 것은 서로 연결되어 있다는 통찰력을 기르는 일과 관련이 있다. 생태 의식을 기르는 것은 침묵과 고독을 음미하고 경청하는 방법을 재발견하는 과정이다. 그것은 좀 더 열린 마음으로 진실과 선의를 선뜻 받아들이고, 총체적으로 지각하는 법을 배우는 일이며, 비착취적인 과학과 테크놀로지의 비전에 토대를 둔다.

이 과정은 우리 자신에게 정직하고, 각자의 직관에서 명확한 것을 찾아내 분명한 원칙 아래 행동을 하는 것을 수반한다. 이는 우리 행동에 대해 주도권을 쥐고, 책임감을 가지고, 자기규율을 실천하고, 공동체 안에서 정직하게 일하는 결과로 이어진다. 간단하지만 쉬운 일은 아니다. 19세기 자연주의자이자 작가인 헨리 데이비드 소로는 이렇게 권고한다. "당신의 삶을 이 기계에 맞선 대항자가 되게 하라."

생태 의식의 함양은 양심의 함양과 서로 연관되어 있다. 문화사학자 시어도어 로작은 『개인/행성Person/Planet』(1978)에서 이렇게 말한다. "양심conscience과 의식consciousness. 이 서로 중첩되는 두 단어의 유사성은 얼마나 시사적인가. 인간으로서의 우리 자신에 대해 얻게 될 새로운 의식으로부터 우리는 새로운 양심을 다시 만들어 낼 것이고, 이때 만들어진 새로운 양심의 윤리적 민감성은 최소한 분명한 선과 분명한 악에 대한 합의를 이끌어 낼 것이다."[7]

우리는 인간이 반드시 생태 의식을 길러야 할 필요가 있으며 이러한 인간의 필요는 우리 행성의 필요와도 관계되어 있다고 믿는다. 마찬가지로, 인간 역시 어떤 것에도 구속되지 않은 야생지나 협소한 인간의 목적을 위해 길들여지지 않은 장소들과의 직접적인 접촉이 필요하다.

많은 사람들이 이 행성에 필요한 것들이 무엇인지 이해하고, 야생지 보존의 필요성을 느끼고 있다. 하지만 사람들은 자주 우울함이나 분노, 무능함을 느끼거나 스트레스를 받는다. '다른 사람', 즉 '전문가들'에게 기대야만 한다고 느낀다. 심지어 환경운동 조직에서조차 조직 내의 전문가들만이 결정을 내릴 수 있다고 믿는 사람도 많다. 왜냐하면 그들이 기술적이고 과학적인 문제들을 잘 알거나 복잡하게 뒤얽혀 있는 정치적 절차를 처리할 전문가들이기 때문이다. 하지만 생태학적 의식을 기르기 위해서 기술적 전문가일 필요는 없다. 생태학적 의식을 기르는 데는, 소로의 말처럼, "사실과 직면해서 우리의 삶을 의도한 대로 살겠다고 결심"하는 일이 필요하다. 우리는 사람들이 자신만의 직관을 분명히 해서 깊은 내적 원칙에 따라 행동할 수 있다고 믿는다.

심층생태학은 자기 자신, 우리 문화의 주류 세계관이 내포한 가정들, 그리고 우리 현실의 의미와 진실에 대해 근본적인 질문을 던지는 과정이다. 다른 사람의 이야기를 듣는 것만으로 의식을 바꿀 수는 없다. 우리 자신을 깊숙이 개입시켜야 한다. 직접적인 행동을 해야만 한다.

정치적 문제에서 기존의 관습적인 방식으로만 활동하는 조직들은 가장 깊은 차원의 철학적이고 영적인 문제들을 어느 정도 불가피하게 무시하고 넘어간다. 하지만 후기 산업사회는 전환점에 서 있고, 역사의 흐름이 개인과 사회에 필요한 변화를 이끌 수도 있을 것이다.

심층생태학을 근간으로 하는 희망적인 정치적 움직임의 하나로 독일 녹색당이 있다. 독일 녹색당은 다음과 같은 슬로건을 내건다. "왼쪽도 오른쪽도 아니다, 우리는 앞에 있다." 1980년대 독일, 벨기에, 호주 및 영국 일부에서의 녹색 정치는 정당에 대한 보수와 진보의 정의를 넘어서서, 개별 정당 차원의 과업(즉 정당 자체의 성격을 명확히 규정하는 작업)과 정치적 행동주의를 한데 묶는다. 특히 독일에서 녹색당은 핵무기 반대 시위자, 페미니스트, 인권활동가, 산성비를 비롯한 유럽의 환경오염 문제에 관심을 가진 환경주의자 들과의 연합을 추구했다.[8] 생태주의는 독일 녹색당 선거공약의 첫째 기둥이다.

호주 녹색운동은 호주 전역에서 가장 중요한 정치적 움직임이다. 1980년대 전국 선거와 주 선거에서 국립공원과 열대우림의 보호를 포함한 녹색 공약의 주요 원칙들을 약속한 노동당 정부가 선출됐을 때 가장 결정적인 역할을 한 것이 이들이었다.

녹색 정치는 공공정책 이슈를 다룰 뿐만 아니라 개인의 생태

의식 함양 또한 권장하기 때문에 앞날을 내다보는 장래성 있는 정치 전략을 제시한다. 녹색 정치가 생명 중심적 관점―인간 이외 다른 종의 본질적 가치를 중시하는 관점―을 전파한다면 자연을 협소하게 인간의 이익을 위해서만 사용해야 한다고 말하는 현재의 관점을 변화시키는 데 도움이 될 수 있다(녹색 정치 단체의 강령은 제2장에서 좀 더 상세하게 제시된다).

서구인들의 마음에 동양적 전통들을 부단히 소개했던 앨런 와츠는 이런 변화의 과정을 설명하기 위해 "춤으로의 초대"라는 오래된 고대의 이미지를 차용했으며, 다음과 같이 말했다. "해방의 방식들을 보건대 삶이 여느 다른 곳에 있지 않다는 점은 아주 분명하다. 삶은 이미 '거기'에 있기 때문이다. 달리 말하면, 삶은 지금 뛰어 놀고 있는 중이며, 삶과 함께 어울려 놀지 않는 이들은 그저 중요한 것을 놓치고 있는 것이다."[9]

와츠는 도가의 현자들, 수피교도 이야기, 불교의 선禪, 칼 융의 심리학을 끌어와서 자연스럽게 저절로 일어나는 이해를 설명한다. 그러나 "반드시 자연스럽게 저절로 일어나야 한다"라고 말하는 것은 현대인의 의식세계를 사로잡고 있는 이러지도 저러지도 못하는 심각한 곤경을 지속되게 만들 것으로 보인다.

비결은 우리 자신을 재주술화하는 것이다. 와츠가 말하듯, "자연스럽고 저절로 이루어지는 삶에서는, 인간의 의식이 부자연스럽고 제멋대로 관심을 보이는 태도에서 선禪 수행법인 '공안'으로, 즉 관심과 사색을 열어 놓는 태도로 이동하게 된다." 이것은 생태적 의식을 개발하는 데 핵심적인 요소이다. 이런 태도는 사랑에 대한 보

다 '여성적'이고 수용적인 접근이며, 바로 그런 이유에서 여성을 좀 더 배려하는 태도이다.[10]

몇몇 동양적 전통에서는 수행자들에게 화두가 제시되는데, 화두는 간단한 이야기나 언술로서 표면상 역설적이고 말이 안 되는 것처럼 들리지만 수행자들이 화두를 자신의 마음속에서 계속 궁글리고 궁글리다 보면 그 본디 뜻이 밝혀진다. 이렇게 직접 궁글리고 궁글리는 행동, 다른 관점과 다른 깊이에서 살펴보는 일이 생태적 의식을 기르는 데 요구된다. 노르웨이의 저명한 철학자 아르네 네스는 심층생태학을 위한 화두와 같은 다음의 문구를 제시했다. "수단은 간단하게, 목적은 풍성하게."

이 문구에 기반하여 생태 의식을 기르는 데는 우리가 지금까지 이야기해 온 내면적 작업과 더불어, 근본적으로 다른 속도의 외면적 활동 또한 요구되는데, 이는 최소한 "고속으로 질주하는 삶"을 살고 있는 수백만 사람들이 경험하는 속도와는 철저하게 다른 것이다. 시어도어 로작은 이렇게 결론 내린다. "세상이 좀 더 천천히 움직이면, 좀 더 소박한 수준에서 세상이 안정된다. 그러나 어느 하나 손실이나 희생으로 경험되지 않는다. 오히려 바쁘기만 하고 별로 쓸모없는 일로부터, 그리고 과도한 욕구와 초조한 경쟁으로부터의 해방으로 여겨지며, 이는 우리가 삶의 필수적인 일들을 계속 수행할 수 있도록 해 주는데, 결국 이것이야말로 자기 구제를 성실하게 강구하는 일이다."[11]

그렇지만 이곳에서 내 눈에 다시 생기를 불어넣어 주는 것들과 같은 사물들 쪽으로 당신이 접근한다면, 언젠가 당신의 의문들에 대한 해답을 얻으리라 나는 믿습니다. 당신이 자연을 향해 다가간다면, 그러니까 자연 속의 소박한 것, 거의 눈에 띄지 않는 작은 것, 느닷없이 커져 측정할 수 없는 것 쪽으로 다가간다면, 당신이 보잘것없는 것들에 대한 사랑을 가슴에 품고서, 주인을 모시는 하인처럼 아주 겸손한 태도로 빈약해 보이는 것들의 신뢰를 얻으려고 노력한다면, 모든 것이 당신에게 더 쉽고, 당신과 더 한 몸이 되고 그리고 더욱 친근한 관계가 될 것입니다. 물론 그것은 오성悟性 속에서가 아니라—오성이야 놀라서 입이나 헤벌리고 그냥 제 자리에 남아 있겠죠—당신의 깊디깊은 의식과 각성 그리고 인식 속에서 가능한 일입니다. …… 다름 아니라 당신의 가슴속에 풀리지 않은 채로 있는 문제들에 대해서 인내심을 갖고 대하라는 것과 그 문제들 자체를 굳게 닫힌 방이나 지극히 낯선 말로 적힌 책처럼 사랑하려고 노력하라는 것입니다. 당장 해답을 구하려 들지 마십시오. 아무리 노력해도 당신은 그 해답을 구하지 못할 것입니다. 왜냐하면 당신은 아직 그 해답을 직접 체험하지 못했기 때문입니다. 그러므로 모든 것을 직접 몸으로 살아 보는 것이 중요합니다. 이제부터 당신의 궁금한 문제들을 직접 몸으로 살아 보십시오. 그러면 먼 어느 날 자신도 모르게 자신이 해답 속에 들어와 살고 있음을 깨닫게 될 것입니다.
—라이너 마리아 릴케, 『젊은 시인에게 보내는 편지』(1963)

조용한 사람들, "진짜 과업"을 하는 사람들은 문자 그대로 그들 삶 속 소음의 볼륨을 낮춘다. 게리 스나이더는 이렇게 제안한다. "제대로 된 일이란 우리가 진짜로 하는 일이다. 그리고 본연적인 우리의 삶이다. 그리고 우리가 실재하고, 세계도 실재함을 주지한 가운데 우리가 해야 할 일을 삶으로 살아 낼 수 있다면, 그럴 때 그것은 옳은 일이 된다. 그리고 그것이 제대로 된 일이다. 즉 세계를 그 본연과 같은 실재로 만들고, 우리 자신도 그 안에서 그만큼 실재한다는 것을 아는 것이다."[12]

아르네 네스는 이 과정을 직접 거치면서 다음과 같은 결론을 내린다. 사람들은 "그들을 불행하게 만드는 것이 에너지 소비의 부족 때문이 아니라는 결론에 도달할 것이다."[13]

우리가 얘기하는 주제에 대한 한 은유가 동양의 도가적 이미지인, 유기체적 자아에서 발견된다. 도가사상은 만물에 고유하게 내재된 것을 드러내는 방법이 있다고 말한다. 자연스러운 사회질서 아래서 사람들은 타인을 지배하기를 꺼린다. 실제로, 누군가 다른 사람과 비인간 자연을 통제하려고 들면 들수록 더 큰 무질서가 발생하고 혼돈의 정도도 커진다는 것이 역설적 진실이다. 도가에서는 즉흥성(자발성)이 질서의 반대라기보단 질서와 동일한 것인데, 왜냐하면 즉흥성은 내적 본연의 질서가 현시된 것으로부터 나오기 때문이다. 삶은 협소하지도 못돼먹지도 않으며, 폭압적이거나 파괴적이지도 않다. 희소한 물질적 재화를 두고 벌어지는 싸움이 얼핏 불가피해 보이지만, 사람들은 거기에 뛰어들지 않는다. 사람들은 좀 더 적은 욕망과 소박한 즐거움을 가지고 있다. 도가사상에서는, 법이 정의를 위해 필요한 요소가 아니다. 오히려, 보편적 자기인식을 위해 애쓰는 사람들의 공동체는 주변에 감지되는 기(운)의 흐름을 따

른다.[14]

> 도를 공부하는 것은 자기를 공부하는 것이요
> 자기를 공부하는 것은 자기를 잊는 것이다.
> 자기를 잊는 것은 만물이 주는 앎을 깨닫는 것이고
> 만물이 주는 앎을 깨닫는 것은
> 자기와 타인 사이에 놓인 장애물을 없애는 것이다.
>
> —도겐道元 선사

다른 많은 동양적 전통들과 같이, 도가적 삶의 방식은 연민, 존중, 그리고 만물에 대한 사랑에 기반한다. 이 연민(측은히 여김)은 자신에 대한 사랑에서 나오되 이때의 '자기'는 더 큰 '보편적 자기'의 부분이지 자기중심적 자기애가 아니다.

미각의 노래

> 초목의 살아 있는 배종을 먹고
> 큰 새들의 알을 먹고
>
> 흔들리는 나무들의 정충 둘레에
> 저장한 과육질의 단맛
>
> 낮게 우는 소의

옆구리와 허벅지의 근육
뛰는 양의 탄력
쇠꼬리 휘두르는 소리

땅속에서
크게 자란 뿌리를 먹고

우주에서
뽑아내어 포도에 숨겨져 있는
살아 있는 빛의 송이의 씨 안에서
생명을 끌어낸다.

서로 서로의 씨를 먹고
아, 서로를
먹는다.

연인인 빵의 입에 입맞춘다
입술에서 입술로
—게리 스나이더, 『파도를 보며』(1970)에서

'미각의 노래'에 관하여

모든 시대와 장소에서 주된 윤리적 가르침은 "불필요한 해를 입히지 말라"는 것이다. 힌두교도, 자이나교도, 그리고 불교도들은 "해를 입히지 않음"을 뜻하는 산스크리트어 용어인 '아힘사ahimsa'를 사용한다. 그들은 이 용어를 "생명을 취하지 말 것"으로 해석하되, 특수한 상황에서 허용될 수 있는 다양한 여지를 인정한다. 동양적 전통에서 "불필요한 해를 입히지 말 것"은 채식주의의 배경이 되는 계율이기도 하다.

채식주의자가 아닌 이들 또한 "해를 입히지 않음"이라는 가르침을 이해하고 실천하려 노력한다. 에스키모와 같이 사냥에 전적으로 삶을 의지하는 사람들은 생명을 취하는 것이 감사와 배려의 정신, 그리고 그 일에 대한 엄밀한 자각이 요구되는 행동이라는 것을 확신한다. 그들은 "우리의 모든 음식은 영혼"이라고 말한다. 식물 또한 살아 있는 것이다. 자연의 모든 것은 선물의 교환이고, 누구나 선물을 교환하는 잔치이며, 누군가의 먹을 것 아닌 죽음은 없으며 누군가의 죽음 아닌 삶 또한 없다.

그렇다고 이런 것이 세계의 결함일까? 존재의 조건이 타락했다는 징표일까? 과연 "손톱과 발톱이 피로 물든 자연"인 것일까? 누군가는 이런 식으로 읽고 자신과 인간, 그리고 삶 자체에 대한 경멸로 나아간다. 그들은 잘못된 길로 접어든 것이다. 세속을 넘어선 세상을 말하는 철학들은 결국 자신이 초월하고자 했던 실존적인 조건은 넘어서지 못하고 정작 지구에(그리고 인간의 정신에) 더 많은 피해를 입히고 말았다.

다시 처음으로 돌아가자. 우리 모두는 살기 위해 생명을 취한다. 웨스턴 라배르는 "최초의 종교는 신을 죽이고 그를 먹는 것"이라고 말한다. 저기 언뜻언뜻 빛나는 먹이사슬, 먹이그물은 생물권生物圈, biosphere의 두렵고도 아름다운 조건이다. 해를 끼치지 않는다는 것은 모든 살아 있는 존재에 대한 접근법으로서 이해되어야 하지, 일차원적인 도덕적 명령으로 이해되어서는 안 된다. 먹는다는 것은 진실로 성스러운 의식이다.

이것을 어떻게 이루어 낼 것인가? 식전 감사기도를 함으로써 시작할 수 있겠다. 감사기도는 처음과 마지막에 읊는 시이며, 우리가 내뱉는 몇 마디 단어로서 우리의 마음을 닦고 아이들을 가르치고 손님을 환대하는 이 모든 역할을 한꺼번에 해낸다. 좋은 감사기도를 하려면 우리가 무엇을 하고 있는지를 분명히 의식해야만 하고, 죄책감에 휩싸이거나 회피하려 해서는 안 된다. 그렇게 해서 계란과 사과와 소꼬리 양념요리의 본질을 살펴본다. 우리에게 보이는 것은 풍성함, 넘쳐날 정도의 풍성함과 성적인 충만이다. 수백만 개 풀씨가 틔운 낟알들이 밀가루가 되고, 수백만 마리의 대구가 튀겨져서 끝내 성체로 자라지 못할 것이리라. 먹이사슬의 희생물인 것이다. 그리하여 우리가 고기를 먹을 때, 우리는 곧 그 생명과 약동과 펄떡임을 먹는 것이니, 이에 대해 우리 자신을 기만하지는 말자. 미국인들은 비육장의 소들이 뒷무릎까지 차오른 분뇨 더미 속에 버티고 서 있다가 자신들의 식탁까지 운반되어 온다는 사실을, 미국 시장에 소고기를 공급하려고 아마존의 원시림이 벌채되어 목초지로 변하고 있다는 사실을 알아야 한다. 땅속의 뿌리 하나조차 흙과 공기와 물로부터 당분과 향기를 만들어 내는 살아 있는 화학작용의 경이다.

이런 '하나됨one-ness'의 세계를 가까이서 살펴보며, 우리는 이 모든 존재들을 우리 자신의 육체로, 우리의 아이들로, 우리의 연인들로 여긴다. 우리 자신 또한 생명의 지속성에 바치는 봉헌물로 바라본다.

이런 진실은 '센' 것이라, 받아들이기가 쉽지 않다. 하지만 잠깐. 우리 서로가 서로를 먹는다면, 이것이 사랑의 거대한 행위이고 우리는 그 사랑 안에 살고 있는 것은 아닌가? 그리스도의 살과 피의 의미가 분명해진다. 거룩한 빵은 당신을 축복하는 것이다, 당신이 거룩한 빵을 축복하듯이.

그래서 우리는 집에서 다음과 같은 불교도식 감사기도를 올린다.

"우리 삼보(불보, 법보, 승보)를 귀히 여겨 존경합니다"

"이 음식에 감사하고,

많은 이들의 노고에 감사하며,

생명의 다른 모습을 나누어 주심에 감사합니다."

자신들의 전통에서 내려오는 감사기도가 있다면 누구라도 그걸 활용할 수 있고, 그 감사기도에 보다 깊은 감정과 이해를 담아 넣을 수 있다. 아니면 마음에서 우러나오는 자신만의 감사기도를 만들어 낼 수도 있다. 그러나 감사기도 드리기는 지금 미국의 많은 곳에서 그다지 유행하는 일이 아니며, 설사 기도를 드린다고 해도 대개 기계적이고 밋밋한 것이기에 거기서 식탁 밑에 놓여 있는 깊은 균열에 대한 감각은 찾아보기 어렵다. 나의 시 「미각의 노래」는 감사기도들에 대한 감사기도이며, 지구상에서 복 받은 이들이 하루 세 번 먹고 마시는 '음식'에 대한 누군가의 생각, 운문, 노래의 한 모델이다.

— 게리 스나이더 (미출간, 1983)

━━━━ ◆ ━━━━

그러나 현대사회에서 생태 의식을 기르는 일은 양날의 검과 같다. 우리는 변화에 대한 우리의 열정에 오도되어 오직 협소한 자아에만 관심이 국한되어서는 안 된다. 단지 개인적 구원만을 구하고자 한다면 우리는 환경을 계속 오염시키는 '죄인들'로 분류된 군중 사이에서 고독한 생태학적 성인聖人이 될 수도 있을 것이다. 개인의 변화는 문화의 변화를 필요로 하고, 그 역 또한 마찬가지다. 우리는 개인적 영역도 사회적 영역도 무시하고 지나칠 수 없다. 왜냐하면 우리의 프로젝트는 우리들 서로 사이에서, 그리고 지구라는 행성과 우리 자신들 사이에서 조화를 도모하고자 하는 것이기 때문이다.

이러한 생태 의식을 기르는 데 가장 도움이 되는 공동체 형태는 이 책에서 우리가 비주류 전통이라고 부르는 것이다. 다음 장에서 이 전통의 주요 측면들 중 몇 가지를 개관하기로 한다.

뿌리로 되돌아감
—『도덕경』제16장

비어 있음에 지극히 이르러
고요함을 착실하게 지키면

만물이 함께 번성하되 나는 그 돌아감을 본다.
모든 사물이 끊임없이 바뀌지만
저마다 제 뿌리로 돌아오는구나.

뿌리로 돌아옴을 일컬어 고요함이라 하고
고요함을 일컬어 존재의 운명으로 돌아감이라 하고
존재의 운명으로 돌아감을 일컬어 실재라 하고
실재를 아는 것을 일컬어 깨달은 밝음이라 한다.

실재를 모르면 재앙을 일으키고
실재를 알면 모든 것을 품는다.

모든 것을 품음이 곧 비어 있음이요

비어 있음이 곧 왕이요

왕이 곧 하늘이요

하늘이 곧 도道요

도道가 곧 영원함이니

몸은 죽어도 죽지 않는다.

제2장

비주류 전통과
직접 행동

인간이 자연을 지배할 운명이라는 생각은 인간 문화의
보편적 특징이 아니다. 이러한 생각은 원시 혹은 비문자
사회에서는 거의 생각할 수 없는 것이었다. 이러한
생각은 사회 발전과 더불어 생겨난 것이다. 여기서 사회
발전은 인간에 대한 인간의 지배력이 점점 커진다는
것을 의미한다. 아마도 특정한 비문자 사회의 태도들을
살펴보는 것을 통해서만 오늘날 개인의 가장 내밀한
생각과 가장 세세한 행동이 형성되는 데 지배력이
얼마나 영향을 미치는지를 측정할 수 있을 것이다.
—머레이 북친, 『자유의 생태학』(1982)[1]

이상적으로 비폭력적인 정부는 질서 있는 무정부이다.
—간디

생태적 의식을 개발하는 '실질적인 일real work'에 나설 수 있는 가장 적절한 유형의 공동체는 비주류 전통에서 발견할 수 있다고 생각한다. 서양 정치와 사회 철학의 전통에서 소수로 존재했지만 지속되어 온 전통이 있다. 이는 또한 다른 여러 문화와 역사적 시기에 존재했던 전통이기도 하다. 여기에는 아메리카 선주민 문화와, 도교와 몇몇 불교 공동체의 동양 전통도 포함된다. 서양에서는 중앙집권화된 국가 권위에 대항하여 지역 자치를 추구하는 사람들의 수많은 혁명에서 비주류 전통을 찾을 수 있다. 19세기와 20세기에 이러한 전통은 폭발적으로 성장하여, 1871년 파리 코뮌이라든지 미국의 다양한 이상적 공동체들이 발생했다. 20세기에는 뉴잉글랜드 마을 모임 전통이라든지, 뉴욕과 시카고의 오래된 공동체, 그리고 1950년대 스페인 무정부주의자 공동체에서 비주류 전통을 찾을 수 있다.

서양의 지적 전통에서 이러한 전통을 이끄는 사상가들은 19세기의 표트르 크로포트킨(『상호부조론』)이나 1950년대 이후의 머레이 북친(『탈희소성 무정부주의』와 『자유의 생태학』)을 들 수 있다.

나아가 이러한 전통은 토머스 제퍼슨, 헨리 소로, 월트 휘트먼, 우디 거스리, 칼 샌드버그, 폴 굿맨 등 다양한 인물들에 의해 여러 형태로 표현되어 왔으며, 어슐러 르 귄 외 많은 이의 소설에서도 찾아볼 수 있다.

이 전통의 핵심적인 측면들을 기술-산업 중심의 주류 사회와 비교하면 [자료2-1]과 같다.

――――― ◈ ―――――

[자료2-1]

주류적 입장	비주류 전통
중앙집권	분권, 비위계적, 민주적
관료제	소규모 공동체
경찰	지방자치
개인주의(급진적 주관주의 또는 '고급 허무주의')	자율성
폭력의 도구를 가짐으로 생기는 리더십(마치 경찰)	경험적 리더십('이끄는 것이 아닌')
경쟁	남을 도움, 상호부조, 공동체주의
'더 많은 생산, 더 많은 소비'가 부추겨짐	욕구의 단순함

더 많은 정부 규제	자기 규율, '전문적인' 방식의 비폭력
세속적 권위	영적-종교적 멘토를 존경
교회가 종교 의례를 독점	공동체가 의례에 충분히 참가
종교적이든 세속적이든 이념을 독점하려는 경향	존재에 대한 다양한 접근의 수용(종교적 경험)
자연을 '자료' 혹은 '자연자원'으로 인식	자연과 더 열린 소통
협소한 시민권, 다른 존재들은 노예화 혹은 시민권 박탈	공동체에 대한 더 넓은 정의(동식물 포함), 유기체 전체에 대한 직관

◆

이 책에서 말하는 비주류 전통을 무질서나 무제한적 개인주의의 옹호와 혼동해서는 안 된다. 이는 권위의 부재를 말하는 것이 아니라, 지역 공동체를 억압하기 위한 경찰 또는 군대의 대규모 위력에 의지하는 중앙집권 권력의 부재를 말하는 것이다. 그리고 이 책에서 사용되는 비주류 전통의 의미가 개인의 통제 불능 또는 불명료한 사고를 말하는 것 역시 아니다. 이는 "그것은 당신의 의견일 뿐이야"라고 주장하는 강한 주관주의가 아니다.

비주류 전통의 핵심은 자율적인self-regulating 공동체이다. 인류학은 원시 사회의 권위가 위계적이거나 중앙집권적일 필요가 없다는 점을 풍부한 사례로 보여주고 있다. '족장'은 대개 강제적으로 다스리지 않았고, 주로 의례의 주관자이며, 공동체 구성원을 다루는 일에 특화되어 있었다.

피에르 클라스트르는 『국가에 대항하는 사회Society Against the State』에서 다음과 같이 결론을 내고 있다. "다른 곳에서는 권력으로 불릴 만한 것을 보유한 이들이 실제로 권력을 지니지 않으며, 위력과 폭력 또는 상하의 위계 없이, 한마디로 강제로 명령하고 복종하는 관계 없이 정치적인 것을 결정하는 수많은 사회를 발견할 수 있다."[2]

시어도어 로작은 『개인/행성』에서 이러한 전통에 서 있는 미국 내의 다양한 예들을 제시하고 있다. 그중 하나는 (꼭 혈연이나 혼인 관계로 연결되지는 않았지만) 여러 가족들이 모여 자신들이 먹을 식량의 일부를 함께 재배하고, 종교적 혹은 영성적 의식도 함께 하며, 에너지 자립과 자연보호와 같은 프로젝트를 같이함으로써 가정경제를 회복시키는 것이다.

다른 예들로는, 재래시장, 소규모 공동농장, 자연과 합일하여 살아가는 집단의 존재와, 제도와 조직과 산업의 스케일을 줄이고자 하는 지속적인 시도들을 들 수 있다.

원시 (또는 비문자) 사회에서는 우리가 비주류 전통이라 불리는 것들의 다양한 예를 찾아볼 수 있다. 스탠리 다이아몬드는 원시 사회와 비교했을 때 균형을 잃은 서구 사회의 위기를 검토하면서 소규모 지역 공동체가 개인의 필수적 요구와 더불어 자연 안에서 인간 공동체를 지속하는 데 필수적인 요구를 제공한다고 결론지었다.[3]

잭 포브스는 캘리포니아 북부의 부족들을 바탕으로 백인 정복자와 북미 선주민 사이의 핵심적인 차이를 다음과 같이 말하고 있다.

> 캘리포니아 선주민들은 자신들이 독립적이고 자율적인 존재라고 생각하지 않았다. 그들은 다른 사람들과 (그리고 비인간 생명들과) 복잡한 생명의 그물로 진정 하나의 공동체처럼 엮여 있다고 느꼈다. 모든 생명체들과 존재하는 모든 것들은 형제자매들이었다. 착취하지 않고, 모든 존재를 존중하는 기본적인 원리는 이러한 생각에서 비롯되었다. 이 원리는 근대사회의 전형적인 경제발전과 인간 도덕의 파괴를 강하게 반대한다. 이 원리는 1만 5000년 동안 캘리포니아를 자연상태로 보전하는 데 결정적이었다. 그리고 이후 한 세기 반 동안 이 원리를 끊임없이 위반한 결과 캘리포니아는 파괴되기 직전에 이르렀다.[4]

스탠리 다이아몬드는 그의 저서 『원시를 찾아서In Search of Primitive』에서 원시 사회는 개별화, 인격주의, 유명론, 그리고 실존주의로 특징지워진다고 하였다. 이 특징들은 서로를 강화시키고 이들은 사회구조와 일치한다.

1. 실존주의는 1) 자연과 사회에서 개인의 기본적 필요에 대한 의례적 표현, 2) 본질보다는 실존을 강조하는 것, 3) 자신과 사회에 대한 개인의 책임, 그리고 4) 분석적 사유 방식에 대한 관심 부족에서 명확하게 드러난다.
2. 인격주의는 1) 연대감의 그물, 2) 유기적인 공동체, 그리고 3) 사회와 자연 전반에 걸친 인식에 대한 견해

3. 유명론은 1) 구체적인 부분과 맥락에 대한 강조, 2) 자연과 사회 안에서, 꿈과 현실 안에서 존재하는 것들의 개념화, 그리고 3) 관념이 전형적으로 구체화되지 않는다는 점에 초점을 맞추고 있다.
4. 개별화는 1) 자연과 사회에서 총체적이면서 다차원적으로 이루어지는 개인들의 참여, 2) 개인의 특성을 표시하는 개인의 강도 높은 사회화 과정, 그리고 3) 사회 안에서 개인, 개인 안에서 사회의 표현을 통하여 배양된다.

[다이아몬드에 의하면 현대 문화에서] 병리적인 문제는 우리가 추상화와 집단화, 유사-개인주의에 전념하기 때문에 그리고 인간의 양면성을 표현하고 뛰어넘는 수단이 부족하기 때문이다. …… 우리의 병은 문명 한가운데에서 비롯된다. 너무 많은 지식 때문이라기보다는, 너무 작은 지혜 때문이다. ……

기계에 기반한 사회에서는 기계가 시민 권력과 시장market의 요구를 통합했으므로 사회의 전체 삶, 즉 모든 계급과 모든 지위에 있는 이들의 전체 삶은 기계의 리듬에 맞추어야만 한다. 시간은 선형화되고 세속화되며 '귀중해지고', 채워야 할 공간의 범위 내 있는 것으로 축소되면서 신성한 시간은 사라진다. ……

원시 사회는 상대적으로 고정된 점에 자리한 축을 중심으로 만화경처럼 돌아가는 균형 잡힌 체계로 이해할 수 있을 것이다. 문명은 내부적으로 불안정한 시스템으로, 기술이나 이념 또는 사회조직은 항상 서로 잘 맞아 돌아가지 않는다. 바로 이 지점이 시스템을 추동한다. 우리가 운동을, 불완전함을 감지하면서 진보에 대한 생각이 일어난다. 따라서 이와 같은 진보에 대한 생각은 문명의 기반이다. 원시 사회는 동적평형 상태로 존재하며 인간과 자연의 리듬을 표현한다는 우리의 생각은 현재의 문명사회를 근거로 하여 논리적으로 추론한 것이며 문명의 실제 상태와는 반대된다. 원시

적 존재 방식을 바라는 것은 단순한 환상이나 감상적인 마음이 아니다. 그
것은 인간의 기본적인 필요와 일치한다.

---◆---

1. 자연스럽게 조직하는 방법: 생태 지역

정부 기관과 일군의 경제학자들이 '세계 경제 시스템'과 '우주의 군
사적 이용'에 관해서 이야기하는 시대에 생태 지역Bioregion에 주의
를 돌리는 것은 매우 보전주의적conservative이다. 생태 지역은 생태
적 의식 함양을 시작하기 가장 좋은 장소이다.

생태 지역에 대한 언급은 새로운 것이 아니다. 캘리포니아의
서소노마West Sonoma 카운티에 사는 양치기 짐 다지Jim Dodge는 "생
태 지역은 거의 인간의 전 역사에 걸쳐 생기 넘치는 문화적 원리였
고, 적어도 (인간) 의식만큼이나 오래됐다"고 말한다.[5]

다지는 생태 지역의 핵심적 측면은 자연 시스템을 중시하는 것
이라고 말한다. 자연 시스템은 "육체적 영양 섭취의 대상이자 우리
의 영혼에 자양분을 제공해 주는 은유의 총체이다. 자연 시스템을
이해하는 것은 자신을 이해하는 것이다."

생태 지역의 두 번째 요소는 자율/자기 규율self-regulation이다.
다지는 "무정부주의란 통제불능을 의미하는 것이 아니라 사람들의
통제로부터 벗어나는 것을 의미한다"고 말한다. 생태 지역에 대한
공동의 관심사에 자극받은 지역 공동체는 그곳의 식물과 토착 동물

들을 "있는 그대로 두기" 위해서 그 지역의 자연적 과정의 온전성을 존중하는 개인 혹은 공동체의 행동에 관해 결정할 수 있다. 지역을 돌본다는 것은 착취를 삼가는 것이다.

"생태 지역의 의미를 구성하는 세 번째 요소는 영혼"이라고 다지는 설명한다. 생태 지역의 영혼에 관해서는 단 한 가지의 종교적 의례만 있는 것은 아니다. 그것은 기독교, 불교, 아메리카 선주민의 풍습 또는 다른 것이 될 수 있다. 심층생태학적 인식을 바탕으로 다양한 방식으로 표현될 수 있다.

짐 다지와 그의 동료들은 [자료 2-2] '당신은 어디에 있는가'[6]에서 여러 질문들을 제시하고 있는데, 이 질문들에 대답하는 것이 장소성sense of place과 생태적 의식을 개발하는 좋은 출발점이 될 수 있다.

———————— ◆ ————————

[자료 2-2]

당신은 어디에 있는가?

다음은 장소의 환경적 인식에 대한 자가 테스트이다. 답변은 스스로 양심껏 하면 된다. 당신이 날조하거나, 속이거나, 빠져나가려 해도, 대충 자기 자신이 어디에 위치해 있는지는 알 수 있을 것이다. 질문에 답하기에 시골에 사는 사람들이 도시에 사는 사람들에게 문화적으로 더 유리하니, 적절히 보정을 할 수도 있다. 하지만 대부분의 질문들은 기본적인 것들이어서 과도한 보정은 불필요하다. 이 테스트는『공진화CoEvolution』23호(1981년 겨울)에 실린 버전을 수정하여 활용한 것이다.

1. 비에서부터 수도꼭지까지 당신이 마시는 물의 흐름을 추적해 보자.
2. 보름달까지는 며칠이 남았는가?(대략적으로)
3. 당신이 사는 집 근처의 토양을 설명해 보자.
4. 이전에 당신이 사는 지역에 사람들의 주된 생존 전략은 무엇이었나?
5. 당신의 생태 지역에서 계절별로 먹을 수 있는 식물의 이름을 다섯 가지 대 보자.
6. 당신이 사는 지역에서는 겨울 폭풍우가 주로 어느 방향에서 오는가?
7. 당신이 배출한 쓰레기는 어디로 가는가?
8. 당신의 지역에서 식물의 생장기간은 얼마나 긴가?
9. 당신이 사는 지역에서 그림자의 길이가 가장 짧아지는 날은 1년 중 언제인가?
10. 당신이 사는 지역에서 자라는 나무 이름 다섯 가지를 말해 보자. 그들 중에서 토착종이 있는가? 이름을 모른다면 어떻게 생겼는지 묘사해 보자.
11. 당신이 사는 지역의 텃새나 철새 다섯 종을 말해 보자.
12. 지난 세기에 당신의 생태 지역에 살던 사람들의 토지 이용은 어떠했는가?
13. 당신이 사는 곳의 지형을 형성한 주요 지질학적 사건/과정은 무엇인가?
14. 당신이 사는 곳에서 멸종된 종들은 어떤 것들이 있는가?
15. 당신이 사는 지역의 주요 식물군락은 무엇인가?
16. 이 글을 읽고 있는 바로 지금, 북쪽을 가리켜 보자.
17. 당신이 사는 곳에서 봄에 가장 먼저 피는 꽃은 무엇인가?

18. 당신이 사는 생태 지역에서 발견되는 돌과 광물은 무엇인가?

19. 어제 밤에 별이 보였나?

20. 당신과 공간을 공유하는 (비인간) 존재들은 어떤 것들이 있나?

21. 당신은 하지와 동지를 기념하는가? 만일 기념한다면 어떻게 기념하는가?

22. 당신 옆 집에 몇 명이 사는가? 그들의 이름은 무엇인가?

23. 일주일에 평균적으로 얼마나 많은 기름을 사용하는가?

24. 당신은 어떤 에너지에 가장 많이 비용을 쓰는가?

25. 당신의 지역에서 발전되는 에너지와 발전될 가능성이 있는 에너지는 어떤 것들인가?

26. 당신이 사는 생태 지역에 에너지나 광물 자원의 개발을 위한 대규모 계획들이 있는가?

27. 당신이 사는 생태 지역에 가장 큰 야생지역은 어디인가?

———— ◈ ————

캘리포니아의 샤스타 부족Shasta Nation, 거북섬Turtle Island●의 사람들은 생태 지역 정치의 실행을 위한 요건들을 만들었다. 샤스타 부족의 거주 지역은 캘리포니아주 북부의 빅서Big Sur부터 오리건주 남부의 로그Rogue 강에 이른다. 그들의 제안은 다음 [자료 2-3]과 같다.

● 북아메리카 선주민은 자신들이 사는 대륙을 '거북섬'이라고 불렀다.

생태 지역 정치 의식과 실천을 위한 기준

1. 당신에게 지역의 기준이 무엇인가? 유역, 생물분권biotic province, 지질의 역사, 지형의 특성, 기후대, 기본적인 그리고 잠재적인 식생, 동물상fauna, 토양이 기준인가?

2. 선주민, 초기 정착자들은 어떤 사람들이었나? 그들 특유의 삶의 방식과 이해는 어떠했는가? 현재 이들의 상태는 어떠한가?

3. 지역의 현재 자연 상태는 어떠한가: 무엇이 파괴되고 유실되었는가? 토양과 동식물 생태계를 복원하는 데 필요한 우선 순위를 적어 볼 것. 이를 위해서 과학자들이나 전통 지식을 지닌 스승들과 논의할 것.

4. 미래의 고비용 에너지의 측면에서 지역에 필요한 장기적 경제 구조는 무엇일까? 지속가능한 경제적 기반은 무엇일까? 인접한 지역과 어떠한 것을, 얼마나 교역할 수 있을까? 지역에 수용할 수 있는 인구의 수는 어느 정도일까?

5. 생태 지역을 근거로 국가가 형성된다면, 그 국경선은 무엇이 될 수 있을까? 어떠한 종류의 정부가 필요한가? 어떠한 생물적, 지역 사회적 고려가 필요한가? 선주민과 초기 정착자에 대한 부정의가 교정되어 국가 안에서 그들의 적절한 정치적 경제적 역할을 보장하기 위해서는 어떠한 조치가 취해져야 하는가?

6. 이러한 생태 지역의 개념을 받아들인 국가는 이웃 국가들에 문화, 정치 등의 영역에서 어떠한 역할을 해야 하는가? 전지구적 차원에서는 어떠한 역할을 해야 하는가?

7. 그 지역에 지속적인 거주가 가능하려면 어떠한 영적, 사회적 훈련이 요구되는가: 그 지역에 다른 존재들과 함께 거주하기 위해서 인간은 어떻게 적응해야 하는가? 생물학과 생태학의 가르침, 특히 힌두교, 불교, 도교의 가르침. 신화, 노래, 이야기, 그리고 선주민들에게서 나오는 가르침.

◆

대도시에서도 장소성은 재교육될 수 있을 것이다. 예를 들면, 낸시 모리타가 플래닛 드럼Planet Drum의 후원을 받아서 샌프란시스코에서 했던 프로젝트 '도시 안의 야생Wild in the City'은 현대 도시의 이미지를 이루는 두터운 콘크리트 덩어리 아래 가려진 지질, 토종 식물, 동물, 지형에 대한 정보를 제공하려고 한다. 그리고 말콤 맥골린의 『오론Ohlone 부족의 길: 샌프란시스코–몬터레이 만 지역』(1978)은 수천 명의 독자들에게 새롭지만 아주 오래된 수렵과 채집으로 살아가는 삶의 방식을 통해 샌프란시스코 만 지역의 복잡한 생태계를 알려주고 있다.

지금은 생태 지역을 다룬 잡지가 북아메리카의 여러 지역에서 발간되고 있지만, 당신의 지식과 지혜를 빌려서 직접 잡지를 만들어 볼 수 있고 그것이 더 좋다.

2. 직접적 개인 행동을 위한 조언들

이 장의 뒷부분에서 우리는 직접 행동의 구체적인 유형들을 제시하고 있다. 어떤 행동 유형은 생태 의식의 함양을 목적으로 하며, 또 다른 행동 유형은 정치적 영역 안에서 자연자원의 현명한 이용과 동식물 서식지를 보존하는 데 힘쓰는 조직에서 하는 행동이다.

바이론 캐나드가 선禪의 사회적 실천에 대해 『아무것도 할 수 없지만 모든 것이 가능하다』라는 책을 썼는데, 우리는 이 책 제1장의 제목을 여기서 따왔다. 캐나드는 우리의 많은 행동이 축제와 같이 기념하거나 긍정하는 행위일 수 있다고 이야기한다. 예를 들면, 1970년 지구의 날은 "많은 정치인들이 바쁜 스케줄에도 꼭 참여해야 하는 행사"였다.[7] 지구를 온전히 유지할 수 있다는 그들의 희망을 강하게 표현하기 위하여 지구의 날에 여러 도시에서 10만여 명이 모였다.

상대적으로 제한이 없는 경관이나 근방의 (비록 오염되었지만 여전히 흐르는) 냇가에서 그림을 그리고, 시를 써서 자신을 예술적으로 표현함으로써 간단히 기념해 볼 수 있다. 게리 스나이더나 로빈슨 제퍼스와 같이 장소성을 말하는 시인들의 시를 친구들에게 읽어 줌으로써 구전 전통을 되살릴 수도 있다.

요가나 호흡 수련, 자만을 부추기지 않는 등산, 그리고 다른 통합적인 행위에도 직접 행동의 측면이 있을 수 있다.

곰 스모키* 경전

약 1억 5000만 년 전쯤인 쥐라기시대의 어느 날, 무한한 공空 가운데 이쪽 편에 계시던 대일여래大日如來께서 그곳에 모인 모든 요소와 에너지, 즉 서 있는 자들, 걷는 자들, 나는 자들, 앉아 있는 자들과 심지어는 풀들에게, 그 숫자가 130억이나 되는 풀들에게, 씨앗에서 태어난 그들 하나 하나에게, 위 대한 말씀을 전하셨습니다. 지구라는 별에서의 깨달음에 관한 말씀이었습 니다.

"장차 아메리카라는 대륙이 있게 될 것이다. 그곳에는 피라미드 호수, 월든 호수, 레이니어 산, 빅서, 에버글레이즈 습지대 등과 같은 커다란 힘의 중심지, 그리고 컬럼비아 강, 미시시피 강, 그랜드캐니언과 같은 막강한 신 경줄과 수로들이 만들어질 것이다. 그 시대가 오면 인류는 실제로 그 자신 은 강하고 총명한 불성을 가지고 있으면서도 머릿속은 큰 혼란에 빠지면서 모든 것을 파괴하게 될 것이다."

"거대한 산맥에 얽혀 있는 지층들과 웅대한 화산의 맥동은 땅속 깊은 곳에서 불타오르는 나의 사랑이다. 나의 불굴의 자비심은 편암, 현무암, 화 강암이 산이 되게 하고 비를 내리게 한다. 그러한 미래 미국의 시대가 오면 나는 새로운 형상으로 나타나, 맹목적으로 갈구하는 매정한 지식과, 결코 만족할 줄 모르는 탐욕 속에서 남을 배려할 줄 모른 채 노여움으로 가득 차 있는 그 세계를 치유할 것이다."

그러면서 그는 자신의 진정한 모습을 드러냈으니 그가 바로 곰 스모 키입니다.

● 곰 스모키smokey는 미국 산불예방 공익광고에 등장하는 유명한 캐릭터이다.

잘생긴 불곰이 뒷발로 서 있습니다. 그가 분기하여 세상을 경계하고 있음을 보여 주는 것이지요.

오른쪽 앞발은 삽을 쥐고 있는데, 그 삽은 겉모양 밑에 가려진 진실을 파내고, 쓸데없는 집착의 뿌리를 자르고, 축축한 모래를 탐욕과 전쟁의 불길을 향해 던집니다.

그가 왼쪽 앞발로 맺고 있는 수인手印은, 모든 생물은 그들의 수명만큼 살 권리가 있다는 것, 그리고 사슴, 토끼, 얼룩다람쥐, 뱀, 민들레, 도마뱀은 모두 불법佛法의 영역 안에서 자란다는 걸 표시하고 있습니다.

그는 노예와 노동자를 상징하는 푸른색 작업복을 입고 있습니다. 그것은 구원하겠노라고 주장하지만 실제로는 파괴하기만 하는 문명에 억눌린 채 살아온 무수히 많은 사람들을 상징합니다.

서부에서 쓰는 챙 넓은 모자를 쓴 것은 야생지를 수호하는 여러 세력을 상징합니다. 야생지란 자연 상태의 불법佛法이며 지상의 모든 생명체를 올바른 길로 인도하는 진리의 길입니다. 진리에 이르는 모든 길은 산을 통과하지요.

그의 배후에는 연기와 화염의 후광이 있는데 그것은 칼리 유가kaliyuga의 산불입니다. 산불은 우리가 물건을 소유하거나 잃을 수 있다고 생각하는 사람들의 어리석음이 일으킨 불을 상징하지요. 진실로 모든 것은 한 마음의 푸른 하늘과 초록빛 대지 안에 드넓고 자유롭게 편재하는 것인데도 말입니다.

그 둥그런 배는 그의 정다운 성품과 함께 위대한 지구는 자기를 사랑하고 믿는 사람이면 누구에게나 넉넉한 음식을 제공한다는 것을 보여 줍니다.

그는 낭비를 조장하는 고속도로와 필요 없는 교외 주택지역을 발로 짓밟으며, 자본주의와 전체주의의 해충들을 후려치고 있습니다.

그는 과업을 지시하고 있습니다. 그의 제자들에게 자동차와 집과 깡통 음식과 대학과 구두에서 자유롭게 벗어나 자신의 몸과 말과 마음이라는 삼밀三密, Three Mysteries을 터득하라고 합니다. 두려움 없이 이 나라 미국의 썩은 나무를 잘라 내고 썩은 가지를 쳐 낸 다음 방치된 쓰레기를 불태우라고 합니다.

분노하되 차분하고, 엄격하되 우스꽝스러워 보이는 곰 스모키는 자신을 도와주는 사람들의 길을 환하게 비춰 줄 것입니다. 하지만 그는 자신을 훼방하거나 중상모략하는 자들은 흔적도 없이 사라지게 할 것입니다.

그의 위대한 주문은 이렇습니다.

나마 사만타 바즈라남 찬다 마하로샤나
Namah samanta vajranam chanda maharoshana
스파타야 훔 트라카 함 맘
Sphataya hum traka ham mam
"어디에나 편재하며, 이 맹렬한 분노를 없애는 금강저金剛杵에 예를 올립니다."

그리고 그는 숲과 강을 사랑하는 사람들, 신들과 동물, 부랑자와 광인, 죄수와 병자, 음악가, 놀기 좋아하는 여인들, 그리고 희망에 차 있는 아이들을 보호할 것입니다.

그리고 만약 누군가 광고, 대기오염, 또는 경찰로부터 위협받고 있으면 그들은 곰 스모키의 전쟁 주문을 외우면 됩니다.

그들의 엉덩이를 물에 빠뜨려라
그들의 엉덩이를 짓이겨라
그들의 엉덩이를 물에 빠뜨려라
그들의 엉덩이를 짓이겨라

그러면 곰 스모키가 틀림없이 금강 삽을 들고 적을 없애버리려고 나타날 것입니다.

이 경전을 읽고 실천하려고 노력하는 자들은 애리조나와 네바다 사막의 모래만큼 무수한 공덕을 쌓을 것이며 지구별이 전부 기름 덩어리가 되지 않도록 구하여 인간과 자연이 조화를 이루는 시대로 들어갈 것이며 남자와 여자와 야수 들의 부드러운 사랑과 애무를 얻을 것이며 언제나 잘 익은 블랙베리를 먹고 소나무 아래 햇빛 잘 드는 곳에 앉게 될 것이며 **그리고 마침내는 가장 드높고 완벽한 깨달음을 얻으리로다.**

이렇게 우리는 들었도다.

—게리 스나이더(1969)

———— ◈ ————

직접 행동에 대한 심도 깊은 보전주의적인 접근은 지구와 연결된 의례의 부활이다. 이는 구체적 장소들을 기념한다. 의례가 지닌 기능 중 하나는 현대 문화에서는 마치 미식축구 경기나 록콘서트에서와 같이 에너지를 발산하는 것이다. 하지만 이러한 이벤트의 경우, 의례의 다른 기능을 활용하지 않는다. 의례에 헌신할 때 참가자는 문자 그대로 정화되어, 화를 비우고 행위에 집중하게 된다.

「의례는 필수적이다」(이 책의 부록 F에 수록), 『지구의 지혜Earth Wisdom』(1978), 그리고 『지구의 축제Earth Festivals』(1976)의 저자인 돌로레스 라샤펠은 이러한 종류의 직접 행동을 제시한다. 다음 자료는 그녀가 콜로라도주 실버턴에서 운영한 '산의 도道 센터'에서 사용한 것이다. 이것은 도교 전통에서 가져온 것이지만, 이러한 지구 의례는 기독교나 다른 전통으로부터 재탄생되거나 가져올 수도 있다.

도교의 추분 기념행사
콜로라도 실버턴의 산의 도 센터

우리는 오래전 도교의 도사들이 했던 방식대로 하늘/바위/물/나무들의 상호관계로부터 배운다. 도교는 종교가 아니라 우리를 우주의 흐름 속에 맡기도록 해주는 '바라보는 방식'이다. 도교는 몇몇 '지식인들이' 전쟁하는 봉건 영주들의 조정이 아니라 산속에 은거하면서 자연의 질서에 대해 명상하는 것을 선택했던 중국의 춘추전국 시대에 생겨났다. 그들은 인간 사회가 전체 자연의 작은 한 패턴이기 때문에 자연의 길에 대한 이해가 없이는 인간성을 바로잡을 수 없다고 생각했다.

우리도 도교의 도사와 유사한 깨달음에 이를 수 있다. "나는 찾았다기보다는 갑자기 내가 길을 잃어버린 적이 없었다는 것을 깨달았다. 진홍색의 새벽 구름, 정오경의 빛나는 햇빛, 계절의 변화, 달이 차고 비는 것—이러한 것들은 그 뒤에 놓인 어떤 것의 상서로운 상징이나 장엄한 작동이 아니다. 이것들은 도道 그 자체이다."

우리는 전 세계 전통 사회에서 사람들이 했던 것처럼 신성한 산을 도는 의례를 치른다. 우리는 신성한 산을 다른 측면에서 보기 위해서 매일 밖으로 나간다. 이를 통해 우주의 음과 양을 경험한다.

첫 번째 날
-볕이 가득한 남쪽(양)에서 우리의 영적 산의 북쪽 면(음)을 알아 간다.
-태극권의 짧은 투로를 배운다.
-추분 보름 행사

두 번째 날
"누가 세상의 덫을 깨고
나와 함께 흰구름 속에 있을 수 있는가?"
-우리의 '용산龍山'으로 등산을 가서 자연 분재 나무와 폭포를 볼 것
-'용산'에서 영적인 산 서쪽 편을 보며 태극권하기
-태양 보기 의례

세 번째 날
"아침 해는 파란 봉우리의 턱으로부터 떠오른다,
밝은 구름은 초록 호수에서 씻겨진다.
내가 먼지 많은 세상을 떠나
차가운 산의 남쪽 비탈로 갈지 누가 알았겠는가."
-세 번째 폭포로 등산―차茶 의례의 장소, 폭포는 '고귀한 손님'
-우리가 있는 북쪽(음) 계곡에서 영적인 산의 남쪽(양)을 바라봄
-태극권

네 번째 날
-하루 종일 빛나는 금빛 사시나무 밑에 있다가 의례에 따른 식사

━━━━━━ ◆ ━━━━━━

어떤 생활방식은 다른 방식보다 생태적 의식을 증진시키는 데
도움이 된다. 자발적 단순성이 인격과 자기완성self-realization을 증진
시키는 핵심 요소이다. 두에인 엘진은 『단순한 삶Voluntary simplicity』
에서 밖으로는 단순하되 안으로는 풍부한 많은 예들을 보여 주

고 있다. 그는 우리가 어떻게 원하는 것(wants)과 실제로 필요한 것(needs)을 구분할 수 있는지 제시한다.[8] 우리가 원하는 것들은 매스미디어 광고와 경제가 발전하려면 "더 많이 소비해야" 한다는 사회의 요구에 의해 촉진되고 있다. 그는 기초적인 수준에서, 균형적인 소비의 문제를 다루는 기준을 제시하고 있다.

1. 내가 소유하거나 구입하는 것이 활동, 자신감self-reliance, 참여를 촉진하는가? 아니면 수동적이고 의존적인 것을 유발하는가?

2. 나의 소비 패턴이 기본적으로 납득되는가 아니면 실제 필요가 없는 것을 많이 구입하는가?

3. 나의 현재 직업과 생활방식이 각종 비용 지불, 유지 관리, 보수, 그리고 타인의 기대에 얼마나 종속되어 있는가?

4. 나의 소비 패턴이 다른 사람들과 지구에 어떠한 영향을 미치는지 고려하는가?

또 다른 직접 행동의 예로 합기도를 들 수 있다. 합기도는 모리헤이 우에시바Morihei Ueshiba가 발달시킨 일본의 무예로, 몸과 마음을 통합하는 데 도움을 준다. 합合은 조화 또는 조절을 의미하고, 기氣는 영혼 또는 에너지를, 도道는 길 또는 수행의 과정을 말한다. 합기도에 관한 주요 저서의 저자들은 그 사람이 지닌 종교적, 철학적 믿음이 무엇이든지 간에 합기도를 수련하면 얻는 것이 있을 것이라고 말하고 있다. "향상된 육체적/정신적 건강, 모든 사람이 대면하고 있는 문제들에 대한 깊은 이해와 알아차림, 모든 사람의 본질적인 하나됨과 구별됨, 다른 사람들과의 통합과 서로 필요한 존재라는 것, 그리고 그 시대와 그 세계에 '속한다'는 감각. 이것들이 합기도의 이론과 실천이 모든 사람들에게, 그들이 어디에 있든지 간에 줄 수 있는 것이다."⁹

3. 정치적 맥락에서의 직접적 행동

개인적 행동 말고도, 각자의 가정 안에서, 소수의 동료들과 야생지로 여행을 가면서, 그리고 일상생활에서, 많은 사람들은 개혁적인 환경단체들과 함께 일하고 있다. 더 근본적인 목적을 위해서 현재의 정치과정을 변화시킬 수 있다.

심층생태학의 지지자들은 큰 삼림 프로젝트, 사유지 안에서의 야생 보호, 그리고 오염과 토지 이용에 대한 공공정책에 참여할 수 있다. 제5장에서 논의되는 심층생태학의 원리에 따른 행동을 통해서 최선의 환경개혁을 촉진할 수 있다.

(1) 입법 개혁

미국에서는 1969년에 제정된 환경정책법과 1970년에 제정된 캘리포니아주 환경법안 등 다양한 주 법들이 환경영향평가를 위한 법적 규율들을 제시하고 있다. 1964년의 야생지법Wilderness Act은 법적으로 지정된 야생지에 대한 틀을 제시한다. 일반 대중이 검토하고 의견을 제시할 수 있도록 환경영향평가가 제공된다.

많은 환경단체들이 핵폐기물, 살충제, 제초제, 그리고 다양한 유해물질의 위험을 알리기 위해 열심히 노력했고 산림, 물, 대기에 대한 규제를 입법화하려 했다.

심층생태학 운동의 지지자들은 이미 제정된 개혁적 법안을 집행하고 환경오염을 초래한 이들에게 형법적 제재를 가하는 것을 강력하게 지지할 수 있다. 예를 들어 LA에서는, 한 변호사가 오염을 일으킨 기업의 임원진이 징역형을 살도록 고소한 경우가 있다. 이라 래이니어Ira Reiner는 오염을 일으킨 기업의 임원진들을 고소하면서 말하기를, "절도범이 감옥에 갔는데 징역을 90일 또는 100일 정도 받는다면, 그에게 그건 일종의 휴가입니다. 하지만 회사 임원들은 감옥에 갈 것이라고는 생각하지 않습니다. 그들에게 감옥에 갈수 있다는 점은 엄청난 두려움이 될 것입니다."[10]

금지된 야생동물을 밀반입하는 자, 밀렵꾼, 그리고 독수리를 죽이는 자 들은 이미 처벌받고 있다. 시민들이 인간을 대상으로 한 범죄에서처럼 환경 관련한 범죄에서도 엄격히 법과 질서가 적용되길 요구한다면 입법 개혁이 이루어져 더욱더 많이 구속될 것이다.

대규모 야생지 보호 프로젝트를 지지하는 것은 생명권biosphere의 잠정적 보호를 위해 매우 중요하다. 아프리카, 아시아, 중앙아메리카와 남아메리카, 호주 그리고 오세아니아의 열대우림이 사회적, 경제적 요인들 때문에 위협받고 있다. 우리들은 세계적으로 남아있는 열대우림을 야생보호 지역으로 지정할 것을 강력하게 요구한다. 여기에서는 과거부터 살아온 소수의 사람들만이 착취적이지 않은 방식으로 살아갈 수 있고, 목재의 대량 벌채, 원유나 지하자원 채취, 삼림을 초지로 바꾸는 일은 금지될 것이다.

남극 대륙 전체가 야생지로 지정돼야 할 것이다. 미국에서는 수천만 에이커(1에이커=약 4000제곱미터)의 땅이 야생 보호 구역으로 지정되어, 그 개발을 엄격히 제한해야 할 것이다. 미국에서는, 아프리카에서처럼, 공원 경찰이 수렵, 벌채, 기물 파손으로부터 국립공원을 지키고 있다. 지역 주민들도 지역의 야생지를 공공건물이나 기념물을 보호하는 정도의 애착심을 가지고 보호할 수 있다. 1981년에 야생지와 생물다양성을 지키기 위해 만들어진 운동조직 '어스 퍼스트!Earth First!'는 오리건과 캘리포니아를 비롯한 여러 주의 산림청과 토지 관리국에 실현 가능하고 옹호할 수 있는 프로젝트를 제안했다.

어떤 환경단체들은 '야생 혹은 무無도로 지역 지정' 운동을 시작했는데 이 프로그램을 통해서 회원들이 한 지역을 자주 방문해 잘 알게 되었고, 그 뒤에 그 지역을 집중 개발하고자 하는 위원회의 위원들이나 토지개발자들에 대항하고 있다. 많은 사람들이 장소성 sense of place을 기르고 있다. 예를 들어, 그레이 브레친은 그의 『모노 호수 핸드북Mono Lake Handbook』 말미에서 모노 호수의 '영靈, spirit'을 멋지게 표현하고 있다. 이 호수는 갈매기와 다른 새들의 이주와 생식에 중요한 곳이지만, 또 한편으로는 댐과 수로 건설이 이루어지면서 캘리포니아주 남부의 대규모 도시화와도 연관을 맺고 있다. 이곳은 홍적세Pleistocene 빙하기와 관련이 있고, 인구의 끝없는 증가와 캘리포니아주의 자연자원 소비의 증가와도 연결되어 있다. 하지만 이곳은 또한 그 온전성integrity을 지키고자 하는 사람들의 생태적 의식과도 연결되어 있다. 장소에 대한 감각을 환기시킬 수 있는 지역으로는, 이 이외에도 콜로라도 고원과 메인주의 카타딘 산

Katahdin Mt. 등 많은 곳이 있다.

◆

만일 장소의 영靈이 있다면, 나는 모노 호수의 경우보다 더 강한 장소의 영을 느낀 적이 없었다. 호수는 의인화가 용이하다. 만일 수백만 년 동안 존재해 오던 것이 갑자기 사라진다면 어떨지 가끔 궁금해진다. 나는 오랫동안 모노 호수를 오래된 친구로 생각했는데 이제는 수술대 위에 피 흘려 죽어가는 환자처럼 보인다. 그리고 그 거대한 경험의 저장고가 자신을 탄생시킨 시에라산맥의 단층작용과 융기를 꿈꾸는지, 그리고 최근, 호수에 반사된 빙하와 화산작용을 꿈꾸고 있는지 가끔 궁금하다. 끔찍한 상상이지만, 미색의 호수 바닥에 넘쳐나는 생명들이 생을 마감할 때 악취가 날지 궁금하다.

모노 호수가 의식이 있는지는 미스터리로 남아 있을 것이다. 하지만 모노 호수는 그 친구들에게 의식을 가져다주었다. 왜냐하면 우리 모두 이를 통해 배웠기 때문이다. 모노 호수는 세상을 새롭게 보는 방식을 가르쳐 주었다. 즉 우리가 익숙하지 않은 아름다움을 받아들이고 느낄 수 있도록, 그리고 답이 전혀 간단하거나 편안하지 않은 질문들을 할 수 있도록. 호숫가의 고독 속에서, 새벽 그리고 해질녘에, 우리는 귀 기울이고 바라보고 우리 자신과 조용히 살아가는 것을 배우게 되었다. 무엇보다도 우리는, 우리의 일상적 경험을 증진시켜 줄 뿐, 우리가 사용할 수 없는 다른 존재들과 함께 살아가는 것을 배우게 되었다. 모노 호수는 간단한 질문을 하지 않는다. 인간 의식을 구성하는 내적인 그리고 외적인 세계의 통찰을 요구한다. 그리고 바로 이 때문에 최고의 친구이다. 그리고 바로 이 때문에 죽게 내버려 둘 수는 없다.

—그레이 브레친, 『모노 호수 핸드북』

◆

(2) 연대

연대를 구축하는 것은 직접 행동의 또 다른 방법이다. 평화운동과 환경/생태운동은 군축과 핵전쟁의 공포와 관련한 공공정책에 대하여 공동의 관심사를 공유한다. 평화운동의 지도자들은 위기의 심리적 문제에 맞서 있으며, 이에 대한 건설적인 제안들을 했고, 이는 조애너 메이시의 『핵 시대의 절망과 개인의 힘Despair and Personal Power in the Nuclear Age』(1983)에 잘 요약되어 있다. 평화단체, 여성단체, 환경단체가 연합하여 개인의 역량 강화 워크숍이나 구체적인 사안을 주제로 직접 행동을 주관할 수도 있다.

평화운동과 반핵운동은 정치적 과정에 창의적으로 참여하는 훌륭한 예를 제공한다. 독일의 녹색당에서 볼 수 있는 것처럼, 동호회 단체들을 활용하고, 합의를 모아 내는 데 중앙집권적이지 않은 의사결정 방식을 사용하는 것은 현대 사회에서도 소수 집단 안에서 직접 행동의 기회들이 있다는 사실을 보여 준다.

(3) 시위

사람들은 시위라는 방식으로 직접적이고, 비폭력적인 행동에 참여할 수 있다. 캘리포니아주에 있는 리버모어 원자력 연구소와 디아블로 협곡 원자로 반대 시위, 그리고 잘 기록되어 있는 1980년대 전반기의 타즈메니아 댐 건설 반대 시위가 여기에 해당한다.

다른 예로는 어스 퍼스트!에서 야생 보호 구역을 지키기 위해 시도한 직접 행동을 들 수 있다. 어스 퍼스트! 회원들은 7월 4일 독립기념일에 전통적으로 미국의 야생지를 기념하는 행사로 콜로라도 강 글랜 협곡의 댐에 '균열crack'을 만들었다. 미국의 야생을 기리는 애국적 행진 뒤에, 그들은 여러 대의 TV 카메라 앞에서 댐의 앞면 아래까지 엄청나게 큰 검은 플라스틱으로 만든 '균열'을 펼쳐 놓았다.

어스 퍼스트!의 다른 활동으로는, 미국 산림청이 오리건주 남서쪽의 대규모 야생지에 도로를 건설하려는 걸 막은 일이 있다. 몇 주간의 봉쇄 후에 법원은 이 도로 건설이 위법이라고 도로 건설 중지를 명령했다.

1984년 3월에 어스 퍼스트!는 존 시드John Seed라는 호주 출신 생태운동가의 북미 강연 투어를 지원했다. 존 시드는 다국적 기업과 정부기관 들이 남아 있는 세계의 열대우림을 얼마나 파괴하고 있는지를 알리는 데 큰 역할을 하였다. 1984년 4월, 어스 퍼스트!는 주요 패스트푸드 업체에 대한 전국적 항의 집회를 주도했다. 어스 퍼스트!는 이 집회에서 주요 패스트푸드 회사들이 중앙아메리카에서 소고기를 수입하는데, 이로 인하여 많은 열대우림이 채벌되어 초지로 바뀌고 있다고 주장했다.

(4) 여성운동

여성운동의 어떤 시각에서는 사회적 행동이란 단지 추상적이고 이데올로기적인 구호만이 아니라고 가르친다. 작은 그룹의 맥락에서 사회적 행동은, 사적이고, 돌보는, 개별적 행동이다.

우리가 흔히 '여성적'이라고 이름 붙이는 가치―사랑, 연민, 수용성, 돌봄, 협동, 경청, 인내, 양육, 깊은 감정, 긍정, 조용한 발언

등―들은 창조적인 직접 행동을 실천하도록 우리를 이끌 수 있다.

(5) 기독교 전통 안에서의 활동

노르웨이의 일부 기독교 단체들은 신부와 목사가 생태적인 문제나 환경 문제에 의견을 제기하는 것을 장려하고 있다. 또 다른 기독교인들은 이제 새로운 자연의 신학이 필요하다고 말하고 있다.

제5장에서 언급하는 것과 같은 심층생태학이 일종의 플랫폼으로 작동한다는 것에 동의하는 기독교인들은 기독교의 맥락 안에서 생태적 다양성을 보존하는 것을 정당화하고, 대규모 야생 보호 구역을 지정하고, 인구의 증가를 제한하고, 열대우림을 보존하고, 기술의 파괴적 측면을 비판하는 등 다양한 생각을 발전시키고 정당화하기 위해 노력하고 있다.

아직도 미국에서는 많은 목사들이 '무신론자인 공산주의자들과 싸우기' 위해서는 대규모 군사를 양성해야 한다고 말하고 있는 것을 볼 수 있지만, 소수의 목사들은 심층생태학적 원리를 말하고 있다.

기독교 학자이자 목사인 존 카르모디John Carmody는 『생태학과 종교: 새로운 자연의 신학을 위하여Ecology and Religion: Toward a New Christian Theology of Nature』에서 이러한 신학의 주제가 될 수 있는 것들을 살피고 있다. 그는 이러한 주제들이 완전한 신학을 위한 이정표가 된다고 하며, 이와 같이 모든 신학은 "오늘날의 생태적 주제들에 대한 기독교적 회심에 적합한 기저 태도"로부터 시작한다고 말한다. 그리고 성경 해석 이론은 현대적인 자연의 신학과 밀접한 관

련이 있다고 한다.[11]

카르모디는 기독교 학자, 신학자, 목사, 평신도 들이 생태적 사회적 실천에 참여할 수 있는 의제를 설정했다. 그 의제들은 모든 기독교 교회에서 목사들이 위기를 맞이해 '종말'이 아니라, 신의 창조의 영광과 풍요로움, 인구증가 제한, 야생지역 보호, 새로운 생태 지역적 삶의 방식 개발에 대한 우리의 책임을 설교하기를 바라는 소망을 담고 있다.

$$\text{———} \quad \blacklozenge \quad \text{———}$$

생태적, 영적 위기의 시대에, 몇몇 기독교도들은 성경의 뜻에 따른 다음의 열한 번째 계명이 땅 위의 모든 교회에서 설파되어야 한다고 제안한다.

지구는 주님의 것이며 그의 온전함 그 자체이다. 그러니 지구나 그 위의 생명들을 파괴하지 말지어다.

'열한 번째 계명 펠로우십Eleventh Commandment Fellowship'의 리더인 빈센트 로시는 그의 글에서 열한 번째 계명을 받아들여 각자가 자신의 삶에서 실천할 수 있는 개인적 실천들을 제안하고 있다.[12]

1. 열한 번째 계명을 당신 자신의 환경윤리의 기반으로 삼을 것
2. 생태적 위기에 대해 배워서 앎에 바탕을 둔 선택을 할 수 있도록 할 것
3. 개발되고 있는 생태적으로 적절한 여러 기술, 실천, 도구 들에 익숙해질 것. 당신의 삶에 이것들을 적용할 수 있는 방식을 찾을 것.

4. 자신의 삶을 살펴볼 것. 조금이라도 환경을 파괴하는 습관이나 활동을 없애기 시작할 것. 비록 작더라도 환경을 지지하는 활동과 실천을 삶 속에서 시작할 것.

5. 환경에 건강한 것이 당신에게도 건강하다는 사실을 알 것. 환경에 건강하지 않은 것은, 비록 아무리 단기적으로 이로울지라도 결국은 당신 자신의 건강을 해칠 것이다. 당신 아이들의 건강도.

6. 프란치스코 성인, 헨리 데이비드 소로, 존 뮤어*와 같은 위대한 자연주의자들의 삶과 작품을 공부할 것. 이를 통해 자신을 자연에 맞춤으로써 발견할 수 있는 기쁨과 영적 충족을 깨닫기 시작할 것.

7. 환경 활동 단체를 만들 것. 그 형태가 어떠하든. 이를 통해 환경에 대한 집단적 의식을 높이고 영적인 기반을 갖춘 긍정적 환경 활동을 촉진할 것.

환경을 치유하는 과정은 우리 개인의 삶 속에서 시작해야 한다. 우리 자신의 선택과 행동을 살펴보아야 한다. 일상생활에서 내리는 선택들이 환경에 파괴적인 영향을 주는가? 만일 그렇다면 우리의 선택, 우리의 습관을 하나씩 바꾸어야 할 것이다. 어느 것도 하찮은 일은 없다. 환경에 영향을 미친다면, 우리가 하는 모든 행동이 다 관계돼 있다. 우리가 먹는 것, 우리가 입는 것, 우리가 사는 것, 우리가 일하거나 즐기는 것, 이 모든 것은 환경적 균형의 측면에서 헤아려야 한다.

———— ◆ ————

●　　환경보호단체인 시에라클럽의 창립자.

(6) 기술에 대한 비판적 입장

기술에 대하여 비판적 입장을 취하는 것은 누구나 할 수 있는 직접 행동이다. 소비자의 입장에서, 공개 토론회에서, 환경영향평가를 검토하면서, 교실에서, 친구들과, 종교적 모임에서 할 수 있는 직접 행동이다. "기술이 모든 문제를 해결할 것이다"라고 깊이 믿고 있는 기술사회에서 가장 혁신적인 행동이기도 하다.

자동차나 컴퓨터와 같은 특정한 형태의 장치나 시스템인 기술에 비판적 입장을 취하는 것은 상대방에게 적대적인 감정을 불러일으킬 수 있다. 기술에 비판적 입장을 취한다면 '러다이트 운동가' 또는 반反근대주의자로 낙인찍힐 수 있다. 또 반反진보적이라고 비판받을 수도 있다. 이러한 비판들에도 불구하고 기술에 비판적 입장을 취하는 것은 매우 중요하다.

우리는 비위계적인 공동체 안에서 자율적이고, 자립적인 개인의 성장과 함께할 수 있는 기술이 필요하다. 기술이 제도의 중심인 기술사회의 함정에서 빠지지 않도록 할 수 있는 원칙들이 필요하다.

일반적인 원칙, 스케일 또는 구조의 관점에서 기술을 비판하고 평가할 수 있다. 모든 기계 또는 기술 시스템에 다음과 같은 질문을 할 수 있다.

1. 이 기계는 필수적인가?
2. 이 기계나 기술 시스템은 비전문가도 빠르게 이해할 수 있는 것인가?
3. 이것은 높은 정도의 유연성과 변동 가능성을 지니고 있는가,

아니면 시민들의 삶에 영구적이고, 융통성 없으며, 비가역적인 흔적을 남기는가?

4. 이 기계나 기술 시스템은 지역 공동체에 자율성을 키워 주는가 아니면 중앙의 '권위'에 더 크게 의존하게 하는가?

5. 이 기계나 기술 시스템은 심층생태학적 삶의 방식을 파괴하는가 아니면 유도하는가?

6. 이 기계나 기술은 개인의 고유성을 증진시키는가 아니면 관료적 위계로 이끄는가?

7. 이 기계나 기술은 사람들을 기계처럼 행동하고 생각하게 하는가?

충분히 인지된 적절한 기술은 윤리학, 정치, 기계에 대한 이해 그리고 심층생태학적 의식이 만나는 곳이다. 랭던 위너가 『자율적 테크놀로지와 정치철학Autonomous Technology』에서 말하듯이 "당장 눈앞의 상황에서 어떠한 수단이 적합한 것인지에 대한 명확한 지식이 없다면, 과다하거나 위험한 수단을 선택하기 마련이다". 이러한 수단들은 협소한 생산 효용이나 효율 또는 단기적 이익만을 말하는 것이 아니다. 사실, 수단의 효용성에 국한해서 강조하게 되면 환경 윤리와 우리의 행동에 대한 개인의 책임과 같은 더 큰 문제에는 무감각해지게 된다.[13]

(7) 녹색 정치

만일 녹색 정치가 정치를 전환하고, 개인의 의식이나 정치 의식을 전환하려면, 현재 주류 정치와는 상당히 달라야 할 것이다. 녹색 정치는 작은 그룹이 중심이 될 것이다. 그리고 이 그룹은 직접 행동과 개인적 성장에 대한 강령을 중심으로 논의하게 될 것이다.

다음 [자료 2-5]와 [자료 2-6]은 이러한 두 가지 예를 제시하고 있다. [자료 2-5]는 일본 녹색당에서 나왔다. 일본 녹색당은 일본 문화를 주류인 기술 지배적 사고로부터 전환하고자 노력하는 단체이다. [자료 2-6]의 출처는 캘리포니아에 근거를 두고 활동하고 있는 녹색 네트워크이다.

———— ◆ ————

[자료 2-5]
일본 녹색당 강령

우리의 견해로는 근대 문명은 환경의 수용 범위를 넘어서 환경을 과다 이용했고, 우리는 우리 사회의 모든 분야에서 처참한 모순을 직면하고 있다. 여기에는 정치적인 것, 경제적인 것, 교육적인 것, 그리고 과학적인 것이 포함된다.

이 모순으로부터 우리 자신을 해방시키기 위해서는, 인간 존재의 삶과 자연환경을 조화롭게 하는 것이 필요하다. 그리고 유물론, 이윤 추구, 그리고 인간 존재가 모든 존재의 중심이라는 생각을 버려야 한다.

1. 우리의 현재 사회 시스템을 심각하게 재고해야 한다. 여기에는 지금의 정치, 경제, 과학, 그리고 교육도 포함된다. 그리고 자연을 파괴하지 않으면서 자연과 함께 살아가는 새로운 가치에 바탕을 둔 사회를 만들어야 한다.

2. 우리는 이렇게 생각하는 사람들을 모아 새로운 정치적 조직을 만들 것이다. 이 조직의 운영은 중앙집권화나 제도주의와 같은 현존하는 시스템의 오류를 반복하지 않고, 각 구성원의 개별적 온전성에 바탕을 둔 민주적 원리를 따를 것이다.

3. 우리는 자연스럽게 협치되는 사회를 만들기 위해 노력할 것이다. 이 사회는 살아 있는 우주의 원리를 바탕으로 할 것이며, 인간중심주의를 넘어설 것이다.

———— ◆ ————

[자료 2-6]

녹색 정치 — 합일의 지점들

1. 자연 철학: 우리는 자연의 목적과 작용에 대한 적절한 이해에 바탕을 두고 철학을 전개하며, 이에 대해 이념적으로 해석하려고 하지 않는다. 이 이해를 바탕으로 사회를 변혁하려 한다.

2. 총의 민주주의: 우리는 만장일치나 거의 만장일치에 가까운 방식을 강조하며, 모든 모임을 총의 민주주의의 원리에 따라 진행한다. 어떠한 대표도 전체 소속원의 찬성 없이 녹색 정치를 대표해서 결정을 내릴 수 없다. 우리는 총의 민주주의를 모든 사회적, 경제적, 정치적 기관에서 사용할 것을 장려한다.

3. 비폭력과 자유: 우리는 국제적, 시민사회적, 정치적, 개인적 갈등을 해결하기 위해 물리적 폭력을 사용하는 것을 반대한다. 우리는 모든 사적이고 공적인 규범과 법을 비폭력적으로 이행하는 것을 장려한다. 우리는 비폭력적 사회가 자유로운 사회이며 다른 견해와 행위를 참고 받아들이는 것을 장려한다.

4. 사회 생태학: 우리는 환경과 우리 동료 인간들에 대한 지배와 폭력

간의 연관성을 강조한다. 우리는 개인과 공동체와 생태 지역이 균형을 이루고 서로 통합되며, 이 목적을 위하여 경제적 자원들이 사려 깊게, 민주적으로, 그리고 적절하게 사용되는 비폭력 사회를 추구한다.

5. 전략: 우리는 생태와 사회에 파괴적인 영향을 주는 정책과 실행에 대해, 비폭력적인 정치적 시위와 시민불복종 운동을 이용해 반대한다. 우리는 우리의 녹색 철학과 일치하는 대안적인 프로젝트와 기관을 장려할 것이다. 우리는 이러한 합일의 지점들에 대해서 동의하는 모든 단체와 국제 녹색운동의 참여자로서 연대하고 협력할 것이다.

━━━━━━　◆　━━━━━━

(8) 글로벌 행동

세계자연보전연맹IUCN이 만든 세계자연보전전략World Conservation Strategy은 토양, 삼림, 물(담수와 해수 모두), 목야지牧野地뿐만 아니라 모든 야생동식물의 서식지 보존을 위한 통찰력 있고 실질적인 직접적 행동을 제안하고 있다.

주요 목표는 다음과 같다.

1. 필수적인 생태적 과정과 생명 부양 시스템을 유지하기

2. 유전적 다양성 보존하기

3. 생물종과 생태계 다양성을 지속가능한 방식으로 이용하기

1982년 10월 UN총회에서 채택한 세계자연헌장World Charter for Nature은 각국에서 헌법 개정에 사용될 수 있을 것이다. 만일 헌법에 다음 세계자연헌장의 총론 부분이 포함된다면 서식지 보호를 위

한 소송에서 법률가들은 법적 기반을 가지게 될 것이다.●

1. 자연은 존중되어야 하고 그 핵심적 과정은 방해받지 않아야 한다.

2. 지구의 유전적 생존력은 손상되지 않아야 한다. 야생과 길들여진 모든 생명은 개체군 수준이 적어도 생존을 위해 충분해야 하며, 이 목적을 위해 필요한 서식지가 보호되어야 한다.

3. 육상 또는 해상의 모든 지역에서 이러한 보전의 기본 원칙이 지켜져야 할 것이다. 특별한 보호구역, 모든 종류의 생태계의 대표적인 표본들, 그리고 희귀종 또는 멸종위기에 처한 생물의 서식지에는 특별한 보호가 제공되어야 한다.

4. 인간이 이용하는 육지와 해양과 대기 자원뿐만 아니라 생태계와 유기체는 최적으로 지속가능한 생산성에 도달하고 유지하도록 관리되어야 할 것이다. 하지만 그들이 공존하고 있는 다른 생태계나 동식물의 회복탄력성integrity을 해치지 않는 방식이어야 할 것이다.

5. 전쟁 혹은 다른 적대적인 행위들을 통해 자연이 파괴되지 않아야 할 것이다.

6. 핵무기 감축을 위한 행동은 필수적이다.[14]

● 현재 에콰도르가 최초로 헌법에서 자연의 권리를 인정하고 있으며, 볼리비아는 법률 차원에서 자연의 권리를 인정하고 있다. 세계 다른 여러 나라들도 자연의 권리를 헌법으로 보장하느냐를 두고 고민중이다.

단체에서 활동하고 있는 개인들의 직접 행동에 대한 유용한 요약은 타일러 밀러Tyler Miller의 『환경 안에서 살기Living in the Environment』(1982)에서 찾아볼 수 있다. 밀러는 다음과 같이 제안한다.

1. 당신은 환경 문제에 민감해질 수 있다.
2. 당신은 생태 과학의 모든 측면에 대한 생태적 지식을 가질 수 있다.
3. 당신은 더 단순한 삶의 방식을 선택하여 당신의 에너지와 물질 소비를 줄이고, 폐기물 생산도 줄일 수 있다. 재활용은 훈련이다.
4. 당신은 환경보호는 가정 경제 안에서 시작한다는 것을 기억할 수 있다.
5. 당신은 모든 걸 무한정 확장해 생각하며 아무것도 안 하려고 변명하는 일을 피할 수 있다.
6. 당신은 개혁 단체나 녹색 정치 단체에서, 기초, 광역 또는 전국적 단위의 정치에 함께할 수 있다.
7. 당신은 작은 실천을 할 수 있다. 쓰레기를 버리지 않고, 하늘의 색깔에 주의를 기울일 수 있다.
8. 당신은 큰 오염원 문제 해결에 나설 수 있고, 큰 문제들은 정치적 영역에서 직접 행동과 환경 교육을 통해 접근할 수 있다.
9. 사람들에게 죄책감을 주지 말라. 할 일은 너무나 많으며 한 사람이 모든 것을 할 수는 없다.[15]

우리는 개인 혹은 단체가 생태적 다양성을 보호하고 생태적 의식을 개발하는 데 참여할 수 있는 구체적인 직접 행동들을 개관하여 제시했다. 우리는 뒤에서 주류적, 근대적 세계관과 보전주의자들의 반응을 살핀 뒤에 심층생태학의 원리들을 제시할 것이다.

섬김 속에서
야생에 대한
삶에 대한
죽음에 대한
대모Mother의 유방에 대한

—게리 스나이더, 「내일의 노래」, 『거북섬』(1974)

제3장

현대의 지배적인
세계관과 그 비판

사람들이 삶에 대단히 유용할 지식을 접할 수 있다는
것을 알게 되어 나는 만족스럽다. 지금 학교에서
가르치는 사변적인 철학 대신에 실천적인 철학을
발견하여 불, 물, 공기, 별, 하늘, 우리를 둘러싼 다른
물체의 본질과 작용을 알고, 이를 다루는 사람들의
다양한 기술을 이해할 뿐만 아니라, 용도에 맞게 적절한
곳에 사용함으로써, 우리 스스로가 자연의 주인이자
소유자가 된다는 점에서 나는 만족스럽다.

— 르네 데카르트, 『방법서설』(1637)

20세기에 생태적 인식에 눈뜬 사람들이 늘면서, 앞 장에서 논의했고 제4장에서 더 구체적으로 논의할 개량주의적 정치 대응reformist political response이 생겨났다. 이 문제를 보다 분명하게 이해하기 위해서는 오늘날의 지배적인 세계관과 이 세계관의 여러 가정과 전제를 정의할 필요가 있으며 계속해서 제기되는 비판 가운데 일부를 검토할 필요가 있다.

1. 현대의 지배적인 세계관

지배적인 세계관(또는 사회적 패러다임)은 국가와 같은 사람들의 집단에 대한 준거틀을 형성하는 가치와 신념, 습관, 규범의 집합체이다. "지배적인 사회 패러다임은 사회 현실을 반영하는 정신적 이미지

이며 이는 한 사회의 기대expectation를 이끈다"라고 말한 저자도 있다.[1]

그러므로 하나의 세계관은 생각과 행동에서 다음과 같이 여러 요소를 갖는다.

1. 인간이 자연에서 차지하는 위치를 비롯해 실재에 관한 일반적인 가정들이 있다

2. 일반적으로 합의된 문제에 접근하기 위한 일반적인 '게임의 룰'이 있다.

3. 부여된 세계관에 동의하는 이들은 그 사회의 가정과 목표에 대한 정의定意도 공유한다.

4. 세계관을 믿는 이들 사이에는 세계관의 가정 속에 문제의 해결책이 존재한다는 확고하고 근본적인 확신이 있다.

5. 세계관을 실천하는 사람들은 전문가들—과학의 전문가이건 또는 세계관에 대한 철학과 종교적 가정假定의 전문가이건—이 데이터의 유효성을 근거로 하여 합리적으로 설명한 주장을 제시한다. [2]

세계관의 일반적인 가정들에 대해서는 공개적인 논쟁이 거의 없다. 풀 수 없는 문제들은 대충 얼버무리고 모순되는 점은 공개적으로 다루지 않는다. 로마 가톨릭교회가 1000년 동안 기독교 전통에 관한 그들의 견해와 정통성을 강요하려 했던 것처럼, 세계관의 기본적인 가정을 의심하는 이단자들에 대한 이런 박해는 때때로 상당히 가혹했으며, 종교재판이 이를 확연히 보여 준다.

사회학자 윌리엄 캐튼과 라일리 던랩은 여러 자료에서 도출한

서구적 세계관의 네 가지 기본 가정을 다음과 같이 요약한다.

1. 사람은 지구상의 다른 모든 생명체와는 근본적으로 다르며 그들에 대해 ('지배'로 정의되는) 통치권을 갖는다.

2. 사람은 자기 운명의 주인이다. 자신의 목적을 선택할 수 있으며, 목적을 달성하는 데 필요하다면 어떠한 것이든 배울 수 있다.

3. 세계는 광대해서 인간에게 무한한 기회를 제공한다.

4. 인류의 역사는 진보의 역사이다. 어떠한 문제든 해답이 있기에 진보는 중단될 필요가 없다.[3]

생태주의자 데이비드 에렌펠드는 문제에 대한 접근법과 관련한 이 세계관의 마지막 가정에 대해 다음과 같이 몇 가지 추론을 제시한다.

1. 모든 문제는 해결될 수 있다.

2. 모든 문제를 사람이 해결할 수 있다.

3. 많은 문제는 기술로 해결할 수 있다.

4. 문제가 기술로 해결될 수 없거나 기술만으로 해결될 수 없다면 (정치학과 경제학 등) 사회적인 세계에 그 해결책이 있다.

5. 상황이 급박해지면, 사람들은 너무 늦기 전에 다 같이 협력하여 해결책을 찾으려고 할 것이다.[4]

이러한 세계관에서 지구는, 전적으로는 아니지만, 주로 자연자원의 집합체로 간주된다. 이 자원들 가운데 일부는 유한하지만, 기술사회가 그 대체물을 만들어 낼 수 있다. 여기에는 인간 문명이 존속될 것이라는 지배적인 신념이 있다. 인간은 자연의 나머지 부분

보다 위에 있고, 더 우월하며, 외부에 있으므로 인간은 자연을 계속 지배할 것이다. 인간 중심적 관점, 즉 인간중심주의로 모든 자연을 바라본다.

윌리엄 캐튼이 설명한 것처럼, 사회과학에서 이러한 세계관은 인간중심성human-centernesss이라는 극단적인 입장에 도달한다. 다음과 같은 네 가지 유명한 개념이 사회과학의 관점을 지배한다.

1. 인간은 그들의 유전적 유산 외에 이와 뚜렷이 구별되는 문화적 유산도 갖고 있기 때문에 지구의 다른 생명체들과는 완전히 다르다.

2. 문화란 거의 무한정 다양할 수 있고, 생물학적 특성보다 훨씬 더 쉽게 변화할 수 있다

3. 따라서 인간의 여러 특성은 선천적이라기보다는 사회적으로 유도된 것이므로 사회에서 바꿀 수 있고, 불편한 차이도 제거할 수 있다.

4. 또한 문화가 축적될 수 있다는 건 기술적, 사회적 진보가 무한히 가능하며 궁극적으로 모든 사회문제를 해결할 수 있다는 것을 의미한다.[5]

지배적인 세계관은 지난 수백 년 동안 유럽과 북미에서 발전했지만, 미국에서 가장 분명하게 드러났다. 통찰력 있는 여러 비평가들이 1830년대 알렉시스 드 토크빌의 고전적 연구를 시작으로, 미국의 특성과 문화를 요약해서 이야기해 왔다. 토크빌의 평가와 국가환경정책법이 제정된 해인 1970년 지구의 날에 발행된 로빈 윌리엄스Robin Williams의 미국 사회에 대한 평가를 비교해 보면, 미국

에서 지배적인 세계관의 여러 양상이 큰 변화 없이 지속돼 왔다는 것을 알 수 있다.[6]

월리엄스가 이 문화에서 지속되고 있다고 생각한 가치들 중에는 사회 진보의 기회에 대한 믿음, 삶의 목표가 안락함과 편리함이라는 믿음, 인종주의에 대한 완고한 태도, 기술과 진보에 대한 신념이 있었다. 그는 주요 정치 지도자들의 표현과 대중 여론조사 결과, 교과서와 다른 자료들의 주요 주제들을 검토하면서, 그 안에서 '자연환경의 질'이라는 가치 내지 생물다양성 유지의 가치와 인간 이외의 종에 내재한 가치에 대한 어떤 표현도 발견하지 못했다. 개인주의적 인식이 널리 퍼져 있었고 인간 공동체의 가치에 관한 주장은 거의 없었으며, '대지 공동체land community'에 관한 주장은 훨씬 더 적었다. 그는 자연의 일부 측면, 즉 에너지와 광물 등을 성장하는 경제에 도움이 되도록 이용하고 개발하기 위해 과학 연구와 기술을 연결하는 것이 무엇보다 우선되는 가치로 여겨진다는 점을 발견했다.

◆

세계관에 대한 비교

역사학자 모리스 버만Morris Berman은 중세 시대의 세계관과 17세기의 세계관을 다음과 같이 요약한다.[7]

중세의 세계관

- 우주: 지구가 중심이다. 투명한 천구가 동심원 형태로 있고, 지구가 그 중

심에 있다. 우주는 닫혀 있고, 제1운동자運動者인 신이 가장 바깥에 있는 천체로 존재한다.

- 설명: 형상인formal cause과 목적인final cause의 관점으로 설명한다. 그러므로 목적론적이다. 신 이외의 모든 것은 생성 과정에 있다. 따라서 자연적인 장소, 자연적인 운동도 생성 과정에 있다.
- 운동: 힘을 받아 움직이거나 자연적으로 움직인다. 두 경우 모두 운동자가 필요하다.
- 물질: 연속적이어서 비어 있는 곳이 없다.
- 시간: 순환적이고, 정적이다
- 자연: 구체적인 것과 질적인 것을 통해 이해된다. 자연은 살아 있으며 유기적이다. 그러므로 우리는 자연을 관찰하고 보편적인 원리로부터 자연을 추론해 낸다.

17세기의 세계관

- 우주: 태양이 중심이다. 그러므로 지구는 특별한 지위를 갖지 않으며, 태양의 중력 때문에 행성들은 궤도를 유지한다. 우주는 무한하다.
- 설명: 물질과 운동의 관점에서만 설명한다. 이때 물질과 운동을 움직이는 상위의 목적은 없다. 물질적이고 철학적인 의미 모두에서 원자론적이다.
- 운동: 관성의 법칙으로 표현되는데 그 원인은 설명되지 않는다.
- 물질: 원자로 구성되어 있으며 원자 사이에 진공이 존재한다.
- 시간: 선형적이며 앞으로 나아간다.
- 자연: 추상적이며 양적인 것들을 통해서 이해된다. 자연은 죽어 있고, 기계적이며, 조작(실험)과 수학적 개념화를 통해서 이해된다.

━━━━ ◆ ━━━━

일부 역사가와 사회과학자 사이에서 지배적인 세계관이 어떻게 발생했고 발달했는지 규명하려는 시도가 광범위하게 펼쳐졌다. 어떤 학자들은 인간 중심적 가정에 기반한 유대-기독교적 기원으로부터 유래를 찾았다. 또 다른 이들은 시장경제의 발달에서 이 세계관의 원동력이 발견된다고 생각했다. 그들은 자본주의의 등장이 끼친 영향을 탐색했다. 아울러 남성 중심적인 계급체계에 기반한 가부장적인 사회에 그 기원이 있다고 보는 문헌이 늘고 있다.[8]

사회학자 막스 베버는 '세계의 탈주술화the disenchantment of the world'가 '도구적 합리성'의 등장에 따른 것이라고 설명했다. 이러한 견해에서 보면, 도구적 합리성을 작동시키기 가장 좋은 사회조직이 관료사회다. 관료사회는 뚜렷한 목적의식을 갖고 잘 계획하여 목적을 달성하고자 자원을 효과적으로 이용하는 것을 주요 목표로 한다.

여기서 우리의 의도는 지배적인 세계관의 기원과 전개를 광범위하게 검토하는 것이 아니라 이 세계관이 일반적으로 현재 사회에 미치는 영향과 궁극적인 실재(형이상학), 지식(인식론), 존재하는 것(존재론), 우주(우주론), 사회조직에 대한 우리의 접근방식에 미치는 영향을 탐색하는 것이다.

2. 지배적인 세계관에 대한 지속적인 비판

지난 500년 동안 지배적인 세계관의 일부 가정들에 대해 서구의 철학자와 시인, 종교인, 다양한 철학적 배경의 사람들이 이의를 제기하고 비판해 왔다. 이 비판자들에는 토머스 맬서스, 윌리엄 블레이크와 많은 낭만주의 시인들, 목가적 자연주의 문학 전통에 속한 많은 이들, 17세기 네덜란드의 철학자 바뤼흐 스피노자와 20세기 독일의 철학자 마르틴 하이데거와 같은 사상가들이 포함된다. 이러한 비판 가운데 하나는 늘어나는 인구로 인해 많은 자연자원이 이용되고 있는 문제를 주제로 한다.

1803년, 맬서스는 인구가 기하급수적으로 증가해서 식량 생산을 뛰어넘을 것이며 '보편적인 불행'을 낳을 것이라는 주장을 내놓았지만, 산업주의적/기술적 낙관주의의 물결이 고조되면서 그의 경고는 간과되었다. 이러한 경고는 이어서 윌리엄 캐튼의 현대적이고 정교한 생태적 사고에서 명확하게 표현된다. 캐튼은 장기적으로 일정한 종의 개체 수를 유지하는 데 필요한 환경의 능력인 '환경수용력'이라는 생태학적 개념을 적용하여, 인류의 인구는 이미 오래전에 급격히 증가했다가 급격히 감소하는 일이 반복적으로 일어나는 위험 단계에 들어섰다고 주장했다.[9]

미국의 지리학자 조지 퍼킨스 마시는 현대 인간이 환경에 미친 영향 때문에 종의 멸종 비율이 증가하고 인간의 멸종마저 초래될 것이라고 경고한 최초의 미국인이었다. 생태학자 윌리엄 보그트는 환경 위기를 더욱 분명하게 표현했으며(『생존으로 가는 길Road to

Survival』, 1948), 1960년대 폴 에얼릭과 같은 급진적 생태학자들의 연구를 예견했다.

앞에서 언급한 생태학자와 지리학자, 생물학자와 그들의 많은 동료들은 진보라는 가정에 주목한 반면, 다른 비판자들은 인간의 자연 지배라는 가정에 주목했다. 심지어 13세기에 이미 아시시의 프란치스코 성인은 기독교의 방향을 지배적인 인간 중심적 가정으로부터 더 오래되고, 보다 물활론적인animistic 생명 중심의 입장으로 전환하기 위해 노력했다. 그는 '신의 모든 피조물의 민주주의'를 제안했다.

서구의 많은 철학자들이 현대의 지배적인 세계관을 비판하는데 꾸물거렸던 반면, 20세기 초기의 한 철학자는 서양철학의 인간 중심주의와 기독교의 지배적인 관점을 통렬하게 공격했다. 조지 산타야나는 1911년에 버클리의 캘리포니아 대학에서 '미국 철학의 고답적 전통'이란 제목의 발표를 했는데, 이 연설은 주관적이지도 인간 중심적이지도 않고 근본적으로 물질주의적이지 않은 대안적 세계관과 환경윤리에 관한 현대적인 탐구의 진전에서 역사적인 전환점이었다.[10]

이 연설에서 산타야나는 우리가 자연과 밀접하고 친밀하게 접촉하여 생태적 의식을 기른다면, 인간 우월적 사고방식을 버리는데 도움이 될 것이라고 시사했다.

최근에 내가 만나서 반가웠던 한 캘리포니아 사람은 만약 철학자들이 산속에서 살았다면 자신들의 시스템이 지금과는 달랐을 거랍니다. 소크라테스 이후 유럽의 고답적 전통이 전승한 그러한 시스템과는 확실히 달랐을 겁니다. 그 시스템은 자기중심적이기 때문입니다. 직간접적으로 인간 중심적이며, 남성 또는 인간의 이성, 선과 악에 대한 인간의 구분이 우주의 중심이자 중심축이라는 교만한 생각이 불어넣어졌습니다. 이런 것은 산이나 숲에 있었다면 주장하기 부끄러웠을 테지요.

산타야나에 의하면, 칼뱅주의는 인간과 자연 모두가 죄가 있고 구원받아야 한다고 보았던 반면 랄프 왈도 에머슨을 비롯한 초월주의는 자연을 "너무나도 아름다워서 유용한 것"으로 보았다. 초월주의는 "체계적인 주관주의", "자연에 대한 허위의 체계"였다. 산타야나는 서구의 종교와 철학이 도시 산업사회, 즉 "미국의 의지"를 발전시키는 데 어떠한 제약도 가하지 못한 점이 문제라고 보았다. 오히려 기술의 자연 지배에 정당성을 제공하고 있었다. 산타야나는 미국 작가 월트 휘트먼만이 민주주의 원칙을 "동물, 무생물계, 우주 전체"에 확장함으로써 고답적 전통과 인간중심주의에서 완전히 벗어났다고 주장했다. 산타야나는 철학에서 휘트먼이 시작한 새로운 비인간 중심의 혁명—"고귀한 도덕적 상상력"—을 고대했다.

인간 중심적이지 않은 '고귀한 도덕적 상상력'의 예를 가장 완벽하게 보여 준 비非선주민 출신 미국인이 산타야나가 연설했던 당시 캘리포니아에 살고 있었다. 존 뮤어(1838~1914)는 1860년대 위스콘신 대학에서 과학과 초월주의를 배우면서 자신이 받았던 칼뱅주의적 가정교육을 극복했다. 뮤어는 청년 시기에 기술 천재로서의 경력을 중단했다. 그는 1867년 인디애나에서부터 멕시코 만까지 1000마일(약 1609킬로미터)을 걷는 동안 인간중심주의에서 벗어난 자신의 철학을 발전시켰다. 그 후 10년 동안, 뮤어는 요세미티 계곡과 시에라 고원 지역을 돌아다녔으며 지질학과 식물학과 자연사를 연구했다. 그는 자연을 직관적으로 직접 체험하면서 생태 의식을 길렀다. 뮤어의 생태 의식은 매우 과소평가되고 곡해되어왔다. 그는 주로 야생보존 운동의 '선전가'로 불렸지만 소로보다 한층 더 초월주의라는 주관주의를 극복한 인물이다. 뮤어는 부적절한 물 개발에 대항하고, 산림 생태계를 '나무 농장' 관리로 전환하려는 시도에 맞서 싸웠다. 그는 최소한 일부 지역은 자연이 자유롭게 흘러가도록 놔두는 것이 야생지 보호에 필수적이라고 주장했다.

기술사회는 자연의 나머지로부터 인간을 분리시킬 뿐만 아니라, 인간을 자기 자신으로부터, 그리고 서로로부터 소외시킨다. 기술사회는 필연적으로 파괴적인 가치를 조장하고 종종 자연 세계와 상호작용하는, 안정적이고 실행 가능한 인간 공동체의 기초를 파괴하는 목표를 부추긴다. 기술 중심적인 세계관은 자연과 자연의 자연스러운 움직임을 완전히 정복하고 지배하는 것을 궁극적인 비전으로 삼는다. 이 비전은 인간의 설계 계획서에 맞게 수정되고, 인간을 위해서 인간이 관리하는 '전적으로 인위적인 환경'에 관한 비전이다.

현대의 기독교 신학자 하비 콕스는 미래에는 도시("인간의 자연으로부터의 분리를 가장 분명하게 표현하는")가 지배적인 삶의 양식이 될 것이라고 전망하며 이 비전을 대변했는데 "개입되지 않은 형태의 자연은 드물게 존재할 것이며, 오로지 인간이 자연을 허락하는 경우에만 가능할 것"이라고 보았다.[11] 기술사회가 의존하는 궁극적인 가치 판단, 즉 필연적으로 자연 세계를 희생하면서 더 많이 개발하고 인위적인 환경을 확장하는 것으로 여겨지는 진보는 생태적인 관점에서는 명백한 퇴보로 간주되어야 한다.

지금까지 서구의 지배적인 세계관과 이에 대한 일부 비평가들에 관해서 간략하게 설명했다. 이 세계관에 대한 급진적인 비판을 토대로 하는 심층생태학적 견해는 현대의 기술만능주의적 문화의 주된 목표에 반대하는 비타협적 입장으로 이어진다.

───── ◆ ─────

우리가 반복해서 살펴보는 생태학의 통찰력은 생물학자 닐 에번던Neil Everndon이 자신의 에세이 「생태학을 넘어서Beyond Ecology」에서 논한 것처럼 말 그대로 전체에서 부분들의 상호작용이다.[12]

생태학에서 그야말로 체제 전복적인 요소는 생태학의 보다 정교한 개념들이 아니라 그 기본적인 전제에 있다. 그 전제는 상호관계성이다. 그러나 나는 일반적으로 생태학자들이 이 명제의 진실로 급진적인 성격을 인식하고 있다고는 생각하지 않는다. 서구적인 지성인에게 상호관계성은 인과 관계를 의미한다. 어떤 것의 변화가 다른 것에 영향을 끼칠 때, 이들은 상호연결되어 있다고 본다. 그래서 모든 것이 서로 연관되어 있다고 말하는 것은, 만약 우리가 우리의 '자원'을 개발하고자 한다면 그러한 상호영향을 완화할 기술적인 수단을 찾아야만 한다는 것을 시사한다. 오염에 대한 해결책은 오염을 줄이는 것이다. 하지만 실제로 주의 깊게 여겨야 할 것은 생태계에 속한 부분들의 진정한 상호작용이다. 분리된 존재는 없다. ······ 생태학은 성장 중독자와 고질적인 개발업자뿐만 아니라 과학 자체도 약화시킨다.

———— ◆ ————

가슴에는 이성이 알지 못하는 이유가 있다.

— 파스칼, 『팡세』

제4장

개량주의적
대응

자연환경이 파괴되거나 붕괴되는 속도와 지상의
모든 생물종을 떠올려 본다면, 지금 우리가 생물종을
하루에 하나씩 잃고 있다고 가정해도 이상하지 않다.
1980년대 말 즈음이면 시간당 생물종이 하나씩
사라질지도 모르겠다. 20세기 말이면 자그마치 백만
가지에 달하는 생물종을, 수십 년 안에는 그보다
훨씬 많은 생물종을 잃게 될 것이다. 인구증가가
안정되지 않고 과소비하는 삶의 방식이 바뀌지 않은
채 이대로 가다가는 말이다.

— 생태학자 노먼 마이어스(1979)

앞 장에서 지배적인 세계관이 내세운 가정과, 이를 비판하며 나온 도전 몇 가지를 대략 살펴보았다. 이 장에서는 이러한 가정에 대한 개량주의적 대응 몇 가지와 지난 200년 동안 이 관점에서 비롯된 행동의 요점을 짚어 보고자 한다. '개량주의적reformist'라는 단어는 지배적인 세계관의 주요 모순이나 가정에 대해서는 진지하게 이의를 제기하지 않은 채, 현 사회에서 환경문제를 다루려는 시도를 의미한다.

이 장의 첫 번째 부분은 개량주의적 사고를 철학적 관점에서 살펴볼 것이다. 1) 자원보전과 개발 2) 인본주의 철학 3) 동물권 혹은 '동물 해방' 운동 4) '성장의 한계' 대응 순으로 간략하게 논의하겠다. 심층생태학의 관점에서 보면, 개량주의적 태도의 주된 약점은 궁극적으로 인간중심주의란 점이다. 자원보전과 개발 이데올로기에 대한 논의는 제8장에서 더 자세하게 다룰 것이다.

두 번째 부분에서는 특히 19세기 후반부터 20세기 사이에 특히 미국 사회라는 맥락에서 지배적인 세계관으로 인한 문제가 계속 발생하며 급증하고 있다는 것을 서서히 인식하고, 이에 개량주의적인 정치로 대응했던 양상을 간략히 살펴볼 것이다. 우리는 이러한 변화를 생태적 의식이 점진적으로 다시 깨어난다는 의미로, '보전에서 생태로의 변화'라고 부른다.

1. 개량주의의 철학

개량주의의 철학적 입장은 진보의 개념을 18세기와 19세기 계몽주의 사상가들의 연장선상에서, 인간의 문화가 채집하고 사냥하며 미신을 믿는 사람들의 원시적인 상태에서 철학과 형이상학을 거쳐, 인간 문화의 절정인 과학-기술주의 사회로 발전해 온 것으로 이해한다. 전통적으로 철학은 사회를 비판하는 소크라테스적인 역할을 했으나, 이제 과학 사회에서는 이런 역할이 필요하지 않다고 여겨지고 있다. 세계관을 변화시켜 생태적 상호관계성과 일치하는 형이상학에 바탕을 두어야 할 필요성을 거의 인식하지 못한다.

(1) 자원보전과 개발

자원보전과 개발의 관점에서는 자연을 기본적으로 인간이 이용하고 개발할 자원으로 본다. 최신의 공리주의적 보전주의 입장을 옹호하는 현대의 주요 대중이론가로 존 패스모어와 개릿 하딘, 두 사람이 있다. 패스모어는 『자연에 대한 인간의 책임Man's Responsibility for Nature』을 출판한 뒤 극적으로 생각을 바꾸고 다음과 같이 주장했다.

> 우리에겐 새로운 형이상학이, 진정으로 인간 중심적이지 않은 형이상학이 필요하다. …… 나는 그러한 형이상학에 근거해서 작업하는 것이 철학 앞에 놓인 가장 중요한 임무라고 판단한다. …… 그렇다면, 자연을 대하는 새로운 도덕적 태도의 등장은 보다 현실적인 자연철학의 등장과 밀접한 관계가 있다. 이러한 도덕적 태도만이 실질적으로 환경을 염려하는 태도의 기반으로 적절하다.[1]

개릿 하딘은 총체적인 환경 파괴로부터 공유지를 지키기 위해 법적 구속력("상호 합의된 상호 강제")을 강화하자고 요구함으로써, 낡은 보전주의 입장을 세련되게 다듬었다. 또 나아가 전 세계적으로 심각한 인구과잉의 결과로, 현재 우리의 상황은 구명정에 탄 것과 비슷하다고 주장한다. 상품과 에너지를 고도로 소비하는 도시-산업 시스템을 떠받치려면 저개발 국가 원조를 중단해야 한다는 것이다. 우리는 자본주의적 토대에서 저개발 국가의 자원을 끊임없이 사용하면서 풍족하게 살아남지만, 정작 저개발국의 국민들은 생물학적 환경수용력 상태에 머물 정도로 굶주리며 죽어 가게 된다. 또 하딘은 자연 관리와 통제를 강화하는 것 말고는 대안이 없다고 주장한다. 하딘의 글은 인간이 이기적이고 인간 중심적으로 지구와 인간 외 존재들에게 약탈적 태도로 접근하면서 벌어지

는 일련의 불가피한 결과들을 논리적인 결론으로 도출했다는 점에서 큰 의미가 있다.[2]

존 로드맨은 자원보전과 개발 철학이 미래세대 논쟁의 주요한 토대가 될 것이라고 진단했다.

후손에게 최선인지 여부가 보전주의 관점에서 규범적 판단을 내리는 주요 기준이 되었다. 분명 환경보전운동은 이렇게 후손에게 좋은지 여부에 집중한다는 점 때문에 영향력을 가장 크게 발휘했다. 이런 점에서 생태적 의식을 가진 후기 보전주의자의 여러 유형은 자원보전주의를 이어받았다는 표시를 모두 보여 준다. 저 기준이 보전주의가 가장 강력하게 어필하는 부분이라는 것은 분명하다.[3]

(2) 개량주의적 관점의 인본주의

인본주의 철학은 오만한 인간중심주의에 기반해 자연에 접근하도록 조장하고, 인간이 통제하는 인위적인 환경이라는 비전의 세속적 기반을 근대 서구에 제시했다는 점에서 최근에 날카롭게 비난받았다. 철학자 피트 군터는 이렇게 주장한다.

실용주의, 마르크스주의, 과학적 인본주의, 프랑스의 실증주의, 독일의 기계론은 모두 반종교적인 도그마를 주장하며 잘난 체하는 무리로, 18세기 후반과 19세기에 등장해 지금은 과학, 정치, 경제, 교육 제도에 깊이 자리 잡고 있다. 이들은, 그 주장하는 바대로, 정말로 인간을 자연의 일부로 보지 않는다. 오히려 자연을 인간이 이용할

원자재나 원자재의 연장선 정도로만 본다.[4]

시어도어 로작은 이렇게 주장했다. "인본주의적 결의가 충분히 강하기만 하면, 아직은 좋은 사회를 만들 수 있을 거라고 열렬하게 믿는 사람들이 있다. 나는 동의하지 않는다. 인본주의는 도시-산업 사회의 꽃 중의 꽃이다. 하지만 이 꽃에서 소외의 악취가 흘러나와 도시-산업 사회와 문화 전반과 공공정책에 스며들어 있다."[5]

1925년에 조지 산타야나는 존 듀이의 실용주의를 일러, 미국의 산업과 사회의 모든 가정을 정당화하기 위해 계산된 극도의 주관주의라 했고, 실용주의를 미국의 인간 중심적인 고답적 전통에 포함시켰다. 20년 뒤에 영국 철학자 버트런드 러셀도 듀이와 카를 마르크스의 인간중심주의를 가리켜, 자연에다 사회 권력을 행사한다는 생각에 도취돼 "비록 의도하지 않았더라도, 광범위한 사회적 재난의 위험을 증가시키는 데 기여했다"고 주장했다.[6]

(3) 동물권과 동물 해방

개량주의적 대응의 일환으로, 최근에 철학자들 간에 동물권과 동물 해방 문제에 관심이 폭발적으로 증가했다. 이러한 관심의 많은 부분은 피터 싱어가 저서 『동물 해방Animal Liberation』(1975)을 쓰면서 촉발됐다. 그는 이 책에서 기술사회가 비인간 존재를 무감각하게 다루는 태도를 지적하며 큰 영향을 미쳤다. 최근에 철학자들은 채식주의, 생체해부, 스포츠 사냥, 동물 가축 사육장에서 벌어지는 비인도적인 대우, 공장식 양계장, 인간의 즐거움을 위해 야생동물을 동물원이나 서커스에 가두는 일, 제품 테스트와 과학이라는 명목으로 수많은 동물에게 저지르는 쓸데없고 말할 수 없이 잔인한 행위와 같은 도덕적 문제를 활발하게 논의하고 있다.

이 철학자들은 현대 서구의 윤리 이론에 근거해서 인간 외의 동물도, 최소한 고도로 진화해서 지각이 있는 동물에게도 나름의 '권리'가 있다고 주장하며, 그렇진 않더라도 공리주의가 고통이나 통증을 느낄 수 있는 동물의 도덕적 중요성을 다룰 수 있다고 본다. 심층생태학 이론가들도 동물해방론자가 다루는 다양한 문제에 관심이 많긴 하지만, 이런 문제의 많은 부분은 주로 더 깊이 자리 잡고 있는 문제들이 나타난 증상이라고 생각한다. 현대 인본주의 윤리 이론은 뼛속까지 인간 중심적이며, 엄밀하게 말해서 인간들 사이의 문제를 다루도록 설계되어 있다. 이 이론을 다른 동물들까지 확장하려고 시도한다 해도(도덕확장주의), 동물에 대한 도덕적 배려(내재적 가치)는 인간의 경우보다 훨씬 적다.

현대 윤리 이론에서는 일부 존재들, 즉 무생물계 전체와 더불어 지각이 거의 없거나 아예 없어 보이는 존재에겐 도덕적 지위가 전혀 없다고 본다. 따라서 동물권의 이론화는 심층생태학이 내세우는 "생태의 원칙적인 평등주의" 주장과 어긋나는 경향이 있다. 존 로드맨의 지적처럼 "이 도덕의 마당에는 서열이 있다". 또 로드맨은 동물권의 이론화 과정은 도시/산업 세계관의 기본 가정에 대해 소심하게 굴며 어떠한 도전도, 점검도 하지도 않는다고 지적했다. "기존 윤리를 확장해서 '새로운 윤리'를 만들려는 시도는, 결국 관습적인 근대 패러다임의 가정을 영속화할 뿐이다. 아무리 경계에서 머뭇거린다 해도 …… [동물권 운동은] 근대 문화의 인간 중심적 관점을 초월할 가능성을 만지작거리기만 할 뿐, '인간의 완전한 자연 정복'이라는 근대성의 기본 계획을 미묘하게 실행하고 정당화한다."[7]

(4) '성장의 한계' 대응

성장의 한계 논쟁에는 철학적 논의와 공공정책 논의가 결합돼 있다. 철학의 입장에서 성장의 한계 논쟁은 인간의 '운명'을 둘러싼 논의에 집중해 왔다. 일부 철학자는 인간이 '궁극적 자원'이기 때문에, 지구상에 인간의 수가 많아질수록 더 바람직하다고 주장한다. 여기서 사람의 수가 많아진다는 것은 생산하고 소비할 기회와 창의성이 많아진다는 것을 의미한다.

이 논쟁에 대해 개량주의는 인구, 산업화, 자원 사용의 상호작용에 대해 상당한 양의 자료를 모으고, 이러한 상호작용들로부터 모델을 만드는 방식으로 대응했다. 그리고 컴퓨터 시뮬레이션을 이용해서, 인간이 자원을 지속적으로 사용할 경우 나올 다양한 결과와 시나리오를 산출했다.

1803년에 토머스 맬서스가 인구 증가와 식량 공급의 결과를 논의했다면, 최근 이 상황이 가장 극적으로 대응한 사례는 폴 에얼릭의 저서 『인구 폭탄The Population Bomb』(1968) 출간이었다.

로마클럽은 미래에 대한 합리적 계획을 세우는 연구 기관으로, 1970년대 초반에 제이 포레스터의 '월드 모델'을 알린 뒤에 월드 모델을 몇 가지 시리즈로 내놓았다.[8] 이 방대한 자료는 1980년에 카터 대통령의 의뢰를 받아 제럴드 바니가 요약해 쓴『대통령에게 전하는 2000년의 세계 보고서The Global 2000 Report to the President』에 반영되었다. 이 책은 미국과 독일, 일본에서 베스트셀러가 되었다.[9] 보고서는 기존에 환경운동가가 예상했던 것보다 훨씬 더 광범위한 개혁이 필요하다는 논쟁을 불러일으켰다. 그러면서 '제로 인구 성장', '글로벌 2000그룹' 같은 수많은 자발적인 단체가 조직되어 정책 개혁을 추구했다.

2. 개량주의적 정치 대응

생태적 의식 또는 생태적 양심을 향한 움직임은 전 세계적으로 느리게 진행되었다. 최근까지만 해도 인간과 자연과의 관계를 깨달았다고 자처하는 현대인은 자신을 보전주의자라고 생각했다. 생태학자 존 리빙스턴은 보전이라는 개념에 대해 "'천연자원'을 돌보는 것으로, 인간이 영속적으로 언제든지 바로 쓸 수 있도록 고갈되거나 낭비되거나 훼손되지 않도록 보호하는 것"이라고 정의했다.[10] 존 패스모어는 보전의 의미를 나중에 소비하기 위해 천연자원을 남겨두는 것이라고 정의했다.[11] 20세기로 넘어갈 무렵, 진보적 운동 쪽에서 특히, 정치인 기포드 핀쇼가 시어도어 루스벨트 대통령에게

● '월드 모델'은 컴퓨터 시뮬레이션 모델인데, 그중 '월드 3' 모델로 나온 결과에 바탕한 보고서가 유명한『성장의 한계』다.

영향을 끼친 결과로, 공리주의적 자원보전과 개발의 현대판이 태동했다. 자원의 '현명한 사용'은 '최대 다수 인간'의 이익을 위해 자연을 '이성적이고 효과적이며 과학적이고 기술적으로 관리'하는 것으로 달성될 수 있다는 것이다. 그렇게 되면 무분별한 개발은 멈추고, 사회정의가 실현될 것이었다.

핀쇼는 미국 초대 산림청장이 되었다. 이어서 '자원 전문가(과학적인 자연 관리자)'가 부상했다. 자원관리 프로그램이 만들어져 전 세계 대학으로 급속도로 퍼졌다. 과학적인 산림 전문가, 농업 전문가, 야생동물 전문가, 방목장 관리자, 토양 과학자 등에 대한 수요가 새롭게 커졌기에, 이들을 자원 및 개발과 관련된 정부기관과 산업에 공급하기 위해서였다. 이 시점부터 숲에서부터 야생동물에 이르기까지 야생 자연은 인간이 일군 옥수수밭처럼 취급되고, 인간이 관리하고 '수확'하는 대상이 되었다.

마찬가지로 인간 역시도 새로이 생겨나고 있는 도시−산업 사회에 최대한 이익이 되도록 관리해야 할 자원 정도로 여겨지기 시작했는데, 이러한 변화가 우연의 일치가 아닌 것은 분명하다. 이제 '사람'에 대한 개념이 상품을 보다 효율적으로 생산하기 위해 현대 과학적 관리 원칙을 적용해야 하는 대상, 즉 '인력(그리고 '소비자')'으로 바뀐 것은 자연을 힘 있는 자들의 이익을 위해 관리하고 다루어야 하는 자원으로 보는 사고방식과 의식의 이면일 뿐이다. 지금도 우리 대학가에는 '레저 경영 전문가'와 '야생동물 관리 전문가'를 교육하는 프로그램이 있다. 이들은 대체로 사람을 관리하는 업종의 전문가이다.

현대인이 일으킨 분석적인 오류는 감각 인식의 세계를 밝힘으로써 과학적으로 이미 이루어 낸 것을 종교적인 의미로는 이해하지 못했다는 데 있다. 초창기 과학자들이 업으로 삼던, 신의 마음을 읽는 것, 즉 존재의 의미에 대한 궁극적인 답을 찾아가는 과정에서, 근대인은 생명을 설명하느라 생명을 체험할 가능성을 배제해 버렸다. 심지어 그마저도 서구인은 세상을 잘못 이해한 채 세상을 설명했다.

—바인 델로리아Vine Deloria, 『신은 붉다God is Red』(1973) [12]

자원관리 이데올로기는 두 가지의 개량주의적 대응으로 동시에 발전했는데, 한쪽은 자연을 근시안적이고 거리낌 없이 취급하는 쪽으로 발전한 반면, 다른 쪽은 약간의 땅과 물은 인간의 휴게 공간이나 다른 생물종의 서식지로 남겨 두는 일을 할 기관의 필요성에 주목했다.

19세기 초반, 일부 과학자는 도시화, 산업화, 인간에 의한 공기와 물의 오염과 특정한 질병 확산 간의 상관관계를 이해하기 시작했다. 의사와 공중위생 전문가는 도시의 물 정화 장치, 도시 상수도 유역 보호, 하수 처리 시설에 주요하게 공공 투자를 하는 것에 찬성했다. 공중위생 문제를 해결하기 위한 기술적 해결책을 둘러싼 논쟁은 사람들에게 깨끗한 물과 공기가 주는 이익 여부에 초점이 맞춰졌다.

19세기 하반기에 화가, 박물학자, 생물학자, 자연을 노래한 작가들이 미국의 자연 풍경에서 경관, 생태적 가치, 여가가 갖는 가치에 관심을 불러일으켰다. 자신의 생각을 잘 표현할 줄 아는 도시 계획 설계자이자 활동가인 프레데릭 로 옴스테드는 시민 대중의 육체적 정신적 건강을 위해서는 시골과 아주 큰 대도시 모두에 공원이 필요하다고 주장했다. 유럽의 귀족이 사냥터와 시골 은신처를 가졌듯이, 민주 국가의 시민도 자연의 경이로움을 고요하게 바라보기 위한 공간에 접근할 권리가 있다는 것이다. 옴스테드는 남북 전쟁 전에 뉴욕에 센트럴 파크를 건립하는 데 중요한 역할을 했고, 1864년에 캘리포니아 요세미티 국립공원의 초대 관리위원장이 되었다.[13]

1872년 의회는 옐로스톤 공원법을 통과시킴으로써 국립공원을 만들 수 있는 법적 근거를 남겼다. 그러나 의회는 가장 어려운 문제는 해결하지는 못했다. 생물다양성과 야생 자연의 보호 지역으로서의 공원과, 인간의 휴식 공간으로서의 공원 사이에서 어떤 방향으로 공원이 자리매김해야 할지 그 문제는 풀지 못했던 것이다.

인근에 새로 생긴 공원을 관광하러 오는 일이 경제성장에 이로운 영향을 주자, 철도 회사와 다른 사업들도 공원 운동을 지지하게 되었다. 1916년 공원을 관리하는 새로운 기관인 국립공원관리청을 만들 수 있는 국립공원법이 의회에서 통과되고, 국립공원관리청이 설립되었다. 1916년에 이후 보전주의자의 성공적인 캠페인 덕분에 올림픽 국립공원, 그랜드캐니언 국립공원, 그랜드티턴 국립공원, 킹스캐니언 국립공원, 레드우드 국립공원 등 국립공원이 더 많이 만들어졌다. 1964년의 야생지보호법은 추후 국유림과 국립공원에 토지를 확보할 수 있는 절차를 마련했다.

특히 1916년에서 1935년은 야생동물을 보호하려는 개량주의
적 행동이 벌어진 시기로 특징지을 수 있다. 야생동물 전문가, 사냥
단체, 총기 제조업자와 다수의 보전주의자는 야생동물을 보호하고
야생동물 보호구역을 조성하려고 했다. 이 운동의 대변인들은, 사
냥은 위대한 국가적 전통이고, 야생동물의 보전은 산업 확장과 나
란히 병행할 수 있는 문제이며, 관습법에 따라 야생동물은 공공재
산이기 때문에 야생동물 보호 목적으로 토지를 수용했을 때 그 토
지소유자 개인에게 보상해 주는 공공기관을 설립해야 한다고 주장
했다. 이 운동으로 미국에서 대부분의 주들이 어업수렵국을 설립
하고는, 사냥감이 아닌 동물의 보호(사냥꾼의 입장에서 사냥할 가치가 없
는 동물의 보호), 포식자(특히 인간이 땅을 사용하는 데 '방해되는' 늑대나 코요테)
통제, 사냥감이 되는 동물의 육성과 같은 문제를 놓고 집중적으로
논쟁을 벌였다.[14]

1940년 전에는 대부분의 도심에 도시 용수와 하수처리시설이
있었다. 그러나 1950년 이후에 제초제와 살충제, 유독성 화학물질
이 환경에 침투하면서 훨씬 심각하고 거의 해결 불가능한 공중위생
상의 문제가 위기 사태로까지 커졌다.[15] 이 화학물질들은 작물 생산
효율을 높이려고 사용되거나, 산업 공정과 화석연료 대량 소비의
부산물로 나온 것이었다.

지난 50년간 점점 많은 수의 과학자와 환경 활동가가 관심사
를 넓혀서 지배적인 세계관의 주요 가정을 비판하고, 사회적 정치
적 요인을 다루었다. 이들 중 일부는 자연에 영적으로 접근하자고

주장한 존 뮤어의 지도를 따랐다. 알도 레오폴드, 찰스 엘턴, 폴 시어스, 윌리엄 보그트, 유진 오덤, F. 프레이저 달링을 비롯한 여러 전문 생태학자는 환경 악화가 인간에게 미칠 위험을 알아보고, 새로운 대지윤리land ethic●를 요구했다. 이 같은 대지윤리 요구와 생태적 의식을 함양하자는 요구는 레이첼 카슨, 올더스 헉슬리, 알도 레오폴드를 비롯한 다른 사람들에게서도 분명하게 나타난다.

생태철학을 탐색하는 과정의 전환점은 스튜어트 유달의 『조용한 위기The Quiet Crisis』(1962)의 등장이었다. 이 책에서 유달은 토머스 제퍼슨에서 핀쇼와 뮤어에 이르기까지 미국의 보전 위기와 환경적 사유를 개괄한다. 유달은 자신이 미국의 자연 보전사를 저술하는 과정이 어려웠다면서, 의미심장한 문제를 제기했다. 이 분야에서 역사와 정치 연구가 심히 부족했다는 점이 알려지면서 파문이 일었다. 그전까지 학계는 대체로 인간과 자연의 관계라는 중요한 문제를 계속 무시했었다. 모른 척해 온 이 문제에는 전지구적 환경 위기라는 시한폭탄이 묻혀 있었다. 아울러, 서구의 세계관의 기본적인 가정을 비판할 필요성, 현대적으로 자연에 영적으로 접근하는 태도를 찾을 필요성, 많은 아메리카 선주민에게 분명하게 나타나는 땅의 지혜를 찾을 필요성도 묻혀 있었다.[16]

● 모든 것들이 상호의존하는 생명 공동체인 대지를 대상으로 삼는 윤리로, 알도 레오폴드가 그 대표적인 학자이다.

초기 문명이 대지와 조화를 이루며 사는 법을 배우지 못했기 때문에 쇠퇴했다는 사실을 역사를 살펴보면 알 수 있다. 우리 인간의 기술 승리와 우주에서 이뤄 낸 성공에는 위험이 숨어 있다. 현대인이 점점 물리적 자연을 지배한다고 자만하다 보면, 인간은 잘못된 자신감 때문에 지구의 자원을 당연하게 여기고 대지에 대한 경외심을 잃어버릴 위험이 있다.

[역설적이게도] …… 오늘날 환경보전 운동은 고대 선주민이 대지에 대해 품었던 생각, 즉 우리 인간이 자연 밖에 있는 게 아니라, 자연의 일부라고 이해하는 쪽으로 선회하고 있다. …… 최근 수십 년 동안 우리는 선주민이라면 태초부터 알고 있었던 진실을 향해 천천히 돌아가고 있다. 즉 아직 태어나지 않은 세대에게도 우리와 똑같이 대지에 대해 권리가 있다는 것이다. 또 인간은 자연으로부터 배워야 하고, 지구에 귀를 기울이며, 야생의 대지와 동물과 자주 접촉하면서 자신의 영혼을 다시 채워야 한다는 것이다. 그리고 무엇보다 우리는 대지를 향한 경외심을 회복하는 중이다. …… [백인이 아메리카 대륙에 정착한 뒤] 한 세대가 지나기 전에 야생은 이주민의 아이들 일부를 변화시키기 시작했고, 자연계와 자연의 힘을 향한 경외심은 결국 우리의 문학에 울림을 주어, 소로와 뮤어에게서 예언자의 면모를 발견할 수 있었다.

―스튜어트 유달, 『조용한 위기』(1962)

1960년대부터 '조용한 위기'는 점점 뚜렷해졌고, 환경 정책에 대한 논의는 더욱 치열해졌다. 스모그, 도시의 자욱한 안개, 유독성 폐기물, 토양침식으로 인한 경작 농지의 손실, 지구 어디선가 벌어지는 대규모 산림 벌채, 이 모든 것이 신문의 주요 1면을 장식했다.

1960년대 개혁의 물결에서, 환경을 우려하는 시민들은 유해화학물질에 대한 정부의 보다 나은 규제책을 모색하며 공공정책을 변화시키려고 시도했다. 이런 노력의 전환점은 1969년에 국가환경정책법National Environmental Policy Act이 통과되고 유사한 법률이 여러 곳이 주에서 통과된 일이었다. NEPA라고 알려진 이 법으로 공기와 물을 오염시키거나 노천 채굴하는 자를 규제할 수 있는 절차가 마련되었다. 이 법률은 '환경 현황 보고서'를 매년 시민에게 보고하도록 요구했고, 환경보호청이란 기관을 새로 설립했으며, 주요 공공 프로젝트를 시행하려면 사전에 환경영향보고서를 작성해서 공청회에서 검토받아야 한다고 명령했다.[17] 1972년 UN은 스톡홀름 환경 회의를 주관하여 환경 위기에 대한 세계적인 차원의 관심을 모았다.

개량주의의 정치적 대응은 대체로 공공정책 영역 방향으로만 나아갔다. 이는 자유민주주의의 가정, 즉 충분히 많은 시민이 환경문제에 대해 정확한 정보를 얻으면 자발적으로 조직을 구성해서 입법기관과 규제 기관에 보다 나은 정책을 세우고 실행하도록 요구할 거라는 가정에 근거한 것이다.

개량주의자들은 이성적 기술적 과학 모델, 자료, 경제적 논쟁을 이용해서 시민의 인식을 어느 정도 변화시켰으며, 여러 유형의 오염이 인간의 건강에 미칠 결과를 시민에게 알리기도 했다. 그러나 때로는 격렬했던 공개토론을 지속적으로 거치면서 점점 더 많은 사람이 생태의 기본 원리를 깨닫기 시작했다. 바로 모든 것은 다른 것과 서로 연결되어 있다는 사실 말이다.

개량주의적 대응은 굉장히 중요한 가치가 있었다. 공원과 자연보호구역, 숲이 일시적으로나마 "구조되었다". 그러나 온전히 지켜져야 할 많은 국립공원이 과학기술 관료사회로부터 위협받고 있었다.[18] 1980년대 미국 레이건 행정부의 대규모 자연 공격이 제3세계 국가 정치 엘리트의 탐욕과 결합하고, 늘어나는 인구와 1인당 자원 소비량 증가가 야생동식물 보존이라는 목표와 균형을 이루지 못하는 문제가 심각해지자, 많은 사람이 개량주의적 대응의 한계와 약점을 인식하게 되었다.[19]

많은 사람이 개량주의적 환경보호주의의 가장 좋은 부분은 받아들이면서도, 뭔가 부족하다고 느꼈다. 그들은 더 깊은 질문을 하고 있다. 그들은 환경과 생태 운동에서 지배적인 세계관과는 다른 가정에 바탕을 둔, 분명한 철학적 접근이 필요하다고 생각한다.

그들은 개량주의적 대응의 가장 좋은 부분을 일관된 철학적 관점으로 해 나갈 필요성을, 즉 인간 중심이 아닌 생명 중심적 가정을 기반으로 하는 철학이 필요하다는 것을 깨닫고 있다.[20] 이 철학은 생태학의 과학에 의지할 수 있어야 하지만, 그렇다고 과학주의에 얽매여서도 안 된다. 또 자연을 인간이 다루는 데이터 조각들의 집합이라고 정의하는 한계에 갇혀서도 안 된다.

이 철학은 이성적이면서도 영적이어야 한다. 이 철학은 생태적 의식을 함양하는 방법과 공공 환경 정책을 위한 원리에 집중해야 한다. 이 철학은 아메리카 선주민과 다른 원시 문화에서 볼 수 있는 지구의 지혜에서 철학을 길러 올리고 이런 접근을 현대 기술-산업 사회와 관련 있는 지혜로 만들어야 한다.

1972년에 아르네 네스는 이러한 철학을 논의하기 시작했고, 이를 심층생태학이라고 명명했다. 심층생태학의 통찰, 궁극적인 규범, 원리에 대한 공식적인 성명을 다음 장에서 제시할 것이다.

내게 산을 들어 올릴 힘이 없다면
어떻게 살 수 있을까
—미라바이Mirabai ●

●   16세기 인도의 여성 시인으로 많은 종교 시를 남겼다.

제5장

심층생태학의
원리

그러면 무엇이 해답인가?—꿈에 속아 넘어가지 말 것,
위대한 문명들이 무너져 내려 폭력으로 변했고,
그곳의 폭군들이 왔다는 사실을 알 것, 지금껏 여러 번.
노골적인 폭력이 나타날 때는, 명예롭게 피하거나
여의치 않으면 가장 덜 추잡한 파당을 고를 것.
그러나 그 폐해는 본질적이리.
스스로의 온전함을 유지하려면, 자비를 베풀고
부패를 멀리하며 악을 바라지 말 것. 그리고 속지 말 것
보편적 정의와 만인의 행복이라는 망상에.
이것들은 실현되지 않을 꿈일 것이니.
이 사실을, 부분이 아무리 추하더라도
전체는 여전히 아름답다는 이 사실을 확실히 알 것.
잘린 손은 추한 것이고, 땅과 별들과 역사로부터
잘려져 나와 사색한다는 인간은 사실……
종종 끔찍할 정도로 추해 보인다. 완전한 상태는 전체이고,
위대한 아름다움이란 유기적인 전체, 생명과 만물이
어우러진 전체, 우주의 신성한 아름다움인 것이니,
그것을 사랑하라. 아름다움에서 동떨어져 있는
인간이 아니라. 그렇지 않으면 당신은 그의 한심한
혼란을 나누어 갖게 될 것이고, 그의 시절이 어두워지면
절망에 빠져 잠겨 버릴 것이니.
—로빈슨 제퍼스, 「해답」, 『시선집』(1938)

'심층생태학Deep Ecology'이라는 용어는 아르네 네스가 1973년에
「표층생태학과 장기적인 심층적 생태운동」이란 글에서 처음 사용
했다.[1] 알도 레오폴드와 레이첼 카슨의 글에서 나타나는 것처럼, 네
스도 자연에 좀 더 깊이 있게, 영적으로 접근하는 태도를 기술하려
고 시도했다. 그는 이런 근원적인 접근은 우리 자신과 그 주변의 비
인간 생명들에 대한 더욱 세심한 개방성으로부터 나온다고 생각했
다. 심층생태학의 본질은 서양철학에서 소크라테스의 전통에서처
럼 인간의 삶과 사회와 자연에 대해 좀 더 면밀한 질문을 계속 던지
는 데 있다. 네스는 이런 심층적인 질문의 예를 다음과 같이 제시한
다. "우리는 다른 사람들이 묻지 않는 '왜'와 '어떻게'를 물어야 합니
다. 예를 들어, 과학으로서의 생태학은 특정한 생태계를 유지하는
데 어떤 종류의 사회가 가장 좋은가를 묻지 않습니다. 그런 건 가치
이론, 정치학, 윤리학에 맞는 질문이라고 생각하죠." 이와 같이 심층

생태학은 이른바 사실에 기반한 과학을 넘어 자아와 지구의 지혜라는 수준으로까지 나아간다.

심층생태학은 환경문제를 협소하고 단편적이고 표피적으로 접근하는 차원을 넘어, 포괄적인 종교적 철학적 세계관을 분명히 나타내려고 한다. 심층생태학은 그 토대를 기본적인 직관 그리고 자기 자신과 자연에 대한 체험에 두고 있으며, 이것들이 생태적 의식을 구성한다. 이러한 생태적 의식에서 정치와 공공정책에 관한 관점들이 자연스럽게 흘러나온다. 그리고 이런 맥락에서 우리는 비주류 전통이 이 책에서 다루는 가치와 윤리에 대해 근본적인 질문을 던지고 생태적 의식을 함양하기에 가장 생산적인 공동체 유형이라 보고, 비주류 전통에 대해 논의하고자 한다.

이런 질문의 상당수는 인간이 오랜 시간 동안 모든 문화에서 직면해 온 철학적이고 종교적인, 계속 반복되는 질문을 던진다. 고유한 인간 개인이라는 건 무엇을 의미하는가? 개인 자아는 어떻게 '타자'가 뚜렷이 구별되지 않는 전체 체계 내에서 불가분한 하나의 양상으로 존재하면서도 개별적인 자아를 유지하고 확장할 수 있을까? 이처럼 보다 깊은 의미의 생태학적 관점은 시어도어 로작의 "전체를 부분의 총합을 넘어선 의미로 자각하는 것"이라는 말로 귀결된다. 또 "정신적으로, 그 수양은 명상과 사색으로 긴장을 푸는 치유적 효과가 있다".[2]

생태적 의식과 심층생태학은 기술-산업 사회의 지배적 세계관과 뚜렷이 대조되는데, 이 세계관에서는 인간이 자연의 다른 부분과 떨어져 근본적으로 분리되어 있으며, 따라서 우월한 존재인 인간이 다른 창조물을 책임진다고 여긴다. 그러나 인간이 자연과 분리되었고 자연보다 우월하다고 여기는 이런 관점은 보다 넓은 문화적 유형들 중 일부에 불과하다. 수천 년 동안 서구문화는 날이 갈수록 '지배'라는 생각에 점점 더 사로잡혀왔다. 비인간 자연에 대한 인간의 지배, 여성성에 대한 남성성의 지배, 가난한 이들에 대한 부자와 권력자 들의 지배, 비서구 문화에 대한 서구의 지배 같은 것들이 그렇다. 심층생태학적 의식은 이러한 잘못되고 위험한 환상들을 우리가 꿰뚫어 볼 수 있도록 해준다.

심층생태학에서 지구라는 가정家庭에서 우리의 자리를 탐구하는 일은, 유기적 전체의 일부로 존재하는 우리 자신에 대한 탐구를 포함한다. 현실을 물질주의적이고 과학적으로 협소하게 이해하는 차원을 넘어, 현실의 영적인 측면과 물질적인 측면 모두가 한데 융합된다. 지배적 세계관의 주요 지식인들은 종교를 '한낱 미신'으로 바라보는 경향이 있었고, 선불교에서 보이는 바와 같은 오래된 영적 수행이나 각성은 기본적으로 주관적인 것이라고 여겨왔다. 그렇지만 심층생태학적 의식에 대한 탐색은 적극적으로 근원적인 질문을 던지고 명상의 과정과 삶의 방식을 통해 보다 객관적인 의식과 존재 상태를 찾고자 한다.

많은 사람들이 각기 다른 영적 전통의 맥락에서 이러한 보다 심층적인 질문을 던지면서 생태적 의식을 함양해 왔다. 그리스도교, 도교, 불교 그리고 아메리카 선주민 의례를 그 사례로 들 수 있다. 어떤 측면들에서는 서로간에 큰 차이가 있기는 하지만, 이들 영적 전통의 다수는 심층생태학의 기본적인 원칙에 같은 생각을 품고 있다.

호주의 철학자 워릭 폭스는 심층생태학의 가장 중심이 되는 직관을 다음과 같이 간결하게 표현했다. "인간이 존재의 현장에서 확실한 존재론적 분할을 할 수 없다는 생각이 바로 그것이다. 즉 현실에서 인간과 비인간의 영역을 나누는 경계란 것은 사실상 존재하지 않는다. …… 우리가 그 분계선을 인식하는 한, 우리는 깊은 생태 의식에 미치지 못한다."[3]

심층생태학적 의식의 이러한 가장 기본적인 통찰과 특성으로부터, 아르네 네스는 다른 원리나 직관들에서 도출되지 않는 그 자체로 독립된 두 가지의 '궁극적인 규범' 혹은 직관을 발전시켰다. 깊은 질문 과정을 거쳐 도달하게 되는 이 규범은 철학적이고 종교적인 단계의 지혜로 옮겨 가는 일의 중요성을 잘 드러낸다. 이 규범들은, 당연한 말이지만, 통상의 기계론적 가정과 매우 좁은 의미의 정보에 대한 정의에 기반한 현대 과학의 방법론으로는 입증될 수 없다. 이 궁극적인 규범은 '자기완성'과 '생명 중심적 평등'이다.

1. 자기완성

자기완성이라는 심층생태학의 규범은 세계 종교 다수의 영적 전통들과 조화를 이루고 있는데, 이때의 '자아self'는 현대 서구에서 현세나 내세의 개인적 구원이나 쾌락주의적 만족에 매진하는 고립된 에고로 정의한 '자아'의 개념을 넘어선다. 이렇게 '사회적으로 프로그램된 편협한 자아의식' 혹은 '사회적 자아'는 우리를 혼란에 빠뜨리고 우리 사회 혹은 준거집단에 널리 퍼져 있는 일시적인 유행이나 인기에 시달리도록 만든다. 그리하여 우리는 인간 고유의 정신적, 생물학적 개성에 대한 탐색을 시작할 기회를 박탈당한다. 우리 자신을 고립된 채 경쟁하는 협소한 에고로 이해하고 바라보는 걸 멈추고, 가족과 친구에서부터 끝내는 우리 종 전체에 이르기까지 다른 이들을 자신과 동일시하는 데서부터 우리의 영적 성장, 혹은 영적 드러남이 시작된다. 하지만 심층생태학의 자아의식에는 성숙과 성장이 더 필요하며, 인간을 넘어 비인간 세계를 포용할 수 있는 자아의 확대가 필요하다. 우리는 당대의 협소한 문화적 가정과 가치체계, 그리고 우리가 사는 시대와 장소에 국한한 관습적 지혜 너머를 봐야 하며, 이것은 근원적으로 질문하기라는 명상적 과정을 통해 가장 잘 성취된다. 오직 이런 방법으로 우리는 완전히 성숙한 인간성과 고유성을 획득하기를 희망할 수 있다.

타인을 지배하려 하지 않으며 돌보는 사회는 전인적 인간 되기라는 '진짜 과업'을 도울 수 있다. '진짜 과업'은 "대자아 안의 자아self-in-Self"라는 깨달음으로 상징적으로 요약될 수 있으며, 이때의 '대자아Self'는 유기적 전체를 의미한다. 자아를 완전하게 드러내는 이 과정은 또한 다음의 문구로 요약될 수 있다. "모두가 구원받을 때까지는 어느 누구도 구원받지 못한다." 여기서 '누구도'라는 말은 개별적 인간인 나뿐만 아니라 모든 인간, 고래, 회색곰, 열대우림 생태계 전체, 산과 강, 땅속의 가장 작은 미생물 등등 모두를 포함한다.

2. 생명 중심적 평등

생명 중심적 평등이라는 직관은 생물권의 모든 만물에게는 살아서 꽃피울 권리가 있다는 것을, 누구나 보다 큰 대자아의 완성 속에서 각각의 고유한 형태로 자기를 드러내고 자기완성에 도달할 동등한 권리가 있다는 것을 나타낸다. 이 기본적 직관은 생물권 내 모든 유기체와 구성물은, 서로 밀접히 연결된 전체의 일부로서 그 본질적 가치가 동등하다는 것이다. 네스는 직관으로서의 생명 중심적 평등은 원리상 참이긴 하지만, 삶의 과정에서 모든 종들은 서로를 먹이나 주거지 등으로 사용한다고 말한다. 상호간의 포식은 생명이 처한 생물학적 사실이고, 이에 다수의 세계 종교는 이 사실이 뜻하는 종교적 함의가 무엇인지 고심해 왔다. 일부 동물해방론자들은 채식주의를 옹호함으로써 이 문제를 회피하려 하지만, 이런 식이라면 우림雨林을 포함한 전체 식물계는 그들 스스로 존재할 권리가 없다고 말할 수밖에 없다. 이런 얼버무림은 동등성이라는 기본적인 직관에 위배된다.[4] 알도 레오폴드는 인간이 다른 모든 종들에 군림하는 주인이 아니라 생명 공동체의 '평범한 시민'이라고 말함으로써 이러한 직관을 표현했다.

생명 중심적 평등은 우리가 자연에 해를 끼치면 우리 자신에게 해를 입히는 것이라는 의미에서 모든 것을 포괄하는 대자아의 완성과 깊이 연관되어 있다. 경계선은 존재하지 않으며 모든 것은 서로 연결되어 있다. 그러나 우리가 만물을 개별적 유기체나 독립체로 인식하게 되더라도, 이 동등성의 통찰은 인간을 맨 꼭대기에 두는 종적 위계를 설정할 필요를 느끼지 않은 채 모든 인간과 비인간 개별체를 전체의 일부로서 그 자체로 가치를 지니는 존재로 존중할 수 있도록 우리를 이끈다.

이 직관 혹은 규범이 실천적으로 함축하는 내용은 우리가 다른 종과 지구 전반에 최대한이 아니라 최소한의 충격만을 미치며 살아야 한다는 것이다. 그렇게 하여 우리는 우리를 인도하는 원칙의 또 다른 면을 알게 된다. "수단은 간단하게, 목적은 풍성하게." 한 걸음 더 나아간 이 규범들의 실천적인 함축 내용은 제7장과 제8장에서 자세히 다룬다.

생명 중심 규범이 실제로 전개될 때의 좀 더 상세한 논의는 다음의 깨달음에서부터 시작된다. 즉 개별 인간이자 인간 공동체로서의 우리에게는 음식, 물, 피난처 같은 필수품을 넘어서 사랑, 놀이, 창의적인 표현, 다른 사람들과 맺는 친밀한 관계뿐 아니라 특별한 풍경(혹은 전체로서의 자연)과 맺는 친밀한 관계가 반드시 필요하다는 것이다. 그리고 성숙한 인간 존재가 되고 영적으로 성장하기 위해 필요한 것도 있다.

우리에게 정말 필수적인 물질적인 필요는 필시 많은 이들이 생각하는 것보다는 더 소박할 것이다. 기술-산업 사회에서는 엄청난 선전과 광고가 거짓 수요와 파괴적인 욕망을 부추기는데, 이는 모두 상품의 증산과 소비를 조장하기 위하여 고안된 것들이다. 이것들 대부분은 사실상 우리의 관심을 다른 데로 돌려 현실을 객관적으로 직면하지 못하게 만들고, 영적인 성장과 성숙이라는 '진짜 과업'을 시작하는 것을 막는다.

스스로를 심층생태학의 지지자로 여기지 않더라도, 많은 사람들은 최소한 인간을 위해서(모든 생명까지는 아니라도) 아주 좋은 상태의 건강한 자연환경이 무엇보다 중요한 필요라는 사실을 인정한다. 유독 폐기물, 기업이 배출하는 핵 방사능, 산성비와 스모그는 최소화되어야 하고, 인간이 자신의 근원과 자연의 리듬, 시간과 장소의 흐름과 접촉할 수 있게끔 여기저기 자유로이 번성하는 야생지가 충분히 있어야 한다는 것이다.

심층생태학자들이 비주류 전통과 상호관계성의 통찰을 이야기한 많은 이들의 지혜로부터 더 성숙되고 자연과 조화를 이루는 걸 북돋는 방안을 가져와 제안할 수는 있지만, 우리는 우리를 우리 자신으로부터 확실히 구원해 줄 거대하고 대단한 해결책이란 없다는 걸 인식한다.

심층생태학의 궁극적 규범들은 실재의 본질에 관한 관점과 보다 큰 상황 안에 속한 개체(하나 안의 여럿)로서 우리의 자리를 비추어 준다. 이 규범들은 머리로 이해해서 파악되는 것이 아니라, 결국 직접 겪어 봐야 하는 것이다. 다음 장에서 이 규범의 심리학적, 사회학적, 생태학적 함의에 대한 더 자세한 내용을 살펴보기를 권한다.

지금까지의 우리의 입장에 대한 요약으로서, 지배적인 세계관과 심층생태학을 대조한 내용을 [자료 5-1]과 같이 정리한다.

지배적인 세계관	심층생태학
자연에 대한 지배	자연과의 조화
인간을 위한 자원으로서의 자연환경	모든 자연은 내재적 가치/생물종의 동등성 지님
증가하는 인구를 위한 물질적/경제적 성장	고아하고 단순한 물질적 필요(자기완성이라는 보다 큰 목적에 부합하는 물질적 목표)
풍부한 자원 비축에 대한 믿음	지구의 '비축량'은 제한적
첨단기술의 진보와 그에 따른 해법	적정기술과 군림하지 않는 과학
소비주의	필요한 만큼만 쓰고 재활용하기
국가적/중앙집권화된 사회	비주류 전통/생태 지역으로 묶인 지역

3. 심층생태학의 기본 원리

1984년 4월, 봄이 도래하고 존 뮤어의 생일이 지나는 동안, 조지 세션스와 아르네 네스는 캘리포니아의 데스 벨리에 머물며 15년 동안 생각한 심층생태학의 원리를 정리했다. 서로 철학적, 종교적 배경이 다른 사람들이라도 이 원칙을 이해하고 받아들이기를 바라면서, 두 사람은 멋지고 특별한 그 장소에서 기본 원리들을 정확하면서도 치우치지 않게 정리했다.

독자들이 자신들만의 심층생태학 버전을 정교하게 발전시키고, 핵심 개념들을 명확히 하고, 이 원리들에 따라 행동할 때의 결과들을 충분히 생각할 수 있기를 바란다.

기본 원리

1. 지구에서 살아가는 인간과 비인간 존재의 행복과 번영은 그 자체로 가치(유의어: 본질적 가치, 내재적 가치)가 있다. 이 가치들은 인간의 목적을 위한 비인간 세계의 유용성과는 무관하다.

2. 생명체의 풍부함과 다양성은 앞서 언급한 가치를 실현하는 데 기여하며 그 자체로도 가치가 있다.

3. 인간에게는 생명체의 풍성함과 다양성을 축소시킬 권리가 없다. 다만, 인간 자신의 생명 유지와 관련된 필요를 충족하려는 경우는 제외한다.

4. 인구가 상당히 감소하더라도 인간의 삶과 문화는 번영할 수 있다. 비인간 생명의 번영에는 그러한 인구감소가 필요하다.

5. 현재 인간은 비인간 세계를 과도하게 간섭하고 있으며 상황은 급속도로 악화되고 있다.

6. 따라서 정책을 바꾸어야 한다. 정책이 바뀌면 경제와 기술과 이데올로기의 기본 구조에 영향을 미칠 것이고, 그 결과로 상황은 현재와 상당히 달라질 것이다.

7. 이데올로기의 변화는 보다 높은 생활수준을 고수하기보다는 '삶

의 질(내재적 가치가 있는 상황에서 살기)'을 인식하는 변화를 의미한
다. 큰 것과 멋진 것 사이의 차이를 깊게 알아차리게 될 것이다.

8. 앞서 말한 사항들에 동의하는 사람은 직접적으로든 간접적으로
든 필요한 변화들을 만들어 내려고 노력할 의무가 있다.

기본 원리에 대한 네스와 세션스의 논평

원리 1에 대해: 이 조항은 생물권, 더 정확하게는 생물권 전체와 관련
이 있다. 이는 인간과 비인간 문화는 물론이고 개체, 종, 인구, 주거
지/서식지까지 포함한다. 생물권의 어떠한 존재든 가깝게 연결되
어 있다고 우리가 이해하고 있는 한, 이는 근본적으로 깊은 배려와
존중을 암시한다. 이 땅의 생태적 과정은 전체적으로 온전함을 유
지해야 한다. "세계 환경은 '자연스러워야' 한다."(게리 스나이더)

여기서 '생명'이라는 용어는 강물, 풍경, 생태계 같이 생물학자
가 '무생물'로 분류하는 것도 포함하게끔 보다 포괄적이고 비전문
적인 방식으로 사용된 것이다. 심층생태학의 지지자들에게 "강이
흐르게 하라"와 같은 구호는 더 폭넓은 의미로 사용되는데, 이는 대
다수 문화에서는 매우 흔한 일이다.

원리 1에서 사용된 내재적 가치는 심층생태학 문헌들에서 공
통적으로 보인다.("자연물의 내재적 가치는 의식 있는 존재가 이를 인식하고 관
심 가지고 공감하는지 여부와는 상관없이 그 자체로 존재한다.")[5]

원리 2에 대해: 좀 더 엄밀히 말하자면, 이 조항은 다양성과 복잡성에
관한 설명이다. 생태학적 관점에서 볼 때, 복잡성과 공생은 다양성

을 극대화하기 위한 전제조건이다. 단순하고 열등하며 원시적이라고 부르는 동식물 종이 사실은 생명의 풍부함과 다양성에 본질적으로 이바지한다. 그것들은 그 자체로 가치가 있는 것이지, 이른바 고등한 생명체나 이성적 생명체로 나아가는 한낱 단계에 불과한 것이 아니다. 두 번째 원리는 진화의 시간을 거치는 과정으로서 생명은 그 자체로 다양성과 풍요로움을 증가시키고 있다는 것을 의미한다. 어떤 생명체의 본질적인 가치가 다른 존재의 가치보다 더하거나 덜하지 않다는 인식은 일부 생태철학자와 뉴에이지 작가의 주장과는 반대된다.

여기서 말하는 복잡성complexity은 복잡함complication과는 다르다. 도시의 삶이 자연적인 환경에서의 삶에 비해 복잡함은 더할 수 있다. 여러 가지 특성의 측면에서의 복잡성은 그렇지 않을지라도 말이다.

원리 3에 대해: "생명 유지와 관련된 필요"라는 말은 자유롭게 판단할 수 있도록 일부러 모호하게 두었다. 현재 존재하는 사회구조의 차이와 함께 기후 및 관련 요인의 다양한 차이를 고려할 필요가 있기 때문이다(오늘날 에스키모에게 설상자동차는 생존에 요구되는 것들을 충족하기 위해 필요하다).

물질적으로 가장 풍요로운 나라의 사람들이 비인간 세계에 과도하게 간섭하는 상황이 하룻밤 사이에 적당한 수준으로 줄어들기를 기대할 수는 없다. 인구의 안정화와 감소는 시간이 걸린다. 과도기 전략이 만들어져야 한다. 그러나 어떤 식으로도 이런 상황이 현재에 안주하는 데 대한 변명이 되지는 않는다. 우리의 현 상황이 극도로 심각하다는 점을 깨닫는 일이 먼저다. 하지만 기다림이 점점 길어질수록 더 극단적인 조치들이 필요하게 될 것이다. 근본적인 변화가 이루어질 때까지는 풍부함과 다양성이 상당한 정도로 감소하게 될 것이며, 그에 따라 생물의 멸종 속도는 지구 역사상 다른 어느 시기와 비교하더라도 10배에서 100배 정도 가팔라질 것이다.

원리 4에 대해: UN인구기금은 「세계인구 현황 보고서」(1984)에서 많은 개발도상국가의 높은 인구증가율(연 2퍼센트 이상)이 "수백 만 명의 삶의 질을 저하시키고 있다"고 발표했다. 1974~1984년 10년 동안 세계의 인구는 8억 명가량 증가했고, 이는 인도의 인구 규모●를 넘어선다. "그리고 지금부터 2000년까지 세계 인구는 매년 방글라데시의 인구(9300만 명)만큼 추가될 것이다."

보고서는 이어 "인간 역사에서 처음으로 인구증가 비율이 줄었다. 그러나 비율은 감소해도 기존 인구에 추가되는 사람의 숫자는 역사상 어느 때보다 많은데, 기반 인구 자체가 '커져 있기' 때문이다.

개발도상국의 대부분의 나라(인도와 중국 포함)에서 인구증가 비율 감소라는 목표를 공식적인 정부 정책으로 삼고 있지만, 이를 위해 취해지는 조치(피임, 낙태 등)가 인권과 조화를 이루며 실현 가능성이 있는지에 대해서는 논쟁의 여지가 있다.

●   1985년 당시 인도 인구는 8억에 조금 못 미치는 수준이었다. 참고로 2020년 기준 인도 인구는 13억8000만 명이다.

보고서는 모든 정부가 빈곤을 경감하고 삶의 질을 개선하기 위해 구체적인 인구감축 목표를 국가 정책으로 설정한다면, 현재의 상황이 개선될 수 있다고 결론짓는다.

다수의 생태학자가 지적했듯이, 이른바 개발이 완료된(즉 지나치게 개발된) 산업사회의 인구 증가를 억제하는 것도 대단히 중요하다. 이런 선진국 사람의 엄청난 소비 속도와 쓰레기 배출을 고려하면, 그들이 1인당 생물권에 가하고 있는 위협과 충격이 제2, 제3세계 국가의 사람들보다 훨씬 많은 크다.

원리 5에 대해: 이번 서술은 온건하다. 상황을 현실적으로 평가하려면, 세계자연보호연맹이 발행한 『세계자연보호전략』 완전본 전체를 살펴보면 된다. 적극적으로 추천할 만한 다른 저작물로 제럴드 바니의 『글로벌 2000 미국 대통령 보고서』 등이 있다.

'간섭하지 말라'는 구호는 다른 종들이 그러하듯 인간도 생태계를 조금이라도 바꾸면 안 된다는 것을 의미하지는 않는다. 인간은 이미 지구를 바꾸어 왔고 앞으로도 그럴 것이다. 문제는 간섭의 성질과 규모이다.

야생지, 혹은 야생지에 가까운 지역을 보존하고 확장하려는 싸움은 계속되어야 하고, 그 싸움은 이들 지역의 전반적인 생태적 기능들에 집중하는 것이어야 한다(그런 기능의 하나로 동물과 식물의 지속적인 진화적 종분화를 들 수 있는데, 이를 감안하면 대규모 야생지가 필요하다). 대부분의 지정된 야생지 구역과 수렵 금지 구역의 규모는 진화적 종분화가 일어나기에 충분하지 않다.

원리 6에 대해: 오늘날 산업국가들이 계획해 시행하고 있는 경제성장은 앞서 원리 1~5에 대해 설명한 내용과 양립할 수 없다. 가장 이상적으로 지속가능한 경제성장의 형태와 현재 산업사회가 펼치는 정책 간의 유사성은 극도로 미미한 수준이다. 그리고 '지속가능'하다는 것도 여전히 '인간과 관련된 지속가능'만을 의미한다.

현재의 이데올로기는 어떤 것이 희소하기 때문에, 그리고 상품 가치가 있기 때문에 소중히 여기는 경향이 있다. (관련된 몇 가지 요인을 말하자면) 어마어마한 소비와 낭비는 선망의 대상이 된다.

'자기결정' '지역공동체' '생각은 세계적으로, 행동은 지역적으로' 같은 말들이 인간 사회의 생태학에서 핵심적인 용어로 계속 남기는 하겠지만, 그럼에도 불구하고 근본적인 변화를 이행하려면 보다 지구적인 차원의 행동, 국경을 넘어선 행동이 필요하다.

제3세계 국가들의 정부는(코스타리카와 몇몇 다른 나라들을 제외하면) 심층생태학의 쟁점들에 관심이 없다. 산업사회 정부가 제3세계 국가 정부를 통해 생태적 조치를 촉진하려고 노력하더라도, 사실상 아무것도 이루어지는 것이 없다(예컨대, 사막화 문제들을 보라). 이러한 상황에서, 비정부 국제기구를 통해 전지구적 행동을 지원하는 일은 갈수록 중요해지고 있다. 많은 수의 이런 조직들은 '풀뿌리에서 풀뿌리로' 움직이는 전지구적 활동이 가능하고, 따라서 부정적인 정부 개입을 피할 수 있다.

오늘날 문화적 다양성에는 각 문화의 기본 목표를 앞당겨 줄 기법, 즉 선진 기술이 필요하다. 이른바 소프트 기술, 중간기술, 대체기술이 이런 방향으로 움직이는 데 필요한 기술일 것이다.

원리 7에 대해: '삶의 질'이란 용어가 모호하다고 비판하는 경제학자도 있다. 하지만 좀 더 자세히 들여다보면, 그들이 모호하다고 여기는 것은 실제로는 그 용어가 지닌 비수량적 특성이다. 여기서 논의되는 삶의 질에 중요한 것이 무엇인지는 아무도 적절히 수량화할수 없고, 또 그렇게 할 필요도 없다.

원리 8에 대해: 우선순위에 대해서는 서로 다른 의견의 여지가 충분히 있다. 먼저 무엇을 하고 그 다음엔 뭘 해야 할까? 가장 시급한 일은 무엇인가? 매우 바람직하긴 하지만 절대적으로 긴급하지는 않은 일에 비해 분명히 필요한 일은 어떤 것인가?

아르네 네스와의 인터뷰

다음의 발췌문은 1982년 4월 로스엔젤레스 선원禪院에서 진행한아르네 네스와의 인터뷰에서 인용했다. 최초 인터뷰는 『시방Ten Directions』에서 발표된 것이다.[6] 인터뷰에서 네스는 심층생태학의주요 관점들을 좀 더 깊이 논의하고 있다. 독자들이 보다 상세한 정보를 얻어 나머지 장을 읽어 나가는 데 준비가 될 수 있도록 이 인터뷰 내용을 이번 장의 마지막에 싣는다.

"심층생태학Deep Ecology의 본질은 더 깊은 질문을 묻는 데 있습니다. '깊은deep'이라는 형용사는 우리가 다른 사람들이 묻지 않는'왜'와 '어떻게'를 물어야 한다는 점을 강조하고 있습니다. 예를 들어, 과학으로서의 생태학은 특정한 생태계를 유지하는 데 어떤 종류의 사회가 가장 좋은가를 묻지 않습니다. 그런 건 가치이론, 정치학, 윤리학을 위한 질문이라고 생각하죠. 생태학자들이 그들의 과학에 협소하게 매달리고 있는 한, 그들은 그런 질문을 하지 않습니다. 오늘날 우리에게 필요한 것은 제가 에코소피ecosophy라고 부르는 생태적 사고의 거대한 확장입니다. 소피sophy는 그리스어 소피아 sophia에서 온 말로서 '지혜'를 뜻하고, 이는 윤리학, 규범, 규칙, 실천과 관련이 있습니다. 이때의 에코소피, 또는 심층생태학은 과학에서 지혜로의 변화를 수반합니다."

"예를 들어 우리는 다음과 같은 질문을 할 필요가 있습니다. 우리는 왜 경제성장과 고도의 소비가 그렇게 중요하다고 생각하나요? 정형화된 답변은 경제성장이 없을 때 발생하는 경제적 결과들을 언급하는 것이 될 겁니다. 하지만 심층생태학에서는 현재의 사회가 사랑, 안전, 그리고 자연에의 접근과 같은 인간의 기본적인 필요를 충족시켜 주고 있는지를 묻고, 그렇게 질문함으로써 우리 사회의 근본에 깔린 가정들에 이의를 제기합니다. 어떤 사회가, 어떤 교육이, 종교의 어떤 형태가 전체로서의 지구 위 모든 생명에게 이로운 것인지를 묻고, 더 나아가 그에 필요한 변화를 만들어 내기 위해서 우리가 무엇을 해야 하는지를 묻습니다. 우리는 과학적 접근법에만 국한되어 있지는 않습니다. 우리는 총체적인 관점을 말로 표현해야 할 의무가 있습니다."

"물론 총체적인 관점들은 서로 다를 수 있습니다. 예를 들어 불교는 심층생태학에 알맞는 바탕과 맥락을 제공하고, 어떤 기독교 단체들은 심층생태학을 위한 행동강령을 만들었으며, 저 자신도 에코소피라고 부르는 저만의 철학을 생각해 낸 바 있습니다. 그러나 일반적으로 사람들은 총체적인 관점을 해석하거나 명료하게 할 만큼 충분한 정도로 근원적인 질문을 던지지는 않습니다. 그랬다면 현재 벌어지는 파괴로부터 지구를 구하자고 동의했을 겁니다. 심층생태학과 같은 총체적인 관점은 인간의 착취와 지배로부터 지구를 구하는 것을 목표로 하는 모든 활동과 운동에 단일한 원동력을 제공할 수 있습니다."

"심층생태론자들은 어떤 근본적인 가치, 삶에서 의미 있는 것이 무엇인지, 계속 유지할 만한 가치가 무엇인지에 대한 근본적인 관점을 지니고 있기 때문에 더 많은 지배와 더 나은 생활수준을 위한 더 큰 개발에 반대한다는 점을 철저하고 분명히 하기가 다른 사람들의 경우보다 쉽습니다. 물질적인 생활수준은 과감하게 축소하고, 마음과 영혼의 기본적인 만족이라는 의미에서의 삶의 질은 유지 혹은 향상되어야 합니다. 이 관점은, 모든 중요한 관점들이 그렇듯이, 증명될 수 없다는 점에서 직관적인 것입니다. 아리스토텔레스가 말한 것처럼, 모든 것을 증명하려는 것은 교육의 부족을 보여줍니다. 어디서든 출발점이 반드시 있어야 하기 때문이죠. 우리는 과학의 방법론을 증명할 수 없고, 논리를 증명할 수 없습니다. 왜냐하면 논리는 근본적인 전제들을 상정하고 있기 때문입니다."

"모든 과학은 기본 원칙 및 규범과의 관계에서 볼 때 단편적이고 불완전하며, 그래서 과학이 우리의 문제를 해결할 수 있다고 생각하는 것은 아주 피상적인 생각입니다. 기본 규범이 없으면 과학도 없습니다."

"사람들은 두꺼운 책을 읽지 않고도, 신문과 정기간행물에 나오는 무수한 사실들을 몰라도, 핵무기에 반대할 수 있습니다. 그들은 또한 같은 생각을 하고 같은 식으로 느끼는 사람들을 찾아 교우 집단을 이루어야 합니다. 그리고 서로에게 자신감을 주며, 사회의 주류 집단이 터무니없이 순진하고 바보 같으며 지나치게 단순하다고 여기는 방식으로 사는 것을 서로 지지해야 합니다. 하지만 그렇게 하기 위해서는 자신의 직관을 따라갈 수 있을 만큼 충분한 자신감이 있어야 하는데, 인구의 많은 집단들에게서는 이러한 자질이 크게 부족합니다. 대부분의 사람들은 유행과 광고를 쫓다가 철학적, 윤리적 불구가 되어 버리고 맙니다."

"심층생태학에는 우리에겐 충분한 이유 없이 다른 생명체를 파괴할 권리가 없다는 기본적인 직관이 있습니다. 심층생태학의 또 다른 규범은, 인간은 성숙할수록 다른 생명체가 기쁨을 경험할 때 기쁨을, 다른 생명이 슬픔을 겪을 때 슬픔을 느끼게 될 것이란 점입니다. 우리는 형제와 개와 고양이가 슬픔을 느낄 때 같이 슬퍼할 뿐 아니라, 풍경을 포함한 모든 살아 있는 것들이 파괴되는 모습에도 역시 비통함을 느낄 것입니다. 우리 문명에는 우리가 마음대로 사용할 수 있는 어마어마한 파괴 수단이 있지만, 우리의 감정은 거의 성숙하지 못한 상태입니다. 지금까지 대부분의 인류는 다양한 감정 중 극히 몇 가지의 감정에만 관심을 가져 왔습니다."

"심층생태학은 생물권에 핵심적인 민주주의가 존재한다고 생각합니다. …… 심층생태학에는 인구 규모를 안정화시키는 것뿐 아니라 혁명이나 독재가 없이도 인구를 지속가능한 최소한의 수준으로 줄이겠다는 목표가 있습니다. 우리가 백년 전에 가졌던 수준의 문화 다양성을 유지하려면 1억 명 정도의 인구는 있어야만 한다고 저는 생각합니다. 왜냐하면 우리가 동물 종들을 보존할 필요가 있는 것처럼 인간의 문화 또한 보존할 필요가 있기 때문입니다."

"자기완성은 생명이 지닌 잠재력의 실현입니다. 세 가지 면에서 서로 다른 유기체가 우리에게 주는 다양성은 백 가지 면에서 서로 다른 유기체가 주는 다양성보다 적기 마련입니다. 그러므로 우리가 세계와 동일시할 때 경험하는 자기완성은 개인, 사회, 그리고 심지어 종과 생명체들이 스스로를 실현하는 방식의 수가 늘어날수록 향상됩니다. 다양성이 점점 커질수록 자기완성도 더욱 커집니다. 개인과 전체 사이에 겉으로 나타나 보이는 이원성二元性은 내가 대자아Self라 부르고 중국인들이 도道라고 부르는 것에 의해 망라되어 연결됩니다. 심층생태학의 토대를 지닌 대부분 사람들은—항상은 아니더라도 자주 자연 속에서—자신의 자아보다 크고, 자신의 이름과 가족과 개인적인 속성보다 더 큰 어떤 것과 연결되어 있다고 느낍니다. 대다수가 바다에서 이렇게 느끼기 때문에 이런 감정은 종종 바다와 관련지어 표현됩니다. 이러한 동일시 없이는, 사람들이 심층생태학에 마음이 끌리고 관여하게 되는 일이 일어나지 않습니다."

"이러한 깊은 감정들이 종교적이라는 점에서 심층생태학에는 종교적인 요소가 있으며, 자연환경과 관련한 우리의 파괴적인 삶의 방식을 사회가 인식하도록 하는 데 가장 많은 일을 해 온 사람들은 그러한 종교적인 감정들을 내내 품어 왔습니다. 예컨대 레이첼 카슨은, 우리는 우리가 하고 있는 이 짓을 '행할 수 없'다고, 자연을 향해 우리가 저지르는 행동은 종교적, 윤리적으로 정당화할 수 없는 것이라고 말합니다. ⋯⋯ 그녀는 간단히 우리가 그런 식으로 행동해도 된다고 허락받지 않았다고 말합니다. 누군가는 자연은 인간의 소유물이 아니라고, 그건 신의 재산이라고 말할 겁니다. 다른 누구는 같은 말을 다른 식으로 하겠지요. 요점은 심층생태학에는 종교적인 요소, 근본적인 직관이 있다는 것입니다. 그리고 그 직관은, 컴퓨터 같은 기능에 기반한 것이 아니라, 가치에 기반한 삶을 살고자 한다면 누구나 반드시 함양해야 하는 것입니다."

"자기완성을 극대화하려면—자아로서의 자기가 아니라 더 넓은 의미에서의 자기를 말하는 겁니다—우리는 최대치의 다양성과 최대치의 공생이 필요합니다. ⋯⋯ 다양성은 근본적인 규범이자 공동의 즐거움입니다. 심층생태론자로서, 우리는 다양성에서 자연스

러운 즐거움을 느낍니다. 그 다양성이 타자를 파괴하는 나치 문화
처럼 조잡하고 막돼먹은 형태를 포함하지 않는 한 말입니다."

이제 나는 가장 좋은 사람이 되는 비밀을 알아.

너른 바깥에서 자라며 땅과 같이 먹고

잠들면 된다네.

—월트 휘트먼, 『풀잎』

제6장

심층생태학적
사고의 원천들

비록 생태학은 과학으로 다루어지지만, 생태학이
가지는 크고 넘치는 지혜는 보편적/우주적이라고
할 수 있다. 심층생태학의 지혜는 수학적으로 또는
화학적으로 접근할 수도 있지만 신화처럼 들려주고
춤으로 표현될 수도 있다. 예를 들어, 고전기 이전의
그리스인들에게서, 나바호족의 종교적 사회적
지향에서, 18세기와 19세기 낭만주의 시들에서,
11세기 중국 산수화에서, 현대 화이트헤드 철학에서,
선불교에서, 크레타 대모 신앙의 세계관에서,
부시먼 사냥꾼들의 의식에서, 중세 기독교의 빛의
형이상학에서 표현되고 있다. 이 모든 것들 사이에는
공통점이 있는데 자연경관에 참여하고 있다는 깊은
감각, 주변 환경과 모든 생명의 중심인 자연 과정과의
심오한 연결에 참여하고 있다는 깊은 감각이다.

—폴 셰퍼드

심층생태학은 서유럽과 북아메리카와 동양의 오래된 비주류 전통의 종교와 철학을 말하고 있다는 점에서 근본적(급진적)이다. 또한 다양한 전통 부족(아메리카 선주민을 포함해서)의 종교와 철학적 입장에서 나타나는 통찰력과도 상당히 유사해서 공유되는 부분이 많다. 일정 측면에서는 인간이 한때 알았던 지혜를 새롭게 기억해 낸다고 해석할 수도 있을 것 같다.

이 장에서는 심층생태학의 몇 가지 전거를 간략하게 기술한다. 이 장은 독자들이 다양하고 서로 다르게 보이는 글들을 생태적 맥락으로 독해할 수 있도록 도움을 주고자 한다.

심층생태학은 이 장에서 제시된 다음과 같은 전통과 철학으로부터 중요한 지점을 계승하고 있다. 열거하자면 영원의 철학, 전원주의/자연주의 문학의 전통, 생태학, '신물리학', 기독교 원천의 일부, 페미니즘, 원주민(혹은 선주민)의 철학, 동양의 영적 전통의 일부이다. 마르틴 하이데거, 게리 스나이더, 로빈슨 제퍼스, 존 뮤어, 데이비드 브라우어의 글은 심층생태학적 관점에 크게 기여했다. 이 글을 읽는 독자에게 스피노자와 서구의 과정형이상학Process metaphysics을 다룬 글이 실린 부록 D에서 심층생태학의 근원을 깊이 있게 탐색해 보기를 권한다.

1. 영원의 철학

올더스 헉슬리는 『영원의 철학Perennial Philosophy』(1945)에서 세계의 많은 종교와 철학의 공통된 주제가 무엇인지 중점적으로 검토했다. 그는 그것들이 특징적으로 인간을 보다 넓은 얼개 안에 위치시키고 세상과 실재를 형이상학적으로 설명하기 시작한다는 점을 발견했다. 그러면서 인간의 심리는 이러한 더 큰 실재에 적응하는 면에서 이해되었다. 마지막으로, 윤리 체계 혹은 삶의 방식은 이러한 '영원의 철학'의 접근방식에서 나오는 최종 결론이 된다. 우리가 협소하게 분리시켜 사회화한 자아는 환상이라는 것, 실제로 우리는 우리를 둘러싼 자연적 과정과 밀접하게 연결되어 있다는 점을 자각하는 '깨달음'을 통해 영적 성장과 인간의 성숙은 진행되었다. 많은 사람들이 이러한 생각들을 동양의 전통에서 발견해 왔지만, 서양에도 이러한 전통들이 있었다는 것을 놓치고 있었다. 이 좋은 예가 피타고라스와 플라톤(『국가』에서의 동굴의 비유) 그리고 보다 자연 중심적인 스피노자의 사유체계이다. 철학자 제이콥 니들먼은 『잃어버린 기독교Lost Christianity』(1980)와 『철학의 심장The Heart of Philosophy』(1981)에서 영지주의와 다른 영원의 철학의 전통을 말하고 있다. 로작은 『황무지가 끝나는 곳에서Where the Wasteland Ends』(1972)와 『끝나지 않은 동물Unfinished Animal』(1977)에서 마찬가지로 이를 말하고 있다.

영원의 철학 전통은 몇 가지 이유에서 오늘날과 직접적 관련이 있다. 20세기 대학에서 근대 서양 철학은, 언어 분석에 협소하게 몰두하고, 기계론적인 학문을 실재와 지식의 기준으로 지나치게 고집하다 보니, 철학의 지혜 전통을 외면하게 되었다. 예를 들어, 전문 철학자들은 뿌리 깊은 가정을 자신이 전제하면서도 이를 미처 깨닫지 못하거나 형이상학적 토대와 완전히 분리된 채, 윤리 이론을 연구하고 있다. 전문 철학자들은 철학사 또한 무시하며 이론과 관념 들이 생겨난 문화적 맥락 역시 무시하고 있다. 이 모든 것은 인간중심주의와 현존하는 기술-산업 사회를 강화하는 경향을 가지고 있다. 이러한 전문가들은 심층생태학적 세계관을 발전시키는 데 별 도움이 되지 못한다.

마찬가지로 대부분의 현대 심리학 역시 지혜 전통과의 접점을 잃고, 건강한 성인에 대해 지나치게 단순화되고 사회 지향적으로 왜곡한 모델을 제시하고 있다. 대개 동양철학, 심리학, 영적 개발의 기술에 관심을 가지는 것은 서양철학과 심리학의 빈곤함을 교정하기 위한 시도들이다.[1] 영원의 철학 전통을 부활시키는 것은, 다시금 형이상학, 심리학, 지식 이론, 윤리학, 사회 정치 이론을 결합하여 우리에게 세상에 대한 일관되고 통합적인 견해와 삶의 의미를 부여해

준다.

올더스 헉슬리는 다음과 같이 말한다. "영원의 철학에 대한 모든 역사적인 글에는 인간 삶의 목적이 결국 신의 존재를 직접적이고 직관적으로 알아차리는 것이라는 점이 자명하게 나타난다. 그리고 행동은 바로 그러한 목적을 향한 수단이라는 것도 자명하다." 서양인들 중에는 묵상이나 명상을 대개 세상과 세상의 문제로부터 회피하거나 아무 대응 없이 앉아 있는 것으로 이해하는 사람이 많다. 그러나 마음을 들여다보는 삶에는 매우 적극적인 면이 있는데, 그를 통해 자신을 보다 잘 알게 되고 하나의 인격체로 통합할 수 있다는 점이다. 자신이 꼭 필요로 하는 바와 진정한 동기를 알아차리지 못하고 행위하는 것이 실로 더 소극적인 것일 수도 있다. 영원의 철학을 스피노자식으로 말하자면, 인간이 성숙해지고 자유를 얻는 핵심은, 우리가 수동적이며 반성적 사고 없이 조건 반사적으로 행동하는 것에서 우리 주변과 적극적으로 관계 맺는 쪽으로 전환할 수 있게 세상과 자신을 이해하는 것이다.

새롭게 등장하는 생태적 영원의 철학에 적합한 형이상학은 우주의 기본적 단일성과 상호관계성과 더불어 개별 존재의 중요성과 고유성을 구조적으로 설명한다. 또 이러한 상호관련성의 형이상학은 우리들에게 자연 세계와 다른 종들이 우리들의 뗄 수 없는 부분이고, 우리 역시 그들에게 그렇다는 것을 깨닫게 해 준다. 진실로 적극적인 사람은 자연 세계를 보전하기 위하여 직접적 행동을 취할 것이다. 왜냐하면 깊이 성숙된 측면에서, 이러한 보전은 자신의 자아/대자아 관점에서 본 것이기 때문이다.

———— ◆ ————

이제 서구 문명은 대체적으로 꿈속에서 자신을 발견하곤 한다. 르네 상스 시대처럼 서구인은 자신이 두 개의 꿈 사이에 있다고 생각한다. 그의 뒤에는 기독교화된 세상에 대한 꿈이 있고, 그의 앞에는 자연을 정복하는 꿈이 있다. 생태계의 위기, 핵전쟁의 위협, 첨단과학에 의해 인간 삶의 패턴이 분열되는 것은 …… 과학적 진보의 자장가, 우리의 이기적인 목적을 위해 자연을 이용하는 꿈은 이제 끝났다.

—제이콥 니들먼, 『우주의 감각A Sense of the Cosmos』(1975)

———— ◆ ————

2. 미국의 자연주의와 전원주의의 문학적 전통

현대 문학의 상당 부분은 도시 생활과 그 문제점을 다루는 인간중심주의적 관점을 다루고 있지만, 유럽과 미국에는 풍부한 심층생태학적 관점을 제공해 주는 전원주의와 자연주의 문학의 전통도 있다. 지나치게 문명화되고 세련된 유럽에 대항하는 루소로부터, 괴테와 낭만주의 시인들(블레이크, 워즈워스, 콜리지, 셸리 등)은 근대 세계의 편협한 과학주의와 산업주의의 반대 세력으로 볼 수 있다. 이러한 사조는 미국에서 휘트먼, 초월주의자 에머슨, 소로, 그리고 뮤어로 이어지고 있다.

문학 평론가 레오 마르크스(『기계 속의 정원The Machine in the Garden』, 1964)는 지구의 날 행사에서 과학적 조직이 너무 보수적이어서 환경 위기를 제대로 평가하지 못한다고 비판할 때 이러한 전통을 언급했다.[2] 마르크스는 미국의 전원주의 작가들인 쿠퍼, 에머슨, 소로, 멜빌, 휘트먼 등의 작품들 속에서 생태적 시각이 표현된 것을 찾았다. 그는 이 작가들의 생태적 해석은 "장소성"과 함께 종종 "강하고, 극단적이며, 심지어 신비한 감정의 언어로 많은 독자들에게 진지하게 받아들이기 힘든 일종의 예언적 경험"을 만들어 냈다고 주장했다.

많은 점에서, 멜빌의 『모비딕』은 서양(그리고 특히 미국)의 자연을 정복하고자 하는 자기파괴적 시도의 고전적 은유로 볼 수 있다. 산업의 선장인 에이허브는 모비딕으로 상징되는 자연을 이기고 파괴하려고 미친 듯이 집착한다. 하지만 사냥꾼이 오히려 사냥당하며, 고래는 핍박하는 사냥꾼을 파괴한다.

메리 오스틴, D. H. 로렌스, 올더스 헉슬리, 로빈슨 제퍼스, 윌리엄 포크너, 죠셉 우드 크루치, 헨리 베스턴, 애니 딜러드, 월러스 스테그너, 시거드 올슨, 프랭크 워터스, 웬델 베리, 에드워드 애비, 베리 로페스, 게리 스나이더 등이 포함된 이 문학 전통은 기술-산업 세계관을 거부하고 우리의 대모大母 가이아에 다시 뿌리를 내리도록 하고 있다.[3]

몇몇의 낭만주의자 혹은 초월주의자 작가들은 지나치게 주관적이거나 자연과 원주민의 선량함에 대하여 감상적인 경우가 있었지만('고귀한 야만인의 신화'), 존 뮤어와 로빈슨 제퍼스에서부터 시작하여 게리 스나이더에 이르는 작가들은 인간과 자연을 바라보는 좀 더 객관적인 시각을 발전시켰다. 예를 들어, D. H. 로렌스는 그의 뛰어난 에세이 「미국의 목신牧神」(1924)에서 유럽의 지나치게 감상적인 범신론을 검토하고 뉴멕시코주 아메리카 선주민의 더 현실적인 신비적 상호관련성에 대한 뛰어난 통찰을 제시하고 있다.[4]

현대 작가 중에서 심층생태학 운동의 감각을 형성하는 데 게리 스나이더보다 더 이바지한 작가는 없다. 시와 에세이에서, 스나이더는 이 대륙을 다시 거주할 만한 땅으로 만드는 '진짜 과업'의 기초를 마련했다. 동료 시인 윌리엄 에머슨은 『원형 서구Archetype West』(1976)에서 "스나이더는 20년 넘게 녹색 미국을 위해 필요한 가이드라인을 만들었으며, 그의 노력은 상당히 의미가 있다"고 평가했다.

1975년 스나이더는 그의 책 『거북섬』으로 퓰리처상 시 부문을 석권했다. 이 책에는 선불교, 아메리카 선주민 전통, 심층생태학을 연결하는 글과 훌륭한 시, 중요한 에세이가 실려 있다.

에드윈 폴섬은 통찰력 있는 에세이 「게리 스나이더, 거북섬으로 가다」에서 미개척지로 향한 서구의 길은 닫혔고, 몇몇 시인들이 미국의 새로운 방향을 찾기 시작했다고 지적한다. 도시-산업 사회의 종교적/경제적 비전이 이 대륙의 생태와 야생을 파괴하고 우리의 삶을 왜소화한 것은 명백하다. 스나이더는 시인 윌리엄 카를로스 윌리엄스와 하트 크레인의 선례를 따랐다. 그들은 우리들이 땅과 만나고 이 땅과 조화롭게 살았던 원주민 전통 및 비전과도 만날 것을 제시했다. 스나이더는 "백인 인디언"이라는 새로운 종족이 "오래된 방식"으로 이 땅에서 조화롭게 다시 살아갈 수 있는 비전을 제시하고 있다. 폴섬은 다음처럼 이야기한다.

그렇다면 스나이더의 주요 업적은 야생지의 재발견과 재긍정이며 동시에 터너가 (그리고 미국의) 경계를 닫는 것을 명확히 거부한 것이다. 스나이더는 닫힌 경계를 다시 열어 동쪽 방향으로 확장시키고 있다. 그는 미국의 역사적 방향을 뒤집어 야생성을 문명 속에서 다시 자라나게 하여 우리 안에 내재한 여러 층위의 에너지들을 끄집어 내려고 했다.[5]

매혹적인 고대의 시적 목소리를 통하여 스나이더는 대모 가이아와 그녀의 모든 생명체들의 대변인이 되어, 우리들을 정신 차리게 하고 오래된 방식들을 다시 채택함으로써 "바른 삶"으로 돌아오도록 요구했다. 이것이 바로 인간과 지구의 자유의 길이다. 스나이더의 표현은 이렇다.

'오래된' 것은 참되며, 바르고, 정상적이다. 우주의 흐름에 따르는 것이다. 오래되었다는 것은 또한 기본적인 삶의 방식을 의미한다―도교, 힌두교, 불교는 이 중 어린 형제들로, 문명이라는 일시적 소란을 통과하느라 약간은 혼란한 상태에 있다. 관리되지 않는 사람과 장소를 '야생wild'이라고 부른다. 한자어로 자연自然이란, 프로그램되어 있지 않고, 자신 안의 규칙에 따라 작동한다는 것을 말한다.

관심 있는 독자들은 참고문헌에 있는 스나이더의 생각을 더 읽고 참고하기를 권한다.

밥 스테우딩은 『게리 스나이더』(1976)에서 낭만적인 것과 생태적인 것을 구별하고 있다.

> 스나이더와 같은 현대 시인들의 이론들은 그 본질에서부터 반反낭만적이다. 이들 시인은 낭만주의자들과는 전혀 다르게 자연을 인식했다. …… 낭만주의자들은 많은 유효적절한 질문들을 하지만, 그들은 그들이 받은 답변을 이해할 수 없었다. 왜냐하면 그들은 유대-기독교 편향, 인간 중심적 우주관, 그리고 무엇보다 중요하게도, 과학적 지식을 결여하고 있기 때문이다. …… 초월주의자들은 스나이더처럼 동양의 전통을 읽고 모든 것이 서로 연결되어 있다는 점에 동의했다. 하지만 그들은 한쪽으로 비켜나 있었다. 그러면서 '자연'을 그들 자신과는 다른 무엇으로 보았다. 스나이더의 후기 저작에 투영된 세계관과는 달리, 낭만주의자들은 자연을 제대로 본 적이 없었다. 그들은 자신의 마음을 본 것이었다.

---

3. 생태학의 과학

생태학의 과학이 심층생태학에 기여한 주요한 부분은 근대과학의 맥락 안에서 모든 것이 다른 모든 것과 연결되어 있다는 것의 재발견이다. 따라서 생태학은 과학으로서 다른 여타 환원주의적 과학의 영역에서 부족했던 자연에 대한 관점을 제공했다.

더군다나 레이첼 카슨, 프레이저 달링, 찰스 엘턴, 알도 레오폴드, 폴 시어스, 윌리엄 보그트, 유진 오덤, 프랭크 에글러를 비롯한 생태학자와 자연사학자 들의 작품에서 볼 수 있듯이, 심층생태학의 정신은 "자연과의 상호관계성에 대한 학문"으로 보다 좁게 정의된 생태학과 맞닿아 존재해 왔다. 이들 생태학자 중 많은 이들은 인간과 비非인간 간의 평등을 말하는 생명 중심적 관점의 철학을 발전시키게 되었다.

생태학 덕분에 학생들은 교과서만 보거나 실험실에서만 공부하지 않고 현장으로 나가서 상호관계를 직접 볼 수 있었다. 그리하여 과학자는 이 과정에서 없어서는 안 될 참가자가 된 것이다. 영국 목사 길버트 화이트에서부터 소로, 뮤어, 찰스 다윈, 그리고 19세기의 다른 이들을 거쳐 더 '급진적인' 생태학자들(마스턴 베이츠, 프랭크 에글러, 폴 에얼릭 등)까지, 생태학자들은 과학적 데이터라는 협소한 정의를 넘어서 장소성을 일깨우기 위해서 스스로의 의식을 들여다볼 필요성을 깨닫게 되었다.[6]

1920년대와 1930년대에 알도 레오폴드는 자원관리에 대한 '관리인'식 접근방식에서 그가 말하는 생태적 의식으로 급격하게 전환했다. 생태적 의식과 대지윤리에 관한 그의 말들은 이제 고전이 된 그의 『모래 군郡의 열두 달Sand County Almanac』(1949)에 담겨 있으며 여러 사람들에게 영향을 미쳤다. 레오폴드의 생명 중심적 평등사상은 다음의 문장에 잘 표현되어 있다. "우리들은 진화의 오디세이에서 동료 생물체일 뿐이다." 그가 말하길, 생태적 의식을 받아들이면 "호모 사피엔스는 대지 공동체의 정복자에서 공동체의 구성원으로 그 역할이 바뀐다. 이는 그의 동료 구성원들에 대한 존중과 이 공동체 자체에 대한 존중을 의미하는 것이다".

레오폴드는 "생명의 작동 방식은 너무나 복잡해서 아마 이를 완전히 이해하는 것은 미래에도 불가능할지 모른다"고 주장했다. 이는 인간이 자연을 완전히 지배하고 통제하는 데 성공할 가능성을 낮게 보고 생명 과정의 본질적 신비를 강조한 것이다. 레오폴드는 또한 "정복자 인간과 생태계 구성원으로서의 인간, 칼날을 벼리는 과학과 우주를 등대처럼 비추는 과학, 착취의 대상으로서 노예와 다름없는 대지와 유기적 전체로서의 대지"를 서로 대비하고 있다. 그는 다음과 같이 주장한다.

사실, 생태적 방식의 역사 해석에서는 인간을 생명 공동체의 구성원 중 하나에 불과하다고 여긴다. …… 역사와 생태학의 통합된 증거는 다음의 일반적인 연역을 증명하는 것 같다. 인간이 변화를 폭력적이지 않은 방식으로 주도할수록, (생태적) 피라미드가 성공적으로 적응할 가능성이 높아진다는 것이다.

레오폴드는 평등한 생태계 윤리를 처음 도출한 사람들 중 한 명이다. "생명 공동체의 온전성, 안정성, 아름다움을 보존하려 하는 경우는 옳다. 그 반대는 옳지 않다."

레오폴드의 생각들은 진정으로 전복적이며, 생명 중심적 사고의 발달에 중요한 정초를 놓게 된다. 보전주의자들은 레오폴드의 이러한 생각에 입에 바른 찬사를 보냈지만, 레오폴드의 생태적 의식이

지닌 급진성의 영향을 완전히 이해한 생태학자들은 많지 않다.[7]

1960년대 초반에 폴 시어스는 생태학을 "전복적 주제"라고 불렀고, 프랑크 에글러와 같은 다른 급진적 생태학자들은 생태학과 서양 사회에 적합한 상호관련성의 형이상학적 토대를 동양의 종교에서 찾기 시작했다.[8] 이 심층생태학적 통찰을 인지한 많은 급진적 생태학자들은 교육 프로그램과 정책 토론회에 참가해 생태적 다양성을 그 자체의 가치와, 그리고 생태적 다양성과 지속적으로 관계를 맺는 인간을 위해서도 보호하고자 했다. 특히 마스턴 베이츠, 존 리빙스턴, 데이비드 에렌펠드 그리고 폴 에얼릭은 주류적 세계관의 기본적 가정들을 폭로하고 야생지와 다른 종들을 보호하기 위한 정치 행동을 요구하는 데 적극적이었다.

존 리빙스턴은 금세기 동안 야생동식물 보존이 엄청난 정책적 실패를 한 것에 정면으로 대처하고자 노력했다. 그는 공적 토론에서 사용된 논거가 대단히 '합리적'이라고 보았는데, 이는 인간의 이익만을 협소하게 반영한다는 의미였다. 이론과 실제에서 식물과 동물들은 다양한 방식으로 소비되는 잠재적 자원으로 취급되었다. 『야생동식물 보존의 오류The Fallacy of Wildlife Conservation』(1981)와 그 이전의 작품인 『하나의 우주적 순간One Cosmic Instant』(1973)에서 리빙스턴은 인식에 중요한 변화가 없이는, 비인간 세계와의 상호관련성을 깊고 내밀하게 느껴 보지 않고서는, 이러한 상황을 돌이켜 인간의 파괴로부터 야생동식물을 보호하기는 힘들 것이라고 이야기했다.

데이비드 에렌펠드는 야생동식물 관리에 접근하는 주류적 세계관을 비판하는 데 큰 공헌을 했다. 『인간의 오만The Arrogance of

Humanism』(1978)에서 그는 인간이 야기한 자연 세계의 파괴가 문명에 대한 위험이고, 이는 주류 세계관의 가정에서 도출되는 논리적 결론이라고 설명한다. 그는 이어 이러한 가정들의 실용성을 비판적으로 평가하고 있다. 에렌펠드는 심층생태학과 유사한 시각에서 세계를 바라본 첫 번째 주요 생태학자였다. 그는 생명 중심적 평등주의의 입장에 서 있다.

폴 에얼릭은 1960년대와 1970년대에 정치적 활동의 길을 제시하여, 다른 전문적인 생물학자들과 생태학자들로 하여금 정치적 영역 안으로 들어와서 자연의 다양성을 위해 힘쓰도록 했으며, 동시에 생물다양성과 산림 그리고 해양 생태계의 내재적 가치에 기여하는 것을 인간의 가치로 상정했다.

생물학자 배리 커머너는 비록 심층생태학의 관점들을 직접적으로 드러내지는 않았지만, 1980년 미국 대선 후보자로 지명돼 연방정부 환경 정책의 전반적 방향을 전환하겠다는 것을 주요 공약으로 제시함으로써 다른 생태학자들보다 한 걸음 더 나간 사회참여를 실천했다.

커머너의 주요 공헌 중 하나는 일반 청중들에게 생태학의 법칙들을 요약해 심층생태학적 관점을 제시했다는 것이다. 『원은 닫혀야 한다The Closing Circle』(1971)에서 그는 이러한 법칙들을 열거하고 있다.

1. 모든 것은 다른 모든 것과 연결되어 있다.

2. 모든 것은 어딘가로 가게 돼 있다.

3. 자연이 가장 잘 안다.

4. 공짜 점심은 없다. 또는 모든 것은 어딘가로 가게 돼 있다.

———— ◆ ————

배리 커머너는 "자연이 가장 잘 안다"라는 생태학의 세 번째 법칙에 대해서 다음과 같이 논평하고 있다.

내 경험에 의하면 이 원리는 상당한 저항에 부딪힐 것이다. 왜냐 하면 이것은 인간의 능력에 대한 깊은 신념에 반하는 것이기 때 문이다. 근대 과학기술의 가장 큰 특징 중의 하나는 자연에서 인 간이 얻을 수 있는 것들보다 더 나은 의식주와 의사소통의 수단 을 제공하기 위해 '자연을 개선'한다는 인식이다. 과감하게 말하 자면, 생태학의 세 번째 법칙은 인간이 자연계에 야기한 어떤 주 요한 변화도 시스템의 입장에서는 해로울 수 있다는 것이다. 이 러한 입장은 상당히 극단적이라고 할 수 있는데, 그럼에도 적절 한 맥락에서 이해된다면 상당한 이점이 있을 수 있다.

생물 시스템과의 유비로 설명하는 것이 도움이 될 것 같다. 생 물체가 타고난 것을 무작위로 변화시키는, 예를 들어 돌연변이를 일으키는 X선과 같은 요인을 생각해 볼 수 있다. 일반적으로 X선 에 노출되면 돌연변이의 빈도가 증가하지만, 자연에서 관찰되는 정도는 그 빈도가 매우 낮아서 이러한 돌연변이의 발생이 가능한 변화로 여겨진다. 우리의 목적에서 중요한 점은, X선이나 다른 수 단으로 돌연변이 발생 빈도가 증가한다면, 거의 모든 변이가 생명 체에게 해로우며, 생명체가 완전히 자라나기 이전에 죽게 만드는 변이가 대부분이라는 점을 보편적으로 관찰할 수 있다는 것이다.

———— ◆ ————

4. '신물리학'과 심층생태학

17세기 이래로 과학의 모델이 된 것은 물리학이었다. 과학혁명의 기획자들로서, 데카르트와 뉴턴은 우주를 단순하고 선형적인 인과관계로 설명할 수 있는 거대한 기계로 상상했다. 라플라스와 다른 학자들에 따르면, 우주 전체를 이러한 방식으로 설명하는 것은 이제 시간문제였다. 생물계는 물리학의 법칙으로 설명할 수 있다고 생각했다. 심리학과 사회학을 포함한 사회과학이 과학으로 인정받으려면 물리학적 모델을 따라야 한다고 생각했다. 데모크리토스와 아리스토텔레스에서부터 시작된 주류 서양 형이상학은 세계를 개별 구성체들의 합으로 보았다. 근대 물리학은 실재를 개별적인 작은 물질, 즉 원자로 구성된 것으로 보는 형이상학적 견해를 기반으로 하고 있다. 게다가, 과학 지식의 객관성은 과학자가 그의 감정이나 주관적 편견으로부터 그의 발견이 영향받지 않도록 관찰 대상과 거리를 두는 것으로 보장된다고 생각했다.

'신물리학'으로 인해 이러한 실재의 모습이 산산조각 났다. 하지만 이러한 메시지가 사회과학으로 스며드는 데는 상당한 시간이 걸렸다.[9] 독립적인 개체라는 관념은 에너지의 끊임없는 변화와 흐름이라는 자연관으로 변했다. 마찬가지로, 과학자가 실험이나 관찰로부터 독립되어 있다는 관점도 잘못된 것으로 판명돼 폐기되었다. 소로나 뮤어가 19세기의 기계론적 방식을 거부하고 참여적 과학 연구를 수행했다는 것은 중요하다. 『길 없는 길The Pathless Way』에는 뮤어가 시에라네바다 산맥의 빙하 형성 이론에 어떻게 도달했는지 설명되어 있는데, 그는 "빙하처럼 생각하기" 위해서 빙하가 깎아 놓은 광택이 나는 화강암에 누워 있었다고 한다. 소로, 로렌스, 게리 스나이더 역시 매우 감각적이며 참여적으로 대상에 접근했다.[10]

이론물리학자 프리초프 카프라는 『현대물리학과 동양사상The Tao of Physics』(1975)에서 신물리학의 혁명과 이 신물리학의 형이상학적 실재관이 어떻게 동양 종교와 생태적 상호관련성의 형이상학적 실재관과 비슷해졌는지를 잘 설명했다. 『새로운 과학과 문명의 전환The Turning Point』(1982)에서 카프라는 상호연관성에 관한 이 새로운 형이상학적 견해를 사회구조의 변화를 검토하는 데까지 적용하고 있다. 그는 심층생태학이 미래 인간 사회의 적절한 얼개가 될 것이라고 이야기하고 있다.

깊은 생태학적 이해로부터 나온 새로운 상호연관성의 세계관과 형이상학이 유효하다면, 우리는 다른 분야에서도 현실에 대한 이와 유사한 시각이 나타날 것이라고 예상할 수 있다. 질병의 '증상'을 다루는 접근이 건강이라는 더 총체적 개념에 그 자리를 내주고 있는 의학이 그 한 예다. 우리는 이제 육체적 건강과 정신적 건강을 서로 떼어 놓고 이야기할 수 없고, 개인의 건강을 환경의 건강과 서로 떼어 놓고 이야기할 수 없다는 것을 알게 되었다.[11]

『세계의 재주술화The Reenchantment of the World』(1981)의 저자인 모리스 버만은 현실의 상호관계성에 대한 특정한 시각에 숨은 심각한 함정을 말하고 있다. 특히 데이비드 봄과 같은 뉴에이지 사상가들이 해석한 신물리학이 그러하다. 버만에 따르면 그들이 말하는 과정형이상학은 사이버네틱스 시스템 이론에 근거를 두고 있으며,

이는 정신에서 육체를 분리시켜 구체성을 잃어버릴 우려가 있다. 자연 세계의 감각적인 특성은 뉴에이지 사상가들의 순수 형식적이고 계량화된, 혹은 수학적인 추상화에서 배제된다. 과학적 생태이론의 대다수는 사이버네틱스 시스템 이론에 근거하고 있다. 이는 17세기 데카르트주의의 연장으로, 우주를 기계로 사고하는 것이다. 이러한 이유로 이에 대해서는 비판적으로 바라보아야 할 것이다. 마찬가지로 컴퓨터로 생태계를 모델화하는 것도 살아 있는 실재를 왜곡할 수밖에 없다. 옛말에서처럼 "지도는 땅이 아니다". 우리는 지구가 살아 있는 유기체이므로 그에 맞게 지구를 대하고 이해해야 한다고 생각한다. 기술적인 지름길로는 자연을 직접적으로 체험할 수 없다. 하지만 가장 위험한 것은, 버만의 판단에 따르면, 뉴에이지 의식이 "컴퓨터 의식"이 되려고 한다는 지점이다. 이는 결국 실재를 바라보는 또 다른 추상적 기계적 시각이다.[12]

———— ◆ ————

신비주의 전통과 '신물리학'은 지금 우리가 '생태적 인식'이라고 부르는 것을 만들어 내는 데 이용된다. 생태적 인식은 모든 것들의 근본적인 상호관계성 혹은 더 정확히는 모든 일의 상호관계성을 인식하는 것이다.
—워릭 폭스, 「심층생태학의 통찰」, 『생태학자The Ecologist』(1984)에서

내 생각에 물리학이 할 수 있는 것은 생태적 인식을 생겨나도록 하는 것이다. 내 생각에는 지금 서양 신비주의 인식, 우리 식의 불교나 도교가 생태적 인식이 될 것이다.

—프리초프 카프라, 워릭 폭스의 「심층생태학의 통찰」에서 재인용

우리의 문화는, 특별한 의문이나 비판적 견해 없이, 일종의 '컴퓨터 의식'을 얻기 시작하는 것 같다. 비디오 게임과 가정용 컴퓨터는 모두 수많은 사람들에게 비슷한 세계관을 가지게 한다. 둘 모두는 우리 현실이 프로그래밍된 것이라는 생각을 전파한다. 그리고 아이들과 어른들은 비디오 게임과 가정용 컴퓨터를 사용하면서 그와 관련된 어휘를 차용한다. 내 생각에는 그에 따라서 머릿속에서만 작동하는 거대한 하위문화가 일반적으로 생겨난다. 이 문화는 현실을 본질적으로 중립적이고, 가치 판단이란 게 없고, 구체성이 결여된, 순수한 정신적 과정으로 바라본다.

—모리스 버만, 「21세기의 사이버네틱스 꿈」(미출간, 1984)

━━━━━ ◆ ━━━━━

5. 기독교와 심층생태학

기독교 전통의 여러 사상가들은 유기적 전체와 생명 중심적 평등주의에 관한 심층생태학적 시각의 원천이다. 특히 아시시의 프란치스코 성인(1181~1126)과 조르다노 브루노(1548~1600)는 이러한 시각을 대변한다.

린 화이트는 자신의 논문 「생태적 위기의 역사적 기원」에서 프란치스코 성인을 예수 이후로 가장 위대한 영적 혁명가로 부르며, 생태학의 수호성인으로 제시한다.

서양 역사에서 최고의 영적 혁명가인 프란치스코 성인은 자연에 대한 그리고 인간과 자연과의 관계에 대한 대안적 기독교의 시각을 제시했다. 그는 인간을 포함한 모든 생명체가 평등하다는 사상으로, 인간의 무제한적 지배 사상을 대체하려고 했다.

프란치스코 사상을 이해하는 핵심은 겸양의 덕에 대한 그의 믿음이다. 그의 겸양은 단순한 개인적 겸양이 아니라 인간이라는 종으로서의 겸양도 포함한다. 프란치스코는 피조물을 통치하는 왕국에서 인간을 폐위시키고 신의 모든 피조물들 사이의 민주주의를 세우고자 했다.[13]

프란치스코의 유명한 찬송가인 〈태양의 노래Brother Sun, Sister Moon〉는 축복의 노래로, 여기서 그는 신의 모든 피조물이 평등하다는 것을 인정한다.

조르다노 브루노의 철학은 모든 시간과 공간에 걸쳐서 물질적인 것과 영적인 것을 포함한 모든 현상과 광대한 상호관계에 있는 무한한 우주라는 관점에 기반하고 있다. 부르노는 무한한 세계의 각 부분은 그 자신의 방향성을 가지고 움직이고 있다고 생각했다. 그리고 이와 같은 움직임은 전체의 부분이자 다른 세계와 관계 맺고 있는 개별적 세계라는 두 가지 특성에 의해 추동된다.

브루노는 생명 중심적 평등성을 주장한 이유로 종교재판을 받고 1600년 로마의 '꽃의 광장'에서 화형당했는데, 생전에 그의 주요 저서에서 이와 같이 말했다. "자연 세계에 대한 지식을 얻지 못해서 무지하게 된 근원은 만물이 갖는 물질과 운동과 특성 사이의 조화를 인식하지 못하는 데 있다. 이와 같이 멀리서 보면 이상하지만, 더 깊이 보면 아름답고 참되게 보이며, 그 구성물들 하나하나를 아주 깊이 보게 되면 그 전체를 긍정하게 된다. 그 사랑스러움을."

기독교의 관점에서 아직 심층생태학적 원리가 확정적으로 도출된 적은 없었지만, 그 시작은 성경 연구에서부터일 것이다. 아마도 다음의 성경 구절이 심층생태학적 원리를 나타내는 것일 수 있다.

그러나 이제 짐승에게 물어 보게나.
그러면 그것들이 자네에게 가르쳐 줄 걸세.
그리고 하늘의 새들에게 물어 보게나.
그러면 그것들이 자네에게 알려 줄 걸세.
아니면 땅에게 물어 보게.
그러면 그것이 자네에게 가르쳐 줄 걸세.
그리고 바다의 물고기들도
자네에게 이야기해 줄 걸세.
―욥기 12장 7~8절

◆

태양의 노래

존귀하고 전지전능하시며
선한 주님이시여,

그대는 찬미, 영광, 명예 그리고
축복이십니다.
가장 높은 자여, 당신에게만, 이들은 속합니다.
당신을 부를 정도로 존귀한 인간은 없습니다.

나의 주님, 찬미받으소서. 당신의
모든 피조물들로부터도 찬미받으소서
특히 태양 형제는
우리의 낮이며 우리를 밝게
비추니
아름답고 찬란한 빛으로 밝게 빛납니다.
가장 높으신 주님 가운데서
그는 당신의 모습을 가지고 있습니다.

나의 주님, 찬미받으소서. 자매인
달과 별들로부터도 찬미받으소서
당신이 만든 하늘에서
그들을 밝고, 소중하게 그리고 아름답게 만드셨습니다.

나의 주님, 찬미받으소서
형제인 바람을 통해서도 찬미받으소서
공기와 아름다운 구름과 모든 날씨를 통해 찬미받으소서
이들을 통해서 당신은
당신의 피조물에게 양식을 줍니다.

나의 주님, 찬미받으소서

자매인 물을 통해서 찬미받으소서
물은 가장 유용하고 겸손하며 소중하고 정결합니다.

나의 주님, 찬미받으소서
형제인 불을 통해 찬미받으소서
그를 통해 당신은 밤을 밝히십니다.
그는 아름답고, 즐겁고 힘이 있고 강하니까요.

나의 주님 찬미받으소서
자매인 대지를 통해 찬미받으소서
그는 우리를 살아가게 하며, 우리를 통치하며
다양한 색깔의 꽃과 풀과 함께
수많은 과일을 자라게 합니다.
—성 프란치스코

———————— ◆ ————————

6. 페미니즘과 심층생태학

몇몇 페미니즘 작가와 사회운동가가 탐구하는 주요 주제와 심층생
태학의 궁극적 규범과 원리 사이에는 중요한 유사점들이 있다. 실
제로, 몇몇 페미니스트들은 심층생태학이 수 세기 동안 많은 여성
들이 알았던 통찰을 유식하게 서술한 것이라고 주장한다.

일부 페미니스트 작가들은 주류적 세계관의 주요 가정들에 대

한 강렬하고, 비판적인 검토들을 제공했다. 특히, 엘리자베스 도슨 그레이는 『잃어버린 녹색 낙원Green Paradise Lost』에서 남성주의적 실재관 그리고 자연과 인간 사회에 관한 위계적인 신화를 비판했다.[14]

페미니스트들은 우리에게 개인적인 관계를 개선하고 우리 문화의 지배적인 사유 방식이 어떻게 우리를 이기주의와 경쟁, 추상 그리고 지배로 이끄는지 점검해 보라고 요청한다. 또한 단지 인간에게 유용하다는 이유가 아니라 자연 그 자체를 위해 목소리를 낼 것을 요구한다. 그렇게 함으로써 페미니스트들은 우리 삶의 경이로움에 대한 인식을 깊게 하고, 창조적이고 비폭력적이며 힘을 주는 사회운동에 대한 우리의 결의를 강하게 만든다.

각기 다른 세대에 속한 세 명의 여성은 생태적 통찰을 섬세하게 서술하고, 사회운동에서 깊은 원칙들을 실천함으로써 생태적 의식을 길렀다는 점에서 특히 주목할 만하다. 이들은 메리 오스틴, 레이첼 카슨, 그리고 돌로레스 라샤펠이다.

메리 오스틴(1868~1934)은 『비가 내리지 않는 땅Land of Little Rain』(1902), 『바구니 여자Basket Woman』(1904) 등 캘리포니아 사막 지역을 배경으로 한 저서들을 저술한 작가로, 그녀의 전기 작가에 의하면, 오스틴의 글들은 "놀라울 정도로 20세기 후반에 적절하다".[15] 오스틴은 작가, 자연주의자 그리고 페미니스트였다. 그녀는 지구에 대한 우리의 의무와 그리고 지구와 우리와의 관계를 우아한 산문으로, 깊은 이해를 가지고 표현했다.

--- ◆ ---

신의 손이 만든 가장 외로운 땅에 처음에는 왜 이렇게 많은 사람들이 살러 오려고 했는지, 여기서 무엇을 하는지 그리고 여기에 왜 머물려고 하는지 누군가는 의아해 하겠지만, 만일 그가 일단 여기서 살아 본다면 더 이상 궁금해 하지 않을 것이다. 이 긴 갈색의 땅만이 이와 같은 매력을 쥐고 있다. 무지개 언덕, 부드러운 푸른 빛의 안개, 봄의 찬란한 빛이 연꽃과 같은 매력을 가지고 있다. 이들은 시간 감각을 잃어버리게 한다. 이곳에 한 번 살아 본 것은 실제로는 산 것이 아니라는 것을 알아차리지 못하고 가 버린 셈이다.

―메리 오스틴, 『비가 내리지 않는 땅』

--- ◆ ---

레이첼 카슨(1907~1964)은 생물학과 생태학에서의 현대 과학 학계의 연구와 심층생태학적 감각과 감수성을 결합했다. 『우리를 둘러싼 바다The Sea Around Us』(1950)와 『바닷바람을 맞으며Under the Sea Wind』(1941)에서 그녀는 바다의 내재적 가치를 극찬했다. 그녀는 바다를 자원으로 보고 착취하기 위해 과학을 사용하는 것에 경계심을 느꼈다. 그녀에게 생태학이란 자연 속에서 살아가는 것의 의미를, 유기적이고 연결돼 있으며 상호작용을 하는 그 의미를 인식하는 것이었다. 그녀는 겸양과 우리보다 더 큰 리듬에 귀기울여 듣는 일에 관한 고전적인 이야기를 제시했다.[16]

마침내, 카슨은 『침묵의 봄』(1962)에서 제초제의 광범위한 사용으로 인한 생태적 영향을 다룸으로써 자원보전과 개발에 관한 공공정책 논의에 참여하게 되었다. 이 책은 '생태학의 시대'의 서막이었다. 그녀는 정책 토론에 참여하는 데 주저함이 없었고, 이러한 그녀의 태도는 사회운동가들이 제초제의 사용에 의문을 품도록 여러 세대에 걸쳐 자극을 주었다. 카슨의 저작들은 또한 유럽의 많은 생태운동가들에게 영향을 주었다. 네스가 그중 하나였다.

———————◆———————

'자연을 통제한다'는 말은 생물학과 철학의 네안데르탈 시대에 태어난 오만한 표현으로, 자연이 인간의 편의를 위해 존재한다는 의미로 이해된다. 응용곤충학자들의 사고와 실행 방식을 보면 마치 석기시대로 거슬러 올라간 듯하다. 그렇게 원시적인 수준의 과학이 현대적이고 끔찍한 무기로 무장하고 있다는 사실, 곤충을 향해 겨누었다고 생각하는 무기가 사실은 이 지구 전체를 향하고 있다는 사실이야말로 크나큰 불행이 아닐 수 없다.

—레이첼 카슨, 『침묵의 봄』

———————◆———————

에코페미니즘이 심층생태학과 연결되어 있다는 것을 잘 보여주는 예가 바로 돌로레스 라샤펠이다. 그녀는 콜로라도, 실버턴에 있는 '산의 도道 센터'에서 심층생태학을 가르치고 저술하고 있다. 산악가, 스키 선수, 의례주의자, 그리고 작가인 라샤펠은 자연과 소통하던 오래전의 방식을 재건하는 데 인생을 바쳤다. 『지구의 지혜』서문에서 그녀는 이렇게 말한다. "최선의 소통은 사랑이다. 소통의 단절은 전쟁이다. 그리고 이러한 전쟁이 인간과 자연 간에 지금 발생하고 있다. 자연은 우리와의 소통을 거부하고 있지 않다. 다만 우리 자신이 더 이상 어떻게 소통해야 하는지를 잊어버렸을 뿐이다. 천 년 동안 인간 종은 의례와 축제를 통해 지구와 그 생물체들과 소통해 왔다. 여기서 모든 수준의 인간은 모든 수준의 자연과 서로 열려 있었다.”

산을 오르고, 태극권을 가르치며, 북을 치는 경험적 교육과, 다양한 출판 작업에서의 지적 통찰을 통해, 그녀는 이 잃어버린 소통 방식을 망가진 현대 사회에 복원하는 단초를 놓고 있다.

그녀는 지구와 유대를 이루는 의례를 주도하고 있으며, 지구가 소외되는 현대 문화에서 의례가 지닌 의미를 다룬 글을 써 왔다. 그녀는 시에라클럽과 다른 개혁적 환경단체들이 마지못해 인정하던 사실, 산성비와 산림 파괴에 대한 ‘정보’들은 사람들을 대지와 다시 연결하는 데 도움이 되지 않는다는 점을 지적으로 정당화하는 작업을 했다. 그녀의 에세이 「의례가 필수적이다」가 부록 F에 수록되어 있다.[17]

요약하자면, 컨퍼런스에서 페미니스트와 생태운동가들이 연결되고, 라샤펠과 카슨, 오스틴뿐만 아니라 캐롤린 머천트, 애니 딜러드, 수전 그리핀, 엘리자베스 그레이와 같은 여성들의 저작에서 개혁주의적 환경단체와 탈핵 단체의 연대가 등장했다는 것이다. 이는 심층생태학과의 연결지점을 탐구하는 것이 미래를 위한 강력한 힘이 될 것임을 시사한다. 캐롤린 머천트는 과학사를 연구했고(『자연의 죽음』, 1980), 여성이 환경/생태 운동에 기여한 부분에 대해서도 연구했다. 그녀의 에세이 「페미니즘과 생태학」(부록 B)에서 그녀는 커머너의 생태학 법칙들을 사용하여 그 법칙들을 페미니즘과 연결시킨다.

7. 원주민 전통과 심층생태학

거대한 바다는

나를 표류시켰다

나를 움직인다

큰 강 안의 해초처럼

지구와 거대한 날씨는

나를 움직인다

나를 움직여

내 안의 것들을 기쁨으로 가득 차게 한다.

에스키모 여성 주술사 우바브눅Uvavnuk이 이 노래를 부를 때 심층생태학의 직관인, 연결성이 이 노래를 통해 움직인다.

심층생태학자들은 원주민들을 재평가하고 있는데, 여기에는 다양한 아메리카 선주민 부족 집단들이 포함된다. 그들은 원주민들을 '고귀한 야만인'으로 보는 낭만적 견해를 부활시키려는 것이 아니라, 우리의 사회에 적용될 수 있는 철학, 종교, 세계관, 그리고 보전의 방식을 찾고자 한 것이다.

아메리카 선주민들은 '위대한 영혼'에 대하여 말해 왔고, 대지에, 장소성에 이를 소환했다. 예를 들어 시애틀 추장은, 1851년 유명한 항복 연설에서 "한 가지 확실한 것은, 지구가 인간을 위해 만들어진 것이 아니라, 인간이 지구를 위해 만들어졌다는 것이다"라고 말했다. 하지만 유럽인들, 서양 지식인들은, 이를 주의 깊게 듣지 않았다.

심층생태학의 지지자들은 아메리카 선주민의 사고나 인식에서 그들에게 영감을 주는 것들을 많이 발견했다. 도널드 휴즈는 「오늘날을 위한 선주민의 지혜」에서 다음과 같이 글을 마무리하고 있다. "선주민의 과거와 현재를 비교할 때 등장하는 피할 수 없는 사실이 한 가지 있다. 그것은 자연에 관한 영적인 인식을 가지고 절제하며 행한 수렵과 농업에 토대를 둔 아메리카 선주민 문화의 패턴이 실제로 지구와 지구상의 생명체를 보존했다는 점이다."[18]

자연적 변화, 순환, 리듬, 지진, 홍수, 소빙하기는 모두 아메리카 선주민들이 살았던 장소에 영향을 주었지만, 그들은 영적 생태학을 고수했다. 리처드 넬슨은 『큰까마귀에게 기도해』에서 알레스카 코유콘족의 자연사를 서술하고 있는데, 그 부족민들의 영적 자각은 우리들을 신화의 시간들로 이끈다고 말한다. 코유콘족은 주시하며 돌보는 세계 속에서 살았다. "주변 환경은 의식이 있고 감각이 있으며 인격이 있다. 주변 환경은 느낀다. 화가 날 수 있다. 그래서 모든 순간에 존중받아야 할 것이다." 코유콘 세계관의 중심적 가정은 자연적인 것과 초자연적인 세계는 서로 분리될 수 없다는 것이다. 각각의 세계는 서로의 핵심적 부분이다. 인간과 자연적 개체들은 부

단히 영적으로 교류하고 상호작용한다.[19]

아메리카 선주민들과 다른 지역의 전통 부족들은 존재가 있는 장소인 대지에 대한 경외를 가르쳐 줄 수 있다. 그들은 비버나 들소 등을 사냥했듯 생명 유지를 위해 자연을 이용했지만, 우아하고 섬세하며 적절하면서도 전통사회의 맥락에서 통제된 물질적 기술로 목표를 풍성하게 달성했다.

아메리카 선주민들은 또한 사람들 간의 상호부조와 비인간 자연과의 유대에 바탕을 둔 공동체 사회의 지속가능성에 대해 알려준다. 끝없이 경쟁적이고 공격적이며 타인을 신뢰하지 않는, 고립된 개인을 상정하는 근대 서구의 견해는 '인간 본성'에 대한 최고의 견해가 아니다.

인류학자 스탠 스타이너에 의하면, 호피족은 1600년대에 백인들이 이 땅에 와서 이 땅과 그들 자신을 파괴할 것이라고 예언했다. 선주민들은 백인들에게 대지와 평화롭게 살라고 말했지만, 백인들은 그렇게 듣지 않았거나, 들을 수 없었다. "생명의 원 안에서 모든 존재는 다른 존재보다 더 크거나 적지 않다. 우리들은 모두 형제이고 자매이다. 삶은 새, 곰, 곤충, 식물, 산, 구름, 별, 태양과 함께 하는 것이다. 자연 세계와 조화롭게 살기 위해서는, 생명의 원 안에서 살아야 한다." 스타이너는 많은 아메리카 선주민들이 오래된 삶의 방식으로 되돌아가서 끊임없이 증가하는 산업적인 파괴 행위로부터 자신들의 대지를 보호하려 하는 운동을 섬세하게 서술하고 있다.[20]

여러 증거들은 원주민들의 사고방식에서는 인간 중심적 유산인 언어, 사회조직, 규범, 공유된 의미, 마법 등이 최초의 세계인 자연 안에서 총체성을 이루고 있었다는 걸 보여 준다. 원주민들에게는 인간과 다른 자연 간의 엄격한 구분이 없었다. 많은 심층생태학자들은 원주민들이 경험한 리듬과 존재 방식을 공감하고 있다. 심층생태학자들은 "다시 석기시대로 돌아가자"고 주장하는 것이 아니라, 원주민 전통에서 통찰을 찾고자 하는 것이다.

———— ◆ ————

조심스러운 수렵과 농경에 바탕을 둔 아메리카 선주민의 문화적 패턴은 자연에 대한 영적 인식에 토대를 두었고, 지구와 지구 위에 있는 생명체들을 실제로 보존했다. 선주민들의 우주와 자연에 대한 인식은 진지하게 고려되어야 할 것이다. 이러한 인식은 세상과 관계 맺는 유효적절한 방식이며, 미신이거나 원시적이거나 미발전된 것들이 아니다. 아마도 선주민의 유산 중에서 가장 중요하게 계승할 점은 지구와 생명에 대한 경외이다. 우리가 초기 선주민들과 같이 자연으로부터 배우는 것은 중요한 일이다. 지구에 귀를 기울이고, 동물과 야생 지역과 같은 비인위적인 세계를 더 많이 체험해서 우리 자신의 시각을 되찾는 것이 중요하다. 전통적인 선주민들은 인간, 즉 자연과 조화롭게 살아가는 상호연결된 사회망을 중시했다.

—도널드 휴즈, 『아메리카 선주민의 생태학』(1983)

———— ◆ ————

8. 마르틴 하이데거

이른 아침의 빛이 조용히
산 위로 펼쳐질 때……

세상이 어두워짐은 절대로
존재Being의 빛에 다다르지 않는다.

신에게 가기에 너무 늦었지만
존재에 가기에 너무 이르다.
이제 막 시작된 존재의 시. 그것이 바로 인간이다.

—마르틴 하이데거

마르틴 하이데거는 심층생태학 문헌의 역사에서 세 가지 공헌을 했다. 첫째로 그는 플라톤 이래 서양 철학의 발전에 대한 중대한 비판을 가했다. 그는 이러한 인간 중심적 발전이 자연에 대한 지배를 옹호하는 기술관료적 사고방식을 정초했다고 결론짓는다. 서양에서, 하이데거의 주요한 존재론적 개념인 존재Being는, 협소한 기독교적 세계관 또는 세속적, 인문적, 기술적 철학으로 제한되었다.

둘째, 하이데거는 독자들을 "사고thinking라는 위험한 영역"으로 초대했다. 하이데거의 관점에서 사고는 서양의 분석적 사고와는 다르며 도교적 명상의 과정과 더 유사하다.

셋째, 하이데거는 우리들이 이 지구에 고유한 방식으로 거주할 것을 요청한다. 이와 마찬가지로, 우리가 생태 지역bioregion에서 거주할 것과 자연적 과정을 인식하면서 살아갈 것도 요청한다.

빈센트 비시나스는 하이데거가 말한 거주의 의미를 잘 번역하고 있다.

> 거주한다는 것은 단지 그 지역에 산다는 의미에 그치는 것이 아니라 무언가가 진가를 발휘하며 만개할 수 있도록 공간을 만들어 내고 돌보는 것을 의미한다. 거주하는 것은 우선적으로 살리는 것이고, 이는 더 오래된 의미로는 무언가가 그 자신이 될 수 있게, 본질적으로 존재할 수 있도록 자유롭게 한다는 것이다. …… 거주는 사물들을 돌보아 현존하게 하거나 그 자체가 되게끔 하는 것이다.

하이데거는 우리의 일반적인 분석적 사고를 반전시켜 우리의 직관적 힘을 사용할 것을 요청한다. 한 걸음 뒤로 감으로써 존재를 해방하는 길을 열 수도 있다.

하이데거는 소크라테스 이전의 철학자들로부터 지적인 영감을 받았다. 그는 그들이 더 원형적 사유에 더 가까이 있다고 보았다. 이 외에도 자연으로부터, 자신의 집 근처 들판과 숲과의 직접적 관계로부터 지적인 영감을 받았다. 그는 합리주의 철학자들과 기독교 신학자들에게 그의 사고방식을 설명하기가 매우 힘들었던 것 같다. 현대 생태철학자들도 합리주의적 서양철학 전통의 개념과 언어만을 사용하도록 제한되었을 때 유사한 문제에 직면하게 된다. 말년에 하이데거는 시적 언어가 형식적 철학보다 직관을 더 명확하게 표현할 수 있다는 것을 깨닫는다. 그는 인간들이 "존재들을 존재 그대로 존재하게끔 해 주는(let beings be)" 생명 중심적 시각에 서게 된다.

하이데거는 이렇게 썼다.

유한한 생명을 가진 존재들은 하늘을 하늘로 받아들여 거주한다. 그 존재들은 태양과 달이 그 여정을 가도록 내버려 두고, 별들도 그 여정을 가도록 둔다. 계절들은 그 축복과 혹독함을 받게 하고 놓아둔다. 그들은 밤을 낮으로 바꾸지 않고, 낮을 초조한 불안으로 바꾸지 않는다.

——————— ◈ ———————

비구름이 가득한 하늘 사이로
한 줄기 빛이 갑자기
초원 위로 내려 비칠 때

우리는 생각에 다다르지 못한다. 생각이
우리에게로 온다.
—마르틴 하이데거

——————— ◈ ———————

하이데거의 심층생태철학에 대해
—마이클 짐머만

하이데거는 기술의 '본질'은 기술 장치가 아니라, 모든 존재를 오직 인간 능력 향상에 기여하는 한에서만, 객관적이고 계산 가능하고 수량화할 수 있으며 사용 후 버릴 수 있는 원재료로 드러나게 하는 것이라고 주장한다. 모든 존재가 인간에게 원재료가 되는 것은 서양 문명과 철학의 역사적 결과이며 동시에 허무주의의 승리라고 말한다. 우리가 탐구해야 할 것은 바로 이 철학과 기술과 허무주의의 복잡한 관계다. ……

이러한 [새로운 사고방식은] 인간이 세상의 주인으로 사는 것이 아니라 …… 세상의 존재들이 그들 자신을 영광스럽게 드러나도록 할 수 있다. …… 하이데거는 새로운 [생태적] 의식의 많은 목적들에 대해서 동의했다. 여기에는 이윤을 위해 자연을 무자비하게 약탈하는 것을 멈추려는 소망도 포함되어 있다. 하지만 그는 다른 생태적 사상가들보다 더 급진적이었다. 다른 생태적 사상가들은 인간이 그 과정에 지나친 손상을 일으키지 않는다면 자연을 이용할 '권리'를 가졌다는 측면에서, 계속해서 인간은 자연을 '절약하는 사람'이라고 바라본다. 하지만 이는 기술적 견해의 가장 중요한 위협은 물리적인 것이 아니라 영적인 것임을 아직도 보지 못하는 태도다.[21]

———— ◆ ————

9. 동양의 영적 과정 전통

동양의 자료에는 도교와 불교의 저술이 모두 포함된다. 특히 현대 심층생태학자들은 도교 고전인 『도덕경』과 13세기 일본의 도겐 선사의 가르침에서 영감을 받았다.

동양 전통은 유기적 통합을 표현하며, 우리가 비주류 전통이라고 한 것을 다루고, 일부 전통에서는 생명 중심적 평등주의를 수용하고 있다. 그리고 이 전통들은 더욱 성숙해지는 과정과 환상과 착각에서 깨어나는 과정을 이야기한다.

이러한 전통들은 미국의 지성적 발전에도 상당히 영향력을 미쳐왔다. 에머슨과 소로는 동양 전통에 감명을 받았고, 이 전통은 그들을 통해 뮤어에게 전해졌다. 미국에서 동양 전통의 영향은 20세기에도 F. C. S. 노스롭, D. T. 스즈키, 앨런 와츠, 앨런 긴즈버그, 폴 굿맨, 게리 스나이더와 여러 사람들의 저작들에서 지속되었다.

1950년대에 긴즈버그나 스나이더와 같은 이른바 비트* 시인들이 일본과 중국 시들을 그들 자신의 생태적 의식을 바탕으로 해석하기 시작했다. 도겐, 장자, 화엄사상, 그 외 중국과 일본의 고전 작가들의 시와 산문이 도서관의 먼지 쌓인 책장과 동양철학과 한자 쓰기 수업에서 빠져나와 '진짜 과업'이라는 생태적 의식을 함양하고자 실천하는 사람들에게 다가갔다.

윌리엄 라플레어는 『공진화CoEvolution』의 「중생: 불교에서 식물과 나무를 위한 깨달음」이라는 글에서 다음과 같이 말하고 있다. "당연히 여기서 중요한 것은 동양과 서양이 이분법적으로 구분된다는 점을 드러내려고 함이 아니다. 인간의 정신이나 역사적 엄밀성이 이를 받아들일 수는 없다. 하지만 동양인과 서양인 모두에 의해, 우리와 우리의 세계에 닥친 위기에 대처하는 데 사용할 수 있는

● 제2차 세계대전 이후 물질주의와 산업사회에 반대하며 비주류의 저항적 문화운동을 추구한 이들을 비트세대라고 부른다.

자료와 통찰들이 여기에 있다는 것이다."²²

선禪 스승인 로버트 아잇켄 노사는 「간디, 도겐 그리고 심층생
태학」이라는 에세이에서 간디의 성숙한 사회 활동과 도겐의 참선
그리고 심층생태학의 통찰과 궁극적 규범은 서로 관련성이 있다는
것을 명백하게 보여 주고 있다.(부록 C 참조)

10. 로빈슨 제퍼스

로빈슨 제퍼스는 창작력이 왕성했던 그의 오랜 생애 대부분을 캘리
포니아 연안의 빅서에서 보냈다. 그는 해변의 강과 산, 매가 하는 말
을 시로 들려주었고, 20세기에 인간이 이룬 '성취'를 우주적인 맥락
에서 살펴보았다. 지식 시스템, 핵무기를 갖추고, 거대한 설계를 그
리는 오늘의 인간은 "너무 추상적이고 너무 현명해졌다. 이제 우리
는 다시 지구에게 키스를 할 때다". 그는 명백히 인간 중심적 주관주
의, 혹은 그의 표현에 의하면 '인간 유아론唯我論'을 거부했고, 객관
적 진리를 추구했다.

제퍼스의 심층생태학적 시각은 1934년에 쓴 종교적-과학적
범신론에 대한 글에서 찾을 수 있다.

나는 우주가 하나의 존재라고 생각한다. 이 존재의 모든 부분은 동
일한 에너지가 각기 다르게 표현된 것이고, 모두가 소통하고 있기
에, 하나의 유기적 전체의 일부인 것이다(이것은 물리학이며, 동시에 종교

이다). 부분들은 변하고, 사라지거나, 죽는다. 인간도, 생물종도, 돌도, 별도 그렇다. 이들 중 어느 것도 그 자체로는 중요하지 않다. 오로지 전체가 중요하다. 이 전체는 그 부분 모두가 너무 아름답고, 진정으로 참되게 느껴져서, 사랑하지 않을 수 없고, 신성하다고 하지 않을 수 없다. 내 생각에는 이 전체에만 더 깊은 사랑을 줄 만하다고 생각한다. 그리고 안쪽으로 자기 자신, 또는 인류, 또는 인간의 상상과 추상적인 관념이 아닌, 밖으로 나아가 이 하나인 신에게, 영혼의 세계에 우리의 사랑을 돌릴 때 평화와 자유가 있고, 일종의 구원이 있다.

신에게 사랑을 요구하거나 사랑을 기대하지 않으면서 신의 아름다움 때문에 신을 사랑하는 것은 일종의 특권이고 행복이다. 신에게 우리는 중요하지 않다. 우리에게 신이 중요할 뿐이다.

개인은 힘이 닿는 한 자신의 삶과 환경을 아름답게 함으로써 세상의 아름다움에 (작게나마) 기여할 수 있다고 생각한다.

한 평론가는 제퍼스를 "20세기의 스피노자 전도사"라고 칭했다. 그의 시는 사실상 감정의 심리적 작용들을 표현한 것이다. 그의 시 세계는 신/자연의 전체성을 동일시함으로써 개인self의 자기완성을 대자아Self 완성의 일부로 확장할 때 느끼는 적극적인 감정을 묘사하는 즐거운 시와, 열정에 압도되어 격렬한 파괴로 내몰린 사람들을 괴롭히는 근친상간, 살인, 기타 끔찍한 재난을 비극적으로 묘사하는 시, 두 사이를 교차한다.

제퍼스는 은하로부터 아원자 입자에 이르기까지 자연/신 전체에서 자유를 추구하는 영적인 모험에 나서는 인간을 형상화하고 있는데, 특히 인간의 즉각적인 존재가 나타나는 유기적 세계에서 그렇다. 이러한 점은 그의 유명한 시 「비극을 넘어선 탑The Tower Beyond Tragedy」에 대한 작가의 해설에서 명확히 볼 수 있다.[23]

시에서 오레스테스는 자신을 지구, 인간, 별, 산, 강 등 신성한 자연 전체와 동일시한다. 이들은 모두 하나의 존재이고, 하나의 유기체이다. 그는 이것을 인식한다. 그리고 그 자신도 그 유기체에 포함되고, 그 유기체와 동일하다고 인식한다. 이 인식이야말로, 비극이 범접할수 없는 그의 탑이다. 왜냐하면 어떠한 일이 있더라도 이 거대한 유기체는 언제나 영원하고 아름다울 것이기 때문이다. 오레스테스는 인간이나 유한한 대상이 아니라, 우주적 신과 '외적으로 사랑에 빠진' 것이다. 이것이 내 시의 의미이다.

생태적 의식은 시라는 형식에서 가장 강렬히 드러나는 것 같다. 제퍼스와 스나이더의 시는 사실상 자연/신과 존재 자체에 대해 폭포수처럼 쏟아지는 찬가로, 이는 현대 시에서는 드물지만 원시적 구전 전통에서는 흔하게 나타난다.

『시집Selected Poetry』(1938)에 수록된 제퍼스의 시 「아, 사랑스러운 돌」은, '바라본다는 것seeing'과 '본다는 것looking'이 상당히 다르다는 사실을 그리고 있다. 우리는 일상적인 것들을 특별한 시각으로 바라볼 수 있다.

아, 사랑스러운 돌

우리는 벤타나 계곡의 길 없는 협곡 동쪽 길 상류에서 밤을 보냈다.

절벽과 산등성이는 우리 머리 위에 단풍나무, 삼나무 숲을 층층이 늘어놓고 있다.

계수나무, 떡갈나무, 마드론, 폭포를 올려다보는 높고 늘씬한 산타루치아 전나무들까지

미끄럼 바위에서 별빛 절벽까지

우리는 자갈 위에 누워 작은 모닥불로 온기를 지켰다.

자정을 지나 두세 개 숯불만이 서늘한 어둠 속에서 붉게 빛났다. 나는 죽은 월계수 잎 한 줌을 가져다

잉걸불 끝에다 두고 마른 막대들을 그 위로 가지런히 두고 다시 누웠다. 되살아난 불꽃은

나의 자고 있는 아들과 그 친구의 얼굴, 그리고 시내 건너 거대한 협곡 벽의 수직면을

비췄다. 머리 위의 가벼운 나뭇잎들은 불의 숨 안에서 춤췄고, 나무 줄기들이 보였다. 절벽이었다.

이것이 나의 눈과 정신을 매혹시켰다. 이상한 것은 없었다. 두세 개의 기울어진 층을 가진 연회색 섬록암은

끝없는 산사태와 홍수로 매끈하게 다듬어졌으니, 고사리나 이끼도 없다. 그저 발가벗은 바위뿐. 나는 마치 바위를 처음 본 듯했다. 나는 마치 불꽃으로 빛나는 표면을 통하여 진짜

살아 있는 바위를 보는 것 같았다. 이상한 것은 없었다. 나는 너에게

얼마나 독특한지 말할 수 없다. 묵묵한 열정, 깊은 고귀함과 어린아이

같은 사랑스러움. 이 운명은

우리 운명 밖으로 이어진다. 여기 산 안에 의젓하게 웃음 짓는 아이처럼. 나는 죽을 것이고, 내 아이들도 살다가 죽을 것이고, 우리의 세상은 급격한 변화의 고통을 겪을 것이고, 이 시대가 죽을 것이다.

그리고 늑대들은 새 베들레헴 주위의 눈 속에서 울부짖었다. 이 바위는 여기 있을 것이다. 묵묵하고, 진중하면서 순순하지 않은 이 바위는. 바위 속 원자들인 에너지는 산 전체를 넘어 품을 것이다. 그리고 나는 수 세기 전에

사랑과 경이로움과 함께 그 바위의 강렬한 실재를 느꼈다. 이 외로운 바위를.

———— ◆ ————

11. 존 뮤어

존 뮤어가 심층적이고 장기적인 생태운동에 남긴 유산은 지구가 본질적으로 '하나'라는 시각과 참여과학에 대한 인식, 생명 중심적 평등주의의 표현, 야생지에 영향을 미치는 공공정책 문제에 대한 적극적인 리더십이다.[24]

———— ◆ ————

개혁적이고 심층생태적인 운동은 존 뮤어가 다음과 같이 언급한 통찰로 반복해서 돌아오곤 했다.[25]

기독교도 사냥꾼이 주님의 숲에 가서 잘 보존된 짐승들, 야생의 인디언들을 죽이도록 하여라. 그렇게 하는 건 좋은 일이다. 하지만 미리 운명 지워진 이 적당한 피해자들 중 과감한 표본이, 집이나 들판으로 가서 마치 신인 양 직립한 살인자들 중 가장 쓸모없는 사람을 죽이기라도 한다면, 아! 이것은 일어나서는 안 될 끔찍한 일이며, 인디언의 입장에서는 끔찍한 살인이 된다. 나는 교양인의 이기적인 예의범절에는 공감하지 못한다. 그리고 만일 야수와 주인인 인간 사이에 전쟁이라도 일어난다면, 나는 곰들과 공감하려 할 것이다. ……

인간을 위해 세상이 만들어졌다고들 말한다. 이는 전혀 사실무근이다. 인간 중에서는 신의 우주 안에서, 살아 있는 것이든 또는 죽은 것이든, 자신이 먹을 수 없거나 사용할 수 없는 것을 발견하면, 깜짝 놀라 고통스럽게 부르르 떠는 수많은 부류의 사람들이 존재한다. 지구의 모든 것을 차지해도 만족하지 않는 그들은 마치 자신들만이 무수한 제국들을 다스리도록 계획된 영혼을 가진 것처럼 천상의 나라 또한 자기 것이라고 주장한다. ……

자연이 동물과 식물을 만든 목적은 무엇보다도 각자의 행복을 위한 것이리라. 어느 하나의 행복을 위한 모든 것의 창조가 아니라. 왜 인간은 자신을 하나의 거대한 피조물을 구성하는 무한히 작은 단위 이상이라고 생각하는가? …… 우주에 인간이 없다면 불완전할 것이다. 하지만 동시에 우리의 속기 쉬운 눈과 지식 너머에 있는 가장 작은 초미생물이 없다면 역시 불완전할 것이다.

────── ◆ ──────

요세미티 국립공원 내 헤치헤치Hetch Hetchy라는 곳에 댐을 건설하는 일을 둘러싼 갈등에서, 뮤어와 그의 동료들은 이 댐이 가지는 의미를 더 큰 시각에서 조망했던 반면, 댐을 찬성하는 이들은 확장된 샌프란시스코 도심으로 물을 공급하는 것일 뿐이라고 댐의 의미를 축소해서 보았다.

요세미티 공원을 보전하는 투쟁에서, 뮤어는 그가 말한 '정치적 수렁'으로 끌려 들어갔고, 나중에 다음과 같이 적었다. "이러한 정치적 행위를 하는 것은 정의감을 근본에서부터 약화시킨다." 하지만 그는 그러한 행동이 필요하다고 생각해 직접 행동을 취했다. 1980년대 헤치헤치 아래 투울러미 강에 댐을 세워 수로를 바꾼 것에 대해선 아직도 논쟁중이다.

뮤어의 작품들은 그의 심층생태학적 원리들을 표현하고 있다. 하지만 그는 시에라산맥에서 직접 경험한 것을 일반 대중을 위해서 글로 쓰는 데 어려움을 겪었다. 평론가들이 그를 어떻게 받아들이는지를 보면 심층생태학자들이 계속해서 겪은 어려움이 무엇인지를 알 수 있다. 우리가 보기에 그 어려움은, 근대 서구적 세계관의 합리성에 대한 협소한 정의와 뮤어, 제퍼스 그리고 이 장 앞에서 말한 동양 전통의 더 깊은 객관주의 사이의 시각 차이이다.

마이클 코헨은 『길 없는 길』에서 뮤어의 "폭풍우와 같은 설교", 그리고 "이익집단 정치"가 곧 "권력 정치"(원칙이 아니라 숫자로 의회에 영향을 미치기 위해서 자금과 유권자를 동원하는 것)인 자유민주주의 사회에서 타협적인 정치 과정의 어려움을 논의한다.[26]

마지막으로 뮤어는 그 자신과 인간 종에게 중요한 질문을 던짐으로써, 심층생태학 운동에 영감을 주었다. 인간은 스스로를 제한하고 진보의 이름으로, 그리고 착취적 경제 개발과 자연에 대한 전쟁을 통한 파괴를 되돌릴 수 있는가? 뮤어가 살아 있을 때는 에코사이드ecocide(환경학살)라는 개념이 아직 만들어지지 않았지만, 그는 이 개념과 그 함의를 이해했다.

1875년 시에라산맥에서 수 년간 돌아다닌 뒤, 빙하와 산을 돌아보고 인간이 양을 방목해서 산의 초지에 미친 영향을 조사한 뒤, 뮤어는 다음과 같이 적고 있다.

나는 인간이 산을 어떻게 하려는 것인지 종종 궁금하다. 그러니까 자기들이 사용하고 폐기할 수 있는 옷처럼 취급하려는 건가. 그들은 나무를 모두 베어 버리고, 배와 집 들을 만들 것인가? 만일 그렇다면 어떤 결과가 발생할 것인가? 인간의 파괴가 산불, 홍수, 산사태와 같은 자연의 파괴처럼 더 좋고, 더 아름다운 결과를 가져올 것인가? 분명한 본성nature에 합당한 더 좋은 문명이 도래할 것인가? 그리고 이 모든 야생의 아름다움은 인간의 시로 옮겨질까? 용암이 한 번 더 폭발하고 또는 빙하기가 다시 오는 것은 드물게 일어나겠지만 양들보다 더 쉽게 꽃과 초목을 쓸어버릴 것이다. 그리고 나서는 어떻게 될 것인가? 산의 운명에서 인간의 역할은 무엇인가?[27]

12. 데이비드 브라우어

데이비드 브라우어는 30년 넘게 환경 개혁 운동의 최선두에 있었다. 처음에는 시에라클럽의 대표(1952~1969)를 그 뒤에 '지구의 벗'

의 창립자이자 대표(1969~1979)를 맡았던 브라우어는 미국의 자연 자원과 관련된 주요 정책 결정에서 적극적인 역할을 했다. 여기에는, 1950년대 초반의 에코 파크 댐 논란, 1960년대 그랜드캐니언의 콜로라도 강 댐 건설에 대한 대립, 국립야생지보호시스템 마련을 위한 입법 활동, 미국 산림청 개혁, 환경부 설립, 그리고 1970년대에 환경운동을 전 세계적으로 알렸던 많은 행사, 컨퍼런스, 활동 등이 포함된다.

브라우어의 공적인 생애와 개인의 지적/정서적 성장 과정을 보면, 그가 자주 개량주의적 정치 행동과 더 깊은 생태적 맥락 사이를 힘겹게 오갔다는 사실을 볼 수 있다. 그의 철학은, 인간은 생명권의 아주 작은 부분에 해당하고, 전체의 지배자가 전혀 아니라는 제퍼스의 심층생태적 통찰에 근거하고 있다. 그리고 그는 자주 인간과 다른 존재들의 "미래세대의 권리"인 "건강한 환경"에 대해 말하곤 했다.

───── ◆ ─────

『이것이 미국의 땅이다This Is The American Earth』(1961) 서문에서 데이비드 브라우어는 다음과 같이 적고 있다.

비록 토머스 제퍼슨은 한 세대가 다른 세대의 자유를 침해할 수 없다고 주장했지만, 미래세대가 야생지의 자유를 알 권리가 빠르게 사라지고 있다. 이는 필연적인 것이 아니다. 다음과 같은 점을 폭넓게 이해만 한다면 이 비극을 막을 수 있을 것이다. 지구의 자원은 이것을 어떻게 소비해야 하는지 알게 된 첫 한두 세대만의 편안함과 기쁨과 편리함을 위해서 소비되려고 존재하는 것은 아니다. 일부 자원은 미래세대를 위해 존재한다. 자원이 줄어들면 인류가 취약해진다. 그 자원들 가운데 하나가 야생지이다. 야생지에서는 생명이 시작된 이래로 기본적으로 인간과 인간의 기술에 방해받지 않고 생명의 흐름이 수많은 형태로 계속되어 왔다. 또 이러한 야생지는 보전 윤리의 일환으로 그 자체를 위해 보전할 가치가 있다. 그리고 인간 모두가 알든 모르든 이러한 보전이 문명과 인류에 필수적이다.

———————　◆　———————

브라우어는 특히 두 가지 방식으로 심층생태학의 전개에 기여했다. 첫째로, 환경/생태 문제는 정당을 초월하고, 자원보전 이데올로기의 전문가 견해도 초월하며, 국가주의도 초월한다는 것을 보여주었다. 둘째로, 그는 출판 활동에 힘을 기울여 두 세대에 걸친 독자들에게 심층생태학의 메시지를 전달했다.

브라우어는 1950년대에 광범위한 환경단체들 간의 연대를 제안했다. 1980년대에 그는 평화운동과 환경운동을 결속시키는 일을 맡았다. 그는 여러 차례 '지구의 운명Fate of the Earth' 컨퍼런스를 개최해 "사회의 모든 부문에서 조금씩 생태적 의식을 깨우고자" 했다. 이 방향에 대하여 존 뮤어가 동의했겠느냐는 질문에 그는 뮤어의 말을 인용해 답했다. "어느 하나만 따로 골라내려고 해도, 거기에 우주의 모든 것이 딸려 올라온다."

시에라클럽과 '지구의 벗'에서 소로, 뮤어, 제퍼스에 대한 훌륭한 책을 출판함으로써 브라우어는 심층생태학 개념들을 대중화하는 데 기여했다. 그는 폴 에어릭이 『인구 폭탄』을 쓰도록 격려했다. 브라우어가 1960년대 야생지에 관한 시에라클럽 컨퍼런스의 기록물을 엮은 문집은 생명 중심적 평등주의에 대한 주요 주장과 야생지 체험이 인간에게 필수적이라는 내용을 담고 있다.[28]

끝으로, 브라우어는 주류 근대 세계관의 몇몇 가정들, 특히 무제한적 기술에 의문을 제기함으로써 기여했다. 그가 무제한적 기술에 대해 회의주의적 입장으로 전환하기 시작한 것은 캘리포니아 해안의 디아블로 협곡에 원자력발전소를 설치하는 문제로 거슬러 올라간다. 여러 컨퍼런스에서 과학자들과 기술자들의 이야기를 듣고, 그는 그들이 기술적인 문제에 대해 객관적이고, 중립적인 해답을 가지고 있지 않다는 것과 윤리적인 문제들을 논의하지 않는다는 사실을 깨달았다. 브라우어는 디아블로 협곡 원자로 문제에서, 20여 년에 걸쳐 과학자들이 거대한 공공기업의 이윤 극대화의 논리에 맞춰 각종 거짓말, 사기, 조작을 했다는 것을 발견했다. 더군다나, 정치적 과정에서, 합의를 위해 거래하고 타협하는 반복적 패턴을 보았는데, 이것들은 점점 정책 실패임이 명백해졌다. 이는 계속해서 브라우어를 "급진화"로 이끌었고, 결국 그는 "미국 최고의 보전주의자"가 되었다.[29]

요약하자면, 심층생태학적 관점에는 다양한 전거들이 존재한다. 심층생태학을 구성하는 주요 개념들은 이 장에서 논의한 전통의 지혜를 보다 잘 이해하면서 양분을 얻어 가는 중이다. 역사가, 철학자, 그리고 사회과학자 들은 이 전통들의 심층생태학적 측면을 정돈해 표현함으로써, 그리고 생태적 의식을 개발하는 방법과 우리 문화 안에서 심층생태학적 원리를 실천하는 방식을 제안함으로써 도움을 줄 수 있을 것이다.

> 선인들이 말하길, 산이 걷는다고 한다. …… 산은 끊임없이 쉬고 끊임없이 걷는다. 우리는 걷는다는 미덕을 면밀하게 살펴봐야 한다. …… 산이 걷는다는 것을 의심하는 사람은 자신이 걷는 것도 이해하지 못하는 것이다.
> —도겐 선사, 「산수경」

제7장

왜 지금
야생인가?

내가 말하려고 준비해 온 것은 이것이다. 야생에 세계가
보존되어 있다는 것이다. …… 생명은 야생으로 이뤄져
있다. 가장 생기가 넘치는 것은 가장 야생적이다.
사람에게 아직 정복되지 않은 야생지의 존재는 사람을
활력 있게 만든다. …… 기분 전환을 하고 싶을 때
나는 가장 어두운 숲, 가장 빽빽하고 끝도 없는 숲과
시민들에게는 가장 음습한 늪을 찾는다. 나는 신성한
장소인 지성소로 들어간다. 그곳에는 자연의 힘, 자연의
정수가 있다. 요컨대, 모든 좋은 것들은 야생적이고
자유롭다.

— 헨리 데이비드 소로(1851)[1]

심층생태학을 지지하는 사람은 야생지wilderness를 인간의 간섭, 특히 현대 사회의 파괴적인 기술에 가장 덜 훼손된 경관landscape 또는 생태계로 여긴다. 구역 번호와 구획에 대한 법적 정의는 경관의 야생성과는 관계가 없다.[2]

이 장에서 우리는 미개발지에서 인간이 체험할 수 있는 마주침과 그러한 장소에서 많은 사람들이 체험하는 유기적 전체에 관한 직관에 대해서 논의한다. 그리고 지배적인 세계관 아래에서, 공공정책 토론에서 공유지를 '야생지'인지 '비야생지'인지 법적으로 지정하고 배치할 때 제기되는 '합리적인' 주장들에 대해서 논의한다.

1. 야생의 체험

심층생태학의 관점에서 야생지 또는 한 장소의 야생을 체험한다는
것은 1) 장소성을 계발하는 과정이고 2) 영웅의 정의를 땅의 정복
자에서 자연의 장소를 온전히 체험한 사람으로 재정의하는 과정이
며 3) 소박함과 겸손의 덕목을 함양하고 4) 산과 강, 물고기와 곰이
어떻게 계속해서 자신들을 드러내는지를 깨닫는 과정이다. 사람의
마음과 야생이 활발하게 교감할 때 나타나는 결과는 시에라산맥에
서 겪은 존 뮤어의 체험에서 대표적으로 잘 드러난다.

1870년대 구릉 지대에서 여러 계절을 보낸 후, 뮤어는 자연이
살아 있으며, 맥박이 뛰는 하나의 유기체라는 최상의 가르침을 온
전히 깨닫고 있었다. 그는 이전에는 이 일체성unity을 이론적으로 믿
었다. 이제 그는 그것을 체험하고 있었다. 당시에 그는 "모든 야생은
하나고 상호연관성이며 살아 있고, 친숙하다. …… 돌멩이도 수다
스럽고, 공감하며 형제 같다. …… 여기저기 쓰이며 흘러 다니는 티
끌 하나조차도 닳아 없어지거나 버려지지 않는다"고 적었다.³

뮤어의 일체성에 대한 직관은 자연을 탐구하는 데도 영향을 미
쳤다. 과정철학자와 당시의 생태학자들과 마찬가지로 뮤어에게 과
학의 목적은, 지구의 부분과 조각을 분류하고 조작하는 것뿐만 아
니라, 온전히 경험하고 설명하는 것이었다. 심층생태학자로서 생태
철학 또는 생태적인 지혜를 탐구하면서 많이 알게 된 뮤어는 경관
을 주의 깊게 들여다보면서도 거기서 그치지 않았다. 그는 메뚜기
를 이해하기 시작했다. 그리고 소나무와 바위 들이 별개의 독립체

가 아니라 서로 연결되어 있다는 것을 깨달았다.

시에라산맥에 관한 그의 연구에서 뮤어는 물질주의적 환원주의자인 동시대 사람들이 받아들일 만한 형태로 자신의 직관을 표현하려고 애썼다. 우선 그는 '열린 책open book'이라는 은유를 사용했지만 그것이 너무 정적이고, 과거에 너무 고정되어 있다는 걸 깨달았다. 그래서 그는 자연을 하나 혹은 여러 갈래의 길로 보려고 했지만, 진정한 야생에 길이란 없다는 점을 깨닫게 되었다. 그는 자신이 길이 없는 길을 따라가고 있다는 것을 깨달았다.[4]

뮤어는 시에라산맥을 폭넓게 탐색하러 갈 때, 폭풍에 몸을 따뜻하게 해 줄 외투와 빵과 차만 챙겨갔다. 그는 모든 종류의 폭풍을 좋아했으며, 특히 폭풍이 올 가능성에 주의를 기울였다. 그는 자유로이 흐르는 자연, 사람이 닿지 않는 산의 풍경과 강과 계곡을 찾았는데, 그것은 "단순한 스포츠나 놀이로서의 여행이 아니라 인간과 자연 사이에 내재한 관계를 좌우하는 법칙을 찾는 것이었다".[5]

야생지에 대한 이러한 유형의 접근방식은 특히, '아웃도어 활동'이라고 불리는 현대의 많은 오락 활동과는 극명한 대조를 이룬다. 이런 활동은 일부 호수나 강에 대한 용이한 접근과 여행자의 편안함과 편의를 강조하며, 험한 지형에서도 탈 수 있는 차량이나 스노모빌과 같은 장비에 많은 관심을 둔다.

인간이 보다 성숙해지도록 돕는 데 야생지가 필수적이다. 하지만 우리의 정신적인 욕구를 넘어서, 야생지는 스스로 살 권리와 꽃 피울 권리를 지닌 다른 존재들의 서식지다(내재적 가치). 그러므로 야생지는 자기완성self-realization과 생명 중심적인 평등 둘 모두의 기반이 되기에, 공공정책의 결정과 재창조적인 체험의 대상이 되는 야생지의 문제는 심층생태학적 견지에서 큰 중요성을 지닌다.

———— ◆ ————

환경을 살리자는 이야기를 요즘 많이 한다. 환경이 우리의 몸을 지탱해 주기 때문에 우리는 환경을 살려야 한다. 하지만 인간으로서 우리는 우리의 마음에 대한 지원이 필요한데 어떤 특정한 종류의 장소들이 바로 이를 제공한다. 어떠한 물리적 위치—당신이 원하는 어떠한 환경이든—를 하나의 장소로 바꾸도록 하는 촉매는 깊이 체험하는 과정이다. 하나의 장소라는 것은 인식 대상이 되어 온 전체 환경의 한 부분이다. 단순히 생명 유지 시스템으로 간주되는 지구는 하나의 환경이다. 우리 인류를 지탱해 온 자원으로 간주되는 지구는 장소들의 집합이다. 예를 들면, 우리는 우리가 알아 온 환경에 대해서는 결코 말하지 않는다. 그것은 늘 우리가 알아 왔고, 기억하는 장소들이다. 우리는 장소를 그리워하고 떠올린다. 장소의 소리와 냄새, 풍경은 우리 마음에서 떠나지 않고, 이러한 것들에 견주어 현재를 가늠하곤 한다.

—앨런 구소, 『장소성A Sense of Place』(1971)[6]

———— ◆ ————

야생지와 관련된 질문은 보다 중요한 질문의 한 부분으로 "우리가 어떻게 살아야 하고 무엇을 위해 살아야 하는지"를 묻는다.

자원경제학자로부터 "왜 플라스틱 나무는 안 되는가?"라는 질문을 받은 심층생태학자는 "그건 말도 안 된다"라고 답하든가 아니면 대지의 일부를 '지정된 야생지'로 따로 두었을 경우 생기는 이익을 화폐 가치로 환산하여 보여주려고 한다. 하지만 그는 야생의 특성이 자원경제학자의 계산으로 설명될 수 있는 것보다 더 큰 의미가 있고, 중요하다는 사실을 직관으로 안다.

지금은 기술이 지배하는 산업사회에도 이와 같은 깊은 직관을 나누고 신성한 공간인 야생지로 의례의 여정을 떠나 본 체험을 공유하는 사람이 많다. 다양한 문화와 시대의 많은 사람들이 이 여정을 공유해 왔다. 생태계에 거주하면서 장소와 밀착해 있고, 야생동물들과 영적 교감을 나누었으며, 정신과 물질이 본질적으로 분리되어 있지 않음을 깨달은 원시 문화의 사람들은 이렇게 더 깊은 장소성을 체험했다.

———————— ◆ ————————

폴 셰퍼드는 장소성에 관한 자신의 에세이에서 호주인들의 의례적인 여정을 설명한다.

> 통과의례로 순례를 가는 원주민들은 잘 알려진 장소들, 즉 어렸을 때부터 친숙하면서도 생명체에 관한 몇몇 에피소드가 있는 각각의 장소를 여행한다. 상징적인 예술 형태와 종교적 유물로 인해 각 장소들의 신성함이 더 고조된다. 그 안에 신화가 숨어 있는 역사적 사건들을 극적으로 외부화한 것처럼, 이 여정은 모든 면에서 내면을 들여다보는 것이다. 개인이 자신과 부족의 과거를 동시에 통과할 역사적 장소로 가면서 중대한 지점과의 접촉을 새롭게 하는 것은, 자신의 존재 의미를 새롭게 하는 시공간으로 들어가는 여정이다.[7]

———————— ◆ ————————

이렇게 탐색하는 것은 비인간 자아에 대한 공감을 포함하며, 어떤 이들에게는 산과 강이 자신을 실현하고 있다는 체험적 이해까지 포함한다. 실현하는actualizing 산은 적어도 현대인들에게는 가장 어려운 개념일지도 모른다. 그러나 "산처럼 생각하기"라는 알도 레오폴드의 구절은 이러한 의식을 소환한다. 레오폴드의 말을 바꿔말하면 우리는 "나는 산처럼 생각하고 있다는 꿈을 꾸었지만 잠에서 깨어났을 때 내가 산처럼 생각하는 사람이었는지 아니면 사람처럼 생각하는 산이었는지 알 수 없었다"고 말할지도 모른다.

자신의 유명한 에세이 「산수경」에서 도겐은 다음과 같이 말하고 있다.

산에 대해서 말하자면, 보석에 숨은 산이 있다. 늪에 숨은 산이 있고, 하늘에 숨은 산이 있다. 산에 숨은 산이 있다. 이렇게 숨겨짐 hiddenness 속에 숨은 산에 대한 탐구가 있다. 오래전의 부처는 "산은 산이요, 물은 물이다"라고 말했다. 이 말의 의미는 산은 산이 아니지만 산은 산이라는 것이다. 그러므로 우리는 이 산들을 완전히 탐구해야 한다. 우리가 산을 철저하게 연구하면 이것은 산으로부터 배우는 것이다. 그러한 산과 강 스스로가 자연스럽게 지혜로운 사람과 현자가 된다.[8]

도겐이 표현한 정도의 의식의 깊이는 없을지라도, 육체적 즐거움의 약동을 느끼고, 탁 트인 광경에 직관의 흐름을 따른다면, 현대의 야생지 여행자들도 보다 풍요로운 목표에 이르는 단순한 길을 따르는 감각을 느낄 수 있다.

─────── ◈ ───────

야생을 체험했고 공공정책 분야에서 야생 지역을 지키고자 노력한 다음 두
사람의 진술은 인용해 둘 만하다. 첫 번째는 파우더 스키powder skiing● 기술
에 관한 돌로레스 라샤펠의 설명이고, 두 번째는 1920년대 시에라산맥으
로의 여행에 관한 데이비드 브라우어의 설명이다.[9]

내가 마르틴 하이데거를 알기 훨씬 전에 나는 그가 말한 '전유의 원무
round dance of appropriation'를 경험한 적이 있다. 나는 파우더 스키의 세
계에서 땅과 하늘과 신들과 죽을 수밖에 없는 인간이라는 네 가지의
상호관계성을 경험하고 있었다. 파우더 스키는 현대 산업사회에서 여
전히 이 네 가지에 열려 있는 몇 안 되는 하위문화 가운데 하나이다.
실제의 '세계'에서 인간들은 네 가지 가운데 나머지인 땅과 하늘과 신
들과 사이좋게 함께 있을 뿐만 아니라 인간들과 서로 함께 있다. 파우
더 '세계'에서는 하늘의 선물, 즉 뭉개지지 않은 눈으로 인해 자유와 은
총과 이러한 유대감의 기쁨이 생겨난다. 이것은 지구의 중력에 직접
적으로 반응하여 최대 경사선을 따라 내려오는 가장 쉬운 스키이지
만, 땅이 움푹 패인 곳과 땅의 지형은 따라갈 '길'을 자동으로 펼쳐 놓
는다. 그리고 능숙한 스키어들에게는 각각 가장 좋은 '길'이 단 하나밖
에 없기 때문에 모든 사람들이 전속력으로 스키를 탈 수 있고, 여전히
서로, 그리고 땅과 함께 흘러갈 수 있다. …… 공중을 날면서 회전하는
새들의 비행에서처럼 그 누구도 리더가 아니고, 뒤따라가는 사람도

● 자연설에서 타는 스키.

아니지만, 모두가 함께한다. 따라서 파우더 스키어들 또한 어려움 없이 모두 함께한다. 그것은 스키어들이 그들의 '세계'에 있는 땅과 하늘을 전유專有하고 이에 감응해 땅과 하늘에 순응하고 있기 때문인데, 그래서 충돌이 없다. 인간 존재는 자유롭게 자기 자신만의 길을 따라서 나아간다.

—돌로레스 라샤펠, 『지구의 지혜』(1978)

나는 방문자가 거대하고 끊임없이 이어진 야생지를 느낄 수 있는 여행을 좋아한다. 그 야생지에서 당신은 산길이 넘고 또 넘을 만큼 이어져 있다는 걸 알고, 문명으로 빠지지 않는 대신 야생지에 머물 것이라는 사실을 알 수 있다. 거대한 야생지에서 당신은 야생지의 크기 자체가 야생지의 생육력에 얼마나 중요한지 알게 된다. 만연한 기술의 영향으로부터 야생지의 중심 지대를 근본적으로 지켜 내려면 충분한 완충지대가 필요하다. 그와 같이 커다란 야생지는 드물고, 벌채용 톱 아래 연간 약 100만 에이커의 야생지가 사라져 가고 있다. 그것을 아는 사람은 야생지를 구할 수 있다. 다른 사람들은 구할 수 없다.

—데이비드 브라우어, 존 뮤어에 대한 헌사, 『평온한 야생지Gentle Wilderness』(1968)에서[10]

———— ◆ ————

그러나 우리는 소로가 말한 것처럼 자연이라는 제1세계와 기술이 지배하는 산업사회라는 제2세계 사이에서 "일종의 경계에 선 삶"을 살고 있다. 그리고 소로는 계속해서 "당신은 무엇인가를 얻는 것이 아니라 무엇인가를 잃는다"고 말한다. 광범위한 건설 프로젝트와 미사일 시스템 등을 갖고 분석력과 지형landscape을 지배하는 힘을 엄청나게 키우는 과정에서, 어떤 사람들은 우주의 경이로움을 이해하고 깊이 생각하는 힘과 그 경이로움에 깊이 빠져 추는 춤의 힘을 어느 정도는 잃어버린 것 같다. 자원경제학자와 물질주의자가 제한적으로 정의한 조건과 개념으로 이러한 즐거운 놀라움과 장소성을 언급하는 것조차 어떤 사람들에게는 이단 또는 지나치게 감상적인 태도로 여겨진다.[11]

따라서 야생지 보존을 찬성하고 반대하는 주장들은 대개 지배적인 세계관의 범위 내에서 제기된다. 이 장의 다음 절에서 지배적인 세계관 안에서 전개된 야생지 관련 주요 주장들을 살펴보고 심층생태학적인 관점에서 비판하고자 한다.

───────　◆　───────

짐 하나 없이, 혼자서 묵묵히 가야만 진실로 야생지의 중심으로 들어갈 수 있다. 그렇지 않다면 여행은 단지 먼지와 호텔, 짐과 잡담으로 끝날 뿐이다.

—존 뮤어

───────　◆　───────

2. 지배적 세계관의 틀 안에서 벌어지는 야생지 논쟁

야생지의 정의로 가장 자주 이용되는 법적 정의는 1964년 야생지법Wilderness Act에 담겨 있다.

야생지는 인간과 인간의 행위가 경관 대부분을 차지하는 지역과는 대조적으로 인간이 지구와 그 생명 공동체를 방해하지 않는, 즉 인간 자신은 거기에 머무르지 않고 단지 방문자인 지역으로 여기서는 규정한다. 더 나아가 야생 지역 자연의 원시적인 특성과 영향을 유지하는 연방 소유지의 미개발 지역으로, 인간이 거주하도록 영속적으로 개선하는 일 없이, 자연조건을 보전하기 위해 보호되고 관리되며 (1) 주로 자연의 힘에 영향을 받는 것으로 보이고, 인간 행위의 흔적이 상당히 눈에 띄지 않는 지역 (2) 홀로 있을 수 있거나 원시적으로 제한 없는 여가를 즐길 기회가 현저히 많은 지역 (3) 적어도 5천 에이커(약 20제곱킬로미터) 규모의 땅이 있거나 실질적으로 보전되거나 손상되지 않은 상태로 사용하기에 충분한 크기의 땅이 있는 지역 (4) 생태학적인 지질 또는 과학의 다른 특징들, 교육적, 또는 경관적 가치나 역사적 가치를 지닌 곳을 의미하는 것으로 정의된다.

미국의 정치권에서 벌어지는 논쟁은 이러한 법적 정의와 이 정의를 받아들이는 일부 틀 안에서 이루어진다.

(1) 자원경제학자들은 야생을 보지만(look) 이해(see)하고 있지 않다

자원보전과 개발 이데올로기는 자연을 인간이 이용하고 소비하며 개발하기 위한 원료로 이해하는 이데올로기로 정의되고 있다. 자연은 무엇보다 인간을 위한 천연자원 저장소다. 자연의 내재적 가치 또는 한 장소의 정신적 측면은 이 이데올로기에서는 인정되지 않는다.

특정 지역 또는 특정 토지구획, 강과 섬 또는 해양을 '공식적인 야생지'로 지정하는 것은 자원경제학자들에겐 목에 걸린 가시다. 그들은 인간의 욕구와 결핍에 대한 제한적 이해를 근거로 급격한 경제발전을 주장한다. 야생지가 이들 자원경제학자들의 계산에 포함된다면, 서로 비교 불가능한 것들이 방정식에 들어갈 것이다. 어떤 지역을 야생지로 보전하는 것은 복잡한 경제적 논점을 근거로 한다. 서로 다른 목적들은 질적으로 비교될 수 없을 수도 있다. 경제학자들이 스노모빌 운전자, 배낭여행자, '약을 만들기' 위해 그 지역을 이용하는 선주민 주술사, 이들 각자가 어떤 지역을 사용할 때 얼마만큼의 금전적 가치가 발생하는지 매기고 거기에 목재의 시장 가치를 더하는 식으로 계산한다면, 시장 가치가 높은 상품 쪽이 이길 것이다. 존 로드맨이 결론을 내린 것처럼, 자원보존주의자들이 "레크리에이션, 경관의 아름다움, 야생지, 야생서식지 보호를 자연 이용이라는 것으로 통합해 버렸고, 그로 인해 야생지를 유용한 것이란 수준으로 끌어내렸으며, 자원보전이라는 몸에 낯설고 그래서 결국 소화하기 어려운 무언가를 들여 놓는 결과를 초래했다".[12]

아이다호주의 헬스 캐니언Hell's Canyon에서 자유로이 흐르는 스네이크 강과 같은 야생지를 보호하기 위해서 경제적 합리성이라는 도구를 사용하려고 했던 후생경제학자들조차도 결국에는 야생지에 대한 후퇴된 개념 말고는 어떤 것도 보호하지 못했다. 예를 들면, 존 크루틸라는 현재 가치는 미래의 편익에 의해 결정되어야 한다고 주장했다. 그는 자연으로부터 얻을 수 있는 제품(예를 들면 목재와 물)과는 달리 자연 자체는 재생산될 수 없다는 가정으로 시작한다. 물질은 서로 대체될 수 있지만 기존의 야생지역이 집중적으로 관리되는 '목재용 나무 농장'으로 바뀌거나 여전히 자유롭게 흐르는 강에 댐이 건설되거나 짧은 기간에 인간에 의해 광범위한 생태계가 크게 바뀐다면, 야생지로 지정될 만한 자연환경에서 얻을 수 있는 양은 지금 수준을 유지하거나 줄어들 것이다. 경제적으로 발달한 나라일수록 앞으로 야생지 체험을 원하는 사람들이 더 많아질 것이며, 향후 야생지 기반 여가 활동의 수요는 늘어날 것이다. 자연환경에서 얻은 원자재의 대체물은 찾을 수는 있지만 야생지를 만들기는 어렵기 때문에 재생 비용은 야생지의 오래된 숲을 벌목하는 이익보다 훨씬 많다. 미래에 사람들이 야생지 체험에 돈을 지불할 것이라 가정하며 미래를 위해 야생지를 보전하자는 주장은, 야생지를 레크리에이션 용도로 사용하거나 언젠가 환경에 영향을 덜 미치는 기술이 발전했을 때 자원을 추출할 수 있도록 하자는 선택지도 열어 두게 된다.[13]

작은 면적에 대한 야생지 지정(미국에서 알래스카와 하와이를 제외한 본토의 48개 주에 있는 연방정부 소유 대지의 10퍼센트조차 되지 않는 대지가 야생지 지정 대상으로 고려된다)을 찬성하는 이러한 주장은 휴양 시설로서의 가치가 거기서 나올 수 있는 상품들만큼의 가치는 없다고 주장하는 다른 경제학자들에게 무시당한다. 그들은 지금 당장 이용을 자제하는 것은 비용이 많이 들고 자연은 재생 가능하다고 주장한다. 어떤 경제학자들은 자연의 '외양'은 복원될 수 있으므로 "어떤 누구도 그 차이를 알지 못할 것"이라고 주장한다.

야생지 보전에 찬성하는 후생경제학자들의 주장에 대해 다른 비평가들은 '흔치 않은' 경관에 내재적인 가치는 없으며, 인간은 기술로 생물학적인 과정과 정보와 의미를 조작할 수 있다는 점에서 자연환경의 '저장량'은 기술에 영향을 받을 것이라고 주장한다.[14]

『야생과 미국의 정신Wilderness and the American Mind』의 저자 로더릭 내시는 '야생의 수출'에 관한 이론을 발전시켰다. 경제적으로 발전한 국가의 더 부유한 사람들이 (세계자연기금과 같은) 적절한 단체들을 통해서, 또는 제3세계 국가에서 체험 관광 상품을 구매하는 방식으로 돈을 기부할 수 있다는 것이다. 관광객들이 서식지에서 살아가는 야생동식물을 보기 위해 돈을 지불한다면, 보호구역을 가축 방목을 위한 목초지로 이용하는 것보다 관광지로 이용하는 편이 경제적 가치가 높을 것이다.[15]

이 같은 주장은 인간의 경제를 단기적이고 협소하게 인식하는 틀 안에서 보전의 개념을 정의했다는 점에서 여전히 곤란하다. 예를 들면, 미국인 관광객이 이용하는 (서식지의 야생동식물을 구경하기 위해 돈을 지불하는) 브라질의 자연보호구역이 있는데, 그곳에서 어떤 광물이 발견되었다고 하자. 그런데 그 광물을 채굴할 경우, 관광을 통해서 버는 돈보다 세계 시장에서 몇 배나 더 많은 돈을 벌 수 있다. 그렇다면 경제적으로 합리적인 행동은 야생생물의 서식지를 파괴하여 관광객들로부터 얻는 수입이 급감하더라도 그 광물을 추출하는 것이다.

요컨대, 자원보전과 개발의 계산법에서는 야생 자연의 내재적인 가치가 고려되지 않는다. 그리고 야생지와 야생생물을 영구적으로 보호할 수 있다는 보장이 없다. 그것은 모두 세계 경제의 변동과 개인의 일시적 기호에 의존하기 때문이다. 잘해야 시장에서 일어나는 최악의 오용 가운데 일부를 낮은 비용 대비 편익을 드러냄으로써 줄일 수 있을 뿐이다. 하지만 이 이데올로기의 전제는 인간 우월주의라는 주장에 기초하고 있다. 인간의 이익을 위해 깨끗한 공기와 물에 금전적 가치를 매기려는 광범한 공리주의적 주장 역시도 지구는 기본적으로 인간이 이용하기 위해서 존재한다고 가정하고 있다.

자연자원경제학에 관한 심층생태학의 관점은 내재적 가치와 올바른 생계라는 질문을 수반한다는 점에서 상당히 다르다. 심층생태학의 원칙에 일치하는 경제학의 체계가 개발될 필요가 있지만, 그건 이 책에서 심층생태학을 소개하는 범위를 넘어선다.

그러나 E. F. 슈마허는 전통 경제학자와 자신이 '불교 경제학자'라고 부르는 이들을 대조하면서 우리가 말하고자 하는 사례들을 제시한다.[16] 불교 경제학자들은 "문명의 핵심은 욕구의 증가가 아니라 인간성의 정화에 있다"고 본다. 그리고 슈마허는 계속해서 이야기한다. "물질주의자는 주로 재화에 관심을 갖는 반면, 불교인들은 주로 해탈에 관심을 갖는다. …… 불교 경제학에 관한 연구는 심지어 경제성장이 영적 또는 종교적 가치보다 더 중요하다고 믿는 이들에게도 추천할 만하다. 그것은 '현대적 삶을 따르는 성장'과 '전통적 삶을 따르는 침체' 가운데 하나를 선택하는 문제가 아니다. 그것은 발전의 올바른 길을 찾는 문제, 물질주의자의 부주의함과 전통주의자의 부동성 사이에서 중도, 요컨대 '올바른 생계Right Livelihood, 正命'를 찾는 문제이다."

유일하게 수용 가능한 경제발전 전략은 생태적인 발전, 즉 특정 생물 지역의 자연적인 과정에 따르면서도 광범한 지역을 속박되지 않은 야생지로 남겨 두는 전략이다.[17]

(2) 국가 유산으로서의 야생지

기술–산업 사회에서 세속적이고 상징적인 가치를 지니면서 어쩌다 대규모 자원 추출 프로젝트로부터 '살아남은' 곳은 얼마 되지 않는다. 미국에서는 콜로라도 강의 그랜드캐니언Grand Canyon, 요세미티 계곡, 데스 밸리, 플로리다 에버글레이즈 등이 포함된다. 하지만 이 모든 곳들도 지정된 국립공원 경계 밖에서 노천 채굴, 강의 물길 변경, 석유와 가스 추출, 택지 개발, 산업 관광 등의 토지 이용 방식으로 인해 심각하게 영향을 받아 왔으며 받고 있다.

문화적 구현 또는 국가적 유산에 관한 주장은, 토지가 개인적 이득을 추구하고 그 이득을 극대화하는 것 이외의 다른 목표가 없는 사람들에 의해 '만들어진다'는 경제학자의 주장보다 더 깊이가 있다. 어떤 장소, 즉 요세미티 계곡 또는 어떤 아주 작은 지방 협곡 또는 산과 일체감을 갖는 사람은 '우리의 강' 또는 '우리의 산'에 대해서 이야기할 수 있고, 강에 댐을 건설하는 것이나 산에서 노천 채굴하는 것에 반대할 수 있다.[18]

———— ◆ ————

우리는 땅에 대한 사랑을 새롭게 불러일으키려고 한다
우리는 우리가 할 수 있다고 해서
꼭 그래야 하는 것은 아니라고 항변한다

우리는 지금 세대가 미래세대를 사랑한다는 것을 증명하기 위해

속박되지 않은 광대한 야생지를 남겨 두자고

모든 사람들이 지금 결심하기를 요구한다

그렇게 해내고 싶다면, 우리는 이것에 대한 그리고 서로에 대한 사랑을

조금 더 보여 주면 어떨까

—낸시 뉴홀, 『이것이 미국의 땅이다This Is The American Earth』(1961)

　　환경단체의 일부 지도자들은 세계문화유산에 속한 특별한 장소를 보호구역으로 지정하라고 독려해 왔다. 유네스코와 세계자연보전연맹은 자신들의 세계 생물권 프로그램을 통해, 노스캘리포니아의 레드우드 국립공원을 비롯해 '특별한 의미가 있는' 지역 또는 장소 들을 목록에 올림으로써 이 개념을 제도화해 왔다. 중앙정부는 세계 시민인 미래세대를 위해서 이 장소들을 보호해야 한다는 요청을 받고 있다. 그러한 장소들은 '대중의 요구'에 의해서 조성된다. 많은 사람들이 정치적인 과정을 밟아 어떤 장소를 공원으로 '남겨 놓으라'고 의회에 로비를 한다면, 그 장소는 벌목이나 대규모 채굴 프로젝트 또는 다른 개발로부터 살아남을 수 있다.

　　이러한 주장에 대해 비평가들은 국가적이고 국제적인 상징들이 자의적이며, 쉽게 변경될 수 있다고 주장한다. 자원경제학자 마틴 크리거가 자신의 논문 「플라스틱 나무가 뭐가 문제인가?What's Wrong with Plastic Trees?」에서 제시하는 매뉴얼은 장소성의 파괴에 가깝다. 그는 이렇게 주장했다. "그것은 가능하다. 역사를 다시 기술함

으로써 기억을 조작한다면, 환경은 새로운 의미를 갖게 될 수 있다. 결국, 우리는 대체와 모방으로 대리 환경을 만들고 싶어 할지 모른다. 대체물을 만들어 내기 위해서 우리는 광고와 사회적인 관습을 이용해 새로운 대상에 의미를 부여해야 한다." 크리거의 비전은 디스토피아 가운데 하나다. "인공적인 대초원과 야생지가 계속 조성되었으니, 그것만 경험한 이들에게는 인위적인 환경이 불만족스러울 거라고 믿을 이유가 없다. …… 우리는 사회가 조건화한 방식으로 우리가 자연을 경험하고 있다는 사실을, 그리고 점점 더 책임 있는 개입에 수용적인 모습을 보이고 있다는 점을 깨달아야 할 것이다."[19]

이와 같은 일은 미국에서 레이건 행정부에서 수년 동안 발생했다. 당시 국가지도자들은 시민들이 지정된 야생 지역의 자원을 '가둬 두는 것'을 걱정하도록 만들기 위해, 국가의 에너지 자급자족과 국가 안보와 경제성장과 같은 상징적인 두려움과 가치에 호소했다.

거대한 생태계를 인간이 지배하고 과학적으로 관리하기 위해 근대적 세계관이 내세우는 선전은 현대 국가에서 대중매체와 교육 기관에 영향을 미치는 사람들이 지닌 권력을 보여 준다. 일부 기업과 뉴에이지 사상가 들은 플로리다 중부의 습지를 도려내 만든, 디즈니사의 '내일의 프로토타입 커뮤니티EPCOT●'를 기업국가의 이상적 목표로 바라본다. 이 기업국가에서는 야생 자연이 모방 체험

● 플로리다주 부에나비스타 호수에 있는 디즈니월드의 테마파크 중 하나로, 미래 사회의 모습을 보여주는 것이 컨셉이다.

과 플라스틱 악어들로 축소된다.[20]

크리거가 교회와, 끊임없이 반복되는 광고로 대중을 길들이는 능력을 갖춘 기업과, 정부의 지도자들과, 학교 및 대학의 선생들을 비롯한 현대 사회의 지배적인 기관들이 지구의 인간화에 대해 점점 더 많이 선전하고 있다고 지적한 것은 분명히 옳다. 아이들이 여름철에 산으로 배낭여행을 가거나 카약을 타고 강을 따라 내려가는 것을 연습하기보다는 컴퓨터 앞으로 열광적으로 달려간다면 인격 형성기에 긴밀한 유대를 쌓는 과정에 참여할 가능성이 정말로 거의 없을 것이다. 그보다는, 아이와 어른이 지구와 조화를 이룰 수 있게 해 줄 여가 활동을 하라고 권장해야 한다. 문화적 구현으로서의 야생지에 대한 크리거의 주장은 기술-산업 중심 사회에서 사실상 많은 도시인들이 장소성에서 심하게 소외되어 있다는 점과 개인 발달의 병리적인 요소를 강조하는 경향이 있다.(제10장에서 더 논의된다)

(3) 미래세대에 우리가 져야 할 의무(바위와 나무, 모든 생명체에 대해)

앞 절에서 우리는 야생지의 보존이 현세대에겐 기회비용이며, 가까운, 혹은 먼 미래의 세대에게는 야생지가 원하는 대상조차 되지 않을 수도 있다고 주장한 경제학자의 관점에 대해 논의했다. 실제로 미래세대에게 야생지가 없다면, 그들은 현세대의 많은 이들에게는 매우 충격적으로 다가오는 야생지의 상실을 결코 경험하지 못할 것이다. 예를 들면, 미래세대는 동아프리카에서 벌어진 야생지 파괴를 그리 심각하지 않게 여길 수도 있다.[21]

하지만 심층생태학자들은 야생의 흐름을 보존하는 것은 인간에게 미래가 있다는 점과 인간들이 권력에 대한 욕망, 즉 지배하고 파괴하려는 욕망을 억누를 수 있다는 희망과 신념을 나타낸다고 생각한다. 심층생태학자들은 현대 국가들의 수많은 지도자들보다 미래를 더 희망적으로 바라본다. 훼손되지 않은 자연을 체험할 기회를 가질 미래의 인간 세대를 위하여 야생을 야생으로, 생물종 다양성과 유전적 유산의 보호구역으로 남겨 두라. 이 관점은 데이비드 브라우어가 그의 저서 『갈라파고스: 야생의 흐름Galapagos: The Flow of Wildness』의 서문에서 표현한 것이다. 브라우어의 우려는 문명이라는 것이 인류의 생물학적 유산 위에 얹은, 한 장의 얇은 베니어판이라는 것이다. 그는 1835년 다윈이 방문해 생태학적 진화 이론의 영감을 얻어 유명해진 남태평양의 갈라파고스 섬을 지구국제공원 Earth International Park으로 선정했다.[22]

(4) 현명한 청지기론

현명한 청지기론Wise Stewardship은 여러 가지로 변형되었으나 크게 네 가지로 분류될 수 있다, 즉 협소한 기독교적 버전, 수정된 기독교적 버전, 가이아 가설에 근거한 세속적 버전, 뉴에이지/물병자리 음모* 버전 등이 있다. 이들을 소개하고 이에 대한 심층생태학적 관점의 대응을 그 다음에 제시하고자 한다.

● 　뉴에이지 운동에서는 지금이 물고기자리 시대에서 물병자리 시대로 넘어가는 시기라고 주장한다. 이 뉴에이지 운동을 설명하는 대표적인 책 제목이 『물병자리의 음모』이다.

A. 협소한 기독교적 버전

협소한 기독교적 버전에는 야생지를 위한 자리가 거의 없다. 게다가 인간들은 다른 생물 종보다 우월하며 자연의 나머지로부터 분리된 것으로 간주된다. 목자牧者의 책임감만이 자연에 대한 지배를 완화시킨다. 목자는 '그의 양', 그의 길들인 가축을 늑대나 코요테로부터 보호한다.

이 청지기는 '자신의 땅'에서 얻는 단기 이익을 최대화하는 것을 추구하지는 않는다. 그는 자원 기반의 지속가능성에 관심이 있다. 물론 그는 르네 뒤보가 주장한 것처럼 자연에 대해 노블레스 오블리주를 실천하고, 인간의 목적을 위해 토지의 생산성을 '증가시키거나' 혹은 심지어 '유전적으로 우월한' 나무들을 심고 '유전적으로 우월한' 동물들을 기를 수도 있다. 일부 여유 공간이나 '생태학적 종 다양성이 있는 섬'을 보존하는 것에는, 농부들이 의존하는 생물 지역을 건강히 유지하는 데 도움이 된다는 인간 중심적인 이유들이 있다. 더군다나 야생지는 '인간의 모태였던' 자연 세계를 상기시키는 것으로 여겨진다.

따라서 현명한 청지기론에서 자연이라는 제1세계는 인간의 배경일 뿐이다. 반면 첨단기술의 제2세계에서 인간은 '자연의 관리자'로서 특권층다운 책무를 진다.

———— ◆ ————

『갈라파고스: 야생의 흐름』의 서문에서 데이비드 브라우어는 다음과 같이 적었다.

인간은 온 땅을 탐색할 만큼 번성하지만, 그렇게 하려면 자신이 기대 살아야 하는 단 하나의 세계가 반드시 필요로 하는 유기적 다양성을 희생해야만 한다. …… 인간이 아직 파괴하지 않았고, 파괴해서는 안 되는 것을 지구에서 보호하기 위해 지구국제공원이 필요하다. 이러한 행동에서 모든 나라들은 '걷잡을 수 없는 기술Rampant Technology'이라 는 실제적인 적에 대항해 뭉칠 수 있다. 앞으로 수 세기, 수천 년 안에 탄생하길 바라는 보다 나은 인간을 위해, 어느 날 현명해진 인간이 물을지 모를 질문들에 늘 답을 얻을 수 있는 자연의 장소를 여기서 구해 낼 수 있을지도 모른다.

———— ◈ ————

1970년대 환경문제의 혼란이 있는 동안, 데이비드 브라우어 는 야생지 보호가 충분한 관심을 받지 못한 상황을 우려했다. 사람들의 관심은 오염과 도시문제로 협소하게 집중되어 있었다. 하지만 농촌 개혁을 옹호하던 사람들도 야생지 보호의 중요성을 인식하지 못했다.

웬델 베리는 현대 산업사회의 병폐에 대항하고 유기농 생태 농장에 기반한 농업국가 미국으로 돌아가자는 생각을 설득력 있게 주창했다. 그는 자신의 저서 『미국의 불안Unsettling of America』(1977)에서, 덕성character과 문화의 주된 위기로서 생태위기를 처음으로 지목한 사람 가운데 하나였다. 하지만 그는 제퍼슨식의 농업 모델에 초점을 두고 있어서 넓은 야생 지역의 생태학적 필요성을 인식하지는 않았다.[23]

베리는 '경관'으로서, 그리고 도시를 탈출해 휴가를 갈 장소로서의 야생지를 보존하고자 하는 시에라클럽과 같은 개량주의적 환경단체의 엘리트주의를 더할 나위 없이 훌륭하게 비판한다. 이러한 인간 중심적인 이유들은 현대 미국에서 산업주의적 삶의 방식과 '뿌리 없음'과 장소성의 부족을 영속시킬 뿐이다. 하지만 베리는 존 뮤어와 폴 에얼릭과 같은 현대 생태학자들이 주장한, 야생지를 보존해야 할 더 깊이 있는 생태학적 이유는 놓치고 있다.

베리는 땅이 인간들에 의해 '이용'되어야 한다고 주장할 때 기독교의 청지기 전통을 많이 이야기한다. 그는 우리가 "피조물 전체의 이익과 세계와 세계 속 **모든** 생명체들의 이익을 함께"(강조는 추가) 고려해야 한다고 주장하는 한편 또한 우리가 "야생지에서 작은 땅덩어리 이상을" 보존할 수 없다고 이야기한다. 하지만 야생지 또는 야생지에 가까운 것은 지구의 모든 야생생물을 위한 서식지로 필요하다. 베리는 이 모순을 분명히 이해하지 못해서 심층생태학적 인식에 이르지 못한다.

――――― ◆ ―――――

베네딕도Benedict 성인은 협소한 기독교적 청지기 책무의 수호성인으로 자주 인용된다. 르네 듀보는 『내재하는 신A God Within』(1972)에서 베네딕도 방식의 청지기 책무를 다음과 같이 설명한다.

> 누르시아Nursia의 성 베네딕도는 …… 진정한 보존은 인간의 잘못된 행동으로부터 자연을 보호할 뿐만 아니라 인간과 자연 간의 창조적이고, 조화로운 관계를 지지하는 인간 활동을 개발하는 것이라고 믿는 이들의 수호성인으로 간주된다. …… 창세기 1장은 인간의 자연 지배

에 대해서 말한다. 이와는 대조적으로 베네딕도의 규칙은 오히려 2장에서 영감을 받은 것처럼 보인다. 2장에서는 선한 하느님이 에덴동산에 주인이 아닌, 청지기의 정신을 지닌 인간을 둔다. 베네딕도 수도회의 전 역사를 통틀어 수도자들은 농부로서, 건축업자로서, 그리고 학자로서 적극적으로 자연에 개입했다. …… 베네딕도 성인은 신의 동반자로서 일하면서 피조물을 더 나아지게 하거나 적어도 피조물을 보다 인간적으로 표현하는 것이 수도자들의 임무라고 믿었다. 그의 글에는 노동이란 더럽혀지고 혼란에 빠진 야생지를 낙원으로 재창조하도록 도와주는 기도와 같은 것이라는 믿음이 함축되어 있다.

——— ◈ ———

B. 수정된 기독교적 청지기론

수정된 기독교적 청지기론은 신의 모든 피조물의 권리가 존중되어야 한다고 주장한다.

예를 들면, 제레미 리프킨은 '제2의 기독교 개혁'을 요구했는데 이는 다양성과 상호의존성과 분권화라는 생태학적 원칙에 기초한 청지기론을 근본적으로 재평가하는 것이다.

유지 보수가 진보의 개념을 대체하고, 관리가 소유의 개념을 대체하며, 양육이 창조의 개념을 대체한다. 생산과 소비 둘 모두의 생물학적 한계가 인지되고 있다. …… 기독교 공동체가 청지기론에 대한 신약의 비전 개념을 수용하지 못한다면 새롭게 떠오르는 종교적 열정은 우파와 기업의 이익에 점령당하고 무자비하게 착취당할 수 있다.[24]

관리되지 않는 광범한 야생지의 필요성을 인정한다면 이 버전의 청지기론은 심층생태학적 견해에 근접해 있다.

C. 가이아 가설

세 번째 청지기론 버전은 제임스 러브록이 제시한 것으로 가이아(살아 있는 유기체로서의 지구) 가설에 근거한다. "이 가설은 생명 자체가 지구의 표면과 대기와 해양의 물리적 화학적 조건을 적합하고 쾌적하게 만들어 왔고, 지금도 활발하게 만들어 가는 중이라고 상정한다. 이 주장은 지구의 조건과 생명체가 각각의 독자적인 방식으로 진화했기 때문에 생명체가 지구의 조건에 적응했다고 주장하는 통념과는 대조적이다."[25]

지난 300년 동안 인류와 인류가 길들인 가축들이 전체 생물체 총량의 일부로서 상당히 많이 증가해 왔다. (열대우림에 대한 대규모 벌목처럼) 인간이 유발한 오염과 생물 지역에 대한 개입은 지구의 섬세한 항상성을 파괴한다. 러브록은 지구 유기체의 일부분들은 "생명 유지에 필수적인 기관들"로, 파괴될 경우 전체 지구(가이아)가 제대로 작동하지 않게 된다고 주장한다. 러브록은 인간들이 지구의 작동을 훼손하는 인간 활동을 자제함으로써 가이아에서 현명한 청지기로 살아야 한다고 말한다. 그의 결론은 다음과 같다.

따라서 인간 활동에서 비롯된 지구의 주된 위험은 도시화하고 산업화한 인간 존재의 특별하고 이례적인 병폐가 아닐 수도 있다. 도시의 산업적 인간이 생태적으로 나쁜 일을 할 때 그는 그것을 알아차리고 다시 바로잡으려고 하는 경향이 있다. 철저한 감시가 필요한, 정말 중요한 지역은 열대 지역과 대륙의 해안에 가까운 바다일 것이다. 감시가 거의 이뤄지지 않은 이 지역들에서는 위험이 인지되기 전에 해로운 관행들이 돌이킬 수 없을 정도까지 계속될 수도 있다. 그래서 예기치 않은 불쾌한 일들이 가장 많이 발생하는 곳도 이 지역들이다. 여기서 인간은 가이아의 생명 유지 시스템에서 주요한 종들을 줄이고 제거함으로써 가이아의 생명력을 빼앗을지도 모른다. 그리고 그는 전 지구적인 규모로 해로울 가능성이 있는, 비정상적인 양의 화합물을 대기 중으로 또는 바다로 방출함으로써 이 상황을 악화시킬 수도 있다.[26]

러브록은 산업 문화에 익숙한 인간의 문제 해결 능력을 지나치게 낙관하는 것처럼 보인다. '현명한 경작', 또는 현명한 관리를 위해서는 그러므로 넓은 지역들을 빈 공간으로 남겨 둘 필요가 있다. '지구의 국제적인 보존지역' 또는 '자연 보전지역'으로 구획되거나 지정된 이 지역들에서는 도시의 산업개발이 제한된다.

철학자이자 생태학자인 존 필립스는 이러한 접근에 대해서 다음과 같이 간략하게 설명한다.

인간의 영향으로부터 생물권을 보호하기 위해서는 생물권 전체를 구획해야 한다. 우리는 도시-산업 지역과 생산 지역(농업, 방목, 어업)을 엄격하게 제한하고 절충 지대를 넓혀야 한다. 예를 들면, 야생지와 거친 강들과 같은 보호구역을 과감하게 확장해야 한다. 해안과 강어귀의 광활한 수면은 숲과 초원과 다양한 형태의 서식지와 더불어 보호구역에 포함되어야 한다. 우리는 국유림에서 채굴과 벌목과 방목 그리고 레크리에이션을 하는 다용도 절충 지대가 보호구역의 과학적, 미적, 유전적 가치를 대신할 수 없음을 알아야 한다. 이 같은 구획 짓기가 제때 실행된다면, 지구상의 기술이 지배하는 산업-농산업 단지의 파괴적인 영향을 제한하는 유일한 방법이 될지도 모른다.

D. 뉴에이지/물병자리 음모의 청지기론

네 번째 청지기론은 뉴에이지/물병자리 음모 버전으로, 청지기론을 논리적인 극단으로 이끈다. 이 뉴에이지 이데올로기는 다음 장에서 더 철저하게 논의할 것이다. 하지만 간략하게 말하자면 이 입장의 지지자들은 인간이 생물권을 조작하는 것을 제한하는 윤리적 규제가 사실상 없다고 생각한다. 지구는 신의 것이 아니고 인간은 그 왕국의 수탁 관리자가 아니기에, 더 큰 창조의 관점에서 자신들의 몫을 적게 가져갈 이유도 없다는 것이다. 유일한 제약은 전문적이고 정치적이며 경제적인 것(프로젝트 개발에 필요한 자본의 부족)이다.

관리자들이 인간 경제를 위해 지역을 생산적으로 '관리하는' 방법과 추출 기술을 개발하기 전까지는 지구의 일부 지역, 남극 또는 아마존 유역 같은 곳에서 대규모의 인간 개입(예를 들면 아마존 숲을 벌목하는 것)을 일시적으로 제한할 수 있다. 예를 들면, 일부 산업의 대변인들은 미국 대륙붕의 광물자원 개발에 대해 증언하면서, 자신들은 광물을 탐색할 지역을 원하지만 적어도 2000년까지는 '자원

개발' 기술을 갖지 못할 것이라고 말했다.[*] 이것은 시장에서 광물의 수요가 있을 때, 시추에 자본을 이용할 수 있을 때, 그리고 기술이 '바로 사용 가능할' 때 광물이 개발된다는 것을 의미한다.

뉴에이지의 주요한 메타포는 지구가 우주선이고 기술적으로 진보한 인간들이 그 우주선의 '부조종사'가 될 운명을 가졌다는 것이다. 테야르 드 샤르댕은 현세대의 인간 운명은 "창조라는 배의 키"를 잡는 것이라고 주장했다.

E. 청지기론에 대한 심층생태학의 반응

수정된 기독교와 러브록의 청지기론에 대한 심층생태학자들의 반응은 이들의 철학적인 토대에는 아니지만 실천적인 토대에 대해서는 일부분 동의한다는 것이다.

러브록의 제안에 따르면, 지구의 광범위한 지역들은 더 이상의 대규모 인간 개입이 제한되는 구역으로 지정될 수 있다. 지구의 극지방과 아마존 유역, 해양 하구의 광범위한 부분과 대륙붕 가운데 수심이 얕은 곳들, 그리고 어쩌면 거대한 산계山系가 야생지로 지정될 수도 있다. 대규모 날씨 조절 실험과 핵폐기물 투기, 더 나아가 열대우림의 파괴, 아마존 유역에서의 대규모 댐 건설 또는 거대하고 파괴적인 광산 개발 프로젝트 그 어떠한 것도 허용되지 않을 것이다. 크릴새우와 남극 주변의 해양 환경에 의존하는 생명의 사슬을

●   지금은 대륙붕에서 석유와 천연가스, 철, 니켈과 같은 자원이 광범위하게 채굴되고 있다.

보호하기 위해, 그러한 해양 지역을 야생지로 지정할 수도 있다.

자원개발 제한 지역이 매우 폭넓게 정의되면, 그다음으로는 강가나 하천 주변의 서식지와 산에서부터 사막에 이르는 모든 종류의 생태계 가운데 광범위한 영역이 벌목, 농업 또는 에너지 개발 프로젝트로부터 매우 엄격한 보호를 받을 것이다. 도로가 없는 곳으로 간주되는 미국 남서부 대부분도 공식 야생지로 지정될 수 있다.

현명한 청지기 입장에 대한 주된 철학적 이견 하나는 그 입장이 자연자원에 대한 도구적인 합리성의 전제, 즉 자연자원을 인간의 이용 대상으로 협소하게 보는 공리주의적 견해를 여전히 포함하고 있으며, 생존에 필수적인 인간의 욕구를, 단순한 욕망과 이기적인 오만과 ("우리가 기술을 갖고 있다면 사용하자"는) 기술에서의 모험주의와 구별하지 못한다는 점이다.

장기적인 안목으로 볼 때, 국가기관과 국제적인 기구가 보호구역을 지정하는 것은 비인간의 필수적인 욕구를 인정하고 존중하는 지역 공동체(자연에서의 생태 지역)가 합의를 통해서 결정에 도달하는 비주류 전통에 부합하지는 않는다는 걸 인정하면서도, 그러한 보호구역 지정을 일시적으로 지지할 수 있다.

하지만 심층생태학의 지지자들에게 현명한 청지기론의 가장 해로운 측면은 인간을 계속해서 야생지(야생 자연, 야생지의 흐름)로부터 근본적으로 분리한다는 것이다. 그것은 인간 중심적이고 이원론적인 모든 버전에 해당하는 사항이다. 현명한 청지기론은 "우리는 자연이라는 제1세계로부터 출현했다"면서 "영혼으로 가득한 우리의 공간으로 결코 돌아갈 수 없다"고 말하는 것처럼 보인다. 생명 중심적인 평등의 규범은 없다. 야생지가 갖는 주된 함의는, 우리가 경제의 모순과 복잡성에 대해 기술주의적–산업적 '해결책'을 더욱더 많이 선택하는 동안 우리가 공공정책으로서 점점 더 작은 지역만을 야생지로 남겨 둔다는 것이다.

(5) 비인간 존재의 서식지 보호에 대한 생태학자들의 책무

우리가 앞 장에서 말한 것처럼, 생태학자들은 인간이 대규모로 생물들의 서식지에 개입하면서 전례 없는 속도로 멸종이 일어나고 있다고 우리에게 경고하고 있다.[27] 멸종위기종의 문제는 지금 광범위하게 인식되고 있다. 여러 유형의 프로그램이 유전적 다양성을 보호하고 특정 종들을 번식시키기 위해서 제안되었다. 그러나 서식지 보존 내지 야생지 보존만이 야생의 흐름, 종 다양성, 유전적 다양성, 종–서식지 간의 지속적인 상호작용을 보호할 길이다. 동식물을 동물원과 실험실에 가두는 것으로는 종 다양성과 진화의 과정을 유지할 수 없다. 수많은 종을 살리고 유전적 다양성을 유지하려면 오래된 숲이 필수적이다.

종들이 생존권을 지녔으며 자신들만의 진화적 운명을 따른다는 생명 중심적인 직관은 1973년 미국의 멸종위기종보호법에 확립되어 있다. 이 법률은 지구는 인간에게 이용되기 위해 존재한다는 믿음을 옹호하는 이들로부터 심한 공격을 받아 왔다. 하지만 멸종위기종보호법에도 여전히 중대한 한계가 있다. 이 법은 멸종위기종을 지정할 때 복잡한 절차를 거치도록 하고 있다. 비록 그 과정에서 각 종들에 관한 비용/편익 분석이라는 경제학자들의 협소한 접근법을 거부하고 있지만, 그럼에도 인간의 욕구와 종 서식지 보존 사이의 균형이라는 개념은 포함한다. 캘리포니아콘도르 또는 스네일 다터*를 지키려는 생태학자들은 경제성장과 '쓸모없는' 종을 보존하는 일 사이의 균형과 서식지 일부 토지 소유자에 대한 형평성이라는 원칙에 기반해서 서식지 보호를 정당화하라는 요구를 받았다. 생태학을 지배적인 세계관 안에 제한하는 것은 (콘도르 인공번식과 같은) 기술주의적 해결책 또는는 (특정 식물 또는 동물의 멸종을 내버려 두는) 선의의 방관을 낳을 뿐이다. 이러한 균형에서 인간은 개별적으로 그리고 집단적으로(예를 들면 캘리포니아콘도르 서식지의 토지소유권을 갖는 기업) 멸종위기종들보다 더 높은 가치로 매겨진다.

자연 과정에 대한 인간의 과도한 개입은 다른 종들을 거의 멸종에 이르도록 했다. 심층생태학자들은 오래전부터 균형추가 인간에게 유리한 쪽으로 기울어졌다고 보았다. 이제 우리는 다른 종의 서식지를 보호하기 위해서 균형추를 원래대로 옮겨 놔야 한다.

야생지와 준準 야생지의 보호는 필수적이다. 원시인들은 생태계의 생육력을 해치지 않고 수십만 년 동안 지속가능한 공동체에서 살았던 반면, 현대의 기술 중심적 산업사회는 지구상의 모든 생태계를 위태롭게 하고 심지어 생물권 전체의 기후 패턴을 급격하게 변화시킬 수도 있다.

기술-산업 중심의 사회는 해양과 남극 대륙을 비롯해 인간이

● 1970년대 미국 테네시 강 유역 개발을 위해 텔리코 댐을 건설하던 중 그 부근에서 발견된 민물고기로, 댐이 완성될 경우 멸종이 예상되었다. 멸종위기종보호법에 따라 소송이 벌어졌고, 미국 연방대법원 판결로 건설이 중지되었다.

이전에는 살지 않았던 지구의 장소들로 넓혀 가고 있다. 아시아와 아프리카, 중남미, 오세아니아와 호주의 열대우림들은 일련의 기술과 착취와 개발을 위한 계획으로부터 전례 없는 공격을 받고 있다.[28] 열대우림은 지구상의 모든 유형의 생태계 가운데 최대의 생물학적 다양성을 갖고 있다. 『11차 연간 대통령 환경보고서』(1980)는 다음과 같이 결론 맺는다.

> 생물권에 대한 가장 심각한 위협은 열대림의 급격한 축소다. 수많은 열대림에서 토양, 지형, 기온, 강우 패턴과 영양분의 분포가 균형을 잃고 불안정해지고 있다. 이 숲들이 대규모 벌목으로 교란되면 어떠한 나무나 생산성 높은 풀도 다시 자라지 않을 것이다. 심지어 재생이 더 유리한 조건인 곳에서조차 광범한 벌목은 열대림의 생태학적 다양성을 파괴한다. 이 숲들은 지구상에서 가장 다양한 동식물 종들의 서식지이다.[29]

야생지 보존은 종의 형성 과정과 야생의 흐름과 자연의 진화 과정 자체에 필수적이다. 야생지 보존을 대체할 수 있는 것은 없다. 동물원, 식물원, 멸종위기종의 인공수정과 번식 프로그램, 대규모 채굴이나 기타 산업 과정 와중에 남겨 놓은 작고 고립된 서식지, 나중에 사용할 수 있도록 멸종위기종의 유전자를 얼려 놓은 유전자은행과 포획 번식 프로그램들은 모두 생물다양성의 보호라는 난제를 풀기에는 절대적으로 불충분하다.

미국에서 공유지를 지정 야생지로 남겨 두는 다양한 야생보호

법률이 1970년대와 1980년대에 의회에서 제정되었다. 이 법률들은 모두 효력이 약한 절충안이다. 현재 지정된 야생지 영역은 오래된 숲과 사막, 다른 형태의 생태계의 온전함을 보호하기 위한 것이라기보다는 정치적인 거래의 산물로 나온 것이다. 보다 광범위한 야생지 지정 목록을 제시한 환경단체 어스 퍼스트!의 제안은, 북미대륙에서 야생지 보호의 실질적인 과정을 시작하는 현실적인 기반을 제공한다. 개혁주의적 환경단체들은 미국 의회에서 타협해 통과시킨 효력이 약하고 부적합한 야생보호법으로는 '야생지의 문제'가 해결되지 않는다는 점을 인식해야 한다.

지배적인 현대의 세계관이 심층생태학의 방향으로 바뀔 때까지는 어쩌면 개량주의적 환경운동가가 가장 우선해서 노력해야 할 사항이 야생지의 보호일 것이다. 생물학자, 인류학자, 토양 과학자 등은 서식지 보호를 위해서 정계에 로비해야 한다는 점을 깨닫기 시작했다. 많은 사례에서, 이들 과학자들이 연구 중이었던 동물, 식물, 자연 과정, 문자가 없는 부족들, 선주민까지도 연구가 채 끝나기도 전에 기술 중심 산업사회가 파괴해 버렸다. 예를 들면, 『안개 속의 고릴라Gorillas in the Mist』(1983)의 저자 다이앤 포시Dian Fossey는 아프리카에서 자신이 연구하던 고릴라 무리들 가운데 한 무리가 남김없이 몰살당한 것을 기록했는데 이러한 몰살은 분명 동물 수집 활동 때문이다. 앤 에얼릭Anne Ehrlich은 고릴라 수집에 대해 다음과 같이 언급한다. "이런 방식으로 포획된 몇몇 갓난 고릴라만이 살아남아 그들의 도착지인 동물원에 당도한다고 추산되는 걸 감안하면, 고릴라 10~20마리를 죽이고 여러 가족 무리를 파괴한 대가를 치르고서 이들 몇 마리의 아기 고릴라를 성공적으로 수집한 것이다."[30]

아프리카는 수많은 뉴스 기사에서 조명을 받아 온 반면, 해양 환경에 대한 위협은 거의 알려지지 않았다. 거대한 고래의 운명은 전 세계 여론을 자극하지만 국제포경위원회와 같은 국제적인 단체는 상업적인 포경의 전면적인 금지에 대해 별 효력 없는 대안만을 계속해서 제시하고 있다.[31]

세계의 모든 해양이 오염과 어획, 광물 탐사와 개발로 인해 엄청난 문제들에 직면해 있다. 레이건 행정부가 해양 환경의 보존을 제대로 고려하지 않고 미국의 모든 영토를 중심으로 200해리(약 370km)의 '배타적인 경제 수역'을 설정한 것을 많은 환경운동가들은 걱정스럽게 바라본다.[32] 호주에서 심층생태학자들은 뉴사우스웨일스와 퀸즐랜드에 남아 있는 열대우림과 세계 최대의 산호초 지대인 그레이트 배리어 리프Great Barrier Reef를 보호하는 데 계속해서 집중하고 있다.[33]

남극에서 연구 중인 과학자들은 공항과 과학 연구기지와 기타 구조물의 건설로 인해서 남극의 생태계가 붕괴하기 쉬운 상태가 됐다고 결론 내린다. 1960년대에 결성된 그린피스와 같은 생태적인 단체들을 통해서 활동해 온 생태운동가들뿐만 아니라 남극을 연구해 온 과학자들 가운데 많은 이들은 남극 대륙과 남극 해역이 야생지로 지정되도록 남극협정 조인 국가들에게 적극적으로 로비하고 있다.[34]

국가 법률의 전면적 권한과 국제조약과 유엔은 세계 야생지의 보호라는 방향을 향해 나아가야 한다. 원칙적으로 대규모 개발이

더 이상 허용되어서는 안 된다. 생물다양성과 자연 과정을 훼손하지 않으면서 지역 주민의 명백하고 필수적인 필요를 충족시키는 데 도움이 되는 생물 지역 개발만이 야생 흐름을 보존하는 것과 부합하는 개발 방식이다.

핵무기 실험이나 원자로 폐기물 처리를 대지나 물에 있는 야생지에서 하는 건 금지되어야 한다. 기술 중심적 산업 사회의 결과물로 발생한 산성비를 급격하게 줄이기 위한 효과적인 노력이 당장 이뤄져야 한다.

이 모든 것을 고려하여, 생물다양성과 야생지 보존, 경제발전에 영향을 미치는 공공정책 사안을 결정하는 데 있어서 생명 중심의 원칙들을 지켜야 한다.

나는 가장 좋은 것을 말하는 것보다 더 나은 것이 무엇인지 확실히 안다.

그것은 가장 좋은 것을 늘 말하지 않은 채로 남겨 두는 것이다.

—월트 휘트먼, 「회전하는 지구의 노래A Song of rolling Earth」

제8장

자연자원을 보전할 것인가, 아니면 자연의 온전함을 보호할 것인가

오직 인간과 자연자원만이 있을 뿐이다.

— 기포드 핀쇼(1947)

시대가 변하고 있다. 지금은 돈이 문제이다. 그래서
레크리에이션처럼 별로 수익이 되지 않는 (국유림의)
활용은 어려워진다.

— 미국 산림감독관 크레그 럽(1983)

오래된 숲을 보면, 죽기만 기다리는 양로원이 생각난다.

— 레이건 행정부의 어느 공무원(1984)

앞 장에서 야생지 보호를 공공정책 의제와 생태적 의식의 함양이라는 의제 차원에서 논의했다. 이번 장에서는 인간의 자연과 자연자원의 이용이라는 좀 더 넓은 개념에 대해 논의할 것이다.

먼저 자원보전과 개발Resource Conservation and Development, RCD 이데올로기가 미국 역사에서 표현된 양상을 대략 살펴보고, 이어서 이 이데올로기가 급진적으로 확장되어 나타난 뉴에이지/물병자리 음모에 대해 논의하겠다.

그리고 나서 이들의 지배적인 입장의 가정을 심층생태학의 관점에서 논평하고 심층생태학적 관리를 위한 잠정안을 제안하고자 한다.

1. 청기지적 관리의 실천

(1) 자원보전과 개발RCD의 간략한 역사

존 뮤어는 1903년에 요세미티 국립공원의 떡갈나무와 소나무 아래에서 시어도어 루스벨트 대통령과 3일 밤을 보내고 나서 일기에 이렇게 썼다. "이제 올바른 관리를 할 때다!" 20세기 초반에 뮤어는 현명한 관리자가 지도한다면 국립공원과 국유림은 기본적으로 야생 상태로 남을 것이고, 유역과 야생동물 서식지로 보존되리라는 희망에 차 있었다. 국립공원은 대체로 야생지로 남을 것이다. 공리주의적 관점으로 국유림을 사용하면, 생태계의 지속적이고 건강한 기능은 지켜질 것이다. 그러나 국유림과 야생지를 현명하게 관리하기 바라던 그의 희망은 곧 깨어졌다.

미국의 국내법과 중앙집권화된 기업의 프레임 안에서 활동하는 전문가가 새롭게 등장해 자연자원과 공공지를 전문적이고 과학적으로 관리한다는 식의 이야기는 기포드 핀쇼에서 시작되었다. 그가 활동하던 당시에는 미래는 염두에 두지도 않고, 경제학자들이 말하는 '외부효과'—가령, 공기와 물의 오염—를 고려하지 않은 채, 모든 땅은 개방돼 있으니 광물을 채취하고, 방목하고, 벌목하고, 밭을 갈고, 물을 마음대로 끌어가도 된다는 분위기가 만연했으며, 특히 미국 서부에서 이런 경향이 심했다. 핀쇼는 독일에서 산림관리 분야의 훈련을 받았고, '보전 운동'의 이름을 내걸고 이런 입장을 바꾸기 위해 분투했다.[1]

뮤어가 우선 국유림 기관부터 국립공원 기관에 이르기까지 기

234

술-산업 사회의 제도화된 조직들로부터 광대한 땅을 지키려고 분투했던 반면, 핀쇼는 재생 가능한 자원의 과학적인 관리를 제도화할 수 있도록 입법을 촉구하고 자원 개발을 맡을 관리 전문가 집단을 육성하려고 노력했다.

핀쇼의 신념은 법으로 채택되어 국공립기관 및 민간조직의 활동으로 구현되었다. 보전은 자연계를 과학적으로 관리하고 보다 광범위하게 조작함으로써, 자연자원을 보다 효과적으로 배분하는 수단이 되었다. 자연자원을 '현명하게 사용'하고 다양하게 사용한다는 것은 경제성장과 개발을 위해 자연자원을 관리한다는 것을 의미했다.

핀쇼는 이렇게 말한 바 있다.

보전과 관련하여 가장 중요한 사실은 보전이 곧 개발을 의미한다는 점이다. 그동안 보전의 의미를 미래세대를 위해 자원을 절약하는 것이라고 근본적으로 오해했다. 이것은 정말 심각한 착오이다. ……
보전의 첫 번째 원칙은 이 땅에 지금 존재하는 자연자원을 지금 이 땅에 사는 사람들을 위해 사용한다는 것이다.[2]

지금의 환경과 정신적 위기는 뮤어가 요세미티의 자연을 지켜내겠다고 엄숙하게 결심하던 때보다 더 심각하다. 지금은 온 지구가 핵전쟁이라는 대참사가 일어날지 모른다는 가능성에 위협받고 있으며, 열대우림과 바다의 자연자원을 '평화롭게' 계속해서 개발하겠다는 흐름도 지구를 위기에 빠트리고 있기 때문이다. '자원을 균형 있게 사용하고,' 숲을 '현명하게 사용하며' '과학적으로 관리하고' '유전적으로 개량한다'는 것은 역사에서 인간이 중심인물이자 주인공이라는 가정과, 자연 전체는 인간을 위한 자원이니 인간이 무한정 조작할 수 있다는 사상에 기반한 관리 이데올로기의 중심 개념이다.

　미국에서는 테네시 강 유역 개발공사와 더불어 산림청과 개간 국 같은 연방기관, 그리고 대다수 지방정부는 이러한 가정을 국토 이용법으로 제정했다. 산림관리, 야생동물 관리, 수자원 관리, 목야 지 관리, 농업을 가르치는 전문학교에서 이러한 가정을 교육했고, 이 가정들은 이제는 지배적인 이데올로기를 형성하고 있다.

　다양한 자연자원이 특수 레크리에이션 관리자, 토양 과학자, 산림감독관, 목야지 관리자, 환경 공학자, 에너지 관리자에게 맡겨 졌다. 일부 개혁적인 환경단체는 이런 분야를 전공하는 자체 전문 가를 양성하기도 했다. 보전 운동에 참여한 적 있는 역사가 스티븐 폭스의 주장에 따르면, 급진적 비전문가들이 오듀본협회와 시에 라클럽 같은 개량주의적 단체를 새롭게 바꿔 보고자 계속 등장하 긴 했지만, 전문가들이 계속해서 정상적인 의사결정 과정을 좌우했 다.[3]

　전문가들은 대학가에서 구미에 맞는 자리를 찾아냈는데, 대학 도 이런 전문가 교육을 실시해 입학생 수를 유지하는 데 관심을 가 졌다. 어떤 면에서 현대의 대학은 새로운 전문직을 흡수하는 스펀 지와 같다. 대학은 전문지식의 요새로 불렸다. 대표적인 개량주의 적 환경보호주의 이론가 중 일부가 진보적이거나 전문적으로 보이고 싶어 하는 대학교수라는 점은 놀랄 만한 일이 아니다.

'전문가 증언'은 일종의 성장산업이 되었다. 의회위원회 청문회, 행정부 청문회, 자연자원 문제와 관련된 사건을 다루는 법정에서 전문가들끼리 대치하는 일이 빈번하게 일어났다. 시어도어 로작은 이런 전략을 일러 '길항하는 전문성'이라고 부르며 다음과 같은 이유로 얄팍한 관행이라고 주장했다.

그것은 분명히 의도는 좋고, 특정 정치 사안에 대해 일시적으로 성공을 거둘 수도 있겠지만, 우리 시대의 중요한 문화적 질문은 건드리지 않고 그대로 남겨 둔다. 그것은 도시-산업적 삶의 질서가 옳다는 일반적인 추정에 이의를 제기하지 않는다. 따라서 고도 산업 사회는 규모, 속도, 복잡성 때문에 본질적으로 기술관료적이며 따라서 비민주적일 수 있다는 사실을 다루지 못한다. 그것은 기껏해야 지금의 조악한 기술관료 사회가 이상적으로 바뀔 수도 있다는 희망만 우리에게 남겨 놓을 뿐이다.[4]

(2) 자원보전과 개발 이데올로기

자원 관리자들은 인간 중심적 자원 이데올로기를 뒷받침하는 철학적 가정에 대해 어느 정도 인지하고 있는 듯 보인다. 그러나 일반적으로는 자원관리에서 발생하는 문제를 대체로 기술적이거나, 경제적인 혹은 정치적인 문제로 인식한다. 이 이데올로기에서 길들여진 사람들 상당수가 자신이 '가치중립적'이고, 의사결정할 때 정치적 입장을 초월한다고 생각한다. 환경운동가가 산림청 같은 국공립기관과 임업 경영에 대해 논의하려고 하면, 이 이데올로기를 따르는 이들 기관은 환경운동가가 '특정 이익' 단체의 주관적인 관점에서 서서 논쟁한다고 생각한다. 대체로 자원보전과 개발RCD 관리자들은 자신들의 입장에 대해 성찰하지 않는데, 이런 태도 때문에 보다 심층적인 철학의 차원에서 문제를 토론하기가 거의 불가능하다. 국토이용 관리자와 환경운동가가 인간 중심 세계관 대 생명 중심 세계관으로 대립한다는 것은 서로간에 공통점이라곤 거의 없어서 결과적으로 서로 엇갈린 이야기를 한다는 것을 의미한다. 양쪽의 철학이 근본적으로 다르기 때문에 논의는 모호해지고 기술적인 문제로 빠지고 만다. 예를 들어, 숲에 제초제를 항공 살포하는 것을 반대하는 사람은 임산부에 미치는 영향이나 살포율에 관한 매우 기술적인 연구 조사 데이터를 놓고 논쟁하는 쪽으로 빠진다. 그러나 생태계에서 상호관계의 사슬은 너무도 복잡하기 때문에 그런 조사 결과는 대개 잠정적일 뿐 확정적이지 않다. 제초제의 항공 살포가 해롭다는 결과를 증명하기 위해, 살포를 반대하는 쪽에 입증 책임이 주어진다면 살포는 계속될 것이다. 모든 자연과 자연의 과정을 존중하는 생명 중심의 철학적 관점을 가진 사람이라면 대개는 반대의 결론에 도달할 것이다.

자원보전과 개발의 현대적 버전에서 일반적으로 사용하는 '보전' '관리' '현명한 사용'이란 수사적 표현은, 오늘날 현실에서 자원을 '인간의 '욕구' 충족을 위해 사용 가능한 자본으로 가능한 빨리 기술적으로 개발하는 것을 의미하고 있다. 비인간 생물종과 살아 있는 자연은 자신의 진화적 운명을 따를 권리도 없는 것으로 취급되며, 그 자체로 가치 있는 존재라고 여겨지지도 않는다. 자원보전과 개발 이데올로기 관점에서는 인간을 자연 과정의 한 구성요소라기보다는, 과학적 관리 원칙 아래 자연을 마땅히 지배하고 통제해도 되는 존재로 이해하거나 간주한다. 즉 이것은 인간이 소비할 수 있도록 상품을 더 많이 '더 좋게' 생산하기 위해 자연을 변형하고, '인간 최대 다수의 최대 행복'이란 공리주의 원칙에 따라 인간의 명령대로 움직이라고 자연에 지시한다는 의미이다.[5]

자원보전과 개발 분야에서 자연에 대한 과학적 관리의 근본적인 토대는, 거의 종교에 가까울 만큼 깊은 관리에 대한 믿음인 듯하다. 개간국의 위원은 레이건 행정부의 관리 정책을 옹호하는 연설에서 이렇게 말했다.

조사 연구, 기술 공학, 자원 관리, 이 모든 것이 우리의 수자원 문제 해결에 역할을 하고 있습니다. 우리에겐 보다 나은 수자원 기술이 필요합니다. 특히 지하수 자원의 경우에 그렇습니다. 우리 개간국의 기술은 세계적으로 인정받고 있지만, 보다 나은 기술을 발전시키기 위해 끊임없이 노력하고 있습니다. 보다 나은 관리를 추구하는 것은 미국에서는 사실상 종교와 같습니다.[6]

가치중립적인 관리자, 전문가, 기술관료들은 비록 기독교적 청지기와 지배라는 극단적인 양상을 옹호하진 않지만, 사실상 기술이 끊임없이 발전할 것이라는 믿음과 자신들이 하는 일은 다 잘 되리라고 여기는 희망으로 이루어진 세속 종교를 신봉하고 있다. 원자력의 경우처럼, 놀랄 만큼 주기적으로 기술상의 실패가 발생하고 있어도, 이를 해결하려면 점점 더 많은 관리자와 기술전문가가 필요하다는 강력한 믿음과 희망만 늘리는 것으로 보인다. 기술적인 해법이 환경적 부작용을 초래한 사례가 끊임없이 드러났는데도 그들의 믿음을 조금도 위축시키지 못하는 것 같다.[7]

지구를 인간이 착취하고 소비할 수 있는 자연자원으로만 보는 비유는 현대 자원보전과 개발 관리자의 정신에 지배적인 이미지로 박혀 있다. 사회학자 윌리엄 버치는 이렇게 썼다. "온 세상의 상품으로의 전환은 주기적으로 도전받았고 변형되기도 했지만, 여전히 공산주의와 자본주의를 막론하고 고에너지high energy사회에 기본적인 비유로 남아 있다."[8]

현대의 관리자는 자신은 시장의 지속적인 팽창과 무한한 성장을 위해 복무하며, 그래서 사람들의 욕구에 부응하고 있을 뿐이라고 합리화할 수 있다. 칼 폴라니가 지적했듯이, 무엇이든 시장에서 거래되고 경제적 가치로 평가되는 현대 소비사회는 완전히 새로운 사회 형태로, 자연과 인간마저도 상품으로 변형시키는 일이 벌어진다. 노동, 토지, 화폐는 상품이 **아니다**. 노동은 인간 활동을 달리 부르는 말이다. 그러나 노동, 토지, 화폐가 상품이라는 허구를 바탕으로, 이것들을 취급하는 시장이 만들어진다.[9] 자원보전과 개발 윤리를 떠받치는 믿음의 삼위일체는 시장이라는 은유, 인적자원 또는 상품의 더미로서의 지구, 기계나 우주선으로서의 지구, 이 세 가지라고 할 수 있다. 그러나 현대 산업사회에서 주로 추구하는 보다 나은 관리의 양상은 존 뮤어가 구상했던 올바른 관리가 **아니다**.

자원보전과 개발의 입장은 쉽게 번역하자면, 숲, 강, 그리고 인간의 특정 경제 범주에 들어온 모든 것이 자연자원이므로 아껴서 사용하자는 것이다. 이렇게 퇴행한 자원보전과 개발의 입장이 그 지지대 격인 인간 중심적 가정과 결합한다면, 또 인간이 요구와 욕구를 계속해서 확장해 나가는 것이 바람직하다고 가정하며 인구의 무한정한 증가가 자연스럽고 바람직하다고 믿는다면, 돌고래와 점박이올빼미, 캘리포니아콘도르와 이들의 서식지를 배려할 여지는 거의 없을 것이다. 오히려 논리적으로 따져 보면 생물종을 유전자 자원으로 간주하고, 이들의 DNA를 유전자은행에 냉동 보관해서 기업이나 정부 기관의 명령에 따라 과학 기술자가 조작해도 괜찮다는 결론에 이를 것이다.

지배적인 세계관의 가정하에서는 산림감독관, 수자원 관리자, 목초지 관리자, 어업 관리자 등이 기본적으로 해내야 하는 일은, 점점 짧은 기간 안에 상품을 계속 더 많이 생산하는 것이다.

경제적 모델이란 측면에서 보면, 자연과 자연의 과정은 느리고 비효율적이다. 사실상 '생산 효율성'은 보다 넓은 의미의 생태적 맥락은 거의 고려하지 않은 채, 생명 중심적이기보다 인간 중심적 입장에 서 있는 관리자들이 대표적으로 내거는 슬로건이다.

나무가 벌목된 후 다시 자라나 재벌목할 수 있게 되기까지 걸리는 시간, 즉 윤벌輪伐 주기는 120년이었다가 80년, 60년, 40년으로 점차 줄어들었다. 미국 서부의 어느 대기업 임원은 회사의 과학적 관리자와 기술자에게 20년 안에 '수확'할 수 있게끔 유전적으로 강화된 나무를 개발해서 심으라고 요구했다. "나무는 옥수수처럼 그저 작물일 뿐이다"라고 말하는 민간 산림관리인이 많다.

자원보전과 개발의 맥락에서 강이 자유롭게 흐르는 강변이나 비교적 소규모의 자연 지대 정도는 용인하지만, 그래도 기본적인 자원생산을 방해하지 않는 경우에 한해서이다. 목재산업의 한 관계자는 이렇게 말한 바 있다. "우리 손자들 구경거리로 오래된 레드우드 숲 100에이커(약 0.4제곱킬로미터) 정도 남겨 두면 부족함이 없을 거야." '비생산적인' 땅은 야생지로 남을 수는 있지만, 그 면적은 점점 줄어들고, 환경운동가는 하천가의 50피트(약 15미터)에 이르는 완충 지대를 놓고 벌목을 허용하지 말라며 산림 공무원들과 싸우는 실정이다. 자원보전과 개발의 관점 아래에서는, 최선의 경우라도 제안된 개발 프로젝트의 '환경 영향'이 연구되어 환경에 부정적인 영향을 찾고 그것을 경감시키는 다소간의 노력을 하는 정도일 것이다.

최근 산림청은 삼림지의 용도를 레크리에이션 공간으로 변경하기 위한 '의사결정 절차'를 구축하려고 노력했지만, 이는 숲의 가치를 경제적으로 분석한 것에서 크게 나아진 것이 없고, 토지 사용 관리자들이 여전히 보다 객관적인 생태 기준을 인식하지 못하고 있다는 점을 계속 부각시킨다. 예를 들어 최근에 '경관 관리'와 관련된 의사결정의 기초 자료로 쓰려고 '선호하는 경관'을 조사하면서, 선별된 사람들에게 벌목된 숲에서 고속도로까지 다양한 범주의 경관 사진을 보여주었다. 그리고 경관에 대한 선호도를 각자 주관적으로 점수로 매기라고 한 뒤 평균 점수를 표로 작성했다. 그리고는 그렇게 나타난 평균적인 경관 선호도를 대중이 여가를 보낼 만한 가치가 있다고 여기는 경관 유형이라고 판단했다.[10]

자원보전과 개발 분야는 오래전에 인간을 지구에서 탐탁지 않은 해충이나 약탈자를 없애는 청지기 내지 정원사로 보았다. 생물학자 르네 듀보는 저서 『지구는 구제될 수 있을까The Wooing of the Earth』에서 이런 이미지를 제시하며, 인간은 단지 지구의 "잠재력을 끌어내는 것뿐"이라고 썼다. 그러나 그런 듀보조차 "우리가 지구를 관리하고 자연을 개선할 수 있다는 믿음은 아마도 인간의 자만심을 궁극적으로 표현한 것이리라. 그러나 이런 믿음은 과거에 깊이 뿌리내려서, 지금은 거의 보편적으로 퍼져 있다"라고 인정한다.[11]

———— ◆ ————

산업산림조합의 임원인 W. D. 하겐슈타인W. D. Hagenstein은 "오래된 숲은 새로운 숲에게 자리를 내줘야 한다"라는 제목의 연설에서 자원보전과 개발 이데올로기에 대해 다음과 같이 간단명료하게 주장했다.

저는 오래된 숲을 자연의 변덕대로 온전히 내버려 두면 어떻게 되는지 직접 봐서 잘 알고 있습니다. 이런 직접적인 경험에서 오래 자란 수목을 목재로 사용하는 것에 대한 저의 철학이 나왔습니다. 저의 철학은 우선, 자산을 낭비하지 않아야 한다는 것이고, 둘째, 목재가 주택 공사나 다른 공사와 같은 사회적 과업에 필요하다면, 사용해야 한다는 것입니다. ……
　　산림관리 전문가는 관리받지 못하고 오랫동안 방치된 숲을 수령별로 잘 구획되어 관리된 숲으로 바꾸는 것이 사회적, 경제적, 산림관리적 관점에서도 바람직하다는 철학을 받아들이게끔 훈련받습니다. 산림청이 결정하는 연간 목재 수확 허용량은 그저 수령이 많은 나무의 수확을 제한하는 제도일 뿐입니다. 수령이 많은 마지막 나무가 수확될 때면, 그동안 다시 심고 보호해서 상품성 있는 크기로 자란 젊은 나무가 넉넉하게 남아 있습니다. 이렇게 함으로써 목재 공급의 공백을 막고, 목재 생산과 일자리를 바라는 미국인의 욕구를 충족시키게 됩니다. ……

　　의료업계가 공중보건을 보호할 의무가 있듯이, 마찬가지로 산림업계도 나무의 낭비를 막음으로써 공중보건을 보호할 의무가 있습니다. …… 따라서 훼손된 오래된 숲을 보호하거나 구조하는 일을 인위적으로 제약한다면, 산림업계가 오래된 전통을 지키며 사회에 대한 책임감을 온전히 수행하는 것인지 윤리적인 의문이 들지 않을 수 없습니다. …… 굶주린 세상에서 식량을 낭비할 권리가 없듯이, 집이 없는 세상에서 목재를 낭비할 권리는 없습니다. 사람들이 원하든 않든, 오래된 숲은 새로운 숲에게 자리를 내줘야 합니다.[12]

◆

(3) 뉴에이지/물병자리 음모

과학적 관리의 뉴에이지 사상/물병자리의 음모는 자원보전과 개발 이데올로기의 가장 체계적이며, 기술관료적이고, 위압적인 버전이다. 이것은 지구를 인간이 주로 사용할 자연자원의 집합체라고 보는 지배적 세계관이 논리적으로 확장된 것이다. 이 관점의 지지자는 인간이 계획적으로 개입해서 대부분의 자연적인 진화 과정을 없애자는 이야기를 자주 한다. 유일한 '궁극적 자원'은 인간이며, 인간은 두뇌와 기술관료적 능력으로 지구를 인간화하겠다는 계획을 더욱 원대하게 발전시키리라는 것이다.[13]

버크민스터 풀러는 『우주선 지구호 사용 설명서An Operating Manual for Spaceship Earth』에서 지구를 기계에 비유하고 세계 인구 문제란 없다고 주장하며, 세상의 문제는 컴퓨터로 해결할 수 있다고 말한다. 공학 기술이 인공두뇌 시스템과 정보 이론과 연결되면 세상의 문제에 대해 순전히 기술적인 해결책을 제시할 수 있다는 주장이다.

유전공학 산업의 급속한 발전과 그와 관련한 문제에 대해 제레미 리프킨은 저서 『유전자 연금술Algeny』•에서 자연스러운 진화 과정에 관한 다윈적 관점이 오로지 인간의 목적과 욕망에 부합하는 생물종을 유전자 조작을 통해 개발하는 것으로 대체되고 있다고 지적한다. 컴퓨터와 정보 혁명은 지구상 모든 생명체의 유전자를 변형시키기 위한 서곡일 뿐이다.[14]

뉴에이지/물병자리 음모의 미래주의자들은 화석연료 시대가 점차 저물어 감에 따라, 팽창하는 산업사회의 에너지 기반을 마련하기 위해 생물 유기체를 새로이 만들어 내려는 계획을 세우고 있다. 지구상의 생명체를 다시 설계함으로써 간단히 자연스러운 진화 과정을 없앨 것이다. 자연스러운 진화 과정은 너무 느리고 효율도 떨어지기 때문이다. 마찬가지로 자연 생태계도 산업 생산과 효율 면에서 현대의 속도를 맞추지 못한다. 일부 대표적인 표본은 몇몇 소수 엘리트의 미적 취향이나 취미를 충족시키기 위한 사치 품목으로 박물관 같은 환경에 보존될 수는 있을 것이다.

● 연금술을 뜻하는 alchemy와 유전자를 뜻하는 gene을 합성한 단어다. 이 책은 국내에서는 『엔트로피 II』라는 제목으로 출간되었다.

딕 러셀Dick Russell은 생명공학 혁명에서 이익의 가능성을 본 새로운 기업들을 분석했다. 그는 "선악과가 월스트리트에서 자라고 있다"고 말했다.[15]

어떻게 사회적 영향을 미칠지 헤아릴 수 없는 혁명이 전례 없는 범위에 걸쳐 기업의 이사회실과 뜻을 같이한 과학 실험실에서 벌어지고 있다. 이러한 기업의 종사자들은 기업의 상호를 과거의 공상과학 소설에서 따왔다. 시터스, 바이오젠, 제네테크, 에그리제네틱스가 그렇다. 이들 기업을 재정적으로 후원하는 곳은 인바이론멘턴, 듀퐁, 다우 케미칼, 엘리릴리 같은 거대 다국적 기업이다. 그리고 이들의 지식의 원천은 하버드나 MIT, 스탠퍼드 같은 대학의 연구실이고, 연구원들은 '80년대 성장산업'의 새로운 버전과 제휴하면서 하룻밤 사이에 백만장자가 된다. 생명공학이나 유전공학이 바로 그런 산업이다. 자연의 근간을 바꿀 수 있는 능력의 잠재력은 충격적이며, 생명에 관한 거의 모든 분야에 등장하기 시작했다. 생명공학 전문가들은 암까지 포함해 1000여 종의 유전자 관련 질병에 맞는 궁극적인 치료법을 제시하는 것 외에도, 공기에서 질소를 흡수하도록 설계한 새로운 종류의 농작물, 더 빨리 성장하는 가축, 산업 과정을 수행할 수 있도록 제작한 생명체를 이야기한다.

동식물의 복제 기술이 폭넓게 개발 중인 한편, 가축과 인간은 지금 인공수정을 통해 번식되고 있다. 심지어 어떤 동물원은 동물의 냉동 정자와 난자를 컴퓨터 시스템으로 교배하는 멸종위기종 프로그램을 개발했다.

　뉴에이지 사상/물병자리 음모의 과학적 관리에 대한 사상은 역사상 가장 파괴적인 인재人災가 될, 전면적인 핵전쟁 가능성을 배경으로 제시되었다. 그러나 그들 중 일부는 앞으로 40~60년 동안 '평상시의' 경제성장과 개발로 인해 지상의 생물종 25%가 절멸한다 하더라도 생명공학의 발전으로 '복구 가능하다'고 본다.

　동시에 다국적 기업과 정부의 자원 관련 기관은 오래된 열대우림을 개벌하고 '식물을 바꾸어' 단일경작을 함으로써 아마존 유역을 '길들이려는' 계획을 세우거나 청사진을 그리고 있다. 스리랑카에서 호주와 남미에 이르기까지 오래된 열대우림 대부분이 자원 추출에 골몰하는 다국적 기업의 위협을 받고 있다.

　중앙집권적 정부 기관은 대형 건설 장비를 활용해 훨씬 더 광범위한 프로젝트를 구상하고 있다. 시베리아에서 서유럽으로 연결되는 엄청난 규모의 송유관이 계획되었다. 구소련은 북극해로 흐르는 북쪽의 주요 강에 댐을 건설하여 강줄기를 남쪽으로 바꿔 카스피해로 흘려보낼 계획을 짰다. 캘리포니아 북부의 물을 캘리포니아 남부로 보내는 거대한 운하를 만들려는 계획도 있었고, 심지어 미국 5대호에서 텍사스로 물을 실어 나를 계획도 있었다. 캘리포니아의 수십억 에이커의 땅에서 석유, 가스, 광물을 개발하려는 사업은 경제발전을 위한 '새로운 프론티어'인 양 제시되었다. 남극에 대한 영토권을 주장하는 나라를 위해 일하는 과학자들이, 남극 대륙붕에서 키릴새우와 다른 자원을 '채취하는' 것과 남극의 광물 개발 가능성을 수년간 논의해 왔다. 기술을 이용해 지구를 대대적으로 변형하려는 프로젝트의 목록은 계속 늘고 있다.

그러나 뉴에이지 사상/물병자리 음모 지지자들은 이런 미래가 인간의 전망을 밝힌다고 본다. J. 피터 베이크는 저서 『최후의 날은 취소되었다Doomsday Has Been Cancelled』에서 이렇게 썼다.

일단 열평형 메커니즘을 더 완벽히 이해하고 나면, 의식적으로 이 메커니즘을 실행함으로써 현재 존재하는 조절 기능의 상호작용을 보완할 수 있다. 이 방식이 바람직하다는 걸 알게 되면, 우리가 꿈꾸는 미래를 창조하면서 사하라 사막을 농장이나 숲으로 전환할 수도 있고, 뉴잉글랜드의 풍경을 다시 만들며, 우리는 우리가 꿈꾸는 미래를 창조할 수 있다. …… 우리는 가이아의 적자이다. 따라서 우리가 지구의 생태계와 풍경을 바꾼다고 해서 부끄러워할 필요는 없다. 다만 가이아의 다른 종들을 다듬고 처리할 때 우리의 어머니에게 세심하게 주의할 의무가 있다.[16]

이런 관점에서 보면 인간은 역사적 과정의 중심이며, 르네 듀보의 표현처럼, "지구를 인간화할" 의무가 있다. 듀보는 "지구는 인간의 노동과 상상력으로 제대로 다루기 전까지는 그 잠재력을 드러내지 않는다"라고 주장한다.[17]

뉴에이지/물병자리 음모 지지자들의 자연스러운 행보는 '우주로 도약하는 것'이다. '우주선 지구호'는 첫 우주선이 발사되던 1960년대에 대중적인 이미지가 되었다. 그리고 우주를 '우주 개척지'라고 부르며, 현대 기술자가 달이나 다른 행성에서 광물 채굴 같은 생산적인 일을 할 수 있고 '길들여지지 않은' 행성에 인간의 문명을 심을 수 있다고 보았다. 1984년 미국 항공우주국의 관리였던 제임스 베그스는 이런 시나리오를 그렸다. 미국 우주정거장은 "무한한 기회에 열린 공간이 되어" 2010년이면 달을 식민지로 만들고, 2060년이면 화성에 유인기지를 세울 수 있을 것이다.

◈

영구적인 유인 우주정거장을 건설한 뒤에 우리는 정거장을 2만 2300마일(약 3만 3588킬로미터) 상공으로 예인하거나, 달리 지구 정지궤도로 옮길 법을 배워야 한다. 그렇게 되면 정거장은 지구와 같은 속도로 자전하면서 한 공간에 머무르게 된다.

21세기에 들어서면, 혹은 그 직후에 달의 공전궤도에 유인 우주정거장을 세워 달의 자원을 개발할 수 있을 것이다. 2010년 즈음이면 달에 소규모의 연구소부터 시작해서 식민지를 세울 것이다. 2020년이나 2030년이면 달에서 생산 활동을 가동할 수 있을 것이다.

2040년이면 달 식민지는 번창할 것이다. 그로부터 20년 정도만 지나면 화성 식민지도 건실하게 성장하고 있을 것이다. 현재 개발 중인 기술로 우주에서 상당한 양의 광물을 채취하여 우리의 경제활동을 확장하고 이익을 지구로 되가져올 수 있을 것이다.

시나리오를 수행하기 위한 기술은 지금 우리 손에 있다. 우리에게 필요한 것은 목적을 달성하기 위해 기술을 사용할 의지와 상상력 그리고 비전이다.

—제임스 베그스, 『항공학과 항공우주국aeronautics and space administrator』(1984)

◈

뉴에이지/물병자리 음모의 지지자 중에는 테야르 드 샤르댕을 대부라고 여기는 사람들이 있다. 테야르는 『인간 현상The Phenomenon of Man』(1959)과 다른 글에서 영적 진화론의 기독교에 대해 언급했다. 기독교 영성과 진화론의 개념을 결합했다는 이유로 테야르를 전위적인 신학자로 보는 사람이 많다. 그러나 기독교 학자인 프레더릭 엘더(『에덴의 위기Crisis In Eden』, 1970)는 기독교와 환경에 관한 조사에서 테야르가 "지독하게 인간 중심적"이라고 지적했다. 테야르는 자신이 '오메가 포인트'라고 명명한 지점, 즉 지구가 "완벽하게 인간화되는 지점을 향해 인간이 진화해 가는 것"을 상상했다. 그의 글은 대개가 생태학자나 다른 사람들이 인구과잉 위기를 대중에게 인식시키기 전에 쓴 것이었다. 또한 마찬가지로 그는 생태 시대 이전에 글을 썼다. 기술을 통해 인간을 독창성을 펼칠 수 있다는 그의 믿음은 거의 끝이 없었던 것 같다

테야르는 고생물학자이면서 생물학적 진화를 연구했다. 오랜 시간이 지나면서 여러 생물종이 멸종한 것을 깨닫자 소외감과 불신감을 깊이 느끼고, 자연적인 진화 과정은 결국 인간의 멸종으로 귀결될 거라고 두려워했다. 자연에 대한 두려움이 그의 신학에 스며들어 있는 것으로 보이며, 또 여러 뉴에이지 저작물에서 나타나는 자연 지배와 통제라는 주제에서도 이 두려움의 역할은 아무리 과대평가해도 지나치지 않다. 또 테야르는 창세기의 타락 이야기를 떠올린다. 이 관점에서 보면, 자연도 인간처럼 신의 은총을 잃었으니 "둘 다 구원받아야 한다". 인간에게 영적 변화가 있듯이, 비인간 세계에도 창조적 변화가 있다. 이 말은 지구는 인간화되어야 하고, 인

간의 목적대로 바뀌어야 한다는 것을 의미한다. 이런 관점은 서구 사상의 오랜 주제였고, 근대 세계관의 발전에 중요한 역할을 한 영국 철학자 프랜시스 베이컨이 정당화에 이용했다. 불행하게도 생태학 전문가들이 끊임없이 지적하듯이, 인간이 비인간 세계를 광범위하게 변화시키는 일은 극도로 위험하며 비생태적이다.

◆

테야르주의 학자 토머스 베리는 테야르의 사상에서 반생태적인 인간중심주의를 감지하고, 그것을 생물 중심적 방향으로 수정하려고 노력했다. 그러나 그는 인간이 모든 형태의 인간 중심 사상을 넘어서기가 정말 어렵다는 것을 깨달았다.[18]

> 사상가들이 해석을 진화 이전의 맥락에서 진화적 맥락으로 조정하는 것은, 조정 규모로 보면, 의식을 인간 중심에서 생물 중심적 지향으로 조정하는 정도와 맞먹는다. 우리는 테야르의 관점에 대해 후자의 조정을 제안하는 바이다. ……
>
> [테야르에게 있어] 진보의 의미란 저항할 수 없는 것으로, 자연자원을 개발하고 문명을 건설하며, 자연계의 오래된 폭정에서 인간을 해방하는 것이 인간의 사명이라고 느끼는 것이다. 자연계와의 교감이라는 오래된 신비는 그저 무지와 미신일 뿐이다. …… 세상이 이성적 통제 아래 있는 것이 목적을 향해 활동하기에 이상적이다. …… 테야르는 신비주의 세계관에 찬동하고 기계론적 세계관을 거부했지만, 지구를 산업적으로, 기술적으로 개발하는 것을 바람직한 인간 활동으로 보고 온전히 받아들였다. …… 테야르는 인간과 지구의 관계에서 인간이 자연계를 통제하는, 제국주의 전통의 계승자가 되었다. 과학적

연구와 기술의 발명이 갖는 숭고한 임무는 인간이 초인으로 진전하도록 지원하는 것이었다. …… 테야르는 인간의 지성은 자연계를 인간보다 경시해야 한다고 주장한 점에서 프란시스 베이컨의 가장 충실한 추종자이다. …… 자연계가 입은 피해는 부수적인 것으로, 지불해야 할 대가이자, 진화의 매 단계로 나아갈 때마다 에너지를 일상적으로 지출하는 정도였다. 테야르는 서구의 종교와 인본주의 전통 전체에 깊이 관여하고 있는데, 이런 전통에서 착취적인 태도가 발전해 나왔다. …… 테야르가 의식의 생태적 모드를 직접적으로 지지하지 않는다는 의견은 옳다.

테야르는 인간의 지위를 배타적인 가치 규범으로 확립하고, 인간에게 자연의 즉흥성을 파고들어 이성적으로 통제하라고 요구하는 규범을 세웠다. …… [테야르에게 있어서] 자연의 즉흥적인 존재 양식 그대로 자연을 받아들이고, 전체 지구 공동체와의 기본적인 상호소통, 즉 지구에서 인간이 큰 부담을 주지 않고 '가볍게' 살아가는 교감을 이상理想으로 확립하는 것은, 있을 수 없는 일이었다. 그것은 진화 과정의 요구를 배반하는 일이 될 것이다. ……

그의 전체성 원칙에 따르면, 그저 단순하게 지구 공동체의 다른 요소를 의기양양하게 지배하는 인간 공동체가 아니라, 포괄적인 차원의 지구 공동체에서 진화 과정이 가장 높은 수준으로 표현된다고 말할 수 있을 것이다. 동일한 진화 과정이 지구의 구성요소인 생물과 무생물 모두를 만들어 냈다.

―토머스 베리, 『생태 시대의 테야르Teihard in the Ecological Age』(1982)

───────◆───────

뉴에이지 운동조직은 오늘날 미래학자와 '싱크 탱크' 영역에서 강력하게 목소리를 내고 있다. 이 운동조직의 영향력이 큰 이유는 사람들에게 그동안 익숙하게 들어 왔던 말을 해 주기 때문이다. 즉 점점 더 규모가 커지는 기술과 지구와 외계의 정복에 대해 말한다. 이것은 순전히 인간 중심적 지배와 통제라는 서구 전통을 가장 세련되고 매력적으로 밀고 나간 것이다. 그러나 베리 같은 테야르주의 학자들은 이미 이 무리를 떠났다. 뉴에이지 과학자, 기술자, 기업가는 자신의 철학적, 종교적 기반이 지금 급속도로 침식되고 있다는 사실을 직면해야 할 것이다. 그들은 조만간 생태의 시대에 합류해야 할 것이다. 우리는 사람과 지구를 위해 그때가 늦지 않기를 바란다.

◆

뉴에이지의 반생태적 비전

인간과 자연 간의 생사를 건 투쟁에서 …… 의문은 늘 …… '누가 승자일까'였다. 인간일까, 자연일까? 인간이 이겼거나 지금도 이기고 있다. 인간은 지구를 사랑한다. 자연은 인간에게 영양분을 공급한다. 그러나 인간은 가차 없이 인간을 깨부수려 시도하는 자연을 미워하기도 한다. …… 인간은 기후와 지진처럼 그보다 클 수 없는 자연의 힘을 통제하려는 문턱에 있다. 생명과 진화의 통제가 얼마 남지 않았다. …… 인간은 결국 우주론적 규모로 지배할 것이다. 지구의 궤도나 기울기를 바꿀지도 모른다. …… 지금 인간은 자신의 진화적 운명을 주도하는 과정에 있고 따라서 자동적으로 지상의 살아 있는 다른 생명체의 운명도 통제하는 중이다. …… [이것은] 지금 인간이 경험하는 대전환의 일부로, 인간은 수동적으로 생겨난 유기체에서 삶과 운명을 능동적으로 통제하는 존재로 전환하고 있다. …… 이제 통제는 인간이 경험하는 거의 모든 영역에 퍼져 있다. 물론 인간 자신을 통제하는 것은 뒤처져 있지만, 이 영역에도 거대한 다음 발걸음을 디딜 것 같다.

—제임스 크리스천James Christian, 『철학Philosophy』(1981)[19]

(불교와 스피노자의 영원의 철학 지혜 전통에서 봤을 때, 뉴에이지 사상가들의 믿음과는 달리, 여기서 서술된 자연에 대한 이런 종류의 권력 발휘는 전혀 능동적인 게 아니다. 이는 실은 우리의 두려움과 건강하지 않은 욕망에 수동적으로 반응하는 것이다.)

◆

2. 심층생태학의 관점

(1) 일반적인 제안

이번에는 자원보전 이데올로기의 최신 버전과 자원경제학자들의 제안에 대한 대안적인 접근법을 제시하고자 한다.

우리의 첫 번째 원칙은 기관, 입법자, 자산 소유자, 관리자에게 자연의 과정에 억지로 힘을 가하기보다는, 과정이 흘러가는 것을 보라고 촉구하는 것이다. 둘째, 우리는 실제 상황에 처했을 때 지역 공동체에서, 특히 생태 지역에서 비주류 전통 안에서 활동하는 것을 선호한다.

현재 과학적 관리에 가해지는 여러 비판 중 하나는, 그것이 각 장소의 특수한 상황을 전혀 고려하지 않는 '추상적인 모델'을 구축하는 데 집중한다는 점이다. 예를 들어 미국 산림청은 숲 단위로 목표를 정해 주는 식으로 의사결정 과정을 만들고 추진하려고 했다. 여기서 목표란 기간당(통상 10년 단위) '상품 생산량'이다. 포플란 Forplan, FORest PLANning이라는 컴퓨터 모델을 이용해서, 표본추출 기법으로 자료를 수집하고 다분히 의심스러운 가정을 덧붙여서, 관리자들에게 목표를 달성하기 위해 나무를 몇 보드피트*나 입방피트만큼 잘라야 하는지 알려주는 출력표까지 산출한다. 이렇게 자연을 추상화하는 것은 위험하고 무신경한 접근방식으로, 이렇게 되면 관리자들은 관련 변인을 통제하고 있다고 착각하고 안심하게 된다. 자연이 지금 우리가 알고 있는 것보다 복잡하고, 그리고 아무리 알게 되더라도 그보다 더 복잡하다는 생태학의 원칙을 우리는 진지하게 받아들여야 한다.

그렇다고 과학적 자료 수집이 가치 없다는 뜻은 아니다. 하지만 이 작업은 지역, 계곡, 생태 지역을 좀 더 구체적으로 다루어야 한다. 원주민들은 자연 과정을 탁월하게 관찰했고, 날씨와 계절의 변화 패턴과 야생동물 서식지 등을 잘 알았다. 과학과 기술은 도움이 될 수 있지만, 이처럼 땅에서 직접 얻은 지혜를 대체할 수는 없다.

이러한 지혜를 이용해서 식량이나 집을 짓는 데 필요한 재료 등 중요한 필요를 충족할 수 있었다. 따라서 야생동물의 관리 방법을 '손을 대는' 것과 '손을 대지 않는' 것으로 구분해 본다면, 뮤어가 말한 올바른 관리(생명 중심의 생태적 관리)는 본질적으로 손을 대지 않는 관리일 것이다.[20]

● 목재의 계량단위로, 가로 1피트(12인치)×세로 1피트(12인치)×두께 1인치=1보드피트다.

올바른 관리는 도교 철학과도 일치할 것이고, 인간의 방대한 프로젝트와 변덕에 맞추려고 자연을 대규모로 바꾸려고 시도하기보다는 인간이 보다 거대한 자연의 순환과 어우러져 흘러가며 활동하는 삶의 방식과도 일치할 것이다. 이것이 1880년대와 1890년대에 국유림 제도가 시행되었을 때 뮤어가 국유림에 대해 품었던 생각이라고 암시하는 증거들이 있는데, 저서 『캘리포니아의 산The Mountains of California』 중 마지막 에세이 「캘리포니아의 양봉장」에서 뮤어는 설계자와 개량주의적 환경운동가가 오랫동안 간과했던 올바른 관리에 대해 비전을 제시한다.

뮤어는 확장일로에 있는 산업문명의 유린으로부터 야생 자연의 흐름을 보호해 줄 공간이 국유림이라고 생각했다. 경제성장과 개발을 위한 상품으로 국유림을 착취하기 위해 핀쇼의 계획이 시행되는 것을 보고서, 뮤어는 국립공원이란 야생지가 지배적인 공간이라고 개념을 전환했다. 미국의 거의 모든 국립공원도 산업문명에 위협받고 있는 지금의 상황은 아이러니이다. 그리고 폴 에얼릭 같은 생태학자가 인간의 생존을 위해서는 광대한 야생지 생태계를 관리하려 들지 않고 그냥 두는 게 정말 중요하다고 요구하자, 산림청은 대중들이 자연적인 숲 대신 '나무 농장'을 받아들이도록 소책자 발간을 비롯해 여러 방법을 이용한 광고 캠페인을 시작했다. 어떤 소책자는 "자연은 항상 옳은가?"라고 묻는다. "자연은 종종 천천히, 느릿느릿 진행되는데, 그 리듬이 늘 효율적인 것은 아니다." "자연적으로 성장하게 내버려 두면, 혼잡하고 무계획적인 결과가 나온다"라는 글도 실렸다. 산림감독관은 늘어나는 인간의 필요에 맞춰 목재를 공급할 수 있도록 자연에 도움의 손길을 줄 수 있다는 것이다.

여기에는 일반적 원칙이 연관돼 있는 것 같다. 손을 대는 조작적인 관리의 측면에서 보면, 점점 증가하는 집중적 관리 방식은 예상하지 못한 많은 결과들을 낳고 있으며, 이를 인지한 관리자와 일반 대중은, 특히 환경과 생태 운동 쪽에서는, 이를 실제적이고 심각한 문제로 본다. 그러나 통상적으로 더욱 집중적인 관리를 추구하는 방향으로 접근하고 있어서, 훨씬 더 많은 문제를 낳고 있다. 그리고 이 모든 문제를 각 분야별로 분리된 전문가와 이해 집단이 각자다른 기술적 용어로 틈을 벌린 채, 의도는 숨기고, 각자의 이익만을 염두에 둔 매우 협소한 생각으로 분리된 채 주장을 펼친다.

이런 상황을 가장 극단적으로 보여 주는 사례가 캘리포니아 센트럴 밸리로, 역사가, 생태학자, 정부 기관이 상세히 기록해 두었다. 이곳에서 "세상의 굶주린 사람에게 먹을 것을"이란 목표를 내세우며 집중적으로 관리된 농산업이 이제는 센트럴 밸리의 많은 주민이 살기에 부적합하고 오염된 환경을 만들고 있다. 더 넓은 땅에 물을 더 많이 대려고 설계한 대규모 건설 사업은 사막화, 공기와 수질 오염, 지하수 체계의 고장, 어업 파괴, 샌프란시스코 만과 새크라멘토 강 삼각주의 퇴적지 파괴를 야기했다.[21]

대안은 알도 레오폴드가 자연 과정의 온전함을 유지하기 위한 일반 원칙이라고 언급했던, 대지윤리에서 얻을 수 있다. 새, 식물, 토양 등의 대지를 인간과 더불어 공동체에 포함시키고, 인간의 필수적인 욕구는 다른 존재들의 자기완성 욕구의 맥락에서 생각한다. 의사결정을 할 때는 유기체와 생태계 내의 개인과 집단, 모두를 고려한다.

　제안된 프로젝트가 희귀종이나 멸종위기종을 위협할 것 같다면, 더욱 신중하게 고민해야 한다. 멸종위기종의 일부 개체들을 이주시키는 식의 완화 조치, 예를 들어 캘리포니아콘도르나 그 알을 둥지에서 꺼내 와 가둬 놓고 기르거나 그 유전자를 미래세대를 위한 유전자원으로 간주해 냉동시키는 것 같은 방식은 결코 받아들일 수 있는 대안이 아니다.

　'필요한 식량을 조달하기 위해' 또는 몇 년 동안은 포경산업에 종사하는 소수에게 '일자리가 필요하다'는 이유로 남아 있는 고래를 죽이는 일은 받아들일 수 있는 대안이 아니다. 더욱이 생태학자나 야생종 보전 관계자에게 다른 종 보호를 지지하려면 일자리, 도시화, 산업의 모든 문제를 해결하라고 요구해서도 안 된다. 일부 반대자들은 환경운동가가 일자리를 반대한다고 비난하지만, 전혀 그렇지 않다. 다만 생태적으로 친화적인 일자리를 단연코 지지한다.

(2) "하지 않기"

생물 중심적 평등과 일치하면서 다른 생물종들의 서식지를 보존하려는 구체적인 목표의 많은 부분은 "강물이 살게 하자"라는 문장으로 요약할 수 있다. 여기서 '강'은 살아 있는 것을 포괄적으로 의미하며, 사람이나 강가의 나무뿐만 아니라 에너지가 흐르는 생태계도 포함한다. 네스의 주요 구호인 "수단은 간단하게, 목적은 풍성하게"와 일치하는 관리의 또 다른 관점은 '하지 않기'다.

　예를 들어 기록에 따르면, 미국 서부의 광대한 지역은 최근 몇백 년 동안 가축을 지나치게 방목한 결과, 방목 지역에 일정 '마릿수'의 가축을 장기간 유지할 수 있는 능력, 즉 환경수용력이 줄어들었다. 여기에 연방정부가 낮은(사유지를 이용할 때 내야 하는 요금에 비해서) 방목료 형태로 지원했던 보조금과 목장주에게 (이들의 정치적 영향력 때문에) 지속가능하기에는 지나치게 넓은 목초지에 지나치게 많은 가축을 방목하도록 허용한 것이 점점 더 많은 문제를 발생시키고 있다.

'하지 않기'라는 간단한 해결책은 연방보조금 제도를 폐지하고 초원이 생태학 전문가가 추산한 수준으로 회복할 때까지 공공지에 방목을 금지하는 것이다.

'하지 않기'라는 간단한 해결책의 두 번째 사례는 미 의회에서 사주섬● 지대 보호 법률을 제정한 것이다. 대서양 해안과 멕시코 만을 따라 위치한 수많은 사주섬들은 생태적 위협에 취약하고 독특한 생물들이 사는 것으로 유명하지만, 사람들이 별장 단지와 상업적 민간 개발지로 선호하는 곳으로도 유명하다. 사주섬의 고유한 가치와 인간의 쾌적한 삶을 위한 일부 사주섬의 가치, 둘 다 보호할 한 가지 방법은 예산으로 사유지를 매입하여 국립공원과 야생동물 보호 구역으로 지정하는 것이다.

하지만 이 경우 '하지 않기' 해결책은 사주섬에 건물을 짓는 데 정부가 재정적 보조금을 지급하지 않는 것이다. 도로, 학교, 하수시설, 항만 개발에 재정 지원을 하지 않고, 태풍 손해 보험에 정부가 보

● barrier island. 파도와 조류의 작용으로 해안선을 따라 형성된 섬으로, 자연 방파제 역할을 하기에 보호섬이라고도 불린다.

조금을 지급하거나 보장도 하지 않는 것이다(태풍이 섬 일부를 휩쓸고 가는 일이 잦기 때문에 이 문제는 중요하다). 정부는 태풍에 재산을 잃은 사람들이 다시 정착할 수 있게 돕는 긴급구호기금을 제공하지 않겠다고 밝혔다.

그 결과, 사주섬 개발 비율이 감소했고, 서식지는 보호되었으며, 일부 주민은 '큰 정부'가 자기 재산을 가져가지 않아서 안심했다.

(3) 인간과 비인간이 뒤섞인 공동체에서 살아가기

생태 지역과 비주류 전통은 생태적 의식을 함양하고 생물학적 다양성과 수단의 단순성을 허용하기에 적합해 보이지만, 실제로 의사결정하기 어려운 경우가 있다. 몇 가지 예를 들어 보자.

우리의 궁극적인 규범과 일치하는 규칙 하나는 다양성 안의 합일성이라는 일반 규범으로 멸종위기에 처한 동물과 식물을 보호하는 것이다.

또 다른 규범은 생태 지역의 책임이다. 지역공동체는 의사결정을 위한 공간이다. 그런데 지역공동체의 욕구가 종 다양성 보호라는 규범과 충돌하면 어떤 일이 벌어질까?

그런 상황이 1970년대 에스키모 선주민이 북극고래를 사냥하며 사는 알래스카의 노스슬로프에서 벌어졌다. 국제포경위원회는 북극고래가 멸종위기에 처한 종이라고 판단하여 고래 사냥을 전면 금지하려고 했다. 그러나 에스키모 선주민은 고래 사냥이 전통이라고 청원했다. 그들의 신화와 생활방식이 고래 사냥에 의존하고 있었다. 고래를 사냥하지 않으면, 그들은 복지부의 제공으로 '미 본토

'48개 주'에서 올려 보내는 통조림 고기에 더욱 의존하게 될 것이다.

이런 상황 때문에 환경운동가들은 분열되었다. 많은 단체는 생태학자가 고래 개체수가 '충분히 증가했다'고 결정할 때까지 고래 사냥을 전면적으로 금지하는 조치를 지지했으나, 지구의 벗은 에스키모 선주민에게 전통적인 방법으로 북극고래를 정해진 수만큼 사냥할 수 있게 허용하자는 입장을 취했다(고래 사냥에 첨단기술을 사용하는 것은 허용되지 않았다).

아르네 네스는 노르웨이 북부 생태 지역의 사례를 제시했는데, 농장과 양의 수가 증가하면서 농부와 목장주는 늑대와 곰의 서식지 안까지 급속도로 잠식해 들어갔다. 곰 몇 마리가 양을 잡아먹는 것 같다며, 한쪽에서는 곰 사냥을 제안했다. 하지만 문제를 좀 더 신중하게 규명하자는 쪽도 있었다. 특정 곰이 양에 점점 관심 갖게 되었나? 곰이 양을 먹지 못하게 유도할 수 있을까? 곰을 다른 곳을 옮길 수 있을까? 곰이 사는 굴이나 먹이를 먹는 곳에는 농부들이 양이 못 가게 막을 수 있을까? 오직 모든 것이 불가능할 때 최후의 수단으로 곰을 죽인다는 선택지를 고려해야 할 것이다.[22]

이런 식의 접근은 미 서부의 농부와 목장주가 선호하던 접근과는 상당히 대조적이다. 상대가 늑대, 코요테, 독수리 등과 같은 포식자로 밝혀지면 항공기를 이용해서 늑대를 사냥한다거나(알래스카), '1080' 독약●을 살포하거나, 고성능 라이플총으로 독수리를 쏘아

● 플루오르화아세트산나트륨 성분의 독약으로, 쥐약으로 많이 쓰인다. '1080'는 제품 카탈로그 번호로 약이 유명해지면서 브랜드명처럼 되었다.

죽이고, 서식지(야생동물의 서식지, 하천변 구역의 들쥐 서식지 등)를 파괴하는 등, 포식자를 제거하기 위한 체계적인 활동을 실시했다.

(4) 농업의 형태

지금 기업농 형태로 이루어지는 대부분의 농업은 제초제와 살충제와 화학물질을 대량으로 사용하고, 관개시설과 단일경작 방식과 하천변 구역 서식지 같은 '경계' 지역 지우기를 통해 자연적인 에너지 흐름을 크게 변화시키고 있는데, 이 같은 농업 방식은 현존하는 야생 생태계의 온전함과 안전성을 위협하기에 잘못된 것이다.

물론 실제로 세계 인구의 현실과 인간이 자연에 초래한 변화의 규모를 감안하면, 심층생태학 관점 안에서 활동하려면, 만족스럽진 않겠지만 순수하지 않은 농업 형태도 필요하긴 하다.

따라서 특히 빌 몰리슨을 포함한 호주 사람들의 퍼머컬처 활동은 고무적이다. 이들은 생태 지역 내에서 활동하고 경험과 지식을 공유하며, 자립심을 갖고 실험하고, 다른 생물종을 위한 서식지를 남겨 두며, 지속가능하고 좀 더 지역에 기반한 농업을 지향한다.[23]

또 다른 사례로, 특수한 생태 지역의 맥락에서 많은 작가가 알린 유기농법도 조사해 볼 가치가 있다. 예를 들어 일본이라는 가장 산업화된 나라에서 원시 농업으로 돌아가자는 흥미로운 제안을, 유기농법의 창시자인 마사노부 후쿠오카가 『짚 한 오라기의 혁명The One-Straw Revolution』에서 펼쳤다.[24] 후쿠오카의 주장은 기술관료적 산업 사회에서 농업의 형이상학적이고 인식론적 가정을 논하고 대안을 제시했다는 점에서 심층생태학 관점에서 보면 특히 유용하다.

덴젤 퍼거슨의 『공유지의 신성한 소Sacred Cows At The Public Trough』(1983)와 같이, 농업과 방목에 대한 지배적인 세계관의 가정과 그에 따른 결과를 폭로하려면 아직도 할 일이 많다.[25] 심층생태학 원칙에 적합한 농업의 유형, 방식, 가정에 대해서는 좀 더 상술할 필요가 있다.

◆

이 모든 혼란의 이유는 인간의 지식에는 차별과 비차별이라는 두 개의 길이 있기 때문이다. …… 나는 인간 지성이 만들어 낸 자연의 공허한 이미지를 부정하고, 이것을 비차별적인 이해를 통해서 체험한 자연을 분명하게 구분한다. 우리가 자연에 대한 그릇된 관념을 뿌리뽑는다면, 나는 세상에서 무질서의 근원이 사라질 것이라고 믿는다. …… 과학 지식이 파악하는 자연은 파괴된 자연이다. 그런 자연은 영혼이 아니라 해골을 가진 유령이다.

—마사노부 후쿠오카, 『짚 한 오라기의 혁명』(1978)

◆

웬델 베리는 저서 『미국의 불안』에서 일반적인 현대 농업과 토지이용은 오늘날 가치가 왜곡된 결과라고 지적했다.

착취하는 사람들은 항상 자연을 오용하고 남용하며 결국 파괴하게 된다. 따라서 신임 농무부 장관이 "식량은 무기이다"라는 발언을 했을 때, 우리는 자연 착취 방식의 급격한 변화가 공적인 영역에 얼마나 깊이 영향을 미쳤는지 보았다. 이 말은 핵무기 사용 가능성을 논의하는 자리에서 국방부 장관이 "입맛대로 파괴한다"는 표현을 했을 때와 끔찍하게 닮아 있다. 상호 보살핌, 관대함, 친밀한 이웃 관계, 축제, 공동의 기쁨, 종교의식 같은, 고대부터 음식의 개념 주변에서 연상되는 것들을 생각해 보면 두 장관은 문화적 재앙을 대표한다고 볼 수 있다. 한때 농업과 전쟁에 대한 우려는 서로 완전히 상반된다고 생각한 적도 있지만, 지금은 같아졌다. 여기 두 사람은 아마도 본성이나 환경 때문이 아니라, 가치관 때문에 잔인해진 사례일 것이다.

식량은 무기가 아니다.[26]

베리는 훨씬 오래전부터 더 직관적으로 대지와 상호작용하던 방식이 실제로도 생태적 이해를 더 많이 담고 있지만, 이젠 그런 방식들이 사라져 가며 '미신'이라는 딱지가 붙고 있다고 설명한다. 현대 기술관료 사회는 생산성과 효율성을 높이려는 희망을 편파적이며 때로는 부적합한 이론과학 모델에 기반한 기술에 걸었다. 과학 이론이 정말 복잡한 자연 생태계 기능을 언젠가 포착해 낼 거라고 믿을 타당한 이유가 없다.

기술의 적정성은 기술이 기반한 이론적 모델만큼만, 딱 그만큼만 좋다. 신화라기보다는 과학 이론으로 여겨지는 가이아 개념은 이론적 모델이면서 이론적 모델이 가진 한계도 보여 주는 사례이다. 신화는 아우르고, 직관적이며, 위로하고 감싼다. 이론적 모델은 제한적이고, 차가우며, 조작적이고 현실과 동떨어져 있다.

생태학이란 학문을 학계에서는 협소하게 정의한다. 물리학 법칙에 대한 현재 우리의 이해, 생산자와 소비자라는 경제적 모델 개념, 포식자-피식자 관계의 정량적 분석을 기반으로 한 에너지 흐름의 열역학 연구로 정의되는 생태학은 그 자체로 이론적 개념과 모델로 가득 차 있다. 바로 이런 생태계 개념은 기계적 모델을 자연의 유기적인 과정에 적용하려는 시도인 사이버네틱스 시스템 이론에 기반하고 있다.

현대 기술을 복잡한 유기 체계에 더욱 집중적으로 적용했을 때 대규모 실패가 드러났으니, 과학적 모델링과 이와 관련된 기술에도 건강한 회의론이 확산되어야 한다. 생태학자와 다른 분야의 과학자, 자원보전과 개발 부분에서 과학적으로 자연을 관리하는 이들은 주의를 기울이는 것이 타당해 보인다. 그러나 생태학을 적절히 주의해서 겸허하게, 기본적으로 보수적인 태도로, 본연의 한계를 인식하며 다룬다면, 생태학은 우리가 올바른 관리 방법을 찾도록 도울 수 있다. 그러나 과학과 기술만으로 대지의 지혜를 대체하는 건 위험하다. 그렇기에 탐색의 기저에는 끊임없이 보다 깊고 면밀하게 질문하는 과정이 있어야 한다.[27]

자연 생태계의 변화를 수반하는 제안이 나온다면, 그런 제안은 모두 정치, 토지이용 계획, 기타 의사결정 단계에서 집중적으로 검토되어야 한다. 사회와 환경에 어떤 영향을 미칠 것인가? 굳이 왜 이 프로젝트를 해야 하는가? 인간뿐만 아니라 다른 생물종의 먼 미래세대를 교란하지는 않는가?

인간 삶을 탐색하는 방법을 수정하면서 우리는 인류학자이자 자연주의자인 로렌 아이슬리가 던진 근본적인 질문을 해야 한다. "우리는 우리 자신을 자연에서 소외시켰지만, 어떻게 하면 그 자연이라는 첫 번째 세계로 다시 들어갈 수 있을까?" 그리고 우리는 어떻게 하면 가이아의 매혹과 신성성을 다시 회복하여 우리 자신을 치유할 수 있을지 물어야 한다.

(5) 훼손된 생태계의 복원

우리는 지금까지 원칙적으로 최상의 관리란 최소의 관리라는 점에서 뮤어의 올바른 관리가 도교, 아메리카 선주민, 원시 사회에 나타나는 관점들과 유사한 영적인 생활방식과 세계관에 기반한다고 주장했다. 하지만 우리는 인간이 부주의하고 심각한 착취 활동으로 지구의 광대한 지역을 심각하게 괴롭히고 교란했다는 것도 알고 있다. 노천 채굴과 산림 벌채는 미국에서 명확하게 나타난 두 개의 사례일 뿐이다. 이렇게 환경이 악화된 경우는 자연적으로 치유되게 놔두어야 할까, 아니면 인간이 개입해서 치유 과정을 도와야 할까?

　알도 레오폴드는 대지의 건강함이란 생태계가 동적평형 상태에서 자연스럽게 진화하는 과정이라고 정의했다. 그는 훼손되지 않은 야생지를 기준치로 삼고, 이것을 기준으로 인간이 점령한 생태계의 건강 정도를 측정했다. 생태계를 괴롭힌 인간에겐 생태계를 치유할 의무도 있다는 점에서 심층생태학의 원리와 올바른 관리는 양립 가능한 것 같다. 인간이 훼손한 생태계의 회복 문제는, 앞서 언급했듯이, 엄밀하게 말해 과학의 문제가 아니라, 예술, 과학, 그리고 가장 중요하게는 장소성의 결합이 수반되어야 할 문제다.[28] 즉 '다시 거주하기reinhabitation'와 건강한 생태계의 회복에 관여하는 사람들은 그 장소의 생물학적 필요뿐만 아니라, 영적인 필요도 세심하게 헤아려야 한다.

최근에 들어서야 생태학 전문가들은 훼손된 생태계 회복에 관련된 과학적이고 윤리적이며 실질적인 문제를 체계적으로 고려하기 시작했다. 생태학자 존 케언스는 생태계 치유의 기술을 다룬 저서의 서문에서 몇 가지 흥미로운 질문을 던진다.

> 회복을 어떻게 정의할 것인가? 회복 정도를 측정하려면 어떤 기준이 중요할까? 인간 사회가 자연에 야기한 교란(예시, 노천 채굴)이 자연 공동체에 끼치는 영향은 자연에서 발생된 교란(예시, 홍수)의 경우와 다를까? 예를 들어 초원이 자연적으로 생성되지 않는 지역(예시, 웨스트버지니아주)에도 '회복'이라는 용어에 노천 채굴된 숲을 초원으로 대체하는 것을 포함해야 할까? 자연을 교란시키며 살아가는 공동체는 회복 과정과 관련하여 다른 공동체와는 어떻게 다를까? 특정 종들은 모든 것이 교란된 시스템의 주요 이주종이 될 수 있을까? …… 모든 과정을 묘사할 적절한 단어를 선택하는 것조차 어렵다. 활기를 되찾다rejuvenate, 회복하다restore, 새롭게 하다renew, 재생하다regenerate, 재건하다rebuild, 재구성하다reconstitute 같은 단어를 쓸 수 있겠다. 이 모든 단어는 원래 활기 있던 상태나 힘이 왕성했던 상태로 돌아간다는 뜻을 내포한다. 이런 말들은 '회복restoration'의 유의어이며 생태학 저술의 독자가 회복 단계에서 기대되는 결과를 쉽게 이해하고 알아볼 수 있게 한다.[29]

케언스는 회복이나 복구는 보전의 개념과 전혀 상관없다고 주장하는 비평가들에게 다음과 같이 답하려고 노력했다.

보전의 의미를 미래세대를 위해 남겨 둔다는 뜻으로 이해한다면, 개간도 보전만큼이나 중요할 것이다. 정말 완벽하게 회복할 수 있다면, 먼 미래세대는 개간 구역과 보전 구역을 구분할 수 없을지도 모른다. 또한 훼손되지 않은 준거 지역을 모델로서 보존해 둘 경우, 개간을 더 잘 이해하고 회복의 정도를 더 정확하게 결정할 수 있다는 점은 주목할 가치가 있다.[30]

수년 동안 여러 환경운동가가 개간국의 해체를 제안했다. 케언스가 사용한 개간이라는 용어는 개간국에 긍정적인 새로운 생태학적 기능을 위한 토대를 제공한 것인지도 모른다. 인간 중심적인 보전 개념에 케언스의 철학을 토대로 삼으면, 다른 생물종이 자신의 서식지를 가질 권리까지 포함하도록 회복 과정의 기준을 확장할 수도 있겠다. 심층생태학 원칙에 전념하는 사람들은 케언스가 제시한 생태적 모델과 처방을 관심 있게 보면서도, 자연 속의 인간이라는 더 깊은 종교적/철학적인 이해도 염두에 둘 것이다.

다음 두 가지 사례는 인간이 훼손한 생태계를 치유하려는 사람들에게는 상징적이고 도발적인 비유가 될 것이다. 첫 번째는 미국 국립공원관리청이 캘리포니아 레드우드 국립공원의 레드우드 크리크 일부를 최근에 복원하려고 노력하면서, 심층생태학과 대지윤리 원칙을 이행하는 방향으로 의미 있게 움직인 것이다. 이 작은 물줄기는 캘리포니아주의 다른 어떤 지역에 못지않게 집중적으로 연구되었고, 다른 유역에도 복구 가능성을 보여 준 사례가 될 수 있다. 그렇지만『레드우드 국립공원과 태평양 연안 지역의 유역 복구Watershed Rehabilitation in Redwood National Park and Other Pacific Coastal Area』의 첫 장은 복구 관리자에게 곤란한 딜레마를 안겨 준다.

> 복구는 이전 상태나 이전 수용력 수준으로 복원시키는 것을 말한다. 복구라는 단어에는 상황이 악화되었다는 가정이 내포되어 있다. 야생지는 상태가 악화될수록 대중의 주목을 받게 되어서 복원이나 복구하라는 압력도 커진다. 불행하게도 대중이 복구의 '필요성'을 많이 인식할수록 복구 노력이 성공할 가능성은 줄어든다. 그래서 이런 딜레마가 있다. "조치를 취하라"라는 대중의 항의가 커질수록, 실제로 성공할 가능성은 작아진다.[31]

이 딜레마는 토지 사용 기관이 정책 결정의 기준을 여론과 같은 주관적인 것에서 건전한 생태학적 원칙에 근거한, 보다 객관적인 기준으로 전환해야 할 필요성을 다시금 시사한다.

환자가 위급한 상황일 때 환자의 상태를 안정시키려면 의사에게는 기술과 행운 둘 다 필요하다. 레드우드 크리크 경우가 그러했다. 1880년대까지 이 유역에는 오래된 레드우드, 흑곰, 루스벨트엘크, 떡갈나무, 백로, 수달, 태평양연어, 치룰라 선주민 부족(200~400명의 소규모)이 있었다. 치룰라 부족의 삶은 의례와 장소성으로 가득차 있었다. 부족의 '교회'는 바위, 폭포, 작은 호수였는데, 그들은 이런 곳에서 기도하고 사춘기 통과의례를 치르고 영혼과 소통하며 이 해하려고 했다. 그들은 레드우드 크리크에서 연어를 잡아먹었고 미리 정한 곳에 불을 놓았는데, 그렇게 하고 나면 바구니 만드는 데 쓰는 풀이 계속 자랐다.[32] 1880년대 이후 치룰라 선주민은 후파 보호구역으로 쫓겨났고, 레드우드 크리크의 땅은 거대 목재 기업에 넘어갔다. 그렇지만 1950년까지만 해도 (숲에서 유일하게 상업적인 목재로 가치 있다고 여겼던) 대부분의 오래된 레드우드 숲은 온전히 그대로 남아 있었다.

1978년이 되자, 레드우드 숲은 고작 9500에이커만 남았다. 개벌한 급경사지는 침식되고 있었다. 목재 기업은 외래종 나무를 몇 군데에 심었다. 의회는 레드우드 국립공원 조성 법률에서 공원관리청에 "과거의 벌목 폐해와 도로 조건으로 인해 공원의 내부와 강 상류에 상당한 퇴적물이 나타나고 있으니, 이 지역을 복구하라고" 지시했다.[33] 토지 관리자들은 "침식 문제를 성공적으로 관리하는 것은 기술적이면서도 철학적이며 정치적인 문제"라는 점에 동의했다.

복구 과정 중 처음 3년 동안 복구할 부지를 선정했는데, 선정 기준은 배수로에 퇴적물이 쌓일 가능성으로 추정한 '상처'의 심각성과 벌목 도로에 배수로가 잘못 놓여 발생한 구곡침식 같은 '합병증'의 심각성 정도였다. 선정된 부지에는 각각에 맞는 '처방전'이 내려졌다.

현장별 처방의 사례로 톨 트리스 그로브Tall Trees Grove 지역에 내린 권고안을 들 수 있는데, 이곳은 오래된 레드우드가 자라는 충적 저지대로 지구상에서 가장 키가 큰 나무들이 여기에 있다. 이 숲의 한 면은 개벌된 오르막 경사지며, 삼면은 레드우드 크리크라는 개울로 둘러싸여 있는데 여기로 인간이 유발한 퇴적물이 다량으로 흘러온다. 보고서는 이렇게 주장한다. "여느 충적 저지대의 숲처럼, 톨 트리스 그로브도 오랜 기간 범람하고 퇴적되었을 것이다. 그리고 변화를 최소한으로 가해도 이런 양상이 계속될지 알아보는 것도 필요하다. 어려운 일이 될 것이다. 왜냐하면 지난 반세기 동안 유역에서 인간에 의한 주요한 변화가 일어났기 때문이다." 숲을 유지하려면 퇴적 속도, 고운 침전물 대 굵은 유사流沙의 비율, 나무의 성장 속도 같은 묘목의 생존과 관련된 일련의 모든 미묘한 조건이 맞아떨어져야 한다는 것이 밝혀졌다. 기술이 아무리 독창적이라 해도, 느리고 오래 걸리며 무정하게 진행되는 자연의 속도를 건너뛰고서는 숲이 계속 번창할 수 없을 것이다. 보고서는 이렇게 결론 맺는다. "숲을 보존할 목적으로 관리하는 것은 그런 상황이 생길 수 있다는 것도, 또 그런 상황을 정비하는 것도 감안해야 하는 일이다.

레드우드 숲을 유지하기 위한 처방전을 내 놓은 생태와 재생 연구는, 산불이 인간이 거주하지 않는 지역을 태우도록 허용하는 관행과 더불어 '자연이 가장 잘 알고 있다'라는 커머너의 법칙을 강조하는 쪽으로 나아간다. 미국 국립공원관리청이 생태적 지혜를 관리 계획에 접목하기 시작하고, 관리와 재생 정책을 이끌기 위한 이상으로서 삼는 일은 고무적이다.[34]

인간이 훼손한 지역을 복구하기가 어렵다는 걸 보여 주는 두 번째 사례는 로스앤젤레스 분지Los Angeles Basin를 캘리포니아콘도르가 다시 서식할 수 있는 공간으로 만들려는 제안이다. 멸종위기에 처한 캘리포니아콘도르는 착취적이고 인위적인 과학적 관리 계획이라는 교묘한 구상에 휘말렸다. 일부 생물학자는 남아 있는 콘도르를 보호하며 서식지를 확장하고 복원하기보다는, 포획해 동물원에서 번식시키는 데 콘도르의 생존 가능성이 달려 있다 보고, 콘도르의 무게와 크기를 재며 전체적으로 교란시켜 왔다. 그러나 포획당한 야생동물은 자연적인 진화 과정에서 유리된다. 데이비드 브라우어의 지적처럼, 콘도르는 자연 서식지에, 그 장소에 있어야만 비로소 온전한 콘도르이다. 이 원칙은 다른 야생동물과 인간에게도 적용된다. 목표는 로스앤젤레스 분지를 콘도르의 서식지로 복원하는 것이다. 로스앤젤레스 분지가 콘도르와 콘도르 서식지의 상징이라는 것은 인류의 현세대와 미래세대에게 도전적인 비유를 제공한다. 그들이 이 지역의 복구 과정을 시작하게 될 것이다.[35]

◆

캘리포니아콘도르의 운명은 브라우어와 다른 사람들에게 상징적인 사안이다. 브라우어는 "멸종 위협에 처한 상징적인 동물인 콘도르를 받아들일 만한 환경을 구하지 못한다면, 우린 무엇을 구할 수 있을까?"라는 질문을 던지고 이렇게 결론짓는다. "콘도르에게 지금 필요한 것은 콘도르의 장소성이다." 브라우어는 에코토피아ecotopia의 실질적인 비전이 로스앤젤레스 분지를 콘도르 서식지로 복원해 주는 것이라고 제안한다. 그는 「콘도르와 장소성The Condor and a Sense of Place」라는 에세이에서 다음과 같은 글로 마무리한다.

콘도르 문제를 통해, 우리가 바다, 땅, 하늘에 남아 있는 야생지와 야생생물을 온전히 그대로 둘 기회와 또 야생 생물의 그다지 멀지 않은 친척인 우리 인간이 자국을 남기지 못하게 막는 기회를 늘릴 수 있기를 바란다. 야생 생물과 인간에게는 각자의 공간이, 안식처인 섬이 필요하다.

캘리포니아콘도르를 다음과 같이 임의로 측정해서, 회복 속도를 올려 보자. 콘도르는 5%가 깃털, 살, 피, 뼈이다. 나머지는 전부 장소이다. 콘도르는 날아오르면서 장소가 자기 유전자에 코드화되어 있다는 사실을 보여 준다. 그런 장소에는 둥지를 틀고 새끼를 가르칠 공간, 방해받지 않고 앉아 쉴 공간, 물 위에 앉아 마실 공간, 다른 콘도르를 마주치고 생물학자는 조금만 마주칠 공간, 야생으로 자유롭게 날아오를 공간이 필요하다. 다른 생명체에 대한 우리의 윤리의식이 조금이라도 가치가 있으려면, 그들의 장소는 우리가 호기심을 충족하고 조사하고 피를 뽑고 모욕하고 가두고 싶어 하는 충동을 초월해서 존재한다는 점을 인정할 수 있어야 한다. 우리와 멀리 떨어져 있는 걸 선호한다는 점을 제외하면, 인간종에게 아무런 잘못도 하지 않은 생명체의 존엄을 우리는 존중할 수 있다.

———　◆　———

우리는 현대의 인간이 야기한 환경파괴를 규제하고 더 이상의 파괴를 막기 위해 설계한 관리를 '과도기적 관리'로 보는 관점을 취한다. 현재 도시와 산업의 맹공을 가능한 빨리 늦추고 중단시켜야 하기 때문에, 과도기적 저항 조치의 성공은 분명히 미래를 향한 심층생태학의 창의적인 진전만큼이나 나름의 중요한 의미가 있을 것이다. 과도기적 관리 조치는 현재의 필요조건이긴 하지만, 환경적 곤경에 대처하는 장기적인 해결책으로 제공하기에 충분조건은 아니라는 것이 우리의 주장이다. 게리 스나이더의 제안처럼, "우리는 모든 단계에서 동시에 활동해야 한다".

우리는 지구상에 벌어지는 자연적인 진화와 생태의 과정을 유지하고, 관리된 '인위적인 세계'의 지배에 저항하는 것이 막중하다는 사실을 절대적으로 인식하고 있다. 인간 중심적 용어로 정당화한 또 다른 과도기적 관리 전략으로, 세계자연보전연맹이 개발하고 유엔환경계획이 후원한 '세계환경보전전략'이 있다. 이 전 세계적인 계획안은 상당히 세부적으로 수립되었다. 그리고 실제로 분권화된 심층생태적 미래로 전환하는 데 도움이 될 수도 있다.[36]

1982년 UN총회에서는 보다 생물 중심적인 지향이 실린 세계 자연헌장(세계자연보전연맹이 준비한)을 채택했다.

> 모든 생명체는 고유하며 인간에게 가치가 있는지 여부와 관계없이 응당 존중해야 한다. 다른 유기체에 마땅히 이와 같은 인식을 부여하기 위해서 인간은 도덕적인 행동규범에 인도되어야 한다. ······ 자연은 존중받아야 하고, 자연의 본질적인 과정은 교란되어서는 안 된다. ······ 인간이 이용한 생태계와 유기체는 ······ 최적의 지속가능한 생산성을 달성하고 유지할 수 있도록 관리되어야 하지만, 그들과 공존하는 다른 생물종이나 생태계의 온전함을 위태롭게 하는 방식이어서는 안 된다.

세계자연헌장은 박수갈채를 받을 만하지만, 우리는 관리라는 개념이 모호하며, 최적의 생산성을 얻는다는 것과 다른 한편으로는 생태적 과정과 자연의 온전함을 교란하지 않는다는 것은 여러 면에서 양립하지 않는다는 의견을 피력했다.

우리는 일련의 복잡한 딜레마에 빠져 있다. 우리는 현대의 자원보전과 개발 이데올로기가 일반적으로 손을 대는 인위적인 관리이며, 자연을 전반적으로 조작하는 것이 생태적으로 재난이고 윤리적으로는 받아들일 수 없는 일이라고 주장해 왔다. 나아가 기계적 수단으로 살아 있는 존재를 생산해 내고 유전자를 변형함으로써 왜곡하는 일은 자연의 온전함을 침해할 뿐 아니라, 하이데거와 다른 사람들이 주장했듯이, 비윤리적이다.

환경 재난은 자연을 착취하는 사회에서 고삐 풀린 자유의 최종 결과다. 우리는 인간과 비인간 존재의 진정한 자유는 심층생태학의 미래에 있다고 믿는다.

과도기적 관리 계획에 생태적으로 해롭거나 의심스러운, 따라서 심층생태학의 미래를 위한 가능성을 차단하는 실천이 포함되어서는 안 된다는 점은 대단히 중요하다. 야생동물을 번식용으로 이용하려고 자연 서식지에서 잡아다가 동물원에 넣는 일, 야생동물 유전자 정자은행을 준비해 놓고 안심하고 자기만족하는 일 같은 인위적인 관리의 형태가 그런 실천에 해당할 것이다.

(6) 심층적이고 장기적인 목표와 과도기적 관리

물론 심층생태학의 전체론적 관리와 다시 거주하기 제안이 지나치게 이상적이며, 전 세계적인 규모로 실천하기 어렵다고 주장하는 사람들도 있을 것이다. 사회학적 사실로 말하자면, 생태적 지역주의에 대한 심층생태학적 의식과 관심은 세계 여러 곳에서 증가하고 있다.

그러나 기업과 중앙정부의 공공정책 결정 중에는 이전에는 인간이 끼치는 영향이 그리 크지 않던 지상의 광대한 공간(대양, 하늘, 북극과 남극, 시베리아, 많은 산악 지역 그리고 생태 지역의 사람들이 수 세기 동안 살아왔지만 지금은 파괴되고 있는 열대우림)의 운명을 좌우하는 것도 있다.[37]

지금 우리는 생물종의 생존을 보장하기 위해 생태적으로 유지 가능한 서식지를 대폭 확장하고 보호하려면 UN의 기구들을 포함해서 가능한 모든 정치적 방안을 이용해야 한다고 판단하고 있다.

뿐만 아니라 과도기적 조치와 장기적인 생태의 미래를 양립해서 추구할 수 있으려면, 과도기 관리자와 복원 관리자가 생물 중심의 시각을 함양해야 한다. 자신의 생태적 의식 함양과 '관리'와의 관계를 이제 막 이해하기 시작한 사람들도 있다. 대지를 진정으로 이해한다는 것은 자신을 대지에, 구체적인 생태 지역에 조율해서 맞추고, 장소성을 키우는 것을 말한다. 그렇지 않으면 대지 관리는 주관적인 경제 기준에 근거해서 결국 지구와 미래를 해치며 '경영 manage'하는 일이 될 것이다.

자신의 생태적 의식을 함양하고 관리자와 정부 기관에 심층생태학의 원칙을 알려 주기 위해 정치 과정에 개입하는 시민이 충분히 늘어나면, 장기적이고 현명한 관리 정책에서 중대한 변화를 끌어 낼 수 있을 것이다.

이 책에서는 상품―물, 식물, 목재 등―을 도시로 수출하는 것에 대해서도, 도시 관리와 도시의 크기와 설계에 대해서도, 자신이 사용하려고 자연자원을 멀리 실어 가는 도시의 정치권력에 대해서도 언급하지 않았다. 일자리, 자연자원 추출의 의사결정 구조, 증가일로의 인구를 위한 일자리 창출에 대해서도 언급하지 않았다. 이런 문제들은 개인적으로나 공공정책에서나 중대한 사안이며 심층생태학의 규범과 원칙에 기반해서 응당 신중하고 세심하게 고려해야 한다. 우리는 독자가 대도시든 교외든 시골이든, 자신이 사는 곳에서 자기만의 경험에서 끌어내, 심층생태학의 틀 안에서 자신만의 지식, 정보, 직관에 기반해 좀 더 고유한 결정을 내리기를 희망한다.

예를 들어, 훼손된 산림의 크고 작은 구획을 소유한 개인과 임업 종사자는 투자한 자본의 단기수익에 근거한 의사결정보다는 생물다양성을 유지하는 데 기반한 전체론적 숲 전략을 채택할 수 있을 것이다.[38]

게리 스나이더는 이렇게 글을 맺었다. "싫든 좋든, 결국 우리 모두는 이 청록색의 작은 행성에 살아가는 '거주민'이다. …… 분명히 지금은 패권 논쟁은 한쪽에 밀쳐두고, 끊임없이 인간과 자원을 착취하려는 경제학은 외면하고, 지구를 우선시할 때이다."[39]

살아서 흐르는 이 땅이
모두 저기에 있다, 영원히

우리가 그 땅이다

그것은 우리를 통해 노래한다.

옷이나 연장이 없어도

우리는 지구에서 살 수 있다!

―게리 스나이더, 「프레이저 크리크 폭포 옆에서」, 『거북섬』(1974)

제9장

에코토피아
비전의 규정

유토피아적인 생각을 그저 판타지나 환상으로 여기고
비현실적이라 일축해 버린다면, 이는 심각하게 부당한
일이 될 것이다. 또 유토피아라는 꼬리표를 단지
문학 장르로 한정시켜 버린다면 모든 문화권과 여러
층위에 걸쳐 있는 유토피아적 생각의 너른 파급력을
과소평가하는 일이 될 것이다. 어떤 식으로 표현되었든,
그것은 본질적으로 사회의 결함과 한계에 대한 비판이자,
더 나은 것을 향한 표현이다.

— 폴 시어스, 「유토피아와 살아 있는 풍경Utopia and the Living Landscape」(1965)

에코토피아ecotopia 비전을 일구는 것은 환경 교육의 한 부분이다. 『멋진 신세계』나 『1984』 같은 디스토피아적 비전이 널리 퍼져 있는 사회에서, 에코토피아 비전은 우리가 지구와 맺는 유대 관계에 대한 긍정을 나타내 준다.

에코토피아의 미래상을 만들어 내는 것은 실질적 가치가 있는 일이다. 그것은 우리의 목적을 분명히 표현하는 데 도움이 되고, 결코 완전하게 실현되지는 않더라도 우리가 계속 집중할 수 있게끔 하는 하나의 이상을 우리에게 제시해 준다. 또한 특정한 쟁점과 관련한 우리의 개인적 활동과 공공의 집단적 의사결정을 우리의 목적에 비춰 볼 수도 있게 해 준다. 에코토피아 비전은 혁명적 지도자들이나 현상태status quo를 옹호하는 자들의 프로파간다에서 보이는 자만심 가득한 환상에 경종을 울릴 수 있는 것이어야 한다고 생각한다. 더 나아가 에코토피아 비전은 현재 우리가 처한 기술-산업 사회의 현실과 앞으로 마땅히 그래야 하는 모습 간의 간극을 우리가 알 수 있도록 돕는다.

이번 장에서 우리는 '심층생태학의 규준과 원칙의 맥락에 놓인 좋은 사회에 대한 모든 비전'이라는 넓은 의미로 에코토피아라는 용어를 사용한다. 로렌 아이슬리, 베이커 브라우넬, 올더스 헉슬리, 게리 스나이더, 그리고 폴 셰퍼드의 에코토피아 비전이 이번 장에서 제시된다. 에코토피아 비전들은 항상 잠정적이라는 점을 염두에 두어야 한다. 따라서 이번 장에서 소개하는 사례들은 첫 번째 근사치에 해당하는 것들이지 완결된 진술이 아니다.[1]

에코토피아 비전을 만들어 내는 일은 공적 논쟁을 위한 적극적인 촉매제 역할을 하는 것 외에도 이런 비전들을 두고 고심하고 있는 사람들이 스스로 생태학적 의식을 개발하는 데도 또한 유용하다. 에코토피아 비전을 만드는 과정에서 우리는 에코토피아적인 미래에 대한 이미지를 구체화하는 동시에 공개적인 논쟁에서 논지를 전개할 때 필요한 이성적 능력을 날카롭게 다듬을 수도 있게 된다.

우리는 이런 과정이 고등학교나 대학교 학령의 학생들을 위한 환경 교육에서 핵심적인 부분이라고 느낀다. 이를 통해 학생들이 현상태의 실현 가능한 대안들을 살피고 그렇게 발견한 것들을 그들 자신의 삶에 접목하게 될 수도 있을 것이다. 중학교 학생들이라도 이런 활동으로부터 얻는 게 있을 것이다. 교사가 얼마간의 독창성을 발휘하면서 심층적인 문답의 과정을 활용한다면 학생들에게 심층생태학의 원리들을 소개할 수 있을 것이다.

수렵채집인, 소규모 농촌 공동체, 그리고 현재의 원시 문화들에 대한 인류학적인 문헌들로부터 에코토피아 비전에 대한 영감을 도출할 수도 있다. 우리 문화에서 에코토피아로의 직선적인 이행은 대부분 사람들에게 상상 너머의 것이고, 그래서 에코토피아 비전에 포함시킬 만한 '가장 좋은' 현재의 문화가 무엇인지를 결정하는 것은 교육에서 해야 할 역할이다. 이런 과정은 우리가 인간에게 필수적인 필요와 그렇지 않은 필요의 차이를 이해하는 일을 도울 수 있고, 심층생태학의 규준을 적용한다는 것에 어떤 함축적 의미가 있는지 생각해 보게 하는 더 큰 깨달음으로 우리를 이끈다.

지난 역사를 돌아볼 때, 우리는 플라톤의 『국가』와 아우구스티누스의 『신국론』과 카를 마르크스의 비전이 그러했듯 한 사회가 그 나아갈 방향을 설정하는 일이 실제로 아주 중대하다는 사실을 알 수 있다. 현대 기술-산업 시대의 세계관과 사회는 현재 모습의 상당한 부분을 베이컨의 『새로운 아틀란티스』, 계몽주의 유토피아의 다양한 비전, 그리고 H. G. 웰즈에서 아이작 아시모프에 이르는 SF소설이 제시한 비전들에 빚지고 있다.

어떤 에코토피아는 조망하는 범위가 굉장히 넓은 반면 다른 경우엔 좀 더 특정한 생태 지역에 국한되어 있다. 각기 다른 독특한 생태 지역의 문제점과 쟁점을 다루는 더 많은 에코토피아를 구상해 내는 일도 가치가 있을 것이다. 예컨대 어네스트 칼렌바크Ernest Callenbach의 소설 『에코토피아Ecotopia』(1975)와 『에코토피아 비긴즈Ecotopia Emerging』(1981)는 미국 태평양 북서지역에 대한 구체적인 비전들을 제공한다. 프란치스코 성인의 도시(샌프란시스코)는 미래 도시지역의 생태학적 모델이 된다. 칼렌바크는 적정기술에 대해 논의하고, 그러면서 지역의 풀뿌리정치, 합의를 끌어내기 위한 의사결정, 그리고 여성이 주요 정치 지도자가 될 수 있는 기회를 제공하는 일의 중요성을 강조한다. 아이들을 위한 생태 교육과 생태적인 의례에 대한 논의들도 있다. 에코토피아의 기본적인 철학은 북미 선주민을 본보기로 삼는 경향이 있다.

———————— ◆ ————————

에코토피아 비전을 구상할 때 던질 수 있는 질문들

- 불완전한 인간으로서, 이 책에서 논의된 넓은 의미의 대자아 완성 Self-realization에 어떻게 도달할 수 있는가?
- 인간이 몸-정신-영혼을 통합하는 과정을 어떻게 시작할 수 있을까?
- 개인적 자아와 보다 큰 대자아, 모두를 실현할 수 있게 돕는 사회구조는 어떤 것일까?
- 제대로 지속가능한 사회구조란 어떤 것일까?
- 심층생태학 원칙에 부합하는 기술은 어떤 것일까?
- 공동체와 개인 들은 이 기술과 어떻게 관계를 맺는가?
- 생존에 필수적인 필요는 어떻게 정의할 수 있을까?
- 그 생존상의 필요는 어떻게 비인간의 생존상 필요에 최소한의 영향을 끼치면서 완전히 충족될 수 있을까?
- 인간의 삶에서 감정의 역할은 무엇인가?
- 어떤 종류의 우주기원론, 종교, 교육이 심층생태학의 원칙에 가장 도움이 되는가?

———————— ◆ ————————

1. 로렌 아이슬리

산문집 『보이지 않는 피라미드The Invisible Pyramid』(1970)에 나오는 「마지막 마법사」라는 글에서, 아이슬리는 인류는 지금 인류의 최종적 형태를 결정지을 '마법사'를 맞닥뜨리고 있다고 말한다.

집단 두뇌의 형상을 띤 마법사에겐 독특하고 확산되는 힘이 있어, 그 힘을 교묘하게 휘둘러 순식간에 마지막 기적을, 아니 어쩌면 마법사의 제자●가 그런 것처럼 마지막 재앙을 일으킬지 모른다. 그 마지막 재앙을 맞을 자연의 모습은 오늘날의 세계가 만들어 놓은 것으로, 모두에게 너무나 명백하다. 인간은 자신을 만들어 준 초록 세상을 되려 없애 버리겠다고 위협하는 해충이 되어 퍼져 가고 있다. …… 인간이 처한 곤경의 특성은 이런 것이다. 즉 어떻게 자연으로 다시 돌아가야 하는가. 또한, 두 번째 세계—문화의 세계—를 창조했다고 자만하는 경솔한 인간이 어떻게 하면 자신을 소중히 아껴 주었고, 이 땅에 존재하게 해 준 첫 번째 세상에 새 생명을 불어넣어 회복시킬 수 있을까.[2]

수렵·채집 문화라는 첫 번째 세계—생태계 내 인간의 세계—에서 인간은 "동물들에게 친근한 이미지를 투사했다. 동물은 자기

● 괴테의 발라드 「마법사의 제자」에서는 마법사의 제자가 마법사가 여행을 간 사이에 빗자루가 집안일을 하도록 마법을 부린다. 그러나 마법을 해제하는 주문을 몰라 집안이 엉망으로 망가지게 된다.

들끼리 말을 하고 인간처럼 이성적으로 생각한다고 여겼다. 동물도 영혼이 있는 존재였다. …… [인간은 계속해서] 그러한 세계 안에 있었다. 인간은 그 세계를 도구, 혹은 단순한 물질적 원천으로 바꿔 버리지 않았다."

두 번째 세계—문화의 세계—는 인간의 창조성이 만든 세계이다. 아이슬리는 발달한 형태의 상징화, 전위성이라는 언어적 현상•, 역사적 시간이라는 발상의 결과로 이러한 세계가 만들어질 수 있었다고 추정했다. 인간은 자신을 나머지 자연세계로부터 분리시켰고, 좀 더 도시적이 되면서 "모든 나무와 흐르는 개울에 스민 영혼"에서 자신을 소외시켰다. "그런 인간 앞에서 동물 친구들은 영혼이 없는 버림받은 존재로서 슬그머니 멀어져갔다. 그들은 이제 더 이상 말하지 않았다." 목신牧神은 힘을 잃었다. 이제 인간의 삶은 "비현실적이고 몰개성적인" 것으로 느껴진다.

아마 이렇게도 많은 독창성과 깊은 기억력이 있는 존재란 자신이 속한 세상으로부터, 동료들로부터, 주변의 사물들로부터 점점 소외를 겪게 될 수밖에 없을 것이다. 인간은 향수병을 앓고 있고 치료제는 지구에서만 구할 수 있다. 자신이 주변 동료 생명들과 착취적이지 않고 직관적인 관계를 맺을 수 있다는 깨달음에서만 치료제가 발견되기 때문이다. …… 그러나 인간의 착취적인 기술력의 외피가 차츰 두툼

• 언어의 전위성이란 지금, 여기를 떠나 과거, 미래, 혹은 먼 곳에서 일어난 현상과 사물에 대해서 이야기할 수 있는 것을 말한다. 이런 언어의 성격 때문에 미래에 대한 계획이 가능하며, 거짓말도 가능하다.

해지면서, 점점 더 많은 인간들은 자연으로부터 떠나서 자신들이 자연을 개조할 수 있다고, 그렇게 도망치는 극단적인 방법으로 자신의 깊어 가는 아픔을 떨쳐 버릴 수 있다고 생각했다.

현대인들이 이런 점증하는 소외와 아픔을 극복하고자 한다면, 다음과 같은 것이 요구된다.

진실로 위대한 마법사가 그러듯이, 스스로 탈바꿈할 수 있어야 한다. 왜냐하면 인간에게 점점 더 요구되는 바는 되돌아감의 역설을 추구해야 한다는 것이기 때문이다. …… [하지만] 인간은 갈대숲과 그 안의 동무들이 있는 주변부 쪽으로 다시 발길을 되짚어 가고 싶어 하지 않는다. 어떤 마법에 걸려 거기에 영원히 붙잡혀 버리지 않을까 두려워서 말이다. 그 대신, 인간은 자신이 스스로 고안해 낸 도시로 숨어 들고 싶어 한다.

아이슬리가 이 글을 쓰고 있을 때는 두 가지 역사적인 인류사적 사건이 벌어지던 시점이었다. 한편에서는 달 착륙과 우주여행의 시대가 도래했고 다른 한편에서는 전 세계적으로 환경 위기에 대한 인식이 폭발했다. 미래에 대한 두 가지 대립적인 이미지가 우리의 관심을 끌기 위해 경쟁하고 있는 듯 보인다. '우주선과 카누'● 말이

● 『우주선과 카누Starship and the Canoe』는 미국의 환경작가 케네스 브라워의 책 제목이기도 하다.

다. 아이슬리는 우리에게 우선 순위를 정립하라고 경고한다.

> [인간은] 우주를 여행하다 가장 절정의 순간에 별들의 출입구에서 자기 자신을 마주치게 된다. 눈앞에 마주한 심상치 않은 그림자가 인간의 뒤쪽으로, 얽히고설킨 어둠을 가리켰다. 바로 인간이 오랜 염원 끝에 도망쳐 나온 곳이었다. 인간은 역사에서 두 가지 세계를 건너왔다. 그는 이제 또 다른 세계, 잊고 있었던 세계로 들어가야만 한다. 다만 달로 가는 길에서 얻게 된 지식을 지니고서 말이다. 마법사로서 그가 어떤 힘을 지녔건, 그는 자신이 훨씬 광대한 녹색의 마법이라는 주술에 걸려 있다는 사실을 반드시 알아야만 한다. 그 주술은 그가 아무리 노력한다고 해도, 그토록 멀리까지 갈 수 있다고 하더라도, 결코 피해 갈 수 있는 것이 아니다. 그는 시간이 시작되었을 때부터 지금껏 이 주술에 걸려 있다. 자신이 태어난 장소인 자연 세계가 걸어 놓은 주술에 말이다.

진화론자로서 아이슬리는 우주여행을 혐오하지는 않지만, 그럼에도 불구하고 우주여행을 열정적으로 옹호하는 이들의 동기에 대해서는 우려하고 있다. 축의 시대●에 탄생한 위대한 종교들이 인간에게 "자신의 본성을 넘어서라"고 설득했다면, 현대 과학은 인간에게 "외부 자연에 무한한 힘을 행사하는 전망을 내밀었다. 실제로

● 독일 철학가 칼 야스퍼스가 처음 사용한 표현으로, 기원전 8세기부터 기원전 3세기까지 세계의 주요 종교와 철학이 탄생한 시기를 일컫는다.

과학 기술자들은 때때로 하늘을 나는 것이 지구상에서 가장 중요한 가치가 있는 일인 것처럼, 공허한 힘을 우리에게 권하는 것 같다". 아이슬리의 지인인 우주 과학자는 "필요하다면 우리가 가진 모든 것을 이 행성을 벗어나는 데 써 버려야만 한다"고 주장했다. 빙하기가 오고 있기 때문이라는 것이다. 한 우주 기관의 관리자는 어느 출판물에서 "자기 운명에서 떨어져 있고자 한다면 …… 이 행성이 그를 가두어 파멸시킬 것"이라고 주장했다. 아이슬리는 이런 식으로 지구로부터의 지속적인 소외를 언급하는 표현들이 얄팍하고 위험하다고 본다.

> 이 행성이 우리를 파멸시킬 것이라고 말하는 건 온당치 않다. 우주 비행은 용기 있는 모험이지만, 날아오르는 로켓에는 인간의 모든 두려움과 회피가 투사되어 있다. 그는 두 세계를 건너 도망쳐왔다. 바람 부는 야생 대초원의 회랑에서 정신이 환히 밝혀진 세계로까지 말이다. 그러고도 그는 여전히 도망친다. 지구는 인간을 파괴하지 않을 것이다. 지구를 파괴하겠다고 위협하는 자는 바로 인간 자신이다.

아이슬리는 미래 인류의 생존을 위한 도전거리와 유토피아적 방향성을 제시하며 이렇게 결론을 짓는다.

> 오늘날 점점 늘어나는 인간의 숫자와 환경을 오염시키는 인간의 기술적 권능은, 힘들지만 불가피하게 해야 할 유일한 일이 무엇인지를

드러낸다. 그것은 바로 인간이 의식적으로, 자신의 안전을 위해서라도, 그 자신이 본래 발원한 오래된 첫 번째 세계로 다시 들어가 그 세계를 보존해야 한다는 것이다. 인간의 두뇌에서 끌어 내어 만든 두 번째 세계가 인간을 멀리 여기까지 데려왔지만 그렇다고 인간을 자연에서 분리해 낼 수 있는 것은 아니며, 인간이 두 번째 세계로 도망친다고 해서 그 자신이 살아갈 수 있는 것도 아니다.

그는 인간 동료들만이 아니라 주변의 살아 있는 세계로까지 뻗어 나간 하나의 윤리를 축의 시대 사상가들의 지혜로부터 끌어와 포괄해야 한다. 그의 문화적 세계를 활용해서, 그는 단지 착취하거나 버리고 떠날 대상으로 생각해 왔던 해바라기 숲에 의식적으로 다시 들어가야만 한다. 살아남기 위해서라도 그렇게 해야만 한다. 만약 성공한다면, 그는 앞선 두 세계의 요소들을 결합한 세 번째 세계를 창조해 낸 셈이 될 것이고, 그것은 축의 시대 사상가들이 마음속으로 상상하던 모습의 품위 있는 개성과 책임감을 서로 밀착시킬 것이며, 이렇게 될 때 그 사상가들은, 인간을 창조한 것까지는 아니더라도, 인간 정신을 창조해 낸 이들로서 찬사를 받게 될 것이다.

2. 베이커 브라우넬

1930년대와 1940년대 동안 노스웨스턴대학의 사회철학자였던 베이커 브라우넬은 제2차 세계대전 이후 에코토피아 비전을 처음 제시한 사람으로 인정받을 만하다. 브라우넬은 기술관료적 산업사회가 파괴적 도정에서 벗어나 자연 세계와 균형 및 리듬을 맞춘 간소한 생활방식으로 향하게끔 그 방향을 재설정할 것을 제안했다. 브라우넬은 인간 존재는 더 큰 자연 세계로 인해 존속할 수 있고 에코토피아 비전에서 제시되는 사회질서는 이런 사실에 대한 항시적인 자각과 반드시 연계되어야 한다는 점을 깨달았다.[3]

브라우넬의 말을 빌리면, 인간의 삶은,

자연 세계의 거대한 음악 같은 운동에 맞춰, 살아 있는 동식물과 더불어 수백만 년에 걸쳐 펼쳐져 왔다. …… 짐승과 식물은 시원적으로 우리 공동체에 참여한다. 그들은 우리의 철학으로 들어오고, 우리의 특성을 주조하고, 우리가 완전한 인간이 되도록 돕는다. 그들은 우리의 가장 위대한 스승이다.

진화적 연속성과 생태적 상호연결성, 그리고 호혜성에 대한 이러한 감각은 가치 결정에 영향을 준다. 교육철학자 토머스 콜웰은 브라우넬의 입장이 지닌 특징을 제시하면서 이렇게 말한다.

브라우넬은 가치 결정을 환경 영역의 한 기능으로 간주했는데, 이런 환경 영역에서 인간의 이익은 경합하는 여러 개의 고려사항 중 단지 하나에 불과하게 된다. 그는 그럼으로써 사회적 결정론에 내재하는 주관성을 피하고자 한다. 인간에게 좋은 것이 무엇인지 결정하는 과정은 인간 이외의 자연 세계 구성물에게 좋은 것은 무엇인지 궁구하는 맥락에서 형성되어야 할 것이다.[4]

레오폴드의 대지윤리를 연상하게 하는 이러한 생태학적 세계
관과 가치 지향에 근거해서, 브라우넬은 또한 인간 건강의 기준과
인간 존재의 의미는 자연이라는 보다 넓은 맥락에서 형성되어야만
한다고 보고 있다.

우리는 대자연 및 세계와 연관되어 있다. 자연 세계와의 이러한 기
능적 일체감은 의미 있고 안정된 삶이라 불리는 것의 기본적인 조건
이다. …… 삶에 대한 이런 기능적인 이해는 동류인 인간들뿐만 아
니라 주변의 동식물과도 연결된 폭넓은 기반 위에서 정상 상태를 확
립시킨다.

브라우넬은 여기서 인식론적인 문제에 맞닥뜨리게 되는데, 콜
웰은 그 딜레마를 이렇게 설명한다.

그러나 자연이 지속적으로 존재하기 위해 필요한 것이 무엇인지 우
리 인간이 알 수 있을 뿐 아니라, 인간의 가치가 그러한 범주 내에서
설명될 수 있으려면 자연은 어떻게 이해되어야 하는가? 사회적이라
기보다는 생태학적으로 이해될 수 있는 판단을 평가하려면 어떤 식
의 앎의 방법이 적절한 것인가? 그리고 그러한 앎의 방법에서 인간
의 개별성과 고유성을 위한 자리는 어떻게 찾아낼 수 있는가? 짧게
말해, 우리가 사회적 실천에 대한 계획을 자연에서 끌어오고자 한다
면, 인간이란 우리에게 이해되어야 하는 자연과 대체 어떤 관계인
가?

유사한 맥락에서 브라우넬은 앎의 방식의 하나로서 과학을 거부할 수밖에 없었다. 왜냐하면 과학은 통계적이고 그 자체의 특성상 일반화가 이루어지며, 따라서 "합리적인 상관관계 내에 있는 구체적인 것들을 포괄해 버리는" 경향이 있기 때문이다. 하지만 브라우넬에게 "구체적인 것이란 존재하는 것의 최종적 정보"이다. 각각의 개별적인 것들에 대한 구체적 실재성을 담지하는 방법론은 심지어 생태학적 상호연관성이 있는 더 넓은 관심 영역에서도 필요한데, 브라우넬은 이런 방법론을 직접적인 신비 경험에서 찾았다. 브라우넬에게 이 경험이란 건 일종의 게슈탈트 원리*라고 할 수 있는데, 거기서 고유한 개별성은 생태학적 관계의 영역 안에 있더라도 보존된다.

신비주의를 통해 인간은 과학에서는 인정하지 않는 직접 경험의 합일성을 이해할 수 있게 된다. 그렇게 함으로써 인간은 환경이 발휘하는 힘과 관계의 영향력에 맞닿을 수 있고, 이때의 접촉은 과학적 방법론의 불충분한 상징적 공식화를 통하기보다는 맥락적으로 이루어지게 된다. 브라우넬의 신비주의에서, 인간은 자연 세계의 제약과 한계점들을 더욱 완전하게 인식하게 되는데, 왜냐하면 이때의 인간은 매일의 일상적인 삶에서 자연이 직접 개입해 오는 것을 예민하게 감지하기 때문이고, 그렇게 해서 자신의 인간중심주의를 더욱 잘

● 하늘에 흩뿌려진 별들에서 별자리를 보는 것처럼, 어떤 사물과 현상을 지각할 때 각 부분과 요소를 개별적으로가 아닌 종합적으로 인식하는 심리 경향.

극복하고 사회적 삶을 생태학적 규준에 따라서 만들어 낼 수 있게 된다. …… [생태학적으로 건강한 인간/자연 환경에서] 주관성은 완전히 변모하고 사안에 대한 판단은 생태계적 관계와 제약이라는 규범성에 대한 존중으로 조건화되기 시작한다. 브라우넬의 신비주의에서 객관성의 근거는 세계에, 즉 생태학적으로 건강한 원칙들에 기반하여 질서가 잡힌 환경에 있다.

이러한 생태학적 형이상학 및 인식론적인 기반으로부터, 브라우넬은 도시/산업 사회의 세계관을 공박하기 시작한다. 현대 산업 사회의 엄청난 규모와 복잡성은 세계를 직접적이고 구체적으로 경험할 수 있는 가능성을 제거해 버린다.

세부적인 전문성의 영역에 종사하느라 파편화된 산업사회의 인간은 강박적으로 여전히 전문화된 또 다른 영역의 계발에 뛰어들어 직접 경험의 결핍을 헛되이 보상하려고 한다. 이때 그는 쾌락과 물질적 재화를 외향적으로 추구하는 구경꾼 혹은 참여자가 되거나, 아니면 고도로 연마된 기술적이고 전문가적인 자질을 지닌 고독한 종사자가 된다. 브라우넬에게 우리의 문화는 도피와 대리적인 행위로 이루어진 문화이다. …… 대리적인 행동은 우리의 감정을 직접 행동으로부터 분리시키도록 강제하는데, 브라우넬에게 이러한 분리란 타락의 본질에 다름 아니다.

브라우넬은 특히 도시 생활에 비판적이다.

도시 생활의 점점 과격해지는 공격성과 폭력은 전문화된 기능과 조직이 과도하게 집중된 데서 기인한다. 하지만 기업 조직이 활동 반경을 넓혀 아주 멀리 떨어진 시골 지역에까지 뻗어 있기 때문에, 그 지역들 또한 확장된 도시문화권으로 연결되었다. 모든 산업사회적인 삶은 도시적 맥락에서 영위된다. …… [도시인은] 거짓 신들을 가치 있게 여기도록 교육받았다. 그들은 휘황찬란하고 분열적인 문화, 전문화된 완벽함과 특혜, 번쩍거리는 장신구, 정교한 기계, 기성품 예술, 그리고 직접 '만들어 사용'해 보는 리듬과 관련도 없이 이것저것 난잡하게 사들인 수입품에 유혹당했다. 그들은 세상의 노획물들, 자질구레한 장신구와 잡동사니 같은 것들에 기대어 살고 있다. 손에 넣을 때의 짜릿함만이 그 유일한 가치인 것들에.

콘웰은 브라우넬의 저서에 대한 리뷰에서 브라우넬의 산업사회 비판을 다음과 같이 요약한다.

구체적인 경험을 제한하고 소유욕을 강화시킬 때, 도시문화의 목표는 소유 경험의 범주를 지속적으로 확장시키는 것이 된다. …… 소유 문화는 인간 중심의 문화이다. …… 그것은 도덕적으로 시야가 좁으며 자멸을 초래하는 길이다. 그래서 인간의 운명과 참된 삶과 행복이란 것이, 그저 자신의 즉물적인 욕망이 아니라, 자연 전체 생명의 행복에 부합하도록 형성되어야 한다는 점을 깨닫지 못하게 된다.

건강하고 생태학적으로 통합된 인간 공동체를 이루고자 한다면, 사회를 탈집권화해야 한다고 브라우넬은 요구한다. "참된 인간 공동체는 기업집단 사회와는 양립할 수 없다." 교육을 생태적 방식으로 개혁한다고 해도 그것 자체만으로는 불충분하다. 사회제도로서의 교육은 보다 큰 사회적 맥락에서 핵심적인 부분에 해당한다. 콘웰이 말하듯,

학교의 목적은 각 공동체 구성원들의 자아실현을 촉진하는 데 있고, 그렇게 하여 해당 문화 자체를 넘어선 폭넓은 세계에 대한 공감으로 나아가게 한다. 인간은 자연의 한 부분이고, 완전한 인간성이란 인간이 자연의 전체성과의 관계 안에서 자신의 독특성을 정의했을 때 실현되는 것이다. ⋯⋯

공동체는 가장 중요하고 영향력이 큰 교육 환경이며, 교육자들이 아무리 자아실현을 증진하고 소외를 극복하기 위해 학교에서 교육개혁을 실시하고자 하더라도, 공동체가 산업화된 대중사회의 원칙에 기반하여 조직되어 있는 한 그들의 노력은 실패하고 말 것이다. 그러므로 교육은 사회적 재구조화의 첨병이 되어 작은 공동체가 교육 활동을 위한 주요한 환경이 될 수 있게끔 해야만 한다. ⋯⋯

교육개혁이 사회의 재구조화에 달려 있다는 점을 강조하면서, 브라우넬은 결국 교육개혁의 가능성이란 유토피아적인 사회 혁신이 얼마나 이루어지는가에 달려 있다고 지적한 것이다.[5]

브라우넬이 조지 산타야나의 학생이었다는 점은 중요하다. 1911년에 퇴임하면서, 산타야나는 유럽의 철학적 종교적 전통의 인간중심주의에 대하여 통렬한 맹공을 퍼부었다. 또한 시골 생활의 덕목을 옹호하며 도시 생활과 기술관료적 사회를 거부하기도 했다.

3. 올더스 헉슬리

올더스 헉슬리는 오랜 작가 경력 끝에, 그리고 장기간에 걸쳐 D. H. 로렌스와의 교류한 결과 점진적으로 생태학적인 시각에 도달하게 되었다. 헉슬리의 마지막 소설 『아일랜드Island』(1961)는 에코토피아 비전을 그리고 있다.[6]

소설은 동남아시아의 팔라라는 섬을 무대로 이야기가 전개되는데, 이 섬은 200년 동안 산업화와 식민화에서 떨어져 스스로 고립되어 온 불교 공동체이다. 19세기에 스코틀랜드인 의사가 서양의 과학을 팔라 섬에 소개한 바 있으나, 이 섬에서 널리 퍼져 있는 불교는 공동체의 방향을 명상적인 쪽으로 정했다. 마을은 인간 공동체의 한 유형이었다. 인구는 안정되었고, 기술은 기본적인 필요를 충족할 수 있을 만큼 적정했다. 즉 마을은 자족적이었다. 이야기의 상당 부분은 이웃 공동체에서 넘어오는 상업화에 저항하고 유전에서 석유를 시추하려는 외부 세계 기업들에 저항하는 팔라 섬의 시도를 중심으로 전개된다. 불교는 젊은이들이 직접적인 신비체험과 생태학적 전체와의 동일시를 경험하는 법을 배울 수 있도록 해 주는 매개체이다. 책 내용의 상당 부분이 청소년의 양육과 교육을 설명하는 것에 할애되어 있다. 또 헉슬리는 개인을 통합하고, 서구의 문명화된 교육에서 매우 고질적인 몸과 정신의 분리를 극복할 수 있는 방법 중 하나로 등산을 제안한다.

> 전문화는 …… 필수적이고 불가피합니다. 그리고 상징을 활용한 지적 능력과 함께 몸과 정신을 하나로 교육하는 것이라면, 그런 종류의 필수적인 전문화 교육은 그렇게 해가 되지 않을 겁니다. 하지만 당신네 사람들은 몸과 정신을 가르치지 않지요. 당신들은 과도한 과학적 전문화를 아주 약간의 인문학 과목을 추가하는 것으로 치료하려 합니다. …… 인문학만으로는 인간다워질 수 없습니다. 그것들은 상징적 수준에 있는 또 다른 형태의 전문화일 뿐이지요. 플라톤을 읽거나 T. S. 엘리엇을 다루는 강의를 듣는 것은 전체로서의 인간 존재를 교육하는 것이 아닙니다. 그것은, 물리학이나 화학 과목에서처럼, 단지 기호 처리 능력을 교육하는 것이며, 나머지 살아 있는 몸과 정신은 무지와 역량 부족이라는 원시적 상태에 그대로 내버려 두는 겁니다.

헉슬리는 나아가 과학에서 주요하게 강조해야 할 과목은, 물리학이나 화학이 아니라 생명과학이어야 한다고 주장했다. 팔라 섬에 사는 사람들은 "달의 뒤편에 착륙하고 싶은 욕망 따위는 조금도 가지고 있지 않다. 단지 이 행성의 현재 위도에 위치한 바로 이 섬에서 다른 생명들과 조화를 이루며 완전한 인간 존재로 살고자 하는 소박한 야심이 있을 뿐". 어린 아이들은 생태학을 학습하는 것으로 과학 교육을 시작한다. 이런 교육이 아이들에게 너무 복잡하지는 않은가 하는 질문에 헉슬리는 이렇게 대답한다.

정확히 그 이유 때문에 우리가 이렇게 시작하는 겁니다. 어떤 것이 따로 고립되어 존재한다고 상상할 수 있는 여지를 아이들에게 주어서는 안 됩니다. 살아 있는 모든 것이 관계라는 점을 맨 처음부터 분명히 해 두어야 해요. 숲에서, 들판에서, 연못과 시냇가에서, 마을과 그 주변의 전원에서, 아이들에게 관계들을 보여 주세요.

아이들은 동물 우화에서 생태학적 진실을 배운다. 아이들은 "욕심 많고 어리석은 사람들이 주는 것도 없이 가져가거나, 사랑과 이해도 없이 빼앗아 가려고만 하는" 곳에서 발생하는 토양 침식과 생태학적 피해의 사례들을 보게 된다. 헉슬리의 관점에서, 생태학에 대한 이해는 도덕성에 대한 이해로 귀결된다.

[생태학적 피해 사례들을 맞닥뜨리면] 아이들이 자연보호의 필요성을 알게 되고, 이어서 자연보호로부터 도덕성으로 나아가는 일이 쉬워집니다. 즉 인간이 존재할 수 있게 해 주는 지구, 그리고 동식물과 관련된 황금률에서부터 인간과 관련된 황금률로 나아가는 일이 쉬워지는 것이지요. …… 생태학적 사실과 토양 침식의 우화에서 출발한 아이들은 보편 윤리라는 도덕성에 도달하게 됩니다. …… 자연

보호의 도덕성은 우월감을 느끼거나 특혜를 주장할 구실을 누구에게도 주지 않아요. "남에게 대접받고 싶은 대로 남을 대하라"는 금언이 세계 모든 곳에 있는 모든 종류의 생명을 다룰 때 적용됩니다. 우리가 연민과 지성을 가지고서 모든 자연을 대하는 한에서만 우리가 이 행성에서 사는 것이 허락될 겁니다. 기본적인 생태학은 곧바로 기본적인 불교로 통하지요.

4. 게리 스나이더

게리 스나이더는 「네 가지 '변화'Four 'Changes'」(1969)에서 감탄할 정도로 간결하지만 종합적인 에코토피아 비전을 제시했다. 스나이더의 생태학적 관점은 선불교, 아메리카 선주민의 신앙, 여러 대륙에 걸친 원시 부족들의 삶의 방식과 현대 생태과학의 통찰들을 결합한 데서 나온다.[7] 이런 영성적 생태학은 다음의 주장에서 분명히 드러난다.

인간은 생명이라는 직조물의 한 부분일 뿐입니다. 존재 자체가 전체로서의 직조물에 기대어 있지요. 도구를 사용하는 가장 발달한 동물로서, 인간은 알려지지 않은 다른 생명체들의 진화적 운명 또한 존중되어야 한다는 점을 인식해야만 합니다. …… 지금도 인간의 숫자는 너무 많고, 그래서 문제는 급속하게 악화되고 있습니다. …… 현재 세계 인구의 절반, 혹은 그 이하로 줄이는 것이 목표입니다. …… 생명에 대한 경배와 여성에 대한 경배가 다른 생물종과 미래의 인간, 위협받는 다수에 대한 경배를 의미하도록 합시다. …… 나는 모든 생명의 자식이며, 살아 있는 모든 존재가 내 형제이고 자매입니다.

그리고 『작은 것이 아름답다』의 슈마허를 예견하듯, 스나이더는 이렇게 주장한다.

현대 사회에서 생산하고 소비하는 것들의 대부분은, 생존에는 말할 것도 없고, 영성적이며 문화적인 성장에도 필수적이지 않으며 도움도 되지 않습니다. …… 인류는 지구 행성에서 메뚜기떼 같은 해충이 되어 버려, 자식이 먹을 곳간을 텅 비워 버렸습니다. 그러는 동안 중독자처럼 풍요와 안락함, 영원한 진보라는 꿈에 빠져 과학이라는 위대한 성취를 이용해 소프트웨어와 구정물을 만들어 냈습니다. …… 균형, 조화, 겸손, 삼나무나 메추라기와 함께 자라나는 성장―즉 살아 있는 생명체들로 이루어진 위대한 공동체의 한 선량한 구성원이 되는 것. 진정한 풍요는 '무언가'를 필요로 하는 게 아닙니다. …… 경제학은 생태학에 속한 조그만 분과학문으로 여겨져야 마땅합니다.

스나이더의 폭넓은 유토피아 비전에 대한 진술은 그를 상당수 뉴에이지 문헌에 담긴 인공적 환경의 비전 정반대에 위치시킨다. 스나이더는 자연 그대로 남겨진 세계의 환경에 '과하지 않은 기술'

을 적용할 것을 요구한다.

> 우리 내면에는 '자아'뿐 아니라 우리 문화도 바꿀 수 있는 힘이 있습니다. 인간이 지구에 계속 남아 있고자 한다면 5000년에 걸친 긴 도시화 문명 전통을 생태적으로 섬세하고 조화를 지향하며 야생의 정신이 깃든, 과학적이면서 영성적인 문화로 전환해야만 합니다. …… 전면적인 변화에 미치지 못하는 것이라면 별반 소용이 없을 것입니다. 우리가 마음속에 그리는 바는 '자연 그대로 남겨진' 세계의 환경에서 세련되고 신중한 기술을 이용함으로써 인간 집단이 조화롭고 역동적으로 살게 되는 행성입니다. …… 가장 창의적으로 확장된 과학은 물론이거니와, 자연과 관련된 기초적인 문화들의 모델인 태고의 원시적인 것들에 완전히 숙달되어서, 그 두 방향이 교차하는 곳에서 공동체를 이루어 냅시다.

5. 폴 셰퍼드

아마도 가장 도전적이고 단호하며, 어떤 점에서는 충격적이기까지 한 생태학적 유토피아의 제안을 폴 셰퍼드의 『다정한 육식동물과 성스러운 사냥감The Tender Carnivore and the Sacred Game』(1973)에서 볼 수 있다.[8] 셰퍼드는 매우 깊고 풍부한 인류학적 기반에서 그의 사상을 전개하며, 농경 사회의 도래 이래 수렵·채집 사회에 거듭 씌워 온 신화와 왜곡을 말끔히 씻어 내는 감탄할 만한 작업을 하고 있다. "지금의 우리보다 선대의 수렵인이 훨씬 더 인간으로서 온전했을 수 있다는 가능성을 우리가 받아들일 수 있을까?"라고 셰퍼드는 묻는다. 그의 견해로는, 생태학적 위기는 1만 년째 진행 중인 위기이다.

> 농경이 수렵과 채취를 대체함에 따라, 인간이 주변의 자연을 바라보고 대응하는 방식에 급진적인 변화가 일어났다. 지역에 따라 가지각색의 형태로 농경 방식이 전개되었지만 …… 그들 모두는 지구의 표면을 완전히 인간에게 적합한 곳으로 만들고, 야생의 것을 길들이고, 서식지로 풍경을 빚어 내려는 목적을 공유하고 있었다.⁹

셰퍼드에 따르면 농경은 그 자체로 생태학적 질병이며, 전통적인 소농들은 "지금껏 인간이 살았던 가장 지루한 삶"을 살아 낸 것이기도 했다. 그나마 선구자격인 자급 농업은 생태적으로 꽤 조화로운 것이었지만, 단일경작 환경에서의 농부들은 "제정신 가진 인간이기 위해서 사회적 재충전이 끊임없이 필요하다". 현대의 산업적 관개농업 환경에서의 시골 생활이란 절망적인 것이다. 길들여진 식물과 동물 들은 생물학적 재난이자 "유전적 얼뜨기들"이라고 그는 주장한다. 셰퍼드는, 인간 자신들이 더욱 온전한 인간이 되기 위해 따를 수 있는 전범典範으로서 자연 서식지에 사는 야생동물들이 필요하며, 길들여진 애완동물과 가축 들은 한심할 정도로 불충분한 대용물일 뿐이라는 브라우넬의 의견에 동의한다. 셰퍼드가 보기에 생태학적으로 온전한 미래를 위해서는 유전자 변형 동식물을 이용한 모든 영농 형태는 사라져야 한다. 이런 미래를 위해서는 또한 인간이 유전적으로 수렵인이자 채집인이라는 사실을 온전히 인정하는 것이 필요하다.

대부분 사람들이 우리가 과거로 되돌아갈 수 없고 돌아가기를 원하지도 않는다는 사실에 동의하는 것 같다. 하지만 시간이 흘러버렸고, 지나간 것은 결코 되돌릴 수 없다는 식으로 이유를 대는 것은 잘못되었다. 오히려 한 번도 떠나 보지 않았기 때문에 다시 돌아갈 수 있는 것도 아니라고 하는 편이 맞다. 우리의 집은 지구이고, 시대는 홍적세 빙하기에 속한다. 사냥하는 인간, 그게 우리다.[10]

앞선 시기의 몇몇 유토피아 문헌들과 다르게, 셰퍼드는 호모 사피엔스를 다룬 최근의 인류학적 유전학적 문헌들을 정확히 이해하고 있다. 실현 가능성을 염두에 두고 미래의 유토피아를 기획할 때, 우리의 신체와 정신의 건강을 위해서는 수렵·채집 생활(의례, 운동 등) 방식의 핵심적 특징을 우리 삶 속에 통합시킬 필요가 있다. 둘째로, 현대의 생태학적 발견들은 생태계와 야생 서식지의 온전함을 확보하려면 인공적으로 관리되지 않은 광대한 야생지가 있어야 한다고 적극 긍정한다. 셰퍼드는 그의 유토피아적 제안에서도 이 문제를 다루는데, 거기서 그는 이렇게 지적한다.

멸종이라는 생태학적 범죄는 어떻게 말하더라도 과장일 수가 없다. 그것은 인간이 저지르는 피해 중 유일하게 회복시킬 수 없는 환경적 손실이다. 멸종은 서식지의 변화 때문에 발생한다. 멸종을 피하기 위해 필요한 조치들은 생물권 전체를 보존하는 일과 같다. 멸종을 막는 일이 어떤 유형의 환경보호 활동 계획과 정책에서도 기준이 되어야 한다.[11]

세계 인구가 2020년경에는 약 80억 명 선이 될 것이라는 전망 아래 계획을 세웠다는 점에서 셰퍼드의 제안은 꽤 극단적인 것이었다. 수렵·채집 생활을 위한 요구 조건들을 충족시키고자, 셰퍼드는 독시아디스Doxiadis●나 파울로 솔레리Paolo Soleri●●가 설계한 종류의 도시들을 대륙이나 섬의 가장자리에 만들어 가느다란 띠 형태로 연결시킬 수 있으며, 그렇게 하면 대륙의 중심부는 야생의 상태로 되돌려 놓을 수 있다고 주장한다.

만약 80억 명의 사람들이 …… 16만 개의 도시에 (5만 명씩) 살고 있고 이 도시들이 지구상의 5000만 제곱마일 면적의 땅에 고루 분포해 있다면, 겨우 300제곱마일 정도의 땅만이 각 도시를 둘러싸게 될 것이다(각 도시가 차지하게 되는 면적은 2제곱마일 정도일 것이다). 이때 도시들은 불과 약 17마일 정도만 서로 떨어져 있게 되는데, 그렇게 되면

● 그리스의 도시학자로 작은 단위들이 모여 거대한 집단을 이루는 미래 도시를 구상했다.
●● 이탈리아 출신의 건축가로 생태적인 미래 도시를 설계했다. 최소한의 토지와 에너지만을 효율적으로 소비하는 실험적인 생태 도시 아르코 산티를 애리조나 사막에 건설했다.

제대로 된 야생지라는 것은 가능하지가 않다. 만약 도시들이 대륙의 내부에 흩어져 분포해 있지 않고 대륙의 둘레를 따라 끊어진 선처럼 조성된다면, 전체 대륙의 내부는 기본적인 요구조건과 인간의 수렵 문화에 필수적인 정도의 규모로 생태학적 진화 시스템을 갖추기 위한 공간으로서 비워 둘 수 있을 것이다.[12]

그럼 이렇게 되면 더러 정원을 가꿀 뿐 농업은 사라지고, 야생지에 들어가 수렵·채집으로 얻는 고기 정도만 있을 텐데, 대륙 둘레로 끊임없이 이어진 띠를 이룬 도시의 사람들에게 기본적인 영양분을 어떻게 공급할 수 있을까? 셰퍼드는 놀랍게도 미생물체에 기반한 식량 기술을 해답으로 내놓는다.

생화학과 미생물학 덕분에 생태학에 거스르기보다는 오히려 보완해 가면서 지구를 살만한 곳으로 회복할 수 있다. …… 땅에 기반을 두지 않고 호구糊口를 해결할 수 있기까지는 반 세기가 걸릴 수 있다. …… 그러나 지구의 4분의 3 정도가 현재의 파괴적인 남용으로부터 자유로워질 수 있을 것이다.[13]

미래 수렵 인간들의 성숙과 교육에 대한 셰퍼드의 길고 상세한 논의들은 대단히 흥미롭다. 가령 다음과 같은 논의가 있다.

나는 열 살 미만의 아이는 누구나 다음의 세 가지 생태적 욕구가 있다고 생각한다. 첫째, 친구들과 함께 어울릴 수 있는 건축학적으로 복잡한 놀이 공간. 둘째, 생물이든 비생물이든 비인간 존재를 점점 더 많이 다양하게 경험하는 것. 그것들의 분류학적 명칭들과 총체적 관계들은 반드시 배워야만 한다. 그리고 셋째, 기회가 될 때마다 꾸준히 야생으로 조금씩 더 강렬한 여행을 떠나는 것. 이를 통해 제한적인 방식으로나마 비인간 존재들을 대면할 수 있게 될 것이다. …… 식물과 동물에 대한 수집과 탐구는 다른 어떤 학습 활동보다 더욱 중요하다. …… 수렵 사회에서 [아이들은] 섬이나 대륙의 중심부에 있으면서 인간의 활동으로 변형되지 않은 거대한 야생지로 점진적으로 나아가곤 했다. 그렇기에 지구 표면의 4분의 3을 걸어서 여행했을 것이다. …… 수렵인 자체는 사냥꾼이고 채집인이다. 열세 살 나이부터 청소년기의 젊은이들은 점점 길고 고된 원정을 거듭 나아가게 될 것이고, 이런 원정들을 해 낼 수 있도록 어린 시절과 유년기에 기술을 익히게 하고 자연사를 알려 주어 사전에 준비시켰다.[14]

셰퍼드는 신비 경험에 대해서는 다소 신랄하게 말하는데, 그는 대부분의 서구 지식인들과 마찬가지로 브라우넬과 선불교, 그리고 원시 사회 전통을 비롯해 개인의 구체적인 현실을 강조한 다른 전통에서도 신비 경험을 이용했다는 점은 알지 못했다.

원시 사회의 인간이 종종 '자연과의 일체감'을 느낀다고 이야기들 한다. 이런 관찰은 자연에서 구분과 경계가 수증기처럼 사라진다는 자연의 연속성을 잘못 이해하는 데서 나온 것이다. 수렵·채집인은 주변 환경에 어렴풋이 감정적으로 합일되는 느낌에 빠지지 않았다. 그들은 서로를 구분하거나 연결하는 미세한 차이들에 대해서 민감하다. …… 신비주의는 이 지구에서 성숙한 삶으로 나아가려 할 때의 방법이 될 수가 없다.[15]

6. 에코토피아 비전에 대한 평가

지난 300년 동안 서구의 반근대주의 운동 대부분은 전원을 지지하고 도시화와 산업화에 저항하는 것이었다. 동시대의 뉴에이지 사상은 시골과 야생지, 혹은 생태적인 것을 희생시켜 도시산업적 첨단 테크놀로지의 미래를 미화한다. 셰퍼드는 독시아디스와 파울로 솔레리의 뉴에이지 비전과 생화학적 식량개발 기술을 수렵/채집 및 야생/생태학적 비전과 결합하고 싶은 듯 보이는데, 그의 해결책은 로더릭 내시가 아래에서 설명하듯 몇 가지 점에서 소로와 공명하는 측면이 있다.

반半야만성을 철학적으로 방어하면서, 소로는 미국적인 방식으로 전원을 이상화하는 데 새로운 토대를 제공했다. 이전 시기 대다수 미국인들은 시골 생활과 농업 환경을 야생과 고도 문명 양자 모두로부터의 해방으로 여겨 흠모해 왔다. 그들은 환경이 갖는 스펙트럼 중에서 정중앙에 발을 디디고 서 있었던 것이다. 한편, 소로는 양쪽 끝에 발을 걸치는 식으로 가운데 지점에 도달했다. 그는 양극단에 있음을 크게 즐거워했고, 각각의 세계에 발을 걸쳐둠으로써 두 세계의 가장 좋은 점을 취할 수 있다고 믿었다.[16]

소로의 시대 이래 "고도 문명"이 가지는 미덕은 그 빛이 상당히 바랬다. 전 세계 대륙을 두르고 있는 미래형 주거도시의 사람들이, 또한 현대적 수렵인이 될 수 있을 것이라는 전망은, 조금의 과장도 없이 말해 불안하고 걱정스럽다. 셰퍼드는 다음과 같이 말한다.

자연은 인간의 작업장과는 분리되겠지만 인간의 삶과는 분리되지 않을 것이다. 인간은 두 세계 모두에서 살기 때문이다. 인간이 만든 게 무엇이고 무엇이 인간이 만든 것이 아닌지를 두고 지난 1만 년 동안 인류를 괴롭혀 왔던 혼란은 이제 종식될 것이다.[17]

이런 종류의 이점을 얻으려고 치르는 비용은 대단히 높은 것 같으며, 오늘날 만약 이런 선택지가 주어졌을 때 소로였다면 과연 거래에 응했을지 의문이 들기도 한다. 전통적인 수렵인들은 소규모로 무리 지어 다녔고, 다른 인간들로부터 떨어져 나와 철저히 그들 주변의 자연환경에 둘러싸여 그 환경과 하나가 되었다. 특별한 계기가 있을 때는 더 큰 사회나 국가를 이루고자 다 함께 모였다. 셰퍼드는 이런 식의 부족화가 솔레리가 구상한 도시에서 생겨날 수 있으며, "제대로만 설계된다면, 이런 식의 도시 배치가 현재의 도시 생활보다는 덜 복잡할 것이라고 생각한다. 건축은 인간의 가치체계와 관습은 물론이고 포유류와 영장류의 특성 또한 고려해야 할 것이

다".[18]

이런 도시가 의도대로 고안될 수 있을지에 대해서는 그저 추측만 할 수 있을 뿐이다. 야생의 한가운데로 원정 사냥을 떠나는 이들이 몇 주 혹은 몇 달, 어떤 경우엔 몇 년을 보내다가 더러 되돌아오지 않기로 결심할지 모른다는 생각도 든다. 수렵인의 유전자가 야생과 고독에서 오는 진정한 자유를 만나고, 늘상 야생 사냥감과 식물을 먹으며 정말로 만족스러운 생활 공간을 접하게 되면, 미생물로 만든 식단과 자신이 돌아오기를 바라는 수많은 사람을 대단히 불쾌하게 바라보게 될지도 모르겠다. 지구의 대륙은 점점, 생태학자 레이먼드 대즈먼이 '생태계 인간ecosystem people'이라고 부르는, 수렵·채집 및 자급자족적 농업에 적합한 기술을 사용하는 삶의 방식을 취하는 이들로 다시 채워지게 될 것이다. 우리는 그들을 지지하는 쪽이다. 미래의 원시인은 두 세계에서 사는 것이 아니라, 환경과 통합되어 하나가 될 것이다.

길게 보았을 때 게리 스나이더와 레이먼드 대즈먼의 비전이 셰퍼드보다는 훨씬 설득력 있고 현실적이라고 생각된다.[19] 스나이더는 상당수 현대의 이론적 과학과 소규모 적정기술에 대한 존중을 보이고 있고, 셰퍼드와 마찬가지로 호모 사피엔스의 수렵·채집에 대한 생물학적 근거와 사람 손이 닿지 않은 거대한 자연 지대의 생태학적인 필요를 온전히 인지하고 있다. 그러나 스나이더의 경우 도시에 대한 존중은 훨씬 덜하고, 자급자족과 소규모 유기농업에 대해서는 좀 더 관용적이다. 그는 레이먼드 대즈먼과 피터 버그와 함께, 생태계 인간의 생활방식이 도입될 수 있는 땅에 사람들을 정착시키기 위한 생태 지역 관련 제안을 탐색해 오고 있는 참이다. 최종적으로 어떤 비전이 좀 더 실용적인가? 셰퍼드는 지구에 인구 80억이 살게 될 거라는 예상을 잠자코 받아들인다. 스나이더의 비전에서는, 인간을 대륙과 섬이 얼마나 부양할 수 있을지 환경수용력이 결정되어야 하고, 그런 다음 인도적인 방법으로 그 정도 수준까지 인구를 줄이기 위해 모든 노력이 경주되어야 한다. 조금 덜 구체적이고 규모가 조금 덜 지구적인 유토피아 제안은, 각각의 지역이 저마다의 독특한 '다시 거주하기' 방식을 실행하면서 생물학적 다양성은 물론 문화적 다양성도 보존될 가능성을 높일 수도 있다.

여기서의 전반적인 주장은, 명시적으로든 암시적으로든 기술-산업 사회의 세계관이 담긴 유토피아 비전은 옹호할 여지가 없다는 것이다. 이때의 세계관은 자연을 '인공적 환경'을 생산해 낼 때의 자원으로서, 혹은 우주 공간으로 가는 여행에 사용할 소모품 발사대로서 간주하고, 그 자연을 바로 인간이 지배하고 관리한다고 여긴다. 이제 인류는 개인적이고 사회적인 가치와 행동의 지침으로 삼을 만한 생태학적 세계관과 유토피아 비전으로 관심사를 급히 돌려야 하고, 지성계의 토론은 이러한 비전을 개선하는 일과 그 비전에 따르는 적절한 사회적 전략을 마련하는 데 집중되어야만 한다. 교육의 목표와 전략은 이에 따라야 할 것이다.

『도덕경』의 시편 중 하나가 에코토피아의 한 비전을 분명하게 표현하고 있다.

나라를 작게 하고

백성의 수를 적게 하고
인재가 여럿이라도
실제로는 쓰이지 않도록 하십시오.

삶의 척도를
죽음의 의미로 가늠케 하고
먼 곳을 방문하려고 길을 떠나지 않도록,
길 떠날 곳 없도록 하십시오.

큰 배와 근사한 수레는
내보일 생각도 말 것이며
번쩍이는 무기들은
그저 지난 날의 유물일 뿐입니다.

사람들이 단순한 삶을
회복하도록 하십시오
옛 문자를 다시 사용하고
소박한 음식에 기뻐하며
수수한 옷을 즐겨 입고
각자의 거처에 만족하며
시골의 삶에서 즐거움을 취하도록 하십시오.

이웃 마을 가까워

닭 울고 개 짖는 소리

합창으로 들려오더라도

지금 삶에 만족해

사람들 늙어 죽을 때까지

마을 너머로 서로 왕래 한번 없도록 하십시오.

제10장

인격과 문화

근대 서구 산업 국가에서 우세한 개인주의적이고 효용
중심적인 정치적 사고에서, '자기완성', '자기표현',
'자기관점'이라는 용어는 서로 다른 개인들 간의
관심사가 궁극적으로, 그리고 폭넓게 양립할 수 없다고
상정한 채로 사용되고 있다. 이와 반대되는 또 다른
경향이 있다. 타자와 함께 기쁨과 슬픔을 나누지 않고는,
더 근본적으로는 작은 아이의 협소한 자아를 모든 인간
존재들로 구성되는 대자아Self의 포괄적인 구조 안으로
발전시키지 못한다면 자기완성을 충분히 이루어 낼 수
없다는 가정에 기반한 경향이 그것이다. 생태적 운동은—
이전의 여러 철학적 운동이 그러했듯—여기서 한 걸음
더 나아가 모든 생명을 근원적으로 인간과 동일시하는
정도까지 나아갈 것을 요구한다.
—아르네 네스(1977)

바로 앞 장에서 에코토피아 비전을 언급하며 의문점 하나를 논의해 보자고 제안한 바 있다. 그것은 어떻게 불완전한 개인이 자기완성과 생명 중심적 평등이라는 더 큰 궁극적 규범 안에서 자기완성에 도달할 수 있는가 하는 의문이다.

우리는 누군가가 자기 자신과 대지 공동체 혹은 개인/지구와의 확고부동한 연결을 이해하는 성숙한 개인으로 발전하는 것을 격려하고자 한다. 우리에겐 문화가 개인의 성장에 영향을 미치거나 인도하는 것을 인정하는 실천 이론이 필요하다. 우리에겐 주류적 세계관(이 책에서 정의한)이라는 것이 어떻게 우리의 정신에 영향을 미치고 우리의 곤경을 야기했는지 알려 주는 실천 이론이 필요하다. 그리고 궁극적으로 우리에겐 이처럼 인간과 비인간 존재 모두의 생명에 필수적인 욕구를 채워 주는 문화에서 어떻게 행동해야 하는지에 대한 몇 가지 제안이 필요하다.

심리적 발달과 문화 혹은 종교적 전통 간의 관계는 다양한 전통의 많은 위대한 사상가들에 의해 논의되어 왔다. 기독교 전통에서는, 성장에 필요한 자기 절제와 수행에 대해 특히 아우구스티누스, 십자가의 성 요한, 마이스터 에크하르트, 키에르케고르, 그리고 『무지의 구름The Cloud of Unknowing』을 쓴 무명작가가 논의했다. 철학에서는, 심리적 성장에 관한 이론들을 플라톤, 스피노자, 루소, 그리고 다른 많은 이들이 서술했다. 동양 전통에서는 심리적-영적 성장에 관한 이론과 수행이 넘쳐 난다.

20세기 동안, 지그문트 프로이트, 칼 융, 장 피아제, 카렌 호나이, 에릭 에릭슨, 에리히 프롬 그리고 라이트 밀즈는 폭넓은 경험적 관찰에 기반을 둔 심리-사회 발달에 관한 주요 저작물을 내 놓았다. 이디스 콥과 조지프 피어스는 어린이 자체와 어린이들이 비인간 존재와 맺는 관계에 특별히 주목했다.[1] 우리 문화에서 여성의 심리적 성숙에 제약을 가하는 방식들은 도로시 디너스타인, 수전 그리핀, 그리고 제시 버나드의 저작들에서 제시되었다.[2] 이 한 무더기의 저작들은 우리들의 심리-사회적 발달을 이해하는 데 도움이 되는 많은 귀중한 영감과 이론을 제공하고 있다.

그러나 대체로 말하면, 이러한 이론들은 한편으로는 지나치게 내적인 측면만 강조해서 협소한 자아에 대한 심리-사회적 이론에 의존하거나, 다른 한편으로는 지나치게 외적인 측면을 강조해서 문화적 결정론에 따르고 있다. 더군다나 외적 환경을 인간 공동체로, 특히 직계 가족이나 친인척, 학교 같은 것들로 정의하는 경향이 있다. 심지어 '생태적' 혹은 '시스템 모델'을 언급한 최근의 저작들도 핵심 기준을 '사회 시스템'으로 들고 있다.

이 책에서 광의의 의미로 사용되는 자연이나, 나아가 비인간 동물과 자연환경조차도, 이러한 이론들에서 다루어지지 않은 채 완전히 누락되는 경우가 빈번했다. 하지만 심리학자와 사회학자 들은 야생지와 자연환경이 인격적 성장에 미치는 중요성을 최근에 들어 언급하고 있다.[3]

공동체에서 비인간을 제외하는 일반적 관행의 또 다른 예외는, 최근 폭발적으로 증가하는 '반려동물 테라피'이다. 여기서는 반려동물과 '외로운 아이들 그리고 지적 장애를 가진 이들이나 노인들'과의 관계에 주목하고 있다.

내적 정신psyche과 외적 자연 간의 균형에 도달하는 방법을 제시하는 이론 중 하나는 폴 셰퍼드의 급진적 이론이다. 셰퍼드는 그의 책 『생각하는 동물들』에서 인간과 야생동물 간의 관계에 주목한 뒤, 이후의 저서 『자연과 광기』에서 이 주제로 다시 돌아갔다.[4] 그의 기본적인 이론은 우리 문화가, 교육과 대중매체의 지배적인 메시지와 가족 간의 역학과 더불어, 사람들이 평생토록 심리적으로 청소년 초기에 묶여 있도록 만든다는 것이다.

셰퍼드의 이론들을 더 자세히 제시하기 전에 우리 문화 안의 교육 시스템에서 이러한 어려움을 조장하는 지점들에 대한 논의들을 먼저 제시하고자 한다. 그러고 나서 서양 문화사에 대한 셰퍼드의 이론을 검토하고, 기술산업 문화에서 성장하며 사회화된 사람들이 갖는 딜레마를 논의할 것이다. 그리고 이 장의 마지막에 돌로레스 라샤펠을 인용하며 우리의 문화 안에서 심층생태학적 규범에 바탕을 둔 성숙을 촉진할 수 있는 몇 가지 제안을 하고자 한다.

우리의 주된 입장은 인간의 생태적 의식을 개발하고 성숙시키기 위해 직접 행동이 필요하다는 것이다.

1. 주류 세계관의 교육 시스템에 대한 비판

많은 교육 비평가들은 주류 세계관의 틀 안에서 아이들을 교육했을 때 나타날 결과에 대해서 지적했다.

전문성에 대한 현대 교육의 지나친 강조는, 전통적으로 서양의 인본주의적 가치와 이상이 담겨 있는 교양 수업과 프로그램의 감소를 가져 왔다. 교육기관에 대한 사회과학자들의 영향력이 증가하면서 교육의 의사결정 과정에서 사실과 가치 간의 실증주의적 구분 경향은 더욱 강화되었다. 이러한 경향은 교육에서 어느 특별한 가치가 더 좋다고 할 수 없다고 하는 가치 상대주의를 가져왔다. 예를 들어 진리와 지혜의 추구가 부동산 관련 학위를 얻는 것보다 더 좋다고 할 수 없게 된 것이다. 플라톤이 비판한, 무질서하고 무차별적인 민주적 대중의 중우정치가 교육기관에서 행해지게 된 것이다. 1970년대의 가장 영향력 있던 소설 중의 하나였던 로버트 피어시 그의 『선禪과 모터사이클 관리술』은 질적인 것에 대한 감각을 잃어 가는 사회에서 우리 삶의 질적인 것을 찾아 나가는 내용이라 할 수 있다. 교육기관은 가치 상대주의와 "이윤이 되는 한 고객에게 무엇이든 제공한다"는 경영 마인드에 굴복했기 때문에, 더 이상 교육기관에서 질적인 교육과 관련해 건전한 판단을 기대하기 힘들어졌다. 누군가는 다음과 같이 비판했다. "한때는 미국 사회의 발전을 위한 필수적 기구였던 고등교육기관은 경력을 성공적으로 계획해 주는 시녀가 되어 버렸다."[5]

학문과 직업의 지나친 세분화는, 인문교양의 영향력 쇠퇴와 새로운 '민주적인' 가치 상대주의와 더해지면서, 결국 정부 그리고 기업의 경영적 관점에 놀아나게 되었다. 인문교양 교육 개혁자들과 몇몇의 급진주의자들은, 만일 우리가 학교에 정부와 기업의 비즈니스적 영향력이 미치는 걸 차단할 수 있다면, 그리고 다시 한 번 교육 과정에서 인문교양적 지향을 중심에 놓을 수 있다면, 모든 것이 좋아질 것이라고 의견이 일치돼 있다. 물론 이러한 제안에 상당한 장점이 있지만, 이 분석은 병리적 현상의 표피만을 다루는 것이다. 인문교양을 다시 세우고자 하는 시도는 만연한 가치 상대주의를 극복하고 서양의 인본주의적 이념들을 다시 주장하는 데 도움을 줄 수는 있겠지만, 한편으로 이 똑같은 가치가 다른 관점에서는 비판의 대상이 될 수도 있다. 즉 서양 인문교양의 인본주의적 인간중심주의는 지구 환경 위기에 깊이 관련되어 있다는 것이다.

우리는 현대 교육이 가치를 무시한다고 결론지을 수는 없다. 명시적으로든 암묵적으로든, 교육은 분명히 가치를 가르친다. 즉 지금의 교육은 과학기술 사회의 세계관과 가치를 가르치고 있다. 교육은 가치란(그리고 어쩌면 사실마저도) 모두 주관적이고 상대적이며, 모든 논점에 대해서 타협이 '합리적'이고, 자연은 인간이 즐기고 소비할 상품으로만 존재한다는 것을 예시를 들어 가며 가르치고 있다. 교육은 모든 문제에는 기술적 해결책이 있다고 가르치고 있다. 교육은 매우 착취적이고, 생태적으로 파괴적인 기술사회에서 직업을 갖도록 청년들을 준비시키고 있다.

이제는 교육기관 자체가 기술적 세계관의 가치들과 절차적인 것들에 오염되어, 행정가로 훈련시키는 것과 거대 관료사회를 세우는 일부터 언제든지 전자기기와 컴퓨터를 활용하는 법까지 가르치고 있다. 교사의 노동조합이 부상하면서 기술관료적 정치가 캠퍼스 안으로 들어오게 되었다. 그래서 교사도 상대편 이익집단인 관리자 측과 싸우는 또 다른 특수 이익집단에 불과해 보일 때가 더러 있다. 더군다나 교육은 이제 하나의 '상품'이 되고 학생들은 '소비자'가 되었다. '상품을 팔기 위한' 경영 기법들이 사용되었다. 인문교양 교육 개혁자들의 제안은 현대 교육이 최악의 세속화와 영리화에서 벗어날 수 있도록 인문교양을 다시 교육의 핵심으로 복귀시키자는 것이다. 하지만 이러한 제안은 인간 중심적 기술사회의 세계관을 근본적으로 파악하지 못하고 있다.

20세기 대부분 동안 학교에서 행해진 공식적인 환경 교육의 모습은 자원보전과 개발이다. 1950년대에 농산물이 풍부했던 샌와킨 계곡에서 고등학교를 다녔던 이 책의 저자 중 한 명은 매년 학교에서 주최하는 '보전 주간'을 경험했다. 저자가 당시에 기억하는 것은, '지속가능한 수확'을 위해 산림을 과학적으로 경영하는 방식을 묘사한 것이나 야생의 강을 '길들인' 수력발전소가 하늘 높이 물을 뿜어 생산력이 늘고 있는 캘리포니아를 위해 사용되는 것을 극찬하는 영화를 봤던 일이다.

인간 중심적 자원 관리에서 생물 중심적 시각으로 전환한 알도 레오폴드는 1949년에 다음과 같이 적었다.

거의 한 세기가 다 되도록 선전했음에도 보전은 아직도 매우 천천히 진행되고 있다. 이 방식의 성장은 대부분 일상적인 인사말이나 관례적인 연설에서 이루어지고 있다. …… 통상 이 딜레마에 대한 해결책으로 "보전 교육을 늘리자"라는 답변을 내놓는다. 아무도 이에 대해서 다른 말을 하지는 않을 것이다. 하지만 정말 교육의 양만 늘어나면 되는 것인가? 내용에도 문제가 있는 것은 아닐까?[6]

폴 셰퍼드는 에릭 에릭슨과 에리히 프롬과 같은 심리학자들의 저작을 기반으로 말하고 있다. 그의 이론은 인간에게는 자연적이고, 심리발생적인 발달 단계가 있다는 것이다. 어떤 문화에서는 이러한 발달을 더 중시한다. 특히, 원주민 전통, 수렵/채집 전통에서는 이러한 자연스러운 과정을 통해 성장하는 것을 중시한다. 여기에는 자연과 야생동물과의 친밀한 관계 맺기도 포함된다.[7]

현재 우리의 도시-기술-산업 라이프스타일은 비인간 자연과 이와 같은 밀접한 관계를 맺는 걸 불가능하게 하고, 주로 우리들의 경험을 가공된 환경으로 한정시키는 경향이 있는데, 그 스케일은 역사적으로 유래가 없을 정도로 거대하다. 셰퍼드에 의하면, 이처럼 자연과 제대로 관계 맺지 못하고 그에 따라 온전히 성숙한 인간으로 성장하지 못하는 것이, 인간이 자연 과정에 과도하게 개입하거나 파괴적인 행위를 저지르는 반달리즘의 근본적인 원인이다.

셰퍼드는 서양 문화의 역사와 현대 기술사회에서 개인의 심리사회적 역사를 대담하게 연결하는 이론을 제시하고 있다. 그는 서양 문화에서 자연에 대한 지배가 수렵/채취 사회가 사라지면서 시작되었다고 주장한다. 그는 정신적 방향감각 상실과 정서적 피폐가 근동에서 농업이 발달하고 '사막의 가장자리' 환경이 확장되면서 시작되었다고 보고 있다. 농업과 유대-기독교의 유일신 사상의 성장이 지구와의 영적인 고리를 끊어 버리게 만들었다는 것이다. 셰퍼드에 의하면, 기독교 사상의 주요 흐름을 명확히 한 '사막의 교부들'은 만물의 순환적인 양상을 거부하고 선형적 시간을 주장했으며, 추상적이면서 스스로 입증할 수 있는 진리를 추구했다.

셰퍼드는 다신론과 유일신 사상을 다음과 같이 비교하고 있다. "유일신 사상은 사회적으로 파시즘, 제국주의 혹은 자본주의가 된다. 철학에서는 비유적이지 않고 모호하지 않으며 이원론적이며, 심리적으로는 융통성 없고 변화의 여지가 없으며 선형적이 된다." 셰퍼드가 가장 심각하게 생각하는 것은, 이러한 유일신 사상이 예술과 과학을, 신화와 의례를 위한 도구가 아니라 데이터를 생성하는 사업으로 만든다는 점이다.

셰퍼드에 의하면, 유럽의 경험을 토대에 둔 북아메리카의 프로테스탄트들은 그중에서도 가장 광적이고, 기독교적 이원론의 극단에서 지구와의 영적인 연결을 부정하는 사람들이었다.

셰퍼드는 근대 혹은 현대 의식에 도시적 경험이 끼친 영향에 대해 가장 혹독하게 비판한다. "자료들이 증명하는 것처럼, 도시는 심리적 문제의 저장고이다. 개인별로 보면 부분적으로는 도시의 삶 때문에 이런 심리적인 문제가 발생하지만, 장기적으로 보면 심리적인 문제 때문에 도시가 만들어진다."

그는 또한 현대 문화에서 가르치는 세속적 사회과학에 대해서도 특히 비판적이다. "일반적인 [사회과학] 교과서는 비인간 생명의 세계에 대해서 전혀 다루지 않는다." 아이들은 학교에서 지질학 혹은 생물학 수업을 받으며 자연을 '데이터'로 보게 되고, 거리에서는 '구속되지 않은 자연'을 전혀 보지 못한다.

셰퍼드는 자신의 이론이 매우 잠정적이라는 것을 인정한다. 특히 서양의 문화의 발전과 개인의 심리적 발달 사이의 연결성은 더욱 그러하다. 지식인과 역사가 그리고 사회과학자 들의 후속 작업이 필요하다. 특히 서양의 문화사를 탐구할 때 비실증주의적 방법론을 사용하는 학자들의 작업이 필요하다. 유일신 사상과 개인적 성장과의 관계는, 비록 프로이트 이래로 많은 학자들이 연구해 왔지만, 아직도 논쟁 중이다.

———— ◆ ————

아무 생각 없이 낭비하기, 쓰레기 속에 뒹굴기, 반대자 절멸시키기, 나이 드는 것을 혐오하기, 인간의 자연적 역사를 거부하기, 유사 전통을 만들어 내기, 나이가 들어서도 사춘기 때의 개인적 위기 속에서 반복해서 허우적거리기, 모두 미국 사회의 익숙한 풍경이다. 이들은 부서진 클라이맥스 안에서 모순되고 무질서한 개인적 악몽의 징표들이다. 완벽을 추구하는 기술은 문제를 갈수록 악화시키고 있다. 개인적 악몽들은 사회적 차원으로 발전한다.

—폴 셰퍼드, 『자연과 광기』(1982)

━━━━━━ ◆ ━━━━━━

셰퍼드가 말하기를 기술-산업 사회 구성원들은, 대부분은 아니라도 상당수가 개체발생적으로 초기 청소년기 발달 상태에 고착되어 있다. 또 그 상태에 머물러 있으라고 완전히 못박는 건 아니지만, 그러길 장려하기 때문에 이 사회가 역설적으로 '작동'한다.

이 자연적 생명 주기와 심리학적 발전 단계는 과도한 감정을 보이고, '여성적'(더 수용적이고, 협력적이며, 성찰적인)이기보다 '남성적' 성격(공격성, 직접적 행동을 통해 '남에게 보여주고자' 하는 것, '왕' 노릇 하기)을 나타내며, 퇴행적이고 유아적인 행위와 가짜 성숙의 모습인 과감하고 투쟁적인 행동 사이에서 왔다 갔다 하는 특징도 있다. 광고에서 흔히 반복되며 일상적인 대화에서도 쓰이는 어구들은 다음과 같다. "내가 먼저야", "나는 원해", "해 줘", "나는 상관 안 해", "나한텐 내 관심사만 중요해".

광고들은 이러한 협소한 즉각적 자기애에 호소한다. "오늘 나에게 특별한 선물을 주자. ~을 사자", "우리의 ~은 활력이 넘친다. 진정한 남자라면 탁 트인 들판에서 도전할 때 이것을 써 보면 바로 느낄 수 있다", "활력이 있는 곳으로" 또는 신용카드 광고에는 "마스터(카드), 지루해, 오늘 나를 멀리 데려다 줘".

주류적 세계관과 이 세계관을 기반으로 한 주류적 행동들은, 탁 트인 들판, 사막, 심지어는 공식적으로 지정된 야생지, 해변, 공원 등을 도전적이고 자기 중심적인 재미의 공간으로 여긴다. 그래서 자주 이러한 공간에서 마약이나 술을 섭취하고, 거대한 무리의 차량이 한꺼번에 달리는 경주를 실시하고(한 번에 최대 5000대의 차량으로 남부 캘리포니아 사막의 취약한 생태계 일부를 가로지르기도 한다), 오프로드 차량을 사용하여 섬세한 모래 언덕을 '마스터'하고, 흔히 볼 수 없는 동물들을 찾기 위해 늪지대로 들어간다. 극단적 주관주의라 할 수 있는 이런 무제약적인 태도로 여가를 즐기는 방식은 한 학생의 다음과 같은 말로 표현될 수 있다. "도대체 당신이 뭔데 내가 모래 언덕에서 오토바이 타는 것을 뭐라고 해. 이건 내 취미야!"

많은 사람들은 자연적인 곳에 있으면서 휴양 또는 도시 기반의 경관을 즐기는 데 많은 시간을 쓰고 있다. 수많은 사람들을 서핑 장소와 스키 장소, 휴양지로 끌어들이는 이러한 사회적 행위는 최신 유행을 따르고 계속해서 옷과 장비를 바꾸는 게 특징이다. 제트스키나 스노모빌, 그리고 오프로드 3륜 구동 차량 등은 최근에야 발명된 것들이지만, 발명된 순간 바로 일종의 전통과 같은 것이 됐다. 강력한 홍보와 용이한 접근성을 바탕으로, 이러한 시끄럽고 파괴적인 차량들은 다루기 힘들었던 기존 장비로는 접근이 힘들었던, 그래서 보전될 수 있던 자연 지역에 더 쉽게 진입할 수 있게 해 준다. 이용자들은 바퀴 자국과 또 때로는 그들이 지나간 자리에 쓰레기를 남기고, 평온함을 방해하며, 섬세한 식물 생태계와 야생동식물 서식지를 파괴한다.[8]

이러한 상황 때문에 개량주의적 환경운동가들이 가장 망가지기 쉬운 생태계에조차도 오프로드 차량의 진입을 막는 것이 어렵다. 장소를 보호하려는 사람들은 자신들의 성년 시절 대부분을 작은 계곡이나 산의 생물다양성과 생태적 과정들을 보호하는 데 힘써 왔다. 그 한 인물로 메리 드데커Mary DeDecker가 있다. 그녀는 데스 밸리 국립공원 북서쪽의 유레카 모래 언덕 근처에 30년간 살았다. 오프로드 차량의 악영향을 경험한 뒤, 그녀는 오프로드 차량의 집입을 막고, '계곡을 살리자'며 1인 시위를 했다. 1984년에, 미국 토지관리국은 그 지역을 "국가적으로 중요하고, 중요한 자연 유산이 될 수 있는 특별한 가치"를 가지는 국립 자연보호구역으로 지정했다. 그러나 오프로드 차량 이용자들은 계속해서 개방을 요구하고 있으며, 또 어떤 경우에는 이러한 지정을 무시한 채 진입하겠다고 위협하고 있다.

2. 성장을 장려하는 방식

폴 셰퍼드는 『자연과 광기』에서 다음과 같이 말하고 있다.

어쩌면 우리에겐 종교, 경제, 기술, 이념, 미학, 철학의 영역의 새로운 혁명이 필요한 게 아닐 수 있다. 우리는 꼭대기에서부터 시작해서 정치 시스템을 뿌리째 뽑고, 자기 책임 아래 삶의 방식을 바꾸고, 수렵이나 채취를 하는 사람들이나 자연주의자들을 모방하거나, 금욕적 궁핍을 감내하거나 부족 집단에서 삶을 살아야 하는 것은 아니다. 인간의 성숙과 부합하지 않는 문명적 삶의 방식들은 아이들이 자연스러운 개체발생 순서를 따라 성장하는 세상에서 스스로 시들어 갈 것이다.

셰퍼드는 만일 우리가 교육 시스템, 대중 매체 그리고 이기주의 문화의 영웅들이 내세우는 주장을 놓아 버릴 수 있다면, 우리가 이 책에서 말한 것과 같은 인간 성숙을 위한 자연적 발전 과정의 길을 열 수 있을 것이라 말하고 있다. 우리는 사람들에게 그들 자신의 핵심적 필요를 헤아리고, 자신의 핵심적 필요가 다른 존재들의 핵심적 필요와 연결되어 있다는 점을 이해해 보라고 강하게 이야기하고 싶다.

지금까지는 수렵/채취 공동체가 이러한 성숙의 과정을 허용하고 촉진시키는 최선의 공동체 모델로 보였다. 하지만 비주류 전통에서도 이러한 길을 걸을 수 있는 많은 방식들이 있다. 작은 규모의 공동체들은 생태 지역을 독차지하지 않고 살면서, 그 장소의 핵심적 필요와 대지 공동체 안에 속한 인간 구성원의 핵심적 필요를 이해할 수 있다.

모든 제안은 다소 덜 순수하고 덜 완벽하겠지만, 적어도 현재 우리의 문화 안에 존재하는 전통에 기반해서 실행할 수 있다. 예를 들어, 심층생태학자들은 야외 레크리에이션이 좀 더 인위적인 오락보다 핵심적인 필요라는 걸 인정한다. 하지만 야외 레크리에이션이 심리적 성숙과 모든 생명에 대한 공감을 늘리는 목표와 부합하려면 몇 가지 조건이 필요하다.

첫 번째 조건은, 장소를 돌본다는 원칙이다. 야생지를 이용하는 많은 사람들은 이제 최소한의 영향을 미치는 캠핑을 널리 실천하고 있다. 공원, 야생 지역, 해변, 모래 언덕, 사막, 산, 강에서 쓰레기를 버리지 않고 자신이 책임져서 가져가야 한다. 공원, 강, 산, 해변, 사막에 갈 때 장소 자체를 존중하고, 그곳에 사는 비인간 존재들을 존중하는 것은 기본이라고 할 수 있다.

두 번째 조건은, 누군가 환경에 반응하거나 그곳에서 레크리에이션 활동을 가질 때 조심스럽게 지켜보는 태도를 취하는 것이다. 이는 그 구체적 장소에 가지고 간 선입견이 아닌 새로운 가능성에 주목하는 것이다. 이는 '제3의 귀로 귀기울이는 것'이라고 할 수 있다.[9]

세 번째 조건은, 레크리에이션의 목적으로 어떤 장소를 방문했을 때 자신의 도시적 배경과 기술 중심적 사고로부터 심리적으로 거리를 두는 것이다. 낚시 장소에 가지고 간 4륜구동 차량이나 낚시 장비 상표가 드러내는 사회적 위상에 신경 쓰는 것이 아니라, 사람, 장비, 환경 간의 관계에 더 직접적으로 관심을 가져야 한다. 예를 들어, 서핑의 목적은 다가오는 파도 앞에서 어느 시점에 파도에 올라타고 내려갈지 알아 가며 서퍼와 서핑보드가 하나가 되는 것이다. 이것이 '행동'이다. 그 밖의 나머지, 즉 해안가에서 어떤 옷을 입을지, 어떤 말을 할지, 장비가 남들에게 어떻게 보이는지 하는 문제는 그저 '서핑의 배경'일 뿐이다.

네 번째 조건은, 앞서 언급한 성숙의 이론으로부터, 우리는 우리 문화에서 '즐겨라'라는 통상적인 권고가 강박 아니면 피상이라는 것을 깨달아야 한다는 것이다. "즐거워야 해, 그렇지 않으면 나한

테 문제가 있는 거야"라는 식의 태도 말이다. 자연스러움과 성숙의 이론의 관점에서 보면, 즐거움이란 보다 깊고 축하하는 감정, 심리학에서 스피노자 이론의 용어인 변용affection이라고 하는 것이다.

다섯 번째 조건은, 야생에 대해 논한 장에서 언급한 것처럼, 장소의 리듬을 느낀 사람이 보고 느낀 대로 장소를 그림으로 그리거나, 춤을 추거나, 시나 글로 표현하여 축하의 마음을 표현하고 의례를 해 보는 것이다. 이는 그 자체가 직접 행동이며, 더 나아가 생태의식을 함양하게 한다.

우리 생각에, 이와 같은 제대로 된 자세를 갖추고 한다면 유익하다고 할 수 있는 활동에는 낚시, 사냥, 서핑, 일광욕, 카약 타기, 카누 타기, 배 타기, 등산, 행글라이딩, 달리기, 자전거 타기, 새 관찰하기가 포함될 것이다. 이러한 활동들에 참여한 사람들이 쓴 많은 글이 있다. 특별히 등산과 낚시의 경우가 많은데, 아마도 이들이 생명 중심적 평등성을 존중하면서도 인간과 비인간 간의 관계에 대한 직관적 이해와 장소성을 계발할 개연성이 높기 때문일 것이다.

실제로, 낚시는 명상적인 요소와 함께 가장 직접적으로 자연을 만나는 활동 중의 하나이다. 이는 당나라 시인 이백의 다음과 같은 시에서도 표현되고 있다.

물은 칼로 베어도 고요히 흐르고
슬픔은 바람결에 흘려보내도 돌아오기에
세상은 우리의 갈망에 결코 응해 줄 수 없기에

내일 머리를 풀고서 낚시 배를 타련다.●

야외 레크리에이션 활동에 대한 제안 이외에도, 돌로레스 라샤펠은 실제 삶의 주기 매 단계마다 자연에 대한 관심이 자연스럽게 생겨나게 만드는 구체적인 방법을 제시하고 있다. 이에 따라 생태적 의식이 계발되고 심층생태학적 규범들을 수용할 수 있게 된다. 라샤펠은 심층생태학적 맥락을 그녀 자신의 가르침에서 사용하는데, 아메리카 선주민뿐만 아니라 동양 전통에서도 가져온다. 그녀는 신체 발달상 인생의 네 가지 단계에 대해서 논의한다.[10]

첫 번째 단계에서는, 훼손되지 않은 경관에서 대부분의 시간을 보내곤 한다. 이때 흔들리는, 바라보는, 만지는 몸의 리듬에 자극받는다. 라샤펠은 자신의 경험을 그 예로 제시하고 있다.

나는 유년기에 사시나무에 매달려 많은 시간을 보냈다. 아버지는 특정 꽃가루에 알러지가 있어서 우리 가족은 초지에서 자라는 풀들이 없는 산에서 많은 시간을 보냈다. 나는 나뭇가지에 밧줄로 매단 천 의자에 앉았다. 이런 식으로 나에겐 사시나무 잎이 각인되었다. 아직까지도 초가을이 되면 나는 사시나무 사이에 머무르며, 깜박거리

●　이백의 시 한문 원본은 이 책 저자들이 인용한 영어 번역과는 다소 다르다. 독자의 이해를 위해 한문 시도 옮겨 놓는다. "칼을 뽑아 물을 베어도 물은 다시 흐르고抽刀斷水水更流 / 술잔 들어 근심 삭혀도 다시 근심 깊어지네擧杯消愁愁更愁 / 이 세상 인생살이 뜻대로 되지 않으니人生在世不稱意 / 내일 아침 머리를 풀고 조각배를 띄우리明朝散髮弄扁舟."

는 나뭇잎 사이에서 금빛 햇빛이 노는 것을 조용히 바라보며 시간을 보내고 싶어진다.

9세에서 10세 정도의 아이들이 냇가나 강, 산, 바다에서 노는 경험을 통해 자신보다 더 큰 유기적 전체를 가장 쉽게 받아들인다.

두 번째 단계인 청소년기에는, (고민하기 위해) 홀로 있고 싶다는 갈망과 또래 친구들과 격렬하게 놀고 싶다는 갈망 사이를 오가며 위험을 무릅쓰는 시기이다. 폴 셰퍼드가 "청소년기의 카르마"라고 말한 것이, 등산이나 항해처럼 길고 친밀하고 내밀한 경험과 의례를 통해 표출되도록 하는 것은 발전을 위한 자연스러운 방법이다.

라샤펠에 의하면 삶의 세 번째 단계는 친척, 친구, 공동체를 돕기 위한 시간을 갖는다는 점에서 책임감을 키우는 시간이고 보다 넓은 비인간 공동체의 핵심적인 필요를 이해하는 시간이다.

네 번째 단계는, 늙어 가는 시기로 필멸성mortality의 이점이 드러난다. 이 이점이 무엇인지 다음과 같이 서술하고 있다.

필멸성의 이점은 존재의 새로운 현현을 가능하게 한다는 것이다. 예를 들어, 원자와 세포 같은 구성요소는 지금은 '나'라고 하는 일시적인 유기체를 구성하고 있지만, 과거에는 다른 존재에 속해 있었고, 미래에는 아직 알 수 없는 새로운 많은 존재의 일부가 될 것이다. 나를 구성하는 부분들은 항상 있어 왔고, 지구상에 생명이 존재하는 한 계속 있을 것이다. 바뀌는 것은 구성물을 연결하는 관계일 뿐이다.

공해, 오염, 불결은 인간이 자연에 순응해 살았다면 만들어지지 않았을 말들이다. 새, 곤충, 곰은 깨끗하게 죽고 아름답게 분해된다. 숲에는 죽어 있고 죽어 가는 나무로 가득 차 있지만, 살아 있는 존재의 아름다움을 완성하기 위해서는 여전히 이들 죽은 나무의 아름다움도 필요하다. 모든 죽음은 얼마나 아름다운가!

—존 뮤어, 『산속의 존John of the Mountains』(1938)

레이첼 카슨은 그녀의 에세이 『경이의 감각Sense of Wonder』에서 아이들에게 경이의 감각을 일깨우기 위한 조언을 부모들에게 해 주고 있다.

모든 아이의 세례식을 주관하는 요정에게 내가 영향을 끼칠 수 있다면, 나는 세상의 모든 아이들에게 우리의 모든 인생 동안 남을 불멸의 경이감을 선물로 주라고 요정에게 부탁할 것이다. 노년에 권태와 환멸을 느낄 때나, 인위적인 것에 무익하게 집착할 때나, 우리 힘의 근원에서 소외될 때 그런 경이감이 언제나 변함없이 우리를 치유해 주도록 말이다.

아이가 요정에게서 이런 경이감을 선물받지 못하고 자신의 타고난 경이감을 키워 나가야 한다면, 아이에게는 이 세상의 즐거움, 흥분, 신비를 함께 다시 발견해 나가고 경이로움을 나눌 수 있는 동반자 어른이 적어도 한 명은 필요하다. 부모는 한쪽에는 열정적이고 예민한 아이의 마음을, 다른 한쪽에는 너무나 다양하고 익숙지 않은 생명이 가득하고 질서와 지식으로 설명할 수 없는 복잡한 자연계를 마주하다 보면, 스스로 부족하다는 생각이 들곤 한다. 자괴감에 그들은 다음과 같이 말하곤 한다. "새도 구분 못하는데 어떻게 우리 아이들에게 자연에 대해 말해 줄 수 있나!"

나는 아이나, 아이를 이끌어 주려는 부모에게, 아는 것은 느끼는 것에 비해 그 절반도 중요하지 않다고 말하고 싶다. 만일 사실이 앎과 지혜를 만들어 내는 씨앗이라면, 감정과 감각의 인상은 이 씨앗이 자라나는 비옥한 토양이다. 인생의 초년은 이 토양을 준비하는 시기이다. 아름다움에 대한 감각, 새로운 것과 미지의 것에 대한 흥분, 공감, 동정, 존경, 혹은 사랑과 같은 감정이 일어나면, 우리는 우리 감정의 대상물을 알고 싶어 한다. 그래서 알아내게 된다면, 그 대상은 지속적인 의미를 갖게 된다. 아이들에게는 소화할 준비가 되지 않은 사실들을 섭취하게 하는 것보다 알고 싶어 하도록 하는 것이 더 중요하다.

———— ◆ ————

우리는 특히 생태 지역을 중심으로 한 비주류 전통이 성숙과 생태적 통찰을 개발하기에 적절한 공동체의 방식이라고 제안했다. 그리고 우리는 더 심리적 그리고 정서적으로 성숙한 단계로 발전하는 것이 가능하다고 장려한다. 이 성숙을 통해 모든 생명과 어우러지는 것이 심지어 우리의 기술산업 사회에서도 가능하다고.

동양의 성전聖典들은 그저 말에 불과하다.
언젠가 슬쩍 그 책들을 거들떠보았다
카비르는 자신이 살면서 겪은 것만 말한다.
당신이 뭔가를 몸소 살아 낸 것이 아니라면, 그건 진짜가 아니다.
—카비르Kabir ●

● 15세기 인도의 종교인.

제11장

생태적 저항

내가 숲으로 간 것은 내가 의도한 대로 살고 싶었기
때문이다. 삶의 본질적인 사실만을 마주하면서 삶이
가르쳐 준 것을 내가 배울 수 있는지 알고 싶었으며,
내가 죽을 때 헛살았다고 생각하고 싶지 않았다.
삶은 그토록 소중하기 때문에 삶이 아닌 것을 살고
싶지는 않았다. 꼭 필요한 것이 아니라면 참고 감내하고
싶지도 않았다. 깊이 있는 삶을 살면서 삶의 모든 정수를
맛보고 싶었다. 삶이 아닌 모든 것은 스파르타인처럼
싸워서 물리치면서, 넓게 낫질해 베어 내고 면도날로
바짝 깎아 내면서, 삶을 궁지로 몰아가 가장 낮은
수준까지 내려 놓은 뒤 삶이 천박한 것으로 밝혀진다면
천박함을 모두, 완전히 알아내서 세상에 알리고 싶었다.
그게 아니라 삶이 숭고하다면 경험을 통해서 삶의
숭고함을 깨닫고 나의 다음 여행에서 삶의 진정한 의미를
설명해 내고 싶었다. 대부분의 사람들은 삶에 대해서
이해하지 못하면서, 즉 삶이 악마의 것인지, 신의 것인지
알지 못하면서 "신을 영화롭게 하고 그로부터 영원한
즐거움을 얻는 것"이 인간의 주된 목적이라고 성급하게
결론짓는 것처럼 보이기 때문이다.
　　　　　　　　　　　　　—헨리 데이비드 소로, 『월든』

우리는 공공정책을 개혁하고 생태 지역 공동체를 만들며 생태적인 의식을 함양하는 방향으로 사람들이 할 수 있는 다양한 특정 행동을 제안하면서 이 책을 시작했다. 결론을 맺는 이 장에서 우리는 직접 행동이라는 주제로 다시 돌아왔다. 우리는 심층생태학이 추상적인 이론화의 게임만은 아니라는 점을 설명했다. 하나의 관점으로서 심층생태학은 살아 있고, 춤추고, 잔치를 연다. 심층생태학은 울림이 있다.

생태적 의식의 함양이란 부분적으로는 시어도어 로작이 이야기한 열광적 지성rhapsodic intellect을 기르는 것을 의미한다. 열광적인 지성은 지성과 신체와 기쁜 감정을 통합하는 과정에 참여한다.[1]

심층생태학의 통찰, 근본적인 규범, 원리와 이론을 토대로 한 가장 중요한 실천적 질문은 이것이다. 이러한 문화의 제약을 고려해 볼 때 우리가 어떻게 하면 더 성숙한 인간이 될 수 있는가?

우리는 밖으로 향하는 직접 행동과 안으로 향하는 직접 행동 사이에, 즉 자신에 영향을 미치는 행동과 세상에서 행동하는 것 사이에 상호작용이 있고, 그 결과 모든 생명체에 공감하는 심층생태학적 인식에서 더 깊은 진전이 일어난다고 이야기하고 싶다. 안과 밖 사이에 뚜렷한 분리는 없다. 사람들은 심층생태학적 원리로부터 직접 행동을 취하고, 직접 행동을 통해서 더더욱 성숙해진다. 우리는 표면적인 형태의 직접 행동을 '생태적 저항'이라고 이름 붙인다.

1. 심층적 원리로부터 나온 행동

———— ◆ ————

생태적 저항의 가장 중요한 원리는, 다양성은 자연스럽고 이로우며 단일 재배의 위력에 위협을 받는다는 확신이다. …… 만약 기반이 되는 모델이 있다면 그것은 생태계 모델이다. …… 생태적 저항에서 인류의 이미지는 보다 전체론적이고 참여적이어서, '사람'은 '자신의 환경'의 반대편에서 관리자나 관광객, 또는 어설픈 개혁가로서 서 있지 않다. 사람은 먹이사슬의 한 부분이고 …… 자신의 양성兩性적인 몸에 가해진 상처를 매우 개별적으로 받아들이는, 우주에 속한 소우주다.
—존 로드맨, 「환경운동의 이론과 실천」(1978)

———— ◆ ————

이제 우리는 사람들이 나무와 식물, 산과 물 사이로 가서 같은 인간들을 피하려고 하는 거의 보편적인 경향성을 갖는지 그 이유를 이해할 수도 있을 것이다. 자연에 대한 사랑을 조소하는 것에는 쉽고 싸구려 같은 궤변이 있지만, 시의 보편적인 주제에는 아무리 진부하더라도 늘 심오하고 극히 본질적인 어떤 것이 있다. 수백 년간 동서양의 위대한 시인들은 기본적으로 '자연과의 교감'에 대한 인간의 사랑을 표현해 왔다. 이 표현에 대해서 오늘날 지식인들은 '약간 터무니없다'고 생각하는 것 같다. 짐작건대 '자연과의 교감'이라는 표현은, 신문에서 읽는 것만이 현실이라고 생각하는 사람들로부터 엄청나게 비난받는 '현실 도피' 가운데 하나로 간주된다.

그러나 아마도 우리가 비인간 자연을 이렇게 사랑하는 이유는, 자연과의 교감을 통해 우리가 여전히 정신적으로 건강하고, 기만당하지 않으며, 인생의 의미와 목적을 걱정하지 않을 정도로 우리의 인간적인 본성을 회복할 수 있기 때문일 것이다. 우리가 '자연'이라고 부르는 것에는 모종의 기획과 자만도 없다. 새들과 동물들은 정말로 있는 힘껏 먹고 번식하는 자신들의 일에 전념한다. 그리고 그것을 굳이 정당화하지 않는다. 그들은 마치 이것이 더 높은 목적을 위한 것이거나 세상의 진보에 중요하게 기여하는 것이라고 가장하지 않는다.

인간에게 매정하게 굴려는 것은 아니다. "새는 옳고 우리는 그르다"라고 말할 정도로 문제가 그렇게 간단한 것은 아니기 때문이다. 중요한 것은, 목적 없고 경이로운 자연 세계와의 조화로운 관계가 우리 자신에 대한 새로운 안목을 준다는 점이다. 그 안목에서 우리의 자만은 비난받지는 않지만 스스로 생각한 것과는 완전히 다르게 보인다. 이러한 견지에서 보면, 기이할 정도로 추상적이고 거만한 인간의 모든 특색들은 큰부리새와 코뿔새의 어마어마한 부리, 동물원에 있는 새들의 멋진 꼬리, 기린의 높이 솟은 목, 여러 가지 선명한 색을 띤 개코원숭이의 엉덩이와 같은 층위에 있는 자연의 경이로움으로 갑자기 바뀐다. 따라서 그런 관점에서 보면 인간의 자만은 비난받을 일도, 의미심장한 의미를 지닌 일상의 모습도 아니게 되며 그저 갑자기 웃음 속으로 사라진다. 합목적성과 추상적인 관념에 몰두하는 인간의 집요한 태도는 완벽히 자연스러운natural 것이기는 하지만, 공룡의 거대한 몸과 같이 과도한 것이다. 생존과 적응의 수단으로서 그것들은 지나치게 중시되어 왔으며 자신만의 이익을 위해서 너무나 교활하고 너무나 실용적인 종을 만들어 냈다. 이러한 이유로 '죽은 고양이의 머리'[•] 철학이 필요한 상황이다. 이 철학은 자연처럼 자신 이외의 다른 목적이나 결과를 갖지 않기 때문이다.

—앨런 와츠, 『자연, 남자와 여자Nature, Man and Woman』(1958)

━━━━━ ◆ ━━━━━

생태적 저항자들은 제한적으로 정의된 사회문제(대기오염과 같은)에 한정된 기술적 해결책만 있다는 것을 받아들이지 않는다. 이 문제들을 더 큰 문제의 증상으로 본다.

기술주의적 해결책에는 세 가지의 주요한 위험이 있다. 첫째, 현대의 지배적인 이데올로기와 기술을 이용한 완벽하거나 수용 가능한 해결책이 있다고 믿는 위험이다. 둘째, 실제로는 문제가 계속 발생하고 있는데 뭔가 조치를 취하고 있다는 인상을 주는 것이다.

●   '죽은 고양이의 머리'는 선불교의 유명한 화두 중 하나다. 당나라 때 선승인 조산에게 누가 물었다. "세상에서 무엇이 가장 귀하고 비쌉니까?" 조산은 "죽은 고양이 머리가 가장 귀하다"고 답했다. "어째서 그렇습니까?"라고 되묻자, 조산은 "아무도 값을 매기는 사람이 없기 때문이다"라고 말했다. 이는 진리는 합리성과 이분법을 넘어선 곳에 존재함을 나타낸다.

땜질로 '진짜 과업'에서 주의를 돌리게 한다. 마지막으로는, 전문 생태학자처럼 새로운 전문가가 나타나 해결책을 제시해 줄 거라고 가정할 위험이 있다. 하지만 이 전문가들은 사실상 일부 기업이나 기관의 이익이나 지배력에 관련된 의제를 홍보하는 대변인에 그칠 수도 있다.

생태적 저항은 필요한 일을 하고, 비폭력적으로 지켜본다는 중심 원칙들로부터 나온 행동이다. 그것은 인식의 변화에서 비롯된다. 생태적 저항은 더 깊고, 그래서 개량주의보다 더 급진적이라고하는 사람도 있다. 개량주의적 행동 가운데 일부는 (예를 들자면, 자동차 배기장치에 의한) 최악의 대기와 물 오염을 완화하려 하는데, 이는 생물권의 내재적 가치 때문이 아니라 오로지 인간의 건강과 안전에 대한 우려라는 동기에서 비롯된다. 이런 개량주의의 한계가 이제는 잘 알려져 있다.

──────── ◆ ────────

'카테드랄 포레스트*' 야생지 선언

오리건의 오래되고 가장 큰 숲의 마지막 중요한 수목들이 파괴되고 있다. 소위 1984년 오리건 삼림야생지법Oregon Forest Wilderness Bill은 오리건에 남은 주요한 삼림야생지를 보호하지 못할 뿐만 아니라 '무도로無道路 지역 검

● 남미의 오래된 열대 우림에서부터 밴쿠버 섬의 '카테드랄 그로브'와 거대한 삼나무 숲에 이르기까지 오래된 숲을 일컫는다.

토와 평가(RARE II)' 절차라는 허술한 보호마저 제거함으로써 개발이 가속화되도록 야생지를 개방한다. 따라서 우리는 스스로 이 땅들을 보호할 것을 제안한다.

우리는 모든 것이 연결되어 있고, 우리가 지구에 하는 모든 행동은, 우리 자신에게 하는 것이라고 생각한다. 우리가 남아 있는 야생지를 파괴한다면, 우리는 결국 지구와의 동질감을 파괴하게 될 것이다. 야생은 인류에게 가치가 있다. 어떠한 과학자도 합성할 수 없고, 어떠한 경제학자도 값을 매길 수 없으며 어떠한 기술적 간섭도 대체할 수 없는 가치 말이다.

우리는 이 야생지들을 영구히 보호해야 한다고 생각한다. 우리 자신을 위해서만이 아니라 식물과 동물을 위해서 그리고 지구를 유지하기 위해서. 우리처럼 숲도 살아 있는 존재이다. 야생지는 그 자체만을 위해서 온전하게 존재해야 한다. 어떠한 인간의 정당성이나 논리적 근거 또는 변명이 필요하지 않다.

우리는 지구가 죽어 가고 있음을 인지한다. 우리는 지구가 다시 살아나서 깨끗하고 건강해질 수 있도록 이 과정을 전환하여 파괴를 멈추게 하겠다고 우리 자신에게 다짐한다.

우리는 미국 정부에 태평양 북서부의 삼림을 우리가 사는 거대한 대륙의 수많은 대체 불가능한 보물 가운데 일부로서 보존해 달라고 요구한다.

지구 공동체의 모든 시민들을 대표하여 우리는 오리건의 오래된 생태계 가운데 남은 가장 큰 산림을 영구히 침범 불가능한 야생지로 선언한다.

＊카테드랄 포레스트 행동 그룹The Cathedral Forest Action Group은 센티엄 카테드랄 포레스트Santiam Cathedral Forest를 지키기 위해 1984년에 결성되었다. 이 숲은 8만 에이커의 야생지로서, 오리건 중부의 케스케이드 산의 미들 센티엄Middle Santiam과 올드 케스케이드Old Cascade 야

생지를 포함한다. 미국 산림청이 이 땅을 관리한다. 이 그룹의 회원들은 야생지를 개벌하기 위해서 산림청이 보낸 벌목 트럭과 불도저 앞을 막아섰다. 저항했던 여러 사람이 체포되었다. 그들의 성명서는 '무도로 지역 검토와 평가' 절차에서 산림청과 협력하려는 시도를 언급하고 있다.

———————— ◈ ————————

생태운동에 깊이 전념하는 사람은 인간의 개입에 대한 자연과정의 취약성과 더불어 생물다양성 유지라는 근본적인 필요성을 인식한다. 생태계의 온전함을 확인하게 되면 종종 개발로부터 강이나 협곡 또는 야생지를 구하려는 캠페인이 뒤따른다.

실제로 생태적 저항은 다른 생물 종, 예를 들면 강 또는 산과 벗이 되는 것을 포함한다. 일반적으로 저항하는 이들은 책임감을 가지게 되고, 다른 이들을 대자아로 바라보는 과업을 짊어진다. 로맹 가리Romain Gary의 소설 『하늘의 뿌리The Roots of Heaven』(1958)에서 주인공은 중앙아프리카의 코끼리 무리를 책임진다. 그는 밀렵과 인간의 서식지 파괴로부터 이러한 생명체들을 보호할 책임을 지라고 부족과 국가와 유엔에 요구한다. 이렇게 친구가 되는 과정은 우정에 대한 아리스토텔레스의 기준에 기초했다고 할 수 있다. 바로 다른 이들을 위해 그들의 이익을 증진하는 것이다. 또는 우정은 자기의 확장일 수 있다. 간디는 마을에서 행한 그의 선행이 인도주의를 보여 준 것인가라는 물음에 "다른 누구도 아닌 나를 위해서 일했다"고 답했다. 간디의 말은 성숙함을 명확히 규정한다. 그의 자아는 마을 전체를 포용하기 때문에 이타주의가 필요하지 않다.

　장소를 지켜 낸 저항의 유형은 시거드 올슨이 미네소타 북쪽 숲을 지킨 것, 피트 군터가 텍사스 빅 티켓Big Thicket 숲을 지킨 것, 데이비드 브라우어가 그랜드캐니언을 지킨 것, 에드워드 애비가 아메리카 남서부를 지킨 것에서 잘 나타나 있다. 존 뮤어가 헤치헤치를 모범적으로 지켜 낸 일은 1980년대 국가가 직면한 정신적인 분수령과 같다고 해서, 미국 역사의 '정신적인 분수령spiritual watershed'으로 불려 왔다.[2]

　'강을 살리려는' 또는 '지구를 구하려는' 정치적인 캠페인에는 개인과 단체 들의 매우 다양한 전략이 있지만 생태적인 저항에서 가장 중요하고 기본적인 규범은 비폭력이다.

　그린피스의 자원활동가들은 1960년대와 1970년대 수많은 캐나다와 미국 사람들의 응원과 기부를 받으며 프랑스의 대기 중 핵폭탄 실험에 항의하기 위해서 작은 배로 남태평양으로 항해해 갔다. 그리고 그들은 미 국방부가 계획한 핵실험에 항의하기 위해서 (밴쿠버로부터) 알래스카 해역으로 항해했으며 포경선들과 멸종위기에 처한 고래 사이에 서기 위해서 수많은 해역으로 향했다.

━━━━　◈　━━━━

많은 사람들이 지구와 균형을 이루는 건강한 인간사회를 지켜보고 확인하기 시작했다. 그린피스의 철학은 생태적 저항의 전략인 지켜보기의 여러 중요한 점들을 이렇게 요약한다.

우리는 환경운동가들이고 부서지기 쉬운 세계를 보호하기 위해서 적극적으로 일하고 있다. 우리는 프랑스령 폴리네시아에서의 핵실험에 맞섰고 이겼다. 우리는 바다에서 러시아 포경업에 맞섰으며, 북아메리카 해역으로부터 그들을 몰아냈다. 우리는 참치를 잡는 어부들의 돌고래 살육을 널리 알렸다. 그리고 뉴펀들랜드에서 새끼 바다표범 사냥의 잔혹함이 알려지도록 했다. 생태학의 이름으로 말이다.

생태학은 우리에게 인류는 지구상의 생물체에서 중심이 아니라고 가르친다. 생태학은 우리에게 지구 전체는 우리 '몸'의 일부이고 우리가 우리 자신을 존중하듯이 지구를 존중하도록 배워야 한다고 가르쳤다. 우리가 우리 자신에 대해서 연민을 느끼는 것처럼 고래, 바다표범, 숲, 바다 등 모든 유형의 생물체에 대해서 연민을 느껴야 한다. 생태학적 사고의 엄청난 장점beauty은 다시 생명을 이해하고 그 진가를, 그러한 생명의 실제 방식에 필수적인 이해와 진가를 알아 가는 길을 우리에게 보여 준다는 것이다.

고래와 바다표범을 구할 때처럼, 생명은 비폭력적 대결을 통해서, 퀘이커 교도들이 '묵묵히 지켜보기bearing witness'라고 부르는 방식으로 구해야 한다. 묵묵히 지켜보는 사람은 부정의를 인식한 것에 대한 책임을 받아들여야 한다. 그러므로 그러한 사람은 무엇인가 할 일을 선택하거나 준비할 테지, 모른다고 외면하지는 않을 것이다. 그린피스의 윤리는 생명체에 가하는 잔혹 행위를 개인적으로 묵묵히 지켜보기만 하는 것은 아니다. 잔혹 행위를 막기 위해 직접 행동도 해야 한다. 행동은 직접적이면서도 비폭력적이어야 한다. 우리는 가해자에게 개인적인 폭력을 가하지 않고 잘못을 막아야 한다. 우리는 우리의 가장 큰 강점은 생명 그 자체이며, 다른 생명체를 보호하는 방향으로 우리의 삶을 이끌어 가는 헌신임을 알아야 한다.

◆

호주에서 생태적 저항 운동가들은 정부 기관이 태즈메이니아의 자유롭게 흐르는 강에 댐들을 건설하려는 시도에 항의했고, 뉴사우스웨일스의 마지막 아열대 우림 일부에서 통나무를 베어 내던 벌목 트럭들을 막았으며, 핵폭탄 제조에 이용되는 우라늄의 수출을 중단하라고 연방정부에 계속해서 청원했다.

존 시드는 열대우림정보센터Rainforest Information Centre를 설립했고, 모든 사람들에게 우림의 고유한 가치와 중요성을 알리는 세계적인 캠페인을 시작했다. 한 인터뷰에서 그는 자신이 소극적인 관찰자에서 참여자로 변해 간 심리적 발전 양상을 설명했다. 그가 말하길 "'내가 열대우림을 보호한다'는 생각이 '나는 나를 보호해 주는 열대우림의 일부이다'로 발전해 간다. 나는 최근에 내 의식 속에 들어온 열대우림의 한 부분이다." 그는 이런 변화가 정말 다행이라며 이렇게 말했다. "수천 년간 (상상해 왔던) 분리가 끝나고 우리의 진정한 본성을 기억하기 시작한다. 말하자면, 그 변화는 영적인 것으로, 산처럼 생각하는 것이며 때로는 '심층생태학'으로 불린다."

뉴사우스웨일스의 나이트캡 우림을 보호하는 행동을 하면서 시드와 많은 이들이 불법 침입과 '공무 방해' 혐의로 체포되었다. 그가 이러한 혐의로 재판에 섰을 때 시드는 법정에서 다음과 같은 진술서를 읽었다.

존경하는 재판장님, 저는 삼가 이 법정에 선 피고인들이 우림 지역을 구하는 핵심이었다고 주장합니다. 생태학적 증거와 이 상황의 사람들이 표현한 열망의 견지에서 저는 우리가 법에 따른 최고형이 아니라 메달을 받아야 한다고 주장합니다.

저는 삼림위원회와 벌목업자들이 자행한 범죄 증거를 경찰에 보여 주려고 하는 동안 체포되었습니다. 이들의 죄목은 표시 안 된 나무들을 잘라 낸 것, '표준 침식완화 조건Standard Erosion Mitigation Conditions'을 준수하지 못한 것, 환경영향평가 없이 벌목을 한 것을 포함합니다. 나중에 후자의 혐의는 대법원에서 입증되었습니다. 벌목업자들은 소송에서 패소하였을 뿐만 아니라 비용을 부담하게 되었습니다. 저는 경찰에게 이러한 범죄의 증거를 보여 주려고 하는 동안 체포되었습니다. 경찰이 조사를 거부하기에, 저는 시위 중에 저를 체포하도록 내버려 두었습니다.[3]

2. 대립적인 이들을 포용하기

생태적 저항은 동네의 평화를 유지하는 것으로 정의될 수 있다. 동네에서 파괴적이고 폭력적인 이웃은 거의 환영받지 못한다. 이웃 중에 강, 산과 해변과 초원이 포함되면 생태계의 온전함은 유지된다.

　때때로 목숨을 걸고 한 장소에 대해 지켜보는 것은 반대 입장에 있는 이들에게서 원치 않는 행동을 불러일으킬 수 있다. 마크 뒤보아는 뉴멜론즈 댐 뒤로 물에 잠길 예정인 캘리포니아의 스타니슬라우스 강의 한 구역에 자신을 사슬로 묶었다. 그는 익사하든지 아니면 공병대가 저수지에 물 채우기를 중단하는 데 동의할 때까지 남아 있을 것이라고 말했다.

공병대가 법원 심리가 열릴 때까지 물 채우기를 중단하는 것에 동의하자 그는 사슬을 풀고 나왔지만 물을 끌어다 쓰는 캘리포니아 센트럴 밸리의 일부 농장 사람들은 뒤보아의 행동에 격분했다. 뒤보아는 농민들과 이야기하려고 했고, 농민단체들의 순회강연 여행에서 자신의 동기를 설명하려고 노력했다.

아르네 네스는 간디의 비폭력 이론을 설명하면서 비폭력 정치 캠페인의 여러 가지 규범을 열거한다. 이 규범은 다음 내용을 포함한다.

1. 당신의 사례와 캠페인의 목적을 명쾌하고 분명하게 알리고, 필수적이지 않은 것과 필수적인 것을 구별한다

2. 반대 입장의 사람들과 개인적으로 접촉하고 그들에게 시간을 낸다. 갈등 관계의 단체에 개인적으로 접촉한다.

3. 반대편에 있는 이들로 하여금 당신의 사례를 믿고 지지하도록 만들되 강요하거나 이용하지 않는다.

4. 당신이 그의 재산을 고의로 또는 부주의하게 훼손한다면 상대방을 자극할 것이다.[4]

생태적 저항의 특정 정치 캠페인에 관한 경험적 연구는 저항하는 이들이 어떤 규범을 따르는지 밝혀 왔다. 일부 사회학자들이 비폭력 캠페인을 연구해 왔지만, 이러한 이론들을 생태운동에 적용한 이는 거의 없다. 반핵운동에 관한 한 연구는 핵발전소에서의 비폭력적인 지켜보기와 대립의 딜레마에 관한 몇몇 논의를 포함하고 있다. 사회학자 스티브 바칸은 종종 대규모 시위에 나타나는 무차별적인 폭력과 같은 메시지들은 핵발전 시설 건설 기술 또는 건설 결

정에 문제를 제기하는 의도의 메시지라기보다는 종종 미디어에 의해 대대적으로 선전된 것이라고 주장한다.[5]

고래를 구하기 위한 그린피스의 캠페인과 같은 특정 캠페인에 관한 사례 연구들은 비폭력 행동의 전제에 관해 보다 많은 해석을 만들어 낼 것이다. 예를 들면, 고래잡이들은 자신들이 일하고 있는 기업에 문제를 제기하게 될까? 저항하는 이들은 누가 주요한 의사 결정자들이고, 포경이 계속되는 것에 대한 책임이 누구에게 있는지 분명하게 말하는가? 생태적 저항자들은 집단적인 과정을 통해서, 명상을 통해서 자신들의 저항에 관한 이해를 분명히 설명하는가? 콜로라도 로키 플랫Rocky Flat의 플루토늄 시설과 연결된 철도 위에서 명상하다가 체포된 앨런 긴즈버그는 기자들에게 다음과 같이 말했다.

> 나의 논지는, 적절한 인간의 위엄과 기민함을 갖고 행해진다면 명상은 항의하는 상황에 적절할 수 있다는 것입니다. 하지만 당신은 거기에 앉아 있는 동안 당신의 호흡을 진정으로 알아차리고 있습니까, 아니면 텔레비전 카메라에 당신이 어떻게 비춰지는가를 생각하면서 앉아 있습니까? 불교 수행은 무활동과 무저항을 낳지 않습니다. 그것은 보다 편견 없는 행동으로 이어지며, 당신은 당신의 망상과 덜 싸우게 됩니다. 악에 대한 저항이 당신 아버지에 대한 분노이고, 우주 자체에 대한 분노이거나, 혹은 태어난 것에 대한 분노일 정도라면, 그 분노는 명상을 통해 사라질 것입니다.(『샌프란시스코 크로니클』, 1979년 9월 18일)

생태적 저항에 대한 주요 이론가들은 폭력 대 비폭력 전략을 비판한다. 하지만 로버트 아잇켄 노사는 저자에게 보낸 편지(1982년 6월)에서 이렇게 적었다.

비폭력을 실천하는 사람에게 비폭력은 단순히 수단만은 아닙니다. …… 다른 말로 하면 목적이 수단이요. 정치사나 운동사를 봅시다. 우리가 특정 목적을 위해 일하면 그 목적은 우리를 배신하곤 하지요. 우리는 린든 존슨을 물리쳤지만, 나타난 건 리처드 닉슨이었습니다. 우리가 B-1 전투기를 (일시적으로) 없애자 크루즈 미사일이 등장했고요. 우리는 우리의 행동이 목표가 되도록 해야 합니다. 우리의 행동은 그 자체로 진실이어야 하지요. 우리의 행동은 그 자체로 방어이자, 선언이며, 목적입니다.

생태적 저항의 방식으로서 폭력은 실천적이고 윤리적인 두 가지 이유에서 거부된다. 핵발전소 또는 미사일 기지에 대한 테러 공격은 '비상사태'와 정부 기관의 폭력적인 대응을 불러올 수 있다.

우림의 파괴에 항의하는 시위에서 불도저나 경찰차 앞에 앉아 있는 것과 같이 자신의 생명을 위험에 빠뜨리는 것은 불법일 수 있지만 폭력적이지는 않다. 그리고 발전기나 불도저를 멈추게 하는 것과 같은 자발적인 행동은 여전히 지속되고 있는 특별한 생태계의 파괴를 극적으로 고발할 수도 있다.

생태적 저항은 교육과 대중 연설과 소송을 이용해 자연의 다양성을 보호하는 것을 의미하기도 한다. 여론을 생태 보전의 대의로 전환하려 노력하고, 정치인과 의사 결정자 들에게 정보를 알리는 것을 의미한다. 저항은 긍정의 또 다른 이름이다. 자연의 온전함과 다양성 그리고 인간이 장소에 최소한의 영향을 미치는 것을 기쁘게 긍정하는 것이다.

생태적인 저항자들과 전통적으로 신성한 장소를 위해서 활동하는 선주민들 사이의 동맹이 종종 이뤄진다. 훌륭한 사례는 '하와이 선주민 운동Native Hawaiian Movement'으로, 하와이를 폭탄 투하 훈련 장소로 이용해 온 미 해군으로부터 카호올라웨Kaho'olawe 섬을 되찾으려고 했던 활동이다. 카호올라웨는 고구마 재배 때문에 그리고 타히티로부터 신들을 모셔 온 성지라서 역사적으로 중요했다.

'하와이 선주민 운동'에 대한 논문에서 로버트 아잇켄 노사는 미 해군 장교 한 명과 카호올라웨를 방문한 이 하와이 단체 대표들의 회의에 대해 설명한다. 그 장교는 "내게 카호올라웨를 어떻게 생각하는지 묻지 말라"며, "나는 해군의 대표로 여기 있고, 미국의 정책을 수행하고 있다"고 말했다.

아잇켄은 이렇게 결론을 내린다.

깊은 종교적 신념을 지닌 사람들과 맞선 그 관료는 물러설 수밖에 없다. 카호올라웨에서 해군은 승산 없는 싸움을 하고 있다. 해군은 진실이라는 무기가 부족하기 때문이다.

진실을 찾으면서 다시 하와이 사람이 되는 과정은, 사람들에게 현재의 개인적이고 사회적인 분열 상태를 가져온 모든 가치(만약 그것들이 가치로 불릴 수 있다면)에 대한 근본적인 반대와 길을 같이 한다.[6]

그러므로 생태적 저항의 과정은 개인적이면서 집단적이다. 자연 과정에서 얻은 이해뿐만 아니라 우리 마음의 토대를 변화시키고, 같은 마음을 지닌 다른 이들로부터 도움을 구하는 것은 삶의 도전이다.

이러한 과정의 성과 가운데 하나는 겸양이다. 이러한 겸양은 기술관료적 산업사회에서 거의 잃어버린 덕목이다. 다른 사람이나 야생 자연의 일부 측면에 대한 이기적 지배에서 어떠한 보상도 찾지 않는 것이 개인적 겸양이다. 다른 생물종이나 민족에 대해 그렇게 하는 건 집단적인 겸양이다. 아르네 네스는 이렇게 결론을 맺는다.

내가 보기에 보다 깊은 감정이 자연스럽게 우러난 결과가 아니라면, 그런 겸양은 거의 가치가 없다. 우리의 특별한 상황에서 더 중요한 것은 겸양은 우리 자신을 폭넓은 의미에서 자연의 일부로 이해한 방식의 결과라는 점이다. 이렇게 산에 비해서 우리 자신이 더 작게 느껴질수록 우리는 산의 위대함에 더 가까이 참여할 수 있다. 나는 왜 그런지는 알지 못한다.[7]

3. 존 뮤어: 저항의 본보기, 리더십과 성격

뮤어의 리더십 이론은 『도덕경』의 다음과 같은 구절로 가장 잘 설명되는 것처럼 보인다. "강과 바다가 모든 풍경을 다스리는 까닭은 낮은 곳을 잘 찾아들어 모든 것을 채우고 메우며 펼쳐지기 때문입니다. 현자도 마찬가지로 자신이 모자라다는 것을 인정하기에 다른 이보다 뛰어나고, 기꺼이 남을 따르려고 하기에 남들도 그를 따릅니다. 그러므로, 그가 다른 이들보다 우월해도 사람들은 그를 따라야 한다고 느끼지 않습니다. 모든 이들이 기쁘게 그를 지지합니다. 그는 어떤 누구와도 겨루지 않기 때문에 아무도 그와 겨루지 않습니다."[8]

뮤어는 자신이 했던 것처럼 다른 이들이 참된 아름다움을 느낄 수 있다고 확신했다. 마린 카운티에서 등산을 마친 후 꽃들을 샌프란시스코로 가져온 그는 한 무리의 아이들과 마주쳤고 그가 아이들에게 꽃을 주자 아이들의 얼굴에서 기쁨을 보았다. "아이들이 꽃을 바라보면서 마치 천국에서 내려온 천사들의 얼굴을 들여다보는 것처럼 꽃들을 경건하게 어루만지는 동안 아이들의 지저분한 얼굴은 열정으로 밝게 빛났다. 그것은 희망의 징조였기에 절로 '인간이 아무리 깊은 타락에 빠졌더라도 가장 낮은 이들이 순수하고 아름다운 것을 사랑하고 그것을 보며 순수하고 아름답다고 느끼는 한 결코 좌절하지 않으리'라는 말이 나왔다."[9]

뮤어는 남자든 여자든 다양한 사람들과 우정을 쌓았다. 그들은 그를 격려했고 그도 자신의 정치 캠페인에서 그들을 격려했다. 이 친구들 가운데 루스벨트 대통령과 철도계의 거물인 에드워드 헨리 해리만Edward Henry Harriman과 같이 정치적으로 영향력 있는 이들도 몇몇 있었다. 뮤어는 채굴업자와 벌목업자와 기타 자원개발업자들과 산의 보호 문제를 두고 싸울 때 도움을 받을 수 있는 모든 친구들을 필요로 했다. 분명히 그의 친구 해리만은 국립공원의 미래를 놓고 정치 토론이 다양하게 진행되는 중요한 시기에 캘리포니아 주 의회와 연방의회 모두에 대해 개입할 수 있었고 뮤어는 1909년 해리만이 사망할 때까지 친구로 남았다.

뮤어는 추상적인 정치 명분이나 캠페인에 대해서는 결코 열정적이지 않았다. 그는 구체적이었으며 개인적이었다. 성인이 되고 얼마 되지 않았을 때 뮤어는 남북전쟁 희생자들의 고통을 걱정했다. 그렇지만 그는 평화주의자이기도 해서 고통을 겪는 이들을 돕기 위해 의대 진학을 결정했다. 전쟁 탓에 우편배달이 지연되어 의대 입학 허가서를 받지 못하자 그는 집을 떠나서 캐나다를 여행했다. 뮤어는 결코 사람을 싫어하는 사람은 아니었다. 진 카Jeanne Carr, 해리만, 그리고 여행하다 만난 사람들과 맺은 우정을 보면 알 수 있다. 그는 헤치헤치 댐 건설 이슈에서의 가장 쓰라린 패배에도 불구하고 정중했다. 그는 일부 사람들이 그에게 반대한 이유를 이해했고, 의회에서 헤치헤치 댐 투표가 끝난 후 이렇게 말했다. "그들은 내가 했던 말을 곧 이해하게 될 것입니다. 인간에게는 영혼을 채울 내면의 공간이 있어야 합니다. 먹고 마실 것으로는 충분하지 않습니다. 인간에게는 영적인 영역이 있습니다. 물론 어떤 경우에는 그저 싹에 불과하지만, 그 싹은 곧 자랄 것입니다"

헤치헤치 계곡에 댐을 쌓는 문제로 인해 많은 하위의 문제들이 파생되었다. 캘리포니아의 공공 수자원 관리 대對 민간 수자원 관리, 새로운 국립공원 제도의 순수성, 국가의 이익 대對 지역의 이익, '장기적인 관점에서의 최대 다수를 위한 최대 이익', 그리고 뮤어에게 있어 가장 중요한, 문명 너머의 장소들과 관련해서 우리가 생계를 꾸려 가는 올바른 방식이 무엇인지에 관한 문제이다. 뮤어는 헤치헤치에 댐이 만들어진다면 캘리포니아의 모든 강은 있는 그대로 강으로 남기보다는 과학적으로 관리되리라는 것을, 즉 사람들이 필요하다고 생각하는 것들을 충족시키기 위해 개발되리라는 점을 깨달았다.

———————— ◆ ————————

윌리엄 에버슨의 지각 이론에서 헤치헤치는 이렇게 설명되었다.

> 그것은 한 나라의 영적인 삶에서 주요한 전환점 중 하나이고, 미래와 관련지어 보면 어쩌면 가장 중요한 전환점이었다. 그 전환점은 무한한 확장이라는 개념의 진정한 종결을 의미했고 인간이 자신의 환경을 남용하기보다는 스스로 자제하는 법을 생각해야만 한다는 점을 강조했다. 그런데 그 이상으로, 그 전환점은 사람 안의 종교적인 태도가 확고한 지위를 얻었던 순간을 의미했다. 그리고 일종의 반동 작용으로 미국이 자신의 양심을 어기고 헤치헤치에 댐을 쌓았고, 미래의 규범이 아닌 과거의 규범을 선택했지만, 그리고 그로 인한 충격으로 뮤어는 무덤으로 갔지만, 그럼에도 불구하고 전환점을 지난 것은 분명했다.[10]

———————— ◆ ————————

급격하게 인구가 증가하는 샌프란시스코에 물을 공급하는 것이 필요불가결하다고 사람들이 생각했기에 뮤어가 헤치헤치를 잃었다고 결론을 내릴 수도 있다. 그러나 더 큰 맥락은 더 낙관적이다.

뮤어는 저항하고 있었고, 또는 더 긍정적인 언어로 표현하자면 헤치헤치의 온전함을 긍정하고 있었다. 그는 지구와 감응했다. 그는 협소한 사회적 자아를 넘어선 자신의 진정한 자아를 경험했고, 그의 저항과 고집, 그리고 정치 지도자와 개발업자 들의 최대 관심사를 마주했을 때 느낀 좌절과 부적절함을 표현한 그만의 방식들을 보면, 우리도 우리 식의 생태적 의식을 발전시킬 방법을 찾을 수 있다는 영감을 얻게 된다.

4. 결론

심오하고 장기적인 생태학적 관점에서 보면, 해야 할 일이 무엇이든, 우리가 그 일을 할 사람들이다. 그 일을 할 유일한 사람들이다.

직접 행동은 심층생태학적 직관을 적극적으로 토로하는 것이고, 보다 직관적인 통찰을 자극하는 것이며, 우리의 생태 지역, 고향, 자연, 우리 자신에 대해 더 많이 알고 이해하는 것을 의미한다.

직접 행동 과정의 대부분은 우리의 열광적 지성과 육체를 하이데거의 '전유의 원무'에 더 완전히 맞추는 것을 의미한다. 그것은 이 기술관료적 산업사회에서 그러한 방식으로 행동할 때, 사회적으로 정의된 우리의 자아가 위태로워진다는 것을 이해하면서, 삶의 특성을 땅과 하늘, 신들과 죽을 수밖에 없는 우리의 육체 사이의 공간에서 더 완전히 맞추는 것을 의미한다. 하지만 우리는 존재할 기회와 아직 묻지 않은 질문의 답을 얻을 기회를 얻고 있다.

심층생태학의 관점에서 볼 때 이렇게 진지한 일을 하는 데는 삶에 대한 매료, 즉 삶에 깊은 참여가 있고 게다가 단순함과 기쁨이 있다. 뮤어는 매우 활발했던 자신의 삶이 끝나 가는 무렵에 이렇게 말했다. "잠깐 산책하러 나갔다가 결국 해 질 때까지 밖에 머물러 있었다. [집] 밖으로 나가는 것이 사실은 [자연] 안으로 들어가는 것이라는 것을 깨달았기 때문이다."

안으로 향하는 것과 바깥으로 향하는 것은 동일한 과정의 양면이다. 우리는 혼자가 아니다. 우리는 더 큰 공동체, 대지의 공동체를 이루는 본질적인 부분이다. 각각의 생명은 그 자체로 영웅적이고 연결되어 있다. 보살의 말로 하면, "우리 모두가 구원되기 전에는 그 누구도 구원되지 못한다".

이 관점은 그것이 멸종위기에 처한 생물종이든, 공동체든, 아니면 당신 자신이든 무엇이든 구한다는 모든 개념을 포함한다. 각자의 삶은 영웅적인 탐구다. 그것은 영혼의 여정이며 그 여정에서 우리는 우리의 목적을 발견한다. 우리는 우리가 오래전에 시작한 여정을 우리의 마음속에서 시작하기만 하면, 진짜가 되고 진짜인 것을 하는 '진짜 과업'을 시작하기만 하면 된다. 힘들여 할 일도 없고 억지로 해야 할 일도 없다.

성숙함을 키우는 과정은 많은 이들이 생각하는 것보다 더 단순하다. 협곡 사이를 흐르면서 늘 휘어져 돌아갈 길을 찾아내는 물과 같이, 수단은 간단하고, 목적은 풍성하다.

이 책에서 우리는 심층생태학의 근본적인 규범과, 자아실현과 생명 중심적 평등의 여러 가지 측면을 살펴보았다. 우리는 이 규범들이 우리의 개인적인 삶과, 성숙함의 계발과, 공공정책에 어떻게 적용될 수 있을지도 보았다. 우리는 기술관료적 산업사회의 곤경에 적용할 이 규범들로부터 심층생태학의 잠정적인 발판, 즉 일군의 기본적인 원칙들을 제시했다. 우리는 심층생태학적인 관점에서 더 나은 공공정책에 대한 다양한 경로와 우리가 다시 땅에 거주할 때 생물권 공동체의 발전과 개인의 성숙함을 더 많이 키울 다양한 방식에 대해서 논의했다. 우리는 인간과 강, 사슴, 늑대, 곤충과 나무들로 이뤄진 공동체에서 살아가는 더 생태적 유토피아가 필요하다고 제안해 왔다.

우리의 마지막 제안은 아르네 네스의 다음 말에서 나온다. "결국, 심층생태학적인 운동에 기쁘게, 진정으로 참여하기 위해서 당신은 당신 자신의 삶을 매우 진지하게 바라봐야 한다. 물질적인 삶의 기준은 낮게 유지해 가면서 내면의 삶은 깊이 있고 진지하게 유지해 내는 사람들은 심층생태학적인 관점을 일관되게 유지하고 심층생태학적 관점을 위한 행동을 훨씬 더 잘 해낼 수 있다. 그리고 나는 앉아서 깊게 호흡하며 지금 내가 있는 곳을 느낀다."

오, 살아 있음이여
9월 중순 아침에
개울을 건넌다
맨발로 바지는 걷어 올린 채
부츠를 들고 배낭을 메고
햇살이 들고

얕은 곳은 얼어 있는

로키 산맥 북쪽에서.

얼음같이 찬 개울은 속삭이며 희미한 빛으로 일렁인다

발 아래 구르는 돌들은 발끝에서 작고 단단하다

차가운 콧물은 떨어지고

속으로 노래한다

개울의 노래, 마음의 노래,

자갈에 깃든 햇빛의 냄새를.

나는 충성을 다짐한다.

나는 거북섬의 흙에게

충성을 다짐한다

하나의 생태계로

다양하게

하늘 아래서

모두가 기쁘게 상호공존할 수 있도록.

—게리 스나이더, 『도끼 자루Axe Handles』(1983)

오론Ohlone 부족 사람들은 지금은 캘리포니아에 속한 샌프란시스코 만과 몬터레이 만에서 단순한 수단과 풍요로운 목적을 갖고 살아가는 이들로 1770년대 스페인 사람들에 의해서 '알려졌다'. 이렇게 알려진 이후 50년 동안 오론 부족 대부분이 유럽의 질병 때문에 죽었고, 백인들에 살해당하고 강간당했으며 최고의 사냥과 낚시 장소들을 빼앗겼다. 이제 우리는 그들의 신화와 의례와 생활방식이 얼마나 풍요로웠는지 거의 알 수 없지만, "세상 끝에서 춤추기"라는, 잊혀지지 않는 이 하나의 문구는 지금 우리 세대를 넉넉히 각성시킨다.

이 말의 의미는 춤추는 곳에서 뻗어 나갈 때 만나는 거대한 서쪽 바다에 접한 대륙의 끝에서, 많은 선주민들이 영혼의 서쪽 관문이라 여기는 곳에서 춤춘다는 것일 수 있다. 일부 평론가의 말처럼, 이들이 유럽 문명과 접촉하고 나서 극심히 고통스러운 비관주의에 압도된 것을 의미할 수도 있다. 또 이 땅에 살아가는 존재가 존재와 실존 사이에서 춤추는 것을 의미할 수도 있다.

핵 참사의 그림자 아래에서, 자연을 상품과 관리되는 나무 농장으로 무분별하게 전환하는 상황에서 살아가는 우리에게 이 문장은 무언가를 환기시키는 부름과 느낌을 담고 있다. 우리는 그렇게 잘 알지 못하는 우리의 작은 세계의 끝에서 춤을 추고 있다. 우리는 생명의 춤, 죽음의 춤을 추고 있다. 우리 조상과의 연결성을 희미하게나마 기억하고 축하하며 달의 춤을 춘다. 핵겨울의 추위와 어둠이 우리의 뼈를 얼어붙게 하지 않도록 춤을 추고 있다. 생태적인 인식의 끝에서 춤을 추고 있다. 분석과 합리화, 논리정연한 표현 없이 춤을 추기 위하여 춤춘다. 의식적으로 의미를 찾지 않고도 단지 존재의 의미가 우리의 살아 있는 공간 속에 드러나도록 춤춘다.

춤은 늘 원시 부족들의 삶의 일부였다. 우리에게 춤은 콘도르, 들소, 삼나무, 유역, 늑대, 고래, 나그네비둘기 등과 같이 잃어버린 모든 것을 위해 영혼과 소통하는 춤(Ghost Dance)일 수 있다. 혹은 전환기에 신, 겸양, 지구의 지혜가 새롭게 드러나는 춤일지도 모른다.

제1장

1. 영국 사회의 맥락에서 개량적 환경주의를 다룬 가장 유용한 정보를 담은 최근의 책은, Philip Lowe and Jane Goyder의 *Environmental Groups in Politics*(London: George Allen, 1983)이다. 북미의 환경운동에 대한 사회학적 설명은 다음의 책에서 찾아볼 수 있다. Craig R. Humphrey and Frederick R. Butell, *Environment, Energy and Society*(Belmont, Ca.: Wadsworth, 1983); Allan Schnaiberg, *The Environment: From Surplus to Scarcity*(New York: Oxford, 1980); Lester Milbrath, *Environmentalists*(Albany: State University of New York Press, 1984); "Sociology of the Environment," *Sociological Inquiry* 53 (Spring 1983); Jonathon Porritt, *Green: The Politics of Ecology Explained*(New York: Basil Blackwell, 1985).

2. Peter Berg, editorial, *Raise the Stakes*(Fall 1983).

3. Murray Bookchin, "Open Letter to the Ecology Movement," *Rain*(April 1980) 외 기타 간행물에도 등장.

4. James Lovelock, *Gaia: A New Look At Life On Earth*(New York: Oxford, 1979), p. 127.(*국내에서는 『가이아: 살아 있는 생명체로서의 지구』로 출간)

5. Ibid.

6. John Baden and Richard Stroup, "Saving the Wilderness," *Reason*(July 1981).

7. Theodore Roszak, *Person/Planet*(Garden City, N.Y.: Doubleday, 1978), pp. 99.

8. Fritjof Capra and Charlene Spretnak, *Green Politics*(New York: E. P. Dutton, 1984).

9. Alan Watts, *Psychotherapy East and West*(New York: Vintage, 1975), p. 81.

10. _____, *Nature, Man and Woman* (New York: Vintage, 1970), p. 178.

11. Roszak, p. 296.

12. Gary Snyder, *The Real Work*(New York: New Directions, 1980), p. 81.

13. Stephen Bodian, "Simple in Means, Rich in Ends: A Conversation with Arne Naess," *Ten Directions*(California: Institute for Transcultural Studies, Zen Center of Los Angeles, Summer/Fall 1982).

14. Po-Keung Ip, "Taoism and the Foundations of Environmental Ethics," *Environmental Ethics* 5 (Winter 1983), pp. 335–344.

제2장

1. Murray Bookchin, *The Ecology of Freedom*(Palo Alto: Cheshire, 1982), p. 43.

2. Pierre Clastres, *Society Against the State: The Leader as Servant and the Humane Uses of Power Among the Indians of the Americas*(New York: Urizen Books, 1977).

3. Stanley Diamond, *In Search of the Primitive: A Critique of Civilization*(New Brunswick, N.J.: Transaction, 1974), p. 172.

4. Jack Forbes, "The Native American Experience in California History," *California Historical Quarterly* 50(1971), 3, p. 236. Restated in Jack D. Forbes,, *A World Ruled By Cannibals: The Wetiko Disease of Aggression, Violence and Imperialism*(Davis, Ca.: D-Q University Press, 1979). 다음 책도 참조하라. Jamake Highwater, *The Primal Mind: Vision and Reality in Indian America*(New York: New American Library, 1981).

5. Jim Dodge, "Living By Life," *CoEvolution Quarterly* 32(Winter 1981), pp. 6-12; 다음의 책도 참조하라. Peter Berg, ed., *Reinhabiting a Separate Country, A Bioregional Anthology of Northern California*(San Francisco: Planet Drum, 1978); 간디의 자립에 관한 이야기가 북아메리카에 어떻게 적용되었지는 다음의 책들을 참조하라. Mark Shepard, *Since Gandhi India's Sarvodaya Movement*(Weare, N.H.: Greenleaf Books, 1984); Joel Garreau, *The Nine Nations of North America*(Boston: Houghton Mifflin, 1981).

6. *CoEvolution Quarterly* 34(Winter 1981). 이 책에 삽입하기 위해서 짐 다지가 만든 테스트 원본을 일부 수정했다.

7. Byron Kennard, *Nothing Can Be Done, Everything Is Possible*(Andover, Ma.: Brick, 1982).

8. Duane Elgin, *Voluntary Simplicity: Toward A Way of Life That Is Outwardly Simple, Inwardly Rich*(New York: Morrow, 1981)(*국내에서는 『단순한 삶』으로 출간)

9. A. Westbrook and O. Ratti, *Aikido and the Dynamic Sphere*(Rutland, Vt.: Charles E. Tuttle, 1970), p. 363.

10. William Greider, "Fines Aren't Enough: Send Corporate Polluters to Jail," *Rolling Stone*(29 March, 1984).

11. John Carmody, *Ecology and Religion Toward a New Christian Theology of Nature*(New York: Paulist Press, 1983). 제7장에서, 16세기부터 20세기까지의 교회 신부들과 개신교 신학자들의 자연에 대한 언급을 검토한 후, 카모디는 "나의 느낌은 생태학적 신념이 이제 광범위한 추종자들을 갖고 있으나 교회가 생태 윤리 또는 생태적인 세계관을 효과적으로 주장할 수 있도록 교회의 교리적인 가정들을 충분히 꿰뚫지는 못하는 것 같다. 가톨릭 교회에 새로운 자연신학이 필요하다고 주장하기는 어렵지 않다"고 결론 맺는다.

12. Vincent Rossi, *The Eleventh Commandment Fellowship Newsletter*(Forestville, Ca., 1984).

13. Langdon Winner, *Autonomous Technology*(Cambridge, Ma.: MIT Press, 1977), p. 325.

14. Carl Sagan et al., *The Cold and the Dark: The World After Nuclear War* (New York: Norton, 1984).

15. G. Tyler Miller, Jr., *Living in the Environment*, 3d ed.(Belmont, Ca.: Wadsworth, 1983), pp. 465-466.

제3장

1. Dennis Pirages and Paul R. Ehrlich, *Ark Ⅱ : Social Response to Environmental Imperative*(San Francisco: Freeman, 1974), p.43.

2. Thomas Kuhn, *The Structure of Scientific Revolutions*, 2d ed, (Chicago University of Chicago Press, 1970)(*국내에서는 『과학혁명의 구조』로 출간)

3. William Catton, Jr. and Riley Dunlap, "New Ecological Paradigm for Post-Exuberant Sociology," *American Behavioral Scientist* 24(September, 1980), pp. 15-48.

4. David Ehrenfeld, *The Arrogance of Humanism*(New York:Oxford, 1978), p. 16-17.

5. William Catton, Jr., *Overshoot: The Ecological Basis of Revolutionary Change*(Urbana: University of Illinois Press, 1980), p.239.

6. Robin Williams, *American Society*, 3d ed.(New York: Knopf, 1970).

7. Morris Berman, *The Reenchantment of the World*(Ithaca, N.Y.: Cornell University Press, 1981), p.50.

8. 참고자료는 다음과 같다. William Leiss, *The Domination of Nature*(New York: G. Braziller, 1972); Eugene C. Hargrove, "Anglo-American land Use Attitudes," *Environmental Ethics* 2, 2(1980), pp. 121-148; Carolyn Merchant, *The Death of Nature: Women, Ecology and the Scientific Revolution* (San Francisco: Harper & Row, 1980)(*국내에서는 『자연의 죽음』으로 출간); Elizabeth Dodson Gray, *Patriarchy as a Conceptual Trap*(Wellesley, Ma.: Roundtable Press, 1982); Roderick Nash, *Wilderness and the American Mind*, 3d ed.(New Haven, Ct.: Yale University Press, 1983); Richard Routley, *Roles and Limits of Paradigms in Environmental Thought and Action*(Research School of Social Sciences, Australian National University, 1982); Karl Polyani, *The Great Transformation* (Boston: Beacon, 1944)(*국내에서는 『거대한 전환』으로 출간); John Passmore, *Man's Responsibility for Nature*(New York: Scribner's, 1974). 이 책의 6장에 언급된 마르틴 하이데거의 저작도 참고하라.

9. Catton, *Overshoot*.

10. George Santayana, "The Genteel Tradition in American Philosophy," *Winds of Doctrine*(New York: Scribner's, 1926), pp. 186-215.

11. Harvey Cox, *The Secular City: Secularization and Urbanization in Theoretical Perspective*(New York: Macmillan, 1966); Frederick Elder, *Crisis in Eden: A Religious Study of Man and the Environment*(Boston: Abing, 1970)

12. Neil Everndon, "Beyond Ecology," *North American Review* 263 (1978), pp. 16-20.

제4장

1. John Passmore, "Attitudes Toward Nature," *Nature and Conduct*, ed. by R. S. Peters(New York: Macmillan, 1975), pp. 251-264.; John Passmore, *Man's Responsibility for Nature*(New York: Scribner's, 1974).

2. Garret Hardin, *Exploring New Ethics for Survival: The Voyage of Spaceship Beagle*(New York: Viking, 1972). Hardin and John Baden, eds., *Managing the Commons*(San Francisco: Freeman, 1977).

3. John Rodman, "Resource Conservation: Economics and After"(미출판 논문, Pitzer College, Claremont, Ca., 1977).

4. Pete Gunter, "Man-Infinite and Nature-Infinite: A Mirror-Image Dialectic"(미출판 논문, North Texas State University, 1980).

5. Theodore Roszak, *Where the Wasteland Ends*(New York: Anchor, 1972).

6. Bertrand Russell, *History of Western Philosophy*(Simon and Schuster, 1945), pp. 788-789, 827-828.(*국내에서는 『러셀 서양철학사』 등으로 출간)

7. Rodman, "The Liberation of Nature?", *Inquiry* 20 (Oslo, 1977)

8. Jay Forrester, *World Dynamics*(Cambridge, Ma.: Wright-Allen, 1971).

9. Gerald O. Barney, director, *The Global 2000 Report to the President*(New York: Penguin, 1981), Part II, "Analysis of the Projection of Tools: Other Global Models." 또한 Donella H.와 Dennis L. Meadows 등이 저술한 *The Limits to Growth*(Washington, D.C.: Potomac Associates, 1972)(*국내에서는 『성장의 한계』로 출간)도 참고하라. Craig R. Humphrey와 Frederick R., Buttell의 *Environment, Energy and Society* (Belmont, Ca.: Wadsworth, 1983)를 참고하라.

10. John Livingston, *The Fallacy of Wildlife Conservation*(Toronto: McClelland and Steward, 1981).

11. Passmore, *Man's Responsibility for Nature*.

12. Vine Deloria, *God is Red*(New York: Grossett, 1973), p. 298.

13. Joseph Sax, *Mountains Without Handrails: Reflections on the National*

Parks(Ann Arbor, Mi.: University of Michigan Press, 1980).

14. Stephen Fox, *John Muir and His Legacy*(Boston: Little, Brown and Co., 1981), chapter 5.

15. Frank Graham, *Since Silent Spring*(Boston: Houghton Mifflin, 1970): Carol Van Strum, *A Bitter Fog: Herbicides and Human Rights*(San Francisco: Sierra Club, 1983): Robert Van Den Bosch, *The Pesticide Conspiracy*(Garden City, N.Y.: Doubleday, 1978); Dorothy Nelkin & Michael S, Brown, *Workers at Risk*(Chicago: University of Chicago Press, 1984); Fred Wilcox, *Waiting for an Army to Die: The Tragedy of Agent Orange*(New York: Vintage, 1983); Jon Luoma, *Troubled Skies, Troubled Water*(New York: Viking, 1984); John Sheaffer & Leonard Stevens, *Future Water*(New York: William Morrow, 1983); Edward C. Fritz, *Sterile Forest: The Case Against Clearcutting*(Austin, Tx.: Eakin Press, 1983).

16. Stewart Udall, *The Quiet Crisis*(New York: Holt, Rinehart, and Winston, 1963).

17. John Quarles, *Cleaning Up America: An Insider's View of the Environmental Protection Agency*(Boston: Houghton Mifflin, 1976).

18. Eugenia Horstman Connally, *National Parks in Crisis*(Washington, D.C.: National Parks and Recreation Association, 1982).

19. Jonathan Lash & Katherine Gillman & David Sheridan, *A Season of Spoils: The Story of the Reagan Administration's Attack on the Environment*(New York: Pantheon Books, 1984); Harold Koopowitz & Hilary Kay, *Plant Extinction: A Global Crisis*(Washington, D.C.: Stone Wall Press, 1983); M. W. Holdgate & M. Kassas & G. F. White eds., *The World Environment, 1972-1982*(London: Tycooly International Publishing, 1983); *Changing Climate*(Washington, D.C.: National Academy of Sciences, 1983): *Acid Deposition: Atmospheric Processes in Eastern North America: A Review of Current Scientific Understanding*(Washington, D.C.: National Academy Press, 1983); Stephen Seideal & Dale Keyes, et al., *Can We Delay A Greenhouse Warming?* (Washington, D.C.: U.S.A. Environmental Protection Agency, 1983); Paul Ehrlich, "The Nuclear Winter: Discovering the Ecology of Nuclear War", *The Amicus Journal*(Winter 1984), pp. 20-37.

20. 적절한 환경 철학을 탐구하는 많은 사례가 Mary Anglemyer, *A Search for Environmental Ethics: An Initial Bibliography*(Washington, D.C.: 1980, Smithsonian Institution)의 주석으로 실린 많은 글에 포함되어 있다. Don Mannison, & Michael McRobbie & Richard Routley, eds, *Environmental Philosophy*, Monograph Series No.2(Dept. of Philosophy, Research School of Social Sciences, the Australian National University, Canberra, A.C.T., 1980); Robert Cahn, *Footprints on the Planet: A Search for an Environmental Ethics*(New York: Universe, 1978): Rice Odell, *Environmental Awakening: The New Revolution to*

Protect the Earth(Cambridge, Ma.: Ballinger, 1980); Robin Attfield, *The Ethics of Environmental Concern*(New York: Columbia University Press, 1983).

제5장

1. Arne Naess, "The Shallow and The Deep, Long-Range Ecology Movements: A Summary," *Inquiry* 16 (Oslo, 1973), pp. 95-100.
2. Theodore Roszak, *Where the Wasteland Ends*(New York: Anchor, 1972).
3. Warwick Fox, "Deep Ecology: A New Philosophy of Our Time?" *The Ecologist*, v. 14, 5-6, 1984, pp. 194-200. Arnie Naess replies, "Intuition, Intrinsic Value and Deep Ecology," The Ecologist, v. 14, 5-6, 1984, pp. 201-204.
4. Tom Regan, *The Case for Animal Rights*(New York: Random House, 1983). 동물권 운동에 대한 탁월한 비평은 다음을 참고하라. John Rodman, "The Liberation of Nature?" *Inquiry* 20 (Oslo, 1977). J. Baird Callicott, "Animal Liberation," *Environmental Ethics* 2, 4, (1980); 다음의 글도 참고하라. John Rodman, "Four Forms of Ecological Consciousness Reconsidered" in T. Attig and D. Scherer, eds., *Ethics and the Environment*(Englewood Cliffs, N J.: Prentice-Hall, 1983).
5. Tom Regan, "The Nature and Possibility of an Environmental Ethics," *Environmental Ethics* 3 (1981), pp. 19-34.
6. Stephen Bodian, "Simple in Means, Rich in Ends: A Conversation with Arne Naess," *Ten Directions*(California: Institute for Transcultural Studies, Zen Center of Los Angeles, Summer/Fall 1982).

제6장

1. 이러한 관점으로 현대 철학과 심리학을 비판한 것은 Henryk Skolimowski, *Eco-Philosophy*(New York: Marion Boyars, 1981)의 1장과 2장을 참고하라.(스코리모 스키의 책 다른 부분은 인간 중심적인 경향이 있다); Alan Watts, *Psychotherapy East and West*(New York: Vintage Books, 1961); Jacob Needleman, *A Sense of the Cosmos: The Encounter of Ancient Wisdom and Modern Science*(Garden City, NY.: Doubleday, 1975).
2. Leo Marx, "American Institutions and Ecological Ideals," Science 170 (1970). Carroll Pursell, *From Conservation to Ecology: The Development of Environmental Concern*(New York: T. Y. L. Crowell, 1973)에 마르크스의 논문이 전 재됨.

3. D. H. 로렌스, 올더스 헉슬리, 로빈슨 제퍼스, 게리 스나이더의 저술에 대한 생태학적 논의를 보려면 다음 문헌들을 참고하라. Del Ivan Janik, "Environmental Consciousness in Modern Literature," in J. D. Hughes and R. C. Schultz, 1980, eds., *Ecological Consciousness*(Washington, D.C.: University Press of America, 1981); John Alcorn, *The Nature Novel*(New York: Columbia University Press, 1977); Paul Brooks, *Speaking for Nature*(Boston: Houghton Mifflin, 1980).

4. E. McDonald, ed., *Phoenix*(New York: Macmillan, 1936). 「미국의 목신Pan in America」은 문학과 생태철학의 훌륭한 논문집인 L. Forstner and J. Todd, eds., *The Everlasting Universe: Readings on theological Revolution*(Lexington, Ma.: Heath and Co., 1971)에 "The Death of Pan"이라는 제목으로 실렸다.

5. L. Edwin Folsom, "Gary Snyder's Descent to Turtle Island: Searching for Fossil Love," *Western American Literature* 15 (Summer 1980), pp. 103-121. 다음 문헌도 참고하라. C. Molesworth, *Gary Snyder's Vision*(Columbia: University of Missouri Press, 1983). 심층생태학과 동양사상에 대한 추가 자료로 Hughes and Schultz, *Ecological Consciousness*에 실린 George Sessions, "Shallow and Deep Ecology: A Review of the Philosophical Literature"를 참고하라.

6. 초기 생태학자에 관한 참고문헌은 George Sessions, "Shallow and Deep Ecology," in Hughes and Schultz, *Ecological Consciousness*, pp. 391-462.를 참고하라.

7. 『모래 군의 열두 달』 외에 다음 문헌들을 참고하라. Susan Flader, *Thinking Like a Mountain· Aldo Leopold and the Evolution of an Ecological Attitude Toward Deer, Wolves; and Forests*(Columbia: University of Missouri Press, 1974), Nash, *Wilderness and the American Mind*, 3d ed.(New Haven, Ct.: Yale University Press, 1983)에 수록된 레오폴드에 관한 훌륭한 챕터.

8. Frank Egler, *The Way of Science: Toward a Philosophy of Ecology for the Layman*(New York: Hafner, 1970).

9. *The American Behavioral Scientist* 24, 1 (Sept./Oct. 1980) 특별호는 사회과학자들을 위한 생태학적 패러다임 변화에 할애되었다.

10. 소로의 참여적인 과학에 대한 논의는, Donald Worster, *Nature's Economy*(San Francisco: Sierra Club Books, 1977)을 참조하고, 뮤어에 대해서는 Michael Cohen, *The Pathless Way*(Madison: University of Wisconsin Press, 1984)를 참조하라.

11. 전체주의적 의학과 생태계인 인간의 몸에 대한 더 많은 논의는 다음 문헌을 참고하라. Lewis Thomas, *The Lives of a Cell*(New York: Viking, 1974); Needleman, *A Sense of the Cosmos*; and Capra, *The Turning Point: Science, Society and the Rising Culture*(New York: Simon and Schuster, 1982)(*국내에서는 『새로운 과학과 문명의 전환』으로 출간). 또한 Ashis Nandy, "The Pathology of Objectivity," *Ecologist* 1, 3, 6 (1983), pp. 202-207도 참조하라.

12. Morris Berman, "The Cybernetic Dream of the 21st Century"(미출판 논문, 1984).

13. Lynn White, Jr., "Historical Roots of Our Ecological Crisis," *Science* 155(1967). 1970년대 초반 심층생태학적 명문집에 광범위하게 전재되었다.

14. Dorothy Dinnerstein, *The Mermaid and the Minotaur*(New York: Harper & Row, 1976); Carolyn Merchant, *The Death of Nature, Women, Ecology, and the Scientific Revolution*(San Francisco: Harper & Row, 1980), "Women of the Progressive Conservation Movement, 1900-1915," *Environmental Review* 8, 1(1984), Susan Griffin, *Women and Nature: The Roaring Inside Her*(San Francisco: Harper & Row, 1978), *Pornography and Silence: Culture's Revolt against Nature*(New York: Harper & Row, 1982); Patricia Mische, "Women and Power," *New Age* 4, 6 (November 1978), pp. 38-40.

15. Augusta Fink, *I-Mary: A Biography of Mary Austin*(Tucson: University of Arizona Press, 1983).

16. Vera L. Norwood, "Heroines of Nature: Four Women Respond to the American Landscape," *Environmental Review* 8, 1 (Spring 1984).

17. Dolores Lachapelle, *Earth Wisdom*(Los Angeles: L.A. Guild of Tudor Press, 1978).

18. Calvin Martin, *Keepers of the Game*(Berkeley: University of California Press, 1978); Paul Shepard, *The lender Carnivore and the Sacred Game*(New York: Scribner's, 1973); Richard Leakey, Roger Lewin, *Origins: What New Discoveries Reveal About the Emergence of Our Species and Its Possible Future*(New York: Dutton, 1977)(*국내에서는 『오리진』으로 출간); Vine Deloria, *God is Red*(New York: Grossett, 1973); *Touch the Earth: A Self Portrait of Indian Existence* compiled by T. C. McLuhan (New York: Pocket Books, 1971); J. Donald Hughes, *American Indian Ecology*(El Paso: Texas Western Press, 1983); Richard Nelson, *Make Prayers to the Reven: A Koyukon View of the Northern Forest*(Chicago: University of Chicago Press, 1983). J. Baird Callicott, "Traditional American Indian and Western European Attitudes Toward Nature: An Overview," *Environmental Ethics* 4(Winter 1982), pp. 293-318.

19. Richard Nelson, *Make Prayers to the Raven*.

20. Stan Steiner, *The Vanishing White Man*(New York: Harper & Row, 1976), p. 113.

21. 하이데거와 심층생태학에 대한 뛰어난 논문은 Michael Zimmerman, "Toward a Heideggerian Ethos for Radical Environmentalism," *Environmental Ethics* 5(1983).

22. William La.Fleur, "Sattva: Enlightenment for Plants and Trees in Buddhism," *CoEvolution Quarterly* 19 (Fall 1978), pp. 47-52.

23. 제퍼스의 사상에 대해서는 다음 논문을 참고하라. George Sessions, "Spinoza

and Jeffers on Man in Nature," *Inquiry* 20 (Oslo, 1977).

24. Stephen Fox, *John Muir and His Legacy* (Boston: Little, Brown, 1981); Linnie Marsh Wolf, *Son of the Wilderness: The Life of John Muir* (New York: Knopf, 1945); Edwin Way Teale, *The Wilderness World of John Muir, Selections of His Writings* (Boston: Houghton Mifflin, 1954); Tom Lyons, "A Mountain Mind," Michael Tobias, ed., *The Mountain Spirit* (Woodstock, N.Y.: Overlook Press, 1979), pp. 22-28.

25. Fox, *John Muir and His Legacy*에 인용됨.

26. Cohen, *The Pathless Way*.

27. "Visionary Science (1871-1872)" in *John Muir: To Yosemite and Beyond*, Robert Engberg and Donald Westing, eds. (Madison: University of Wisconsin Press, 1980), p. 162.의 4부 참고.

28. David Brower, ed., *Wilderness: America's Living Heritage* (San Francisco: Sierra Club Books, 1961).

29. Mark Evanoff, "Boondoggle at Diablo: The 18-Year Saga of Greed, Deception, Ineptitude-And Opposition," *Not Man Apart* (September, 1981), Dl-D16.

제7장

1. Charles R. Anderson, ed., *Thoreau's Vision: The Major Essays* (Englewood Cliffs, N.J.: Prentice-Hall, 1973). Essay on "Walking." 로더릭 내시에 따르면 말년에 소로는 이 에세이를 수정해서 그의 메시지를 "야생지에 세계가 보존되어 있다 (In Wildness is the preservation of the World)"라는 8개의 단어로 압축했다. Nash, *Wilderness and the American Mind*, 3d ed., (1982) p. 84.

2. "Editorial: Wilderness and the Biosphere," *Environmental Conservation* 10, 4 (Winter 1983), pp. 281-82.

3. William Devall, "John Muir as Deep Ecologist," *Environmental Review* 6, 1 (1982).

4. Cohen, *The Pathless Way* (Madison: University of Wisconsin Press, 1984). Tom Lyon, "John Muir's Enlightenment," *The World of John Muir* (California: University of the Pacific, 1981).

5. Devall, "John Muir as Deep Ecologist."

6. Alan Gussow, *A Sense of Place* (San Francisco: Friends of the Earth, 1971).

7. Shepard, "A Sense of Place in American Culture," *North American Review* 262 (1977), pp. 22-32.

8. Dogen, "Treasury of the True Dharma Eye: Book XXIX, the Mountains

and Rivers Sutra," *The Mountain Spirit*, Michael Tobias, ed.(Woodstock, N.Y.: Overlook, 1979), pp. 41-50.

9. Dolores Lachapelle, *Forth Wisdom*(Los Angeles: L.A. Guild of Tudor Press, 1978)의 7장.

10. David Brower, ed., *Gentle Wilderness*(San Francisco: Sierra Club Books, 1978).

11. 야생지의 풍요로움을 접한 미국인에 대한 문헌은 방대하다. 개론으로는 Frank Bergon, ed., *The Wilderness Reader*(New York: New American Library, 1980)를 참조하라.

12. John Rodman, "Resource Conservation-Economics and After"(미출판 논문, Claremont, Ca.: Pitzer College, 1976).

13. John V. Krutilla and Anthony C. Fisher, *The Economics of Natural Environments: Studies in the Valuation of Commodity and Amenity Resources*(Baltimore: Johns Hopkins Press, 1975). 일부 자원경제학자들은 자신들의 딜레마를 이해한다. 예일대학교 '산림과 환경학부'의 스티븐 켈러트Stephen Kellert는 이렇게 말한다. "우리는 가격을 매길 수 없는 것에 대해서 가격을 산출하고, 계량화할 수 없는 것을 계량화하며, 분명히 나눌 수 없는 것을 나눌 단위를 만들어야 할 딜레마에 직면해 있다. 이제 대안은 무엇인가? 관습적 법적 요건이 요구하는 숫자의 횡포가 우리 사회를 지배하는 경향이 있다. 실증적인 측정의 문제를 무시하면 기본적으로 수량화가 가능한 것에 대해서 본질적으로 편향된 결정을 내리게 된다." 켈러트는 화폐 단위 아니라 '가치 단위'에 기초한 가치체계를 개발하는 것으로 나아간다. 그는 장소의 영적 의미를 제외하고 모든 인간이 이용하기 위해 그렇게 할 수 있다고 믿는다. 이는 물론 솔직하고 정직하게 말하면 인간 중심적인 논쟁이지만, 이런 종류의 논쟁은 몇몇 중요한 영역과 다른 종들을 '구하는' 전환을 얻어 낼 수 있다. 스티븐 켈러트의 다음 글을 참조하라. Stephen R. Kellert, "Assessing Wildlife and Environmental Values in Cost-benefit Analysis," *Journal of Environmental Management* 18(1984), pp. 355-363.

14. Martin H, Krieger, "What's Wrong With Plastic Trees?" *Science* 179(2 Feb 1973), p. 451.

15. Roderick Nash, *Wilderness and the American Mind*의 16장.

16. E. R Schumacher, *Small Is Beautiful: Economics as if People Mattered*(New York: Perennial Library, Harper & Row, 1975), p. 53.(*국내에서는 『작은 것이 아름답다』로 출간)

17. Gwen Bell, ed., *Strategies for Human Settlements: Habitat and Environment* (Honolulu: University Press of Hawaii, 1976).

18. Mark Sagoff, "On Preserving the Natural Environment," *The Yale Law Journal* 84, 2 (Dec 1974), p. 228. 또한 Sagoff, "Do We Need a Land Use

Ethic?" *Environmental Ethics* 3, 4 (Winter 1981) pp. 293-308를 참조하라. 후자의 논문에서 사고프Sagoff는 경제 전문가들이 환경 문제에 대한 시장 기반 및 부동산 기반 솔루션을 방어하기 위해 시도한 구제책과 전략을 비판한다. 그는 "자유주의 정신의 마지막 피난처"는 "감지되기 어려울 만큼의" 변화 또는 "약한" 변화에 대해 "그림자 가격을 매기는" 시도라고 말한다. "이는 우리의 이익뿐만 아니라 원칙과 신념에 시장의 외부효과로 가격을 매기려는 시도이다. 로크식 전통이라는 맥락에서 정치적 이슈를 경제적인 문제로 해석하기 위한 마지막 노력으로 이해될 수 있을 것이다. 그것은 모순을 경쟁으로 표현하는 방식이다."(p.306)

19. Krieger, "What's Wrong With Plastic Trees?" p. 453.

20. Michael Harrington, "To the Disney Station," *Harpers* (Jan. 1979), pp. 35-44; R. Schickel, *The Disney version* (New York: Simon and Schuster, 1968)도 참조하라.

21. 먼 미래 세대의 인간에 대한 현재 세대의 책임에 관련하여 일반적인 윤리적 문제는 R. and V. Routley, "Nuclear Energy and Obligations to the Future," *Inquiry* 21, 2 (Summer 1978), pp. 133-179.를 참조하라.

22. David Brower, ed., *Galapagos: The Flow of Wildness* (San Francisco: Sierra Club Books, 1968).

23. Wendell Berry, *The Unsettling of America* (San Francisco: Sierra Club Books, 1977). (* 국내에서는 『소농, 문명의 뿌리: 미국의 뿌리는 어떻게 뽑혔는가』로 출간)

24. Jeremy Rifkin, *Entropy: A New World View* (New York: Viking, 1981), p. 239. (*국내에서는 『엔트로피』로 출간)

25. James Lovelock, *Gaia: A New Look at Life on Earth* (New York: Oxford, 1979).

26. Ibid., p. 121.

27. Roy Silen, "The Care and Handling of the Forest Gene Pool," *Pacific Search* (June 1976), pp. 7-9; Alastair S. Gunn, "Why Should We Care About Rare Species?" *Environmental Ethics* 2, 1 (Fall 1980), pp. 17-38; R. Michael McGonigle, "The 'Economizing' of Ecology: Why Big Rare Whales Still Die," *Ecology Law Review* 9, 1 (1980), pp. 119-238; David Ehrenfeld, "The Conservation of Non-Resources," *American Scientist* 64 (1976), pp. 648-656; Paul and Anne Ehrlich, *Extinction: The Causes and Consequences of the Disappearance of Species* (New York: Random House, 1983); Norman Myers, *The Sinking Ark* (Oxford: Pergamon Press, 1979); G. M. Woodewell, et al., "Global Deforestation Contribution to Atmospheric Carbon Dioxide," *Science* (9 Dec 1983), pp. 1081-1086.

28. Hugh H. lltis, "Tropical Forests: What Will Be Their Fate?" *Environment* 25, 10 (Dec.1983); Val Plumwood and Richard Routley, "World Rainforest Destruction: The Social Factors," *Ecologist* 12, 1 (Jan.1982), pp. 4-22. 또한 *The*

Tenth Annual Report of the Council on Environmental Quality[1979], chapter 11; Ira Rubinoff, "Tropical Forests: Can We Afford Not to Give Them a Future?" *The Ecologist* 12, 6[1982].도 참조하라. 40년 전, 선견지명이 있는 생태학자 리처드 세인트 바브 베이커Richard St. Barbe Baker는 캘리포니아 북서부의 산림을 포함한 세계의 산림을 보존할 것을 요구했다. 이 교훈들을 기억하는 것은 어려운 것 같다. 그의 저서 *Green Glory: The Forests of the World*[New York: A. A. Wyn, 1949]를 참조하라.

29. *The Eleventh Annual Environmental Report to the President*[Washington, D.C., 1980], p. 7.

30. Cheryl E. Holdren and Anne E. Ehrlich, "The Virunga Volcanoes: Last Redoubt of the Mountain Gorilla," *Not Man Apart*[June 1984], pp. 8-9. 그들의 결론 단락은 많은 제3세계 국가들의 상황을 이렇게 요약한다.

"비록 팍 데 볼칸Pac des Volcans 국립공원은 국토 면적의 극히 일부인 약 0.5%로 줄어들었지만, 여전히 숲이 우거진 높은 비탈길은 국가 전체의 수문학적 체제에 결정적으로 중요한 지역이 되고 있다. 최근 수십 년 동안 발생한 산림 면적의 감소로 인해 하천의 물이 말라붙고 강수량이 불규칙해졌다. 추가적인 손실로는 홍수와 가뭄이라는 심각한 문제가 일어날 것이다. 경작지의 작은 이득은 다른 곳에서의 생산성 손실로 상쇄될 것이다.

르완다는 따라서 팍 데 볼칸을 보호함으로써 수익성이 높은 관광 산업보다 훨씬 더 많은 것을 얻고 있다. 그러나 그렇게 가난한 나라에서 더 많은 농지에 대한 지역적 압력이 가중되고 있는 상황에서 공원을 성공적으로 지킬 수 있을지는 미지수이다. 르완다는 급격한 인구증가, 농업 개발, 토지 이용, 자원관리, 사회 및 경제 개발 등 다양한 인구 자원 문제를 해결해야 한다. 멸종위기에 처한 사촌격인 마운틴 고릴라와 르완다 사람들의 운명은 이 거대한 도전을 성공적으로 해결하는 것에 달려 있다."

31. *The Whale Manual*[San Francisco: Friends of the Earth, 1978].

32. 예를 들면 다음을 참조하라. Gwen Struik, "Commercial Fishing in New Zealand: An Industry Bent on Extinction," *Ecologist* 1, 3, 6 [1983], pp. 213-221. 또한 *The International Union/or the Conservation of Nature Bulletin* 15, 4-6 [April-June 1984], pp. 42-457을 참조하라.

33. Judieth Wright et al., eds., *Reef, Rainforest, Mangroves, Man*[Brisbane: Wildlife Preservation Society of Queensland, 1980]; *Australia's Wilderness*[Australian Conservation Foundation, 1978].

34. E. D. Suten, *World Law and the Last Wilderness* 2d ed.[Sydney: Friends of the Earth, 1980]; Richard Laws, "Antarctica: A Convergence of Life," *New Scientist* 99[1 Sept. 1973], pp. 608-616; Roger Wilson, "Antarctica: The Last Continent Faces Exploitation," *Ecologist* 13, 2/3[1983], pp. 74-83; William Y. Brown,

"The Conservation of Antarctica Marine Living Resources," *Environmental Conservation* 10, 3 (1983), pp. 187-196

제8장

1. Gifford Pinchot, *Breaking New Ground* (New York: Harcourt, Brace and Co., 1947).

2. Ibid., p. 261.

3. Stephen Fox, *John Muir and His legacy* (Boston: Little, Brown and Co., 1981), chapter four.

4. Theodore Roszak, *Where the Wasteland Ends* (New York: Anchor, 1972), pp. 26-67.

5. John Rodman, "Resource Conservation: Economics and Beyond" (미출판 논문, Claremont, Ca.: Pitzer College, 1976).

6. 내무부 소속 개간국 위원인 로버트 브로드벤트Robert Broadbent가 1982년 6월 16일, 텍사스주 South Padre Island에서 열린 전국 면직물협회 전망 회의에서 한 발언

7. J. P. Milton and M. T. Favor, *The Careless Technology* (New York: Natural History Press, 1971).

8. William Burch, Jr., *Daydreams and Nightmares* (New York: Harper & Row, 1971), p. 154.

9. Karl Polyani, *The Great Transformation* (Boston: Beacon, 1944), p. 72.

10. Terry Daniel and Ron Boster, "Measuring Landscape Esthetics: The Scenic Beauty Estimation Method," USFS Research Paper RM-167 (Rocky Mountain Experimental Station, May 1976).

11. Rene Dubas, *The Wooing of the Earth* (New York: Scribner's, 1980), p. 79. (*국내에서는 『지구는 구제될 수 있을까』로 출간)

12. W. D. Hagenstein, "The Old Forest Maketh Way for the New," *Environmental Law 8* (Summer 1978), p. 485.

13. Marilyn Ferguson, *The Aquarian Conspiracy: Personal and Social Transformation in the 1980s* (New York: St. Martin's, 1980).

14. Jeremy Rifkin, *Algeny* (New York: Viking, 1983). (*국내에서는 『엔트로피 II』로 출간)

15. Dick Russell, "The Tree of Knowledge Grows on Wall Street," *The Amicus Journal* (Summer 1983).

16. J. Peter Vayk, *Doomsday Has Been Cancelled* (Menlo Park, Ca.: Peace Publishers, 1978), p. 61.

17. Dubos, *The Wooing of the Earth*.

18. Thomas Berry, *Teihard in the Ecological Age* (Chambersburg, Pa.: Anima Books,

1982), pp. 9-25.

19. James Christian, *Philosophy*, 3d ed.(New York: Holt, Rinehart & Winston, 1981), pp. 357, 375, 381-382.

20. 야생지 관리의 "손을 대기"와 "손을 떼기"에 관한 논의는 다음의 책을 참고할 것. David Phillips and Hugh Nash, eds., *The Condor Question*(San Francisco: Friends of the Earth, 1982); John Livingston, *The Fallacy of Wildlife Conservation*; A. Larkin, "Maybe You Can't Get There from Here: A Foreshortened History of Research in Relation to Management of Pacific Salmon," *Journal of Fisheries Board, Canada,* 36(1979), pp. 98-106; R. McGonigle, "The 'Economizing' of Ecology: Why Big Rare Whales Still Die"; 아프리카 야생지의 유감스러운 상황에 대해서는 다음의 책을 참고할 것. Peter Matthiessen, *Sand Rivers*(New York: Viking Press, 1981); 국립공원의 위기에 대해서는 다음의 책을 참고할 것. Eugenia Connally, ed., *National Parks in Crisis*; Joseph Sax, *Mountains without Handrails*(Michigan: University of Michigan Press, 1980); 관리에 관한 도교의 관점은 다음의 책을 참고할 것. Russell Goodman, "Taoism and Ecology," *Environmental Ethics* 2 (Spring 1980), pp. 37-80.

21. "The San Joaquin Valley," *The Eleventh Annual Report of the Council on Environmental Quality*(Washington, D.C., 1980), pp. 352-359.

22. Arne Naess, "Self Realization in Mixed Communities of Humans, Bears, Sheep and Wolves," *Inquiry* 22 (1979), pp. 231-242.

23. Richard Conviser, "Toward an Agriculture of Context," *Environmental Ethics* 6, 1 (Spring 1984), pp. 71-86.

24. Masanobu Fukuoka, *The One-Strow Revolution: An Introduction to Natural Farming* (Emmaus, Pa.: Rodale Press, 1978).(*국내에서는 『짚 한 오라기의 혁명』으로 출간)

25. Denzel and Nancy Ferguson, *Sacred Cows at the Public Trough*(Bend, Or.: Maverick Publications, 1983).

26. Wendell Berry, *The Unsettling of America*(San Francisco: Sierra Club Books, 1977), p. 9.

27. J. Baird Callicott, "Traditional American Indian and Western European Attitudes Toward Nature."

28. Paul Shepard, "A Sense of Place in American Culture," *North American Review* 262 (1977), pp. 22-32.

29. John Cairns, Jr., ed., *The Recovery Process of Damaged Ecosystems*(Ann Arbor, Mi.: Ann Arbor Science, 1981), p. 2.

30. Ibid., p. 9.

31. *Watershed Rehabilitation in Redwood National Park and Other Pacific Coastal Areas* (Washington, D.C.: National Park Service, 1981), p. 1.

32. Robert Lake, *Chilula*(Washington, D.C.: University Press of America, 1982).

33. Public Law 95-250, Sec. 01 (a) (b).

34. *Watershed Rehabilitation*, pp. 24-28.

35. Phillips and Nash, *The Condor Question*, p. 275.

36. Stan Croner, *An Introduction to the World Conservation Strategy*(San Francisco: Friends of the Earth, 1983).

37. 이런 인용문은 지난 10년 동안 출판된 책이나 기사에 실린 글의 대표적인 사례이다. Erik Eckholm, "Wild Species vs. Man: The losing Struggle for Survival," *Living Wilderness* 42 (1978), pp. 11-22; Anne and Paul Ehrlich, *Extinction*; "Nature Conservancy," *The Preservation of Natural Diversity: A Survey and Recommendations*(미국 내무부용으로 작성됨, 1975); Barney, *The Global 2000 Report*, pp. 150-153; C. de Klemm, "Species and Habitat Preservation: An International Task," *Environmental Policy and Law* 1, I (1975), pp. 10-15; David Ehrenfeld, *Conserving Life* on Earth (New York: Oxford, 1972). 생물종과 서식지를 보호하려는 국제적인 노력에 관해서는 다음 책을 참고할 것. Robert Board, *International Organization and the Conservation of Nature* (Bloomington: Indiana University Press, 1981). 제3세계의 한 국가가 인구가 과밀한 대륙에 '자연보호' 체계를 세우려던 노력에 관해서는 다음 책을 참고할 것. Huen-pu Wang, "Nature Conservation in China," *Parks* 5, 1 (April 1980), pp. 1-10.

38. Ray Raphael, *Tree Walk: The People and Politics of Timber*(Covelo, Ca.: Island Press, 1981).

39. Gary Snyder, "Good, Wild, and Sacred," *CoEvolution Quarterly* 39 (Fall 1983), p. 17.

제9장

1. 유토피아적 사고에 대한 역사적인 논의는 다음을 참고. Mulford Sibley, *Nature and Civilization: Some Implications for Politics*(Itasca, Il.: F.E. Peacock, 1977).

2. Loren Eiseley, *The Invisible Pyramid: A Naturalist Analyzes the Rocket Century*(New York: Scribner's, 1970)

3. Baker Brownell, *The Human Community*(New York: Harper & Row, 1950).

4. Thomas Colwell, Jr., "Baker Brownell's Ecological Naturalism and Its Educational Significance," *Journal of Educational Thought* 9, 1 (1973), pp. 29-40.

5. Ibid., pp. 36-38.

6. Aldous Huxley, *Island*(New York: Harper & Row, 1962). (*국내에서는 『아일랜드』로 출간)

7. Gary Snyder, "Four 'Changes,'" in *Environmental Handbook*, G. Debell, ed. (New York: Ballantine, 1970), pp. 323-333. Revised in Snyder's *Turtle Island* (new York: New Directions, 1974).

8. Paul Shepard, *The Tender Carnivore and the Sacred Game* (New York: Scribner's, 1973).

9. Ibid., p. 237.

10. Ibid., p. 260.

11. Ibid., p. 266.

12. Ibid., p. 273.

13. Ibid., pp. 260-264.

14. Ibid., pp. 177, 233, 267, 273.

15. Ibid., p. 229.

16. Roderick Nash, *Wilderness and the American Mind*, 2d ed. (New Haven: Yale University Press, 1973), p. 273.

17. Shepard, *The Tender Carnivore*, p. 273.

18. Ibid., pp. 275-278.

19. 또 다른 생태적 지역에 관한 비전은 다음의 책에 표현되어 있다. Peter Berg, ed., *Reinhabiting A Separate Country* (San Francisco: Planet Drum Foundation, 1978). 다음의 책 또한 참조. Raymond Dasmann, "National Parks, Nature Conservation and 'Future Primitive,'" *The Ecologist* 6, 5 (1976). Dasmann, *Environmental Conservation*, 4th ed. (Wiley and Sons, 1979). chs. 16-17.

제10장

1. Edith Cobb, *The Ecology of Imagination in Childhood* (New York: Columbia University Press, 1977); Joseph Pearce, *The Crack in the Cosmic Egg* (New York: Julian Press, 1971); *Magical Child* (New York: E. P. Dutton, 1971).

2. Susan Griffin, *Woman and Nature: The Roaring Inside Her* (San Francisco: Harper & Row, 1978), and *Pornography and Silence* (New York: Harper & Row, 1982).

3. Irwin Altman and Jaochim F. Wohlwill, eds., *Behavior and the Natural Environment*, v. 6 of *Human Behavior and the Environment* (New York: Plenum Press, 1983). 이 사회과학자들은 "너무 많은 사람들이 여전히 자연에 긍정적으로 반응하는 것은 놀랍다"고 말했다. 예를 들면, "Aesthetic and Affective Response to Natural Environment"에서 로저 울리치Roger Ulrich는 다음과 같이 결론지었다. "현재까지 가장 명확하고 잠재적으로 중요한 발견 중 하나는 북미와 유럽 단체들이 대부분의 도시 경관보다 심지어 눈에 띄지 않는 자연 경관까지 선호하는 일관된 경향이다. 이러한 차별적 반응성의 패턴은 관심과

같은 다른 감정을 포함시키기 위해 미적 선호를 훨씬 넘어서는 것으로 보이며, 아마도 신경 생리 학적 활동의 차이에서도 표현될 수 있다. 여기서 이론적 견해는 학습되지 않은 요소와 학습된 요소가 이러한 차이점에 책임이 있다는 것이다."

"The Role of Nature in the Urban Context"에서 레이첼 캐플란Rachel Kaplan은 자원보전 이데올로기의 복잡하고 비인간적인 언어를 사용한다. 그러나 그녀는 "우리는 인간을 자연자원과 통합적으로 관련된 자원으로 인식한다. 도시 환경의 특성을 없애고, 그곳에 존재하는 자연의 조각들을 보존하고 향상시킴으로써, 아마도 우리는 사람들을 회복시킬 수 있다"고 결론 지었다.

스티븐 카플란Stephen Kaplan과 자넷 툴봇Janet Talbot은 "Psychological Benefits of a Wilderness Experience"에서 "야생지에 대한 경험이 그렇게 많은 영향을 미치리라고는 예상하지 못했다. 그리고 우리는 인간의 구성물에서 그 잔여물이 여전히 그 외딴, 미개한 장소에 그렇게 강하게 울려 퍼지는 것에 인상을 받았다"고 언급했다.

4.   Paul Shepard, *Thinking Animals: Animals and the Development of Human Intelligence*(New York: Viking), and 1983, *Nature and Madness*(San Francisco: Sierra Club Books, 1978).

5.   John C. Sawhill, "The Unlettered University," *Harper's* 258, 1545(Feb. 1979), pp. 35-40; Alston Chase, "Skipping Through College: Reflections on the Decline of Liberal Arts Education," *Atlantic* (Sept.1978), pp. 33-40.

6.   Aldo Leopold, *A Sand County Almanac*(New York: Oxford, 1949).

7.   셰퍼드는 *Nature and Madness*를 쓸 때 에릭 에릭슨의 *Childhood and Society*(New York: W.W. Norton, 1950)에 영향을 받은 것으로 보인다.

8.   David Sheridan, *Off Road Vehicles on the Public Lands: A Report to the Council on Environmental Quality*(Washington, D.C.: E.E.Q., 1979); Stuart W. Watson, Michael H. Legg and Joy B. Reeves, "The Endoro Dirt-Bike Rider: An Empirical Investigation," *Leisure Sciences* 3, 3(1980), pp. 241-256; William Leitch, "Backpacking in 2078," *Sierra*(Jan. 1978), pp. 25-27; Christopher Lasch, *The Culture of Narcissism: American Life in an Age of Diminishing Expectations*(New York: W. W. Norton, 1978)에서 특히 4장과 5장을 참조할 것. '산업관광'과 그것이 참여자와 국립공원에 미치는 영향은 다음 책을 참고할 것. Edward Abbey, *Desert Solitaire: A Season in the Wilderness*(New York: McGraw-Hill, 1968), pp. 46-67; Lane Jennings, "Future Fun: Tomorrow's Sports and Games," *The Futurist*(Dec.1979), pp. 18-431; Lawrence Hamilton, "Modern American Rock Climbing: Some Aspects of Social Change," *Pacific Sociological Review* 22, 3(July. 1980), pp. 285-308.

9.   Robert Bly, *News of the Universe: Poems of Twofold Consciousness*(San Francisco:

Sierra Club Books, 1980) 블라이는 현대 서구 문명에서 살고 있는 몇몇 시인들이 원시인들이 수천 년 동안 했던 일을 하려고 시도했다고 말한다. 관찰하는 능력은 자신의 주관성과 자기 성찰을 넘어선 무언가에 주의를 기울이는 것을 의미한다. 이 '두 번째 단계'는 현대 기술사회의 많은 사람들에 의해 거부된다. 블라이는 "대중문화가 1단계, 단계 이전, 자기 성찰 이전 상태에 있는 사람들을 함정에 빠뜨리는 것이 가능하다. 우리는 '자기애의 문화'를 발전시키며, 텔레비전 광고는 인간이 자신의 몸의 변덕을 따르도록 격려하고, 마침내 몬태나 언덕이 중앙 난방을 위한 기름을 제공하기 위해 만들어졌다고 믿는다. 대중문화는 주의 깊게 보지 않고 안락하게 있는 것을 장려한다. 그래서 예술가가 2단계로 넘어가면 대중문화에 대해 훈련받은 청중들은 보통 거북스러워한다"고 썼다.

10. Dolores Lachapelle, *Forth Wisdom* (Los Angeles: LA. Guild of Tudor Press, 1978), Part III, pp. 99-133. Michael J. Cohen, 1983, *Prejudice Against Nature: A Guidebook for the Liberation of Self and Planet* (National Audubon Society Expedition Institute).

제11장

1. Roszak, *Where the Wasteland Ends Anchor* (New York: Anchor, 1972) 11장

2. 생태 저항을 다룬 연구는 다음의 저서와 논문에서 찾을 수 있다: Robert Hunter, *Warriors of the Rainbow: A Chronicle of the Greenpeace Movement* (New York: Holt, Rinehart & Winston, 1979); Sigurd Olson, *Open Horizons* (New York: Knopf, 1969) ; Don Rawlings, "Abbey's Essays: One Man's Quest for Solid Ground," *The Living Wilderness* (June 1980), pp. 44-46; Pete Gunter, "The Big Thicket: A Case Study in Attitudes Toward Environment," *Philosophy and Environmental Crisis*, William T. Blackstone, ed. (Univ. of Georgia Press, 1974), pp. 117-137; Dea Z. Mallin, "Fighting the Crane Drain, A Portrait of George Archibald," *American Way* (Jan. 1984); Ruth Eisenberg, "The Lady Who Saved Volcanoes," *University of Chicago Alumni magazine* 121, 33 (Spring 1979); Michael Robertson, 1983, "Dian Fossey: The Great Champion of Mountain Gorillas," *San Francisco Chronicle* (26 Sept. 1983), p. 10; Michael Helm, "On Surviving the '80s: A Conversation with David Brower, the Environmental Movement's Iconoclastic Elder Statesman," *Express: The East Bay's Free Weekly* (16 Jan. 1981); "The Tide Turned: Mark Dubois and the Defense of the Stanislaus River," *Greenpeace Chronicles, California Edition* (July 1979). 또한 1983년과 1984년에 오리건주의 야생지를 지키기 위해 볼드마운틴로드 폐쇄와 미들샌티엄 강 프로젝트가 추진되었는데, 이에 대한 어스 퍼스트! 운동의

다양한 이슈도 있다.

3. Bill Devall, "The Edge: The Ecology Movement in Australia," *Ecophilosophy Newsletter* VI(1984).

4. Arne Naess, *Gandhi and Group Conflict: An Exploration of Satyagaraha, Theoretical Background*(Norway: Universitetsforlaget,1974).

5. Steven Barkan, "Strategic, Tactical and Organizational Dilemmas of the Protest Movement Against Nuclear Power," *Social Problems* 27, 1(1979), pp. 38-61, S. T. Bruyn & Paula M. Mayman, *Nonviolent Action and Social Change* (New York: Irvington, 1979).

6. Robert Aitken Roshi, 1982, "Koho'olawe and the Native Hawaiian Movement"(미발표 원고, Honolulu). Peter Matthiessen, *Indian Country*(New York: Viking, 1984)도 참조하라.

7. Arne Naess, 1979, "Modesty and the Conquest of Mountains," *The Mountain Spirit*, Michael Tobias, ed.(Woodstock, N.Y.: Overlook Press, 1979).

8. Lao Tzu, *Tao Te Ching*, Archie Bahn의 번역본(New York: Frederic Ungar, 1958), p. 59.

9. Edwin Way Teale, *The Wilderness World of John Muir*(Boston: Houghton Mifflin, 1954).

10. William Everson, *Archetype West: The Pacific Coast as a Literary Region*(Berkeley: Oyez, 1976), pp. 49-60.

에코소피 T

아르네 네스

아르네 네스는 노르웨이인으로, 1912년에 태어났다. 그는 스칸디나비아의 사회과학과 철학 분야에서 많은 이들에게 영감을 주는 인물이었다. 1939년부터 오슬로 대학의 철학 교수였고, 인류가 맞닥뜨린 시급한 환경문제에 보다 깊이 전념하고자 1970년에 교수직을 사임했다.

네스는 사회과학과 철학 분야의 학제간 연구 저널인 『인콰이어리Inquiry』의 창립자이자 편집자였고, 과학철학, 경험론적 의미론, 간디의 비폭력 이론 등 폭넓은 주제들에 대해 발표해 왔다. 그는 자유와 윤리학에 대한 스피노자 이론의 주요한 재해석 작업에 관여했고, 불교사상의 몇몇 측면과 스피노자 철학과의 유사점을 다루는 글을 썼다. 생태철학, 또는 '에코소피'에 대한 그의 작업은 스피노자와 간디에 대한 그의 저작물, 그리고 그가 노르웨이의 산들과 맺은 관계에 기반해 전개되었다.

네스는 학문 분야에서 활발하게 활동했을 뿐만 아니라, 등산에도 적극적이었다. 그는 히말라야를 여러 차례 방문했고, 1950년과 1964년에 파키스탄 힌두쿠시산맥의 티리치미르Tirich Mir 산으로의 성공적인 탐험을 이끌었다. 네스의 글이 선별되어 있는 참고문헌은 이 글의 맨 뒤에 덧붙였다.

그의 70세 생일을 맞아 예전 동료와 학생 들이 기념 논문집을 발간했는데, 그의 철학에 대한 다양한 측면을 탐구한 열다섯 편의 논문과 아홉 가지 질문에 대한 네스의 답변이 함께 『회의적 경이로움으로In Sceptical Wonder』라는 제목의 책으로 묶였다.

불교와 기독교 같은 전통적인 주요 사상과 심층생태학 간의 관계를 논의하면서, 네스는 사람들이 몇 가지 일련의 원칙에는 동의하되, 이데올로기의 다른 측면이나 논리적인 파생에는 동의하지 않을 수 있다고 강조했다. 그는 심층생태학과 다른 전통들 사이의 관계를 이렇게 진술한다.

논의를 수월하게 진행하기 위해서는 심층생태학의 공통 강령(기본 원칙들)을 철학과 종교의 근본적인 특성들과 구분하는 것이 도움이 될 수 있는데, 심층생태학의 공통 강령을 일련의 규범과 가설(사실에 기반한 전제)로 표현한다면 이 철학과 종교의 근본적인 특성에서 끌어다 쓸 수 있다. 근본적인 핵심들은, 말로 표현하자면, 불교, 도교, 그리스도교 또는 다른 종교의 신조이거나 스피노자, 화이트헤드, 하이데거 등의 기본 관점에 친연성을 갖는 철학적 신념이다. 이 근본 핵심들은 서로 간 거의 양립하기 어렵거나, 최소한 인지적 내용의 측면에서는 서로 비교하기가 어렵다. 양립불가능하다고 해서 심층생태학의 원칙들에 불리하게 영향을 미치지는 않는다.

심층생태학 운동에서 기본적인 원칙들은 종교와 철학에 근거를 두고 있다. 느슨한 의미로 기본 원리에서 파생되는 것이라고 말할 수도 있을 것이다. 기본 원리들이 다르기 때문에, 이러한 양상들을 보다 보면 그저 다양한 전제에서 거의 유사하거나 심지어 동일한 결론이 도출되는 것일 수도 있겠다는 생각이 들기도 한다. 원칙들(혹은 강령)은 똑같고, 기본 전제들은 다르다.

논의를 명확히 하려면 심층생태운동 지지자들 사이에서 하나의 확실한 철학이나 종교를 찾아내겠다는 건 피해야 한다. 다행히도 기본원칙들에서 결과들이 풍성하고 다양하게 파생된다.

논의에는 고려해야 할 네 가지 수준이 있다. 말로 표현된 핵심적인 철학적·종교적 개념과 직관, 심층생태학의 기본적 원칙들, 그 강령으로부터 나온 일반적인 결과들—생활방식과 여러 종류의 제반 정책들—그리고 마지막으로, 구체적인 상황들과 그 상황들에서 이루어진 결정들에 대한 서술.

파생이라는 관점에서 다음의 도표를 활용할 수도 있겠다. 파생의 방향은 페이지 아래쪽으로 진행한다.

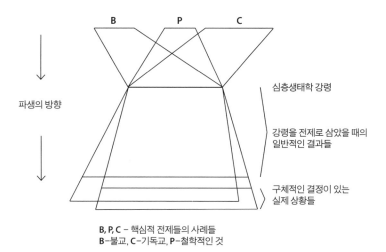

B, P, C – 핵심적 전제들의 사례들
B–불교, C–기독교, P–철학적인 것

이 표에서 B, P, 그리고 C는 겹치는 부분이 그다지 크지 않게 되어 있는데, 종교적 언어로 쓰인 텍스트를 비교할 때 일치점과 차이점을 정식화하는 일이 어렵다는 것이 주된 이유이다.

심층생태학적 문헌에서 특징적인 것은 다른 전통과 문화권에 속한 어마어마한 수의 저자를 긍정적인 참조사항으로 포함해 놓고 있다는 것이다.[1]

철학적 의미론, 논리학, 그리고 과학적 방법론 분야의 전문가로서, 아르네 네스는 자신이 '에코소피T'라고 부르는 생태철학 또는 심층생태학을 자기 버전의 논리적인 도표로 보여 주거나 체계화하려고 시도했다. 그는 이것을 규범적인 체계라고 불렀는데, 여기에는 규범들(기본적 가치들)과 사실에 기반한 가설들 양자가 모두 포함되어 있다. 낮은 단계의 규범 혹은 행동에 관한 지침들은, 느슨한 논리로 보자면 상위의 규범으로부터 파생되어 나오는 것이다. 상위의 가장 기본적인 규범들에는 심층적 문답의 직관적인 과정을 통해 도달할 수 있다.

상위의 규범, 또는 최종적 규범으로서의 자기완성이 협소한 자아의 실현이라는 의미에서가 아니라, 에이브러햄 매슬로나 다른 서구의 인간성 연구 심리학자들이 사용하는 의미에서도 아니라, 오랫동안 이어진 철학에서 기술된 보편적인 자아universal self로서의 의미라는 점을 기억하는 것이 또한 결정적으로 중요하다. 대문자 S로 시작되는 자아Self는 생물권뿐만 아니라 전체 우주와도 자신을 동일시한다. 에코소피 T의 도표는 다음과 같다.

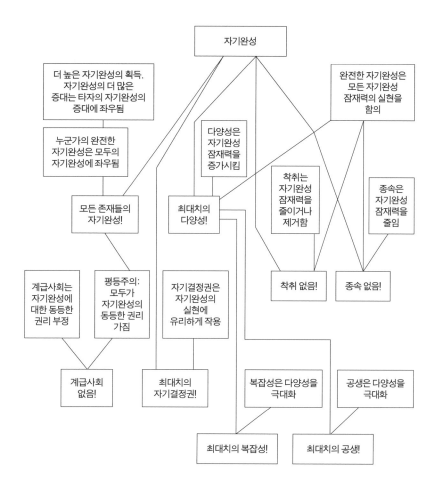

네스는 에코소피 T가 그저 심층생태학을 표현하는 그 자신만
의 버전일 뿐이라는 것, 그리고 더 많은 버전이 나올 필요가 있다는
점을 강조한다. 누군가는 심층생태학 규범의 많은 경우가 직관적인
토대에서 유지된다는 점에 비판적일지도 모르겠다. 그러나 네스는
모든 이론들이란 논리적 구성물 너머의 어딘가에서 시작된다고 지
적한다.

주석

1. Cp. the 70-page review by George Sessions in R. C. Schultz and J. D. Hughes, eds., *Ecological Consciousness, University Press of America*, 1981.

아르네 네스의 주요 저작

- *Gandhi and the Nuclear Age* (Totowa, N.J., 1965).
- "The Shallow and the Deep, Long-Range Ecology Movement," *Inquiry* 16 (1973), pp. 95-100.
- *Gandhi and Group Conflict: An Exploration of Satyagraha—Theoretical Background*(Oslo, 1974).
- "Notes on the Methodology of Normative Systems," *Methodology and Science* 10(1977), pp. 64-79.
- "Spinoza and Ecology," in S. Hessing, ed., *Speculum Spinozanum 1677-1977*(London, 1978).
- "Through Spinoza to Mahayana Buddhism, or through Mahayana Buddhism to Spinoza?" in J. Wetlesen, ed., *Spinoza's Philosophy of Man; Proceedings of the Scandinavian Spinoza Symposium 1977*(Oslo, 1978)
- "Self-realization in Mixed Communities of Humans, Bears, Sheep and Wolves," *Inquiry* 22 (1979), pp. 231-241.
- "Defense of the Deep Ecology Movement," *Environmental Ethics* 6, 3 (1984).
- "Some philosophical Implications of the Deep Ecology Movement," *Philosophical Inquiry*(곧 출간)
- "Identification as a Source of Deep Ecological Attitudes" in Michael Tobias, ed., *Deep Ecology*(San Diego: Avant Books, 1985)

페미니즘과 생태학

캐롤린 머천트

지난 20년에 걸쳐 여성운동과 환경운동이 동시에 부상했다는 점은 페미니즘과 생태학 사이의 관계에 대한 추가적인 질문들을 제기한다. 생태과학이 바탕을 둔 일련의 기본적 가정 중에 여성의 지위에 중요한 영향을 미칠 만한 것이 있는가? 생태적 윤리이면서 또한 페미니즘적 윤리인 것이 있는가?

자연 세계와 인간 사회의 구조와 기능들은 두 세계에 공통되는 언어를 통하여 상호작용한다. 묘사, 상징, 종교, 그리고 신화의 형태를 취한 윤리학은 인간과 그들의 세계 사이를 중재하는 일에 도움이 된다. 자연을 묘사하는 데 쓰인 말들은 선택된 것들이 어떤 것인지를 암시한다. 즉 세계를 바라보는 관점들로 선택된 것들과 그 관점을 지향하는 인간들의 행동에 영향을 미치는 윤리적 선택지들이 어떤 것인지를 암시한다. 생태학과 페미니즘은 서로 공통된 몇 가지 정책 목표들을 암시하는, 상호작용하는 언어들을 갖고 있다. 이런 관련성들은 다음과 같이 기술될 수 있을 것이다.

1. 체계를 구성하는 모든 부분은 동일한 가치를 가진다

생태학은 생태계 구조 안에 있는 모든 유기체와 비유기체 구성요소들에 똑같은 중요성을 부여한다. 건강에 이로운 공기, 물, 토양과 같은 생태계의 비생물적 구성요소는 생물계를 이루는 구성요소인 식물, 동물, 박테리아 등의 다양성만큼이나 필수적이다. 생태계 구조 내의 각 요소들 없이는 전체로서의 체계는 적절하게 기능할 수 없다. 어느 한 요소를 제거하고 개체 혹은 종의 수를 감소시키면, 더 큰 시스템 안에서 불규칙한 움직임이 나타날 수 있다.

마찬가지로, 페미니즘은 남성과 여성의 평등을 주장한다. 지성의 차이는 성별이나 인종에 특유한 것이라기보다는 인간적인 차이에 해당한다. 여성의 낮은 지위는 자연이 아니라 문화에서 기인한다. 그러므로 정책의 목표는 모두를 위한 교육적, 경제적, 정치적 공평을 이루려는 쪽을 향해야 한다.

생태학자들과 페미니스트들은 공히 인간-자연 체계의 모든 부분들에 가치를 부여하며, 의사결정이 개인과 집단, 혹은 종들에게 미치는 장단기적 영향을 주의 깊게 검토할 것이다. 윤리적인 갈등이 있을 때는, 모든 부분의 상호연결성과 전체의 이로움이라는 관점에서 개별 사례를 논의해야 한다.

2. 지구는 집이다

인간 집단이 사는 곳을 집이라고 할 때, 모든 살아 있는 유기체들이 사는 곳은 지구이다. 각각에 생태학적으로 가장 알맞은 장소는 공동체 안의 한 자리이고, 물질과 에너지가 그 안으로 들어가고 나오는, 에너지 연속체 안에 있는 한 구멍이다. 생태학은 지구의 살림살이에 대한 학문이다. 인간의 집은, 뗏장집이든 이글루든 혹은 방갈로가 됐든, 환경 안에 있는 구조물들이다. 대부분은 그 안에서 생명이 유지되는 장소들이고, 음식을 만들고 옷을 수선하고 인간의 돌봄이 이루어지는 주거지이다.

생태학자와 페미니스트 들에게 지구의 집과 인간의 집은 소중히 여겨야 할 서식지들이다. 에너지가 흘러 들어가고 나가며, 분자와 원자가 들고 난다. 화학물질과 에너지 형태 중에 어떤 것은 생명을 유지해 주지만, 어떤 것은 생명을 위협한다. 지구와 집에 병을 일으키는 화학물질과 에너지는 용인될 수는 없다. 사람들이 사는 일부 환경에는 방사능 폐기물이나 잠재적 방사능의 위험이 현존한다. 해로운 화학물질이 어느 뒷마당과 지하실에 스며들기도 한다. 마이크로파, 아질산염 방부제, 그리고 세척용 화학물들은 이미 부엌으로 침범했다.

여성과 아이 들이 대부분의 시간을 보내는 곳인 집은 이제 더 이상 안식처가 아니다. 집터가 되는 땅과 집 건축에 쓰이는 돌덩이들은 (라듐의 방사성 붕괴 생성물인) 라돈을 배출할 수도 있다. 폐암의 잠재적 원인이기도 하다. 벽, 가구, 바닥재, 그리고 단열재는 요소 포름알데히드를 포함할 수도 있는데, 이는 비강·목·눈을 자극한다. 균열이 생긴 가스레인지나 보일러는 이산화질소와 일산화탄소를 배출하고, 이는 어지럼증, 두통, 호흡기 질환을 일으킨다. 아파트 빌딩 내의 지하 주차장은 실내 일산화탄소를 배출하는 또 다른 주범일 수도 있다. 수도관을 통해서 발암성의 음용수가 집안의 수도꼭지로 나올 수 있는데, 이런 유독물질은 저수 공급 탱크 안에 들어 있는 유기화합물을 염소 처리할 때 만들어진다.

사람들이 음식을 먹거나 아이들이 노는 공간에 뿌려지는 살균제에는 페놀과 크레오솔, 혹은 염화암모늄이 포함되어 있을 수도 있는데, 이것들은 폐와 간과 신장에 독성 효과를 유발하거나 신경계 기능을 저하시킨다. 오븐 세정제에는 부식성 알칼리가 포함되어 있을 수도 있다.

화장실과 침실에는 특히 두통을 일으키는 화장품과 샴푸, 박테리아와 곰팡이에 오염된 눈화장 용품, 헥사클로로펜이 가미된 악취 제거제, 암 발병과 관련 있는 방향성芳香性 화합물인 아민이 들어간 머리 염색제가 있을 수 있다.

부엌에는 전자레인지가 있을 것이고, 거실에는 텔레비전이 켜져 있어 저량의 방사물질을 내뿜을지도 모른다. 냉장고에는 아질산염 보존제 및 식용색소가 들어간 음식물과 발암물질로 의심되는 사카린을 포함한 '저열량'의 음료수가 채워져 있을 수도 있다. 찬장에는 납 유약이 포함된 백랍으로 만든 주전자와 그릇들이, 특히 산성 음식물과 접촉했을 경우, 서서히 납중독에 이르게 할 수 있다. 실내 공기가 담배 연기로 차 있을 수도 있는데, 그 연기는 공기 중에 남아 비흡연자의 폐에도 쌓이는 분자물들을 포함하고 있을 수도 있다. 생태학자들과 페미니스트들 모두에게, 생명을 위협하는 이러한 침범을 물리치고 건강한 실내외 환경을 회복하는 일이 그 목표가 되어야만 한다.

3. 과정이 기본이다

생태학의 제1법칙이기도 한 열역학 제1법칙은 생태계의 에너지 보존 법칙이다. 에너지는 상호연결된 부분들을 통해서 지속적으로 흐르는 과정에서 변하고 교환되기 때문이다. 지구로 들어오고 나가는 에너지의 전체 총량은 동일하다. 생태과학은 지구 위 생물과 비생물의 시스템을 들고 나는 에너지의 흐름을 연구한다. 각 부분들은 성장과 발달, 죽음과 부패라는 평형상태를 유지하려는 속성을 띤다. 세계는 활동적이며 역동적이다. 자연 과정은 순환적이고, 사이버네틱, 안정화, 되먹임 메커니즘으로 균형을 잡는다.

자연의 역동적인 과정을 강조하는 것은 인간 사회에도 변화와 과정이 있다는 것을 내포한다. 인간 공동체를 통한 정보의 교환과 흐름은 의사결정의 토대이다. 생태학자, 기술자, 법률가, 노동자, 여성, 남성이 동등하게 참여하여 대안을 열어놓고 논의하는 것은 환경운동가와 페미니스트 모두에게 적절한 목표이다. 각 개인들은 인간-자연 공동체에 중요한 가치를 지닌 경험과 지식들을 가지고 있다.

4. 공짜 점심은 없다

'공짜 점심은 없다'는 것이 열역학 법칙들의 핵심이다. 유기체를 만들어 내려면 일이라는 형태의 에너지가 필요하다. 하지만 유기생명체의 단계 수준이 높아질수록, 각각의 물질이 만들어지고 각각의 상품이 제조될 때 그 주위의 엔트로피는 증가하고 이로 인해 일에 사용할 수 없는 에너지량이 증가하게 된다.

급여가 적은 환경운동가들이 공짜 점심을 대접받아 먹는다는 농담도 있지만, 자연은 이익에 굶주린 인간들에게 공짜 재화와 서비스를 계속 공급할 수가 없다. 최종 비용이 너무 엄청나기 때문이다. 그러므로 언제 어디서든 가능할 때마다, 물건은 재활용하고 서비스는 공유함으로써, 자연으로부터 얻은 것들은 자연에 다시 돌려줘야 한다.

페미니스트들에게는 공짜 점심이나 가사 서비스보다 호혜와 협력이 가치 있는 목적이다. 주부들은 종종 깨어 있는 많은 시간을 열역학 제2법칙의 효과를 되돌리려 분투하는 일에 쓰고 있다. 무질서에서 질서를 만들어 내려고 지속적으로 애쓰는 일은 에너지가 많이 소모되고 영혼을 소진시킨다. 그러므로 공적 영역과 사적 영역을 구분하는 이원론을 잘라 내고 집안에서와 직장에서의 남녀의 역할은 통합되어야 한다. 육아와 돌봄, 집안일, 생산적인 일, 성적 관계 등의 구체적인 맥락에서, 성역할을 구분하기보다 남녀 간에 협력해서 일을 하는 것이 감정 어린 보상을 만들어 낼 수 있다. 남자와 여자가 사용가치의 생산에 함께 참여하게 되면 자연에 부담을 주는 상품들의 생산을 축소시키는 일을 함께하는 셈이 될 것이다. 그러한 작업에 적정한 기술들이, 자연에 충격을 덜 주는 기술들이, 가능할 때마다 선택될 것이다.

부록 C

간디, 도겐 그리고 심층생태학

로버트 아잇켄 노사

한번은 어느 친구가, 마을에 정착해서 할 수 있는 한 최선을 다하여 주민들을 섬기겠다는 간디의 목표가 순전히 인도주의적인 것이냐고 물었다. 간디가 대답했다. …… "나는 다른 누구도 아닌 바로 나 자신을 섬기려고 여기 있는 걸세. 이 마을 사람들을 섬김으로써 나만의 자기완성을 이루고자 한다네."[1]

이 놀라운 대화는 세계의 스승으로서 간디의 위상을 드러낸다. 이는 진정한 선문답인데, 깨달은 사람이 질문자의 고정관념에 굳은 태도에 반응하고 질문을 되돌린 다음, 그 되돌린 질문을 원래의 질문이 사실상 가려 버렸던 진실을 드러내는 매개체로 활용하고 있다는 점에서 그렇다.

너그러움에 대한 으레 익숙한 의심에서 던져진 그 질문에 악의가 없지는 않다. 당신이 다른 사람들을 위해 하는 이 모든 일이 스스로를 높이고자 하는 것은 아닙니까? 순수한 너그러움이란 것이 정말로 있기는 한 겁니까? 그저 타인을 위해서 산다는 것이 가능한 겁니까? 이렇게 가난한 사람들과 생활하는 건 당신 자신의 심리적 필요를 채우려는 것이 아닙니까?

간디는 전혀 익숙하지 않은 관점으로 대답했다. 답변에서 그는

"인도주의적인"이라는 말을 통째로 빼 버린다. 그의 말과 글 어디에서 이걸 찾을 수 있는지 진실로 궁금해지기도 한다. 질문자에게, 인도주의란 비현실적인 듯하다. 그리고 실제로, 더 깊은 핵심을 짚기 위해 간디는 이 사실을 인정한다.

유도의 고수처럼, 간디는 상대방의 밀치기와 에너지를 활용한다. 자기 자신을 섬기는 일이라는 걸 부인해야 할 상황에서, 간디는 그에 대해 전혀 부인하지 않고 그 도전을 한 단계 더 밀고 나가 마을 사람들이 그를 섬기고 있다는 점을 분명히 말한다.

이것은 자신의 권력 확대가 아니라, 간디가 말하듯, 자기완성의 방법이다. 자기 관심사들은 사라지고, 관찰하여 그에 따라 행동하는 이의 참된 본성이 분명해진다. 그것은 다름 아닌 모든 존재이며 모든 만물이다. 토머스 머튼은 간디의 수행은 그 자신 안에 있는—혹 내 표현에 따르자면, 그 자신으로서의—세계와 인도를 깨우는 것이었다고 말한다.[2] 머튼은 분명히 이것이 실존적 자각이었다고 보지만, 그 자각이 실존적인 것이든 정치적인 것이든 간에, 진리는 변함이 없다. 타인은 결국 다름 아닌 자신인 것이다.

타인을 섬기는 것이 자신의 권력 확대를 위한 수단이라는 통상의 관점은, 사람과 환경에 대한 착취, 국가들 간의 전쟁, 그리고 가족 내의 갈등을 허용하는 관점이다. 야스타니 하쿤安谷白雲 노사가 말하곤 했듯이, 인간성에 대한 근본적인 오해는 나는 여기 있고 너는 저 바깥에 있다고 상정하는 데 있다.

간디의 관점은 전통적인 동양의 것이고, 서로 강조하는 바는 다르되 힌두교, 도교, 그리고 상좌부 불교와 대승불교에서 발견되는 것이다. 도겐 선사와 선불교 수행자들이 보기에 일반적으로, 도는 모든 존재와 만물에로의 열림이다. 모든 존재는 나 자신의 본성을 알게 해 주지만 내가 다른 존재를 통제하려 들면 망상에 빠진다.

자기가 나아가 만물을 확인하려는 것을 망상이라고 하고
만물이 나아가 자기를 확인하는 것은
깨달음이다.[3]

—도겐, 「현성공안現成公案」

자기가 중심이 되어 다른 존재를 보는 행위는 망상으로 불릴 만한 것일 뿐 아니라 우리 행성과 그 안의 생명체들을 파괴하는 것이기도 하다. 그러나 깨달음이 그저 다른 인간들로부터 배우는 것에 관한 문제만은 아니다. 자아가 소멸할 때, 그것은 우주의 무수한 만물과 생명체에 의해 한층 더 풍부하게 거듭 재창조된다.

여기저기 노니는 야생의 사슴이
인간의 영혼을 시름에서 지켜 준다네[4]

이것이 그저 우주와의 하나됨을 감각하는 문제인 것만은 아니다. 열대의 하늘에 떠 있는 별들은 내 마음의 천장을 가로질러 퍼져 나가고, 시원한 바람은 내 자동차의 문을 연다.

그런 경험들은 철학적인 것이 아니고 동양의 전통에 국한되어 있는 것도 아니지만, 동양이나 서양이든 지난 200년 동안에는 비슷한 어떤 것이든 찾아보려면 문화의 주류보다는 그 주변부를 살펴봐야 한다. 문화의 주류는 신이 노아에게 내린 지시사항을 편의주의적으로 해석한 것을 따르고 있다.

> 땅의 모든 짐승과 공중의 모든 새와 땅에 기는 모든 것과 바다의 모든 물고기가 너희를 두려워하며 너희를 무서워하리니 이들은 너희 손에 붙였음이라.[5]

워즈워스나 소로 같은, 서양에서 상대적으로 고립된 천재들 극소수만이 인간의 자아가 자연에 의해 확인되는 것이지, 자아가 자연을 확인하는 일은 무도한 것임을 가르쳐 왔다. 예컨대, 워즈워스는 다음의 시에서 도겐 선사의 목소리와 공명한다.

> 생각하라, 영원히 말하는 것들 가운데서
> 그 자체는 결코 나타나지 않지만,
> 우리가 계속 추구해야 하는 것은 무엇인가?[6]

만물에 대한 열림은 조지 세션스가 그의 심층생태학에 대한 토론에서 전환이라고 부르는 것으로 이어진다.

수목관리인 생태학자 알도 레오폴드는 인간의 자연에 대한 우위에 입각한 '재산관리'로서의 협소한 생태학적 자원관리 사고방식으로부터 극적인 전환을 겪고 나서 인간은 현실적으로 자신을 생명권 공동체의 '평범한 구성원'으로서 바라보아야 한다고 선언하기에 이른 다. 그러한 전환 이후, 당시의 인간 중심적인 착각들을 걷어 내면서, 레오폴드는 꾸준하게, 그리고 "밝게 빛나는 명징함"을 지니고 "산처럼 생각하기"를 시작한다.[7]

인간의 자연에 대한 우위는 자아가 앞서 나가 만물을 확인하고자 하는 인간 중심적인 착각이다. 이것은 미국인의 베트남인에 대한 우위, 남성의 여성에 대한 우위, 관리자의 노동자에 대한 우위, 백인의 흑인에 대한 우위와 동일한 사고방식이다.

심층생태학 운동은 급속히 우리의 광물자원을 고갈시키고 숲을 벌목하고 강과 호수를 오염시켜 왔던 관례적인 자원관리 사고 체계에 대한 생태학자들의 절망에서부터 발원한 운동이다. 관례적 자원관리 사고 체계는 관리자 자신들의 단기적인 이익을 위해 인적 자원을 관리하는 복지사회의 사고 체계와 정확히 동일한 것이다.

기존 언론매체의 수용자들은 전쟁이나 핵 사용에 따른 오염의 위험성에 대해서는 알고 있으나, 사라지는 밀림, 채굴당하는 산들, 바다에서 생명의 균형이 무너지고 해안가 습지들이 고갈되는 모습 등에서 볼 수 있는 생물학적 홀로코스트에는 관심이 덜하다. 우리의 호화로운 삶의 방식이 우리 모두에게 이러한 전지구적 재난을 불러왔고 그것을 가속화시키고 있다는 관점을 얻기 위해서 우리는 생태학적 사회들을 다룬 잡지와 뉴스를 보고 읽어야만 한다.

그러나 설사 알고 있다 하더라도 죽음과 파괴의 기구들을 되돌리는 게 가능할지는 의문이다. 평화운동으로 국방부를 해체시키고

자 하는 셈인데, 이는 도겐 선사가 경고하려는 것과 똑같은 착각에 빠지는 일이다. 우리가 B-1 폭격기를 막았을 때, 크루즈 미사일이 생겨났다. 우리가 포괄적 범죄단속법안Omnibus Crime Bill을 막았을 때, 우리는 또 다른 포괄적 범죄단속법안을 가지게 되었다. 우리가 린든 존슨을 막았을 때, 우리는 리처드 닉슨을 가지게 되었다.

핵심은 이렇다. 우리의 선한 의도에도 불구하고, 우리는 여전히 만물에 나아가 그것들을 통제하고자 한다는 것이다. 그저 수동적으로 대응하거나 도망치는 것은 대안이 아니다. 우리가 산처럼 생각할 때, 세계 전체는 전환한다. 모든 것이 우리를 확인시켜 준다. 그런 다음 움직이지 않는 선방의 방석에 앉는다. 통제장치도 없고 통제할 사람도 없다.

나는 우리 각자가 자신의 빛을 따라갈 것을 촉구하면서 다시 간디를 생각한다. 에릭 에릭슨은 간디가 그의 가족, 그리고 심지어 그의 조국의 인간적인 필요들을 배제시키면서까지 자신의 가치들만 굳게 고수했다고 말한다.[8] 아마도 그랬을 것이다. 우리가 그를 맹목적으로 숭배할 필요는 없다. 모든 결점에도 불구하고, 그는 분명 자아의 충일함과 모든 생명과 만물에 대한 개인적인 책임성을 북돋고자 한 신개혁New Reformation의 선구자였다.

우리는 지난 세대 불교의 세계에서 스리랑카의 사르보다야 슈라마다나Sarvodaya Shramadana, 태국의 '사회의 종교를 위한 협력단체 Coordination Group for Religion in Society', 남베트남의 '사회봉사를 위한 청년학교School of Youth for Social Service', 일본의 '이토엔Ittoen, 一燈園'의 부상을 목도했다. 이런 운동들은 사회의식이라는 현대의 시대정신 아래서 발달했고, 무아無我라는 불교의 교리와 불교적 개념에서 나아갈 방향을 구했으며, 이는 간디가 인도의 독립운동을 위한 방향을 고대 힌두교 교리인 자치(스와라지)에서 구했던 것과 동일하다.

기독교의 세계에서도 우리는 비슷한 운동들의 융성을 목도하였는바, 특히 미국의 수십여 개 도시에 결성된 무정부주의적 집단 공동체 네트워크인 '가톨릭 노동자Catholic Worker'가 있다. 이 단체는 남녀 평신도 가족들이 "나의 형제와 자매들 어느 하나에게 행한 것들이라도 곧 나에게 행한 것과 같으니라"[9]라는 예수의 가르침을 따라서 가난한 자들에게 의식주를 제공하기 위해 설립했다.

이 운동들은 풀뿌리에서 생겨났고, 만물에 의해 자기를 확인하는 것이 수도원의 벽 안에서 소수만 이해할 수 있는 비밀스러운 체험만은 아니라는 이해를 바탕으로 일어난 운동들이다. 간디에게 있어 스와라지Swaraj, 즉 인도의 독립운동은, 식민지 인도의 궁극적 '타자'인 대영제국에 대해 완전히 열림으로써 깨달음의 길을 수행하는 개인들의 자치운동이었다. 그것은 또한, 간디가 그의 인도주의에 의문을 제기했던 이에게 내비쳤던 것처럼, 가난한 자들, 장애가 있는 자들, 압제받는 자들과 함께한다는 수행이고, 그들이 하듯 물을 긷고 땅을 파는 수행인 것이기도 하다. 이는 섬김―경찰과 정치인들을 포함한 모든 타자들에 대한 섬김―을 통한 깨달음의 수행이다.

'그들과 함께 있음'의 수행은 그들, 그것, 그, 그녀라는 삼인칭을 '나'와 '우리'라는 일인칭으로 전환시킨다. 도겐 선사에게 '다름 아닌 나 자신'인 타자들은 산과 강과 위대한 지구까지 포함하는 것이다. 누군가가 산처럼 생각할 때, 그는 또한 흑곰과 같이 생각하는 것이고, 이것은 간디의 심층생태학에 대한 통상적인 관심사에서 한 걸음 더 나아간 것이며, 여기엔 흑곰에 대해 열리고, 흑곰과 진정한 친밀함을 맺을 것이 요구된다.

이는 연민이고 타인과 함께 아파한다는 것이다. "응당히 머문 바 없이, 그 마음을 내라應無所住而生其心."¹⁰ 여기서 "머문 바 없다無所住"라는 것은 가장 순수한 경험도 없이, 내면에 평화와 휴식이 머무는 것이다. "내라生"는 것은 굳건히 서서 무수한 만물을 포괄하라는 것이다. 평화와 생태학 활동가에게 주는 『금강경』의 이 메시지는 다음과 같은 것이 될 것이다. "근본적인 평화의 장소로부터, 평화로운 남자와 여자로 나타나서, 그것을 파괴하려는 자들의 가장 깊숙한 공동체 안에서 평화를 드러내도록 하라."

주석

조지 세션스와 그의 논문 「스피노자, 영원한 철학, 그리고 심층생태학」이 이 산문을 쓰는 데 직접적인 영감을 주었다(Mimeo, Sierra College, Rocklin, Calif, 1979). 노르웨이의 생태철학자로서 '심층생태학'이라는 용어를 만든 아르네 네스가 이제 덜 분열적이고 덜 분란을 일으키기 위한 용어로 '새로운 자연철학New Philosophy of Nature'이라는 표현을 사용하고 있다고 들은 바 있다.

1. Jag Parvesh Chander, *Teachings of Mahatma Gandhi*(Lahore: The India Book Works, 1945), p. 375.(Tahtinen, *Non-violence as an Ethical Principle*, p. 83.)
2. Thomas Merton, *Gandhi on Non-violence*(New York: New Directions, 1965), p. 5.
3. Cf. Maezumi, *The Way of Everyday Life*(Los Angeles: Center Publications, 1978), n.p.
4. William Blake, "Auguries of Innocence," *Poetry and Prose of William Blake*, Geoffrey Keynes, ed.(London: Nonesuch Library, 1961), p. 118.

5. 창세기 9:2

6. William Wordsworth, "Expostulation and Reply," *Lyrical Ballads*, W. J. B. Owens, ed. (New York, Oxford University Press, 1967), p. 104.

7. Sessions, "Spinoza, Perennial Philosophy, and Deep Ecology," p. 15. 지면의 제약으로 심층생태학에 대해 완전한 논의를 하지 못했는데, 그러자면 당연하게도 농업과 환경 관리를 다룬 내용들이 포함되어야만 한다. 생태철학자들이 뒤집고자 하는 것은 바로 미래를 착취하고 종을 절멸시키는 사고방식 그 자체이다.

8. Erik H. Erikson, *Gandhi's Truth: On the Origins of Militant Nonviolence* (New York: Norton, 1969), especially p. 251.

9. 마태복음 24:40

10. A. F. Price, trans., "The Diamond Sutra," *Book One of The Diamond Sutra and the Sutra of Hui Hong* (Boulder: Shambhala, 1969), p. 74.

서구의 과정형이상학
(헤라클레이토스, 화이트헤드, 스피노자)

조지 세션스

1950년대에 논리실증주의가 종말을 맞은 이후, 상당수의 서구 철학자는 서구 사회를 위한 새로운 형이상학적 통합을 찾아 연구하기 시작했다. 상당히 인정을 받은 새로운 최초의 형이상학은 정교한 기계적 유물론으로, 1950년대 후반에 J. J. C. 스마트J. J. C. Smart를 비롯한 학자들의 마음-뇌 동일론mind-brain identity theory의 형태로 나타났고, 이는 홉스와 멀리 가면 데모크리토스에서 뿌리를 찾을 수 있다. 그러나 서구에는 비주류인 과정형이상학 전통도 있는데, 지금은 이 전통이 동양의 형이상학과 더불어 이론물리학과 생태학의 최근 전개 양상과 좀 더 잘 양립할 것 같다.

소크라테스 이전의 범신론자인 헤라클레이토스의 과정형이상학이 서구의 생태학적 형이상학의 토대가 될 수 있다고 주장한 이론가들도 있다. 소크라테스 이전 철학자들 중에 특히 아낙시만드로스, 피타고라스, 헤라클레이토스, 엠페도클레스가 전개한 영원의 철학은 범신론적이면서 놀랍게도 생태적이기도 하다. 영원의 철학은 이론과학적 사고를 시도하면서도, 새롭게 등장하던 과학적 정신을 영적 성장과 신비주의와 조화시키려고 시도했기 때문이다. 이러한 이들의 사유체계와 동양철학/종교는 대립물의 갈등에서 조화가 나온다는 이론을 비롯하여 자연적인 계절과 유기체의 성장주기에 부합하는 시간의 순환 개념에 동의하면서 역사가 진보한다는 사상을 거부했다는 점에서 놀라운 유사성을 갖는다. 그러나 안타깝게도 이 사상 체계는 우리에게 부분적으로만 남아 있고 때로 추측만 할 뿐이다.

현대의 철학자 중에는, 20세기의 이론가인 알프레드 노스 화이트헤드의 범심론적 과정 '유기체 철학'을 다년간 옹호한 철학자들이 있다. 최근에 찰스 하트숀Charles Hartshorne과 존 캅John Cobb Jr.같은 철학자는 화이트헤드의 과정철학이 '새로운 자연철학'의 토대로 적합하다고 주장했다. 그러나 이런 이론가들 가운데 다수는—공교롭게도 기독교 유신론자이다—화이트헤드의 과정형이상학을 환경윤리 문제에 적용해 보면, 인간이 최고의 수준으로 지각하거나 의식하는 존재이므로 인간이 자연에서 최고의 가치와 권리를 갖는다고 주장한다. 여기에는 어떤 면에서는 인본주의적 윤리이론을 비인간 존재까지 확장하려는 시도와 유사하게, 로드맨의 지적대로, '도덕의 마당에서의 서열'이 있다. 화이트헤드의 범심론을 적용하면서도 인간을 제외한 나머지 존재의 내재적 가치는 저마다 수준이 다르다고 상정하는 시도는 서구의 기존 인간중심주의를 강화할 뿐이어서, '원칙적인 생태적 평등주의'라는 심층생태학의 규범과 부합하지 않는다.

철학자 어빈 라슬로Ervin Laszlo는 화이트헤드의 형이상학적 통합을 발전시키기 위해 주력했고, 이는 결국 비인간중심주의 윤리로 귀결되었다. 그는 여기에 루드비히 폰 베르탈란피Ludwig von Bertalanffy의 일반체계이론을 보충해 '신화이트헤드주의neo-

WHiteheadianism'라고 불렀고, 이것은 자연계를 경외하는 도덕적 태도로 귀결된다. 라슬로는 이 태도가 "오늘날의 젊은 세대의 마음에 이미 스며들어 있다"고 주장한다. 자연계에 경외심을 갖는 것이 생태계 윤리이다.

> 우리라는 범주를 자녀와 가족 동포뿐만 아니라, 인류와 모든 살아 있는 존재뿐만 아니라, 지구에서 태어나 스스로 유지하고 진화하며, 인간이 교란하지 않으면 복잡하더라도 지극히 균형 있게 계층적으로 상호의존하며 살아갈 모든 유기체까지 충분히 확대해서 볼 때, 그런 넓은 의미의 우리 자신을 경외하는 것.[1]

자연을 상호연결된 광대한 위계 체계로 보는 생태학적 관점에서 우리는 17세기의 네덜란드 철학자이자 위대한 범신론적 과정형이상학 철학자인 바뤼흐 스피노자를 소환한다. 스피노자의 마음 이론, 인간의 자유 개념, 윤리를 오랫동안 지지했던 스튜어트 햄프셔Stuart Hampshire는 스피노자의 형이상학이 "시스템 내부의 각 개체가 자신만의 고유한 힘의 균형을 갖는다는 시스템의 모델(개체들 안에서 개체들은 힘의 균형을 유지하고, 복잡성과 힘이 증가한다. 개체는 자기 보전할 때 각자의 특징적인 활동으로 구별된다)"을 제공하고 있다고 말했다.[2]

유물론적 신념의 철학자들이 스피노자의 사상 체계로 점점 이끌려 가는 한편, 스피노자의 학문 내부에서는 아르네 네스와 폴 빈팔Paul Wienpahl의 활동으로 가장 급진적으로 전개된다. 1930년대에 실증주의 빈 학파와 활동했던 네스는 자신이 '과학주의'에서 표

류하다 스피노자 철학으로 흘러갔다고 표현했다. 폴 빈팔도 1950
년대에는 '특정 입장을 취하지 않는 철학자'로 있다가, 1959년 일본
의 선원에서 지낸 것을 계기로 불교를 공부하기 시작했다. 그 뒤에
도 지속적인 명상을 통해 스피노자를 새롭게 보게 되었고, 그 결과
최근에 스피노자의 전작을 완전히 새롭게 번역했는데, 이 해석은
바로 '동양적인' 과정형이상학으로 귀결된다. 빈팔은 기존의 해석
과는 반대로, 진정한 이해는 직관적이고 신비적인 단계에서만 나타
난다고 주장한다. 스피노자의 사유체계에서, 개념화의 모든 형태는
상상의 단계이다. 빈팔은 스피노자의 형이상학을 이렇게 새롭게 번
역했다. "당신은 당신의 세계를 일종의 유동성으로 볼 수 있다는 걸
안다. 바다로 적절하게 비유할 수 있다. 존재BEING와 존재being의
여러 양태가 있다. 양태는 존재로부터 끊임없이 올라갔다가 그만큼
끊임없이 존재에게 내려앉으며 …… 신이 존재Being라는 것은 명확
하고 확실하게 인식된다."[3]

최근 스피노자에 관한 연구가 이렇게 풍성해지면서, 상당수의
철학자가 심층생태학을 위한 서구 고유의 토대를 스피노자의 사상
에서 찾고 있다. 최근에 아르네 네스는 스피노자에 대해 강한 어조
로 긍정적으로 언급했다.

명상과 대승불교에 대한 관심이 높아지면서 서구 사람들도 이해할
수 있으면서, 동양의 기본적인 통찰을 다룰 철학을 찾게 되었다. 스
피노자에서 영감을 받은 철학이 그 답이거나 하나의 답이 될 수 있
다. …… 내가 이해하기로 [스피노자] 『에티카』의 5부는 중동의 지

혜를 탁월하게 보여 준다. 스피노자는 동양의 전통과 잘 맞아서 서구의 어떠한 주류와도 완전히 녹아들지 못할 것만 같다. …… 스피노자의 사유체계는 상당히 불안정하다. 동서양의 모든 주요 전통에서 지속되는 가치가 완전히 상호 모순되더라도 그 가치들을 모두 안으려고 한다는 점에서 스피노자 사상의 주장은 극단적이다. …… [그리고 추가적으로] 위대한 철학자 가운데 바뤼흐 스피노자만큼 기본적인 생태적 태도를 분명하게 표현하려고 노력을 기울인 사람도 없다.[4]

역사적으로 보면, 스피노자의 사상 체계는 현대의 인간 중심적 기술세계관과 사회의 발전에 저항하는 데 영향력이 컸던 사상가들에게 큰 영향을 미쳤다. 유럽 낭만주의 운동의 주요 인물들(괴테, 콜리지, 워즈워스, 셸리)은 스피노자를 읽고 자연의 합일성과 신성을 향한 그의 종교적 비전에 감명을 받았다. 그리고 간접적으로는 미국의 초월주의자들(에머슨, 소로, 뮤어)도 스피노자에게서 감명을 받았지만, 그중에서 뮤어만 유일하게 낭만주의의 이상주의적 주관주의를 극복하고 스피노자의 좀 더 객관적인 비인간중심주의로 돌아선 것 같다. 스피노자는 조지 산타야나, 버트런드 러셀, 알베르트 아인슈타인, 로빈슨 제퍼스의 사상이 형성되는 데 강력한 영향을 끼쳤다. 또한 비트겐슈타인의 범심론은 스피노자주의에 비교되었다. 스피노자의 사상 체계는 동양의 종교와 상당히 유사한데, 노르웨이의 철학자 욘 워트리즌Jon Wetlesen은 최근에 스피노자 철학과 대승불교의 깨달음의 방식을 학문적으로 꼼꼼하게 비교했다.[5]

스피노자 철학이 영원의 철학의 현대 버전인 것은 분명하다. 스튜어트 햄프셔는 스피노자의 형이상학과 그에 따른 인식 이론은 자연에서 인간의 위치는 사유하는 존재라는 것을 보여 주기 위해서 구성되어 있다고 지적했다. 스피노자는 인간의 위치를 이해하지 못하는 한 자연과 인간의 행복과 자유에 대해 어떤 것도 이야기할 수 없다고 늘 주장했다. 형이상학이 없는 윤리학이란 분명히 말도 안 된다. 우리는 자연의 일부로서 우리가 가진 잠재성이 무엇이고, 우리의 상황이 어떤지 우선 알아야 한다.

스피노자의 형이상학은 합일성이라는 사상을 개념화한다. 단 하나의 실체만, 또는 무한한 비이원성非二元性만이 있고, 그 단 하나의 실체란 신이거나 자연이다. 우리가 정신적으로 육체적으로 경험하는 것은 형이상학적 실재와 분리되지 않으며, 오히려 단 하나의 실체가 여러 양태나 속성으로 나타난 것이다. 에베레스트 산, 인간, 나무, 다람쥐 같은 개별적인 것은 신/자연/실체가 끊임없이 흘러 한시적으로 그렇게 표현된 것이다. 스피노자는 이렇게 일시적으로 표현되는 것을 변용 또는 양태라고 불렀다. 스피노자 철학은 일종의 범신론으로 생각할 수 있다. 자연에는 유정물有情物이 있지만, 물질도 있다. 그러나 스피노자는 유물론자나 관념주의자도, 이원론자도 아니다. 이런 점에서 그는 형이상학적으로 중립적이다.

스피노자 철학에서 인식론/심리학은 영적 성장 사상과 윤리학의 핵심이다. 스피노자는 저서 『지성개선론Treatise on the Improvement of the Understanding』에서 자아의 욕망을 충족함으로써 행복을 유지하려고 시도하면 결국 실패할 수밖에 없다고 말한다. 대부분의 인간이 무지와 욕망에 사로잡혀 있고 좌절하는데, 이 속박에서 벗어나 자연/신에 대한 올바른 인식과 나란히 가는 더 높은 자아Self("훨씬 더 안정적인 인간의 본성")에 도달해야 한다. 그리고 스피노자는 보다 높은 대자아Self에 도달하는 데 이론과학이 중요한 역할을 할 수 있다고 생각했다. 베이컨, 데카르트, 라이프니츠 같은 동시대의 학자들이 학문의 역할이란 주로 자연을 이기적으로 기술을 이용해 지배하고 장악하는 것이라고 생각했던 것과 달리, 스피노자는 이렇게 말했다. "나는 모든 학문이 단 하나의 분야와 목적으로 향하기를 바란다. 그것은 우리가 묘사했던 인간의 궁극적 완전성을 이루는 것이다. 따라서 학문이라 하더라도 그것이 우리의 목표를 향해 진전시키지 못하는 것이라면 어떠한 것도 고려하지 말고 제쳐 버려야한다. 한마디로 표현하면, 우리의 모든 사유나 행동은 단 하나의 이 목표를 향해야 하기 때문이다."

스피노자가 신/자연과 인간에 대한 진정하고 적절한 관념을 인간이 어떻게 얻을 수 있는지(따라서 영적 해방을 얻는지)를 설명한 내용은 플라톤의 지혜의 길과, 동서양의 다양한 영원의 철학과도 유사하다. 대부분의 사람은 플라톤이 말한 동굴 안의 노예와 같다. 사람들의 인식과 사고가 자아의 욕망으로 물들어 있기 때문에, 대개는 일상에서 연속해 벌어지는 일들에서 인과적 사건에 속견opinion을 갖는다. 사람은 본질적으로 무력하고 수동적이며, 무지와 상상에서 나온 감정, 두려움, 욕망에 휘둘리고, 대체로 외부 원인과 상황에 반응하는 식으로 살아간다. 스피노자에 따르면, 세상에 대한 이성적 과학 지식은 인간을 보다 높은 수준의 지식을 갖춘 존재로 고

양시킬 수 있고, 적어도 이 단계에서는 협소한 자기 본위의 주관성을 뛰어넘기 위한 전주곡인, 정신의 재배열 과정을 시작할 수 있다. 제이콥 니들먼은 이렇게 썼다.

> 근대과학을 진지하게 연구하는 이들이라면 자연에서 적법한 패턴을 지적으로 이해하면 눈앞에 있는 것을 주관적으로 인식하는 데서 자유로워지는 순간을 분명히 경험한다. 주관적 인식이란 자아의 고통스러운 책략에 휘말려 있다. 내적 자유의 맛보기라고 할 수 있는, 이와 같이 일상의 생각에서 이렇게 잠시 벗어나는 일은 마음이 상대적으로 객관적인 관념을 접할 때 나타난다. 그렇다면 왜 현대인은 과학법칙을 이해하는 데서 얻는 가치의 대부분이 그런 이해가 가져오는 직접적인 자기인식의 특성에 있다는 사실을 잊어버렸을까? 자연의 일반 법칙이 객관적이라면, 그 법칙은 인간 자신의 본성의 법칙이기도 하다는 것을 왜 알지 못했을까?[6]

스피노자에게 앎의 최고 단계는 개별적인 것들(양태들)을 직관적으로 파악하는 직관지인데, 직관지가 앎의 신비로운 측면인 것은 분명하다. 여기서 주관/객관의 구별은 사라진다. 모든 개념적인 지식을 넘어 인간은 정신이 자연 전체와 하나라는 경험을 한다. 이 단계에만 지성understanding(이성에 의한 이해 혹은 인식)이 존재한다. 여기보다 낮은 단계로 갈수록 '앎'의 형태는 상상에 기반한, 더욱 부적합한 관념으로 구성되어 있다. 폴 빈팔은 이렇게 썼다.

지성을 상상과 구별시키는 첫 번째 특징은 지성이 인지적이기도 하지만 정서적이기도 하다는 점이다(여기에서 합일성이란 개념이 작동하는 것을 볼 수 있다). 두 번째 특징은 지성은 개별적인 것에 직접적으로 관계한다는 점이다. 그에 비해 상상은 어떤 종류의 이미지들을 통해서 이러한 작업을 하는데, '이미지'란 어떤 존재를 표현하는 모든 방법을 의미한다. 따라서 이미지가 '캔버스 위에 그려진 말 없는 그림' 같은 한, 이미지에는 말과 관념이 포함된다. 스피노자는 이것을 인간, 개, 말 등과 같이 "보편적인 개념"이라고 불렀다. 이처럼 상상과 지성 간의 차이를 잘 구분하려는 방법은 스피노자의 저서 전반에 비유적으로 나타난다. 가령 눈 뜨고 꿈꾸는 것은 깨어 있는 것과 대비된다. 상상에서는 마치 꿈처럼, 개별적인 것들이 항상 우리와 개별적인 것 사이의 이미지와 같이 보인다. 지성이 있기 때문에 사물 자체나 사물의 실재가 인식된다.[7]

스피노자의 사상 체계가 '지나치게 주지주의적'이라고 생각되기도 하지만, 스피노자의 사상은 누군가의 전체 존재를 직접적이고 직관적으로 인식함으로써 개별적인 존재 안에 현현된 신을 파악하고(빈팔은 이것을 '신의 이해하는 사랑'이라고 번역했다), 이것을 통해 인간을 수동적인 노예 상태에서 능동적인 해방의 상태로 이끌고자 한다는 것을 알 수 있다. 이것은 불교의 신비주의와 앙리 베르그송이 "진정한 경험론"이라고 부른 것과 상당히 유사한 형태이다. 이것은 중간자 없이 직접적으로 인식하는 것으로, 개별적인 것에서 절대적인 고유성을 파악하기 위해 모든 개념화를 제거하는 것이다.

과학적 지식이 "영원의 관점에서 만물을 보는 것"이라고 한다면, 궁극적으로 과학적 지식은 단지 속견보다 차원 높고 객관적인 상상의 한 형태일 뿐이지만, 그래도 직접적인 지성으로 이끌어질 수 있다. 모든 이성적 개념화가 상상의 형태라고 한다면, 스피노자는 자신의 이성적-논리적 형이상학 시스템에 대해서는 뭐라고 해야 할까? 스피노자의 철학도 마찬가지로 이론과학처럼 직관적인 지성으로 안내할 수 있는, 보다 차원 높은 상상의 형태이다. 비트겐슈타인의 저서 『논고』를 보면 그도 자신의 형이상학 사상 체계를 비슷하게 이해한 것 같다. "내 명제는 다음과 같이 해명으로 쓰인다. 나를 이해하는 사람은 내 명제를 사용해서—디딤돌로 삼아—그 너머로 올라가고 나면 결국 그 명제는 무의미한 것으로 인식한다(말하자면 그는 사다리를 밟고 올라가고 나면 그 사다리는 던져 버려야 한다). 그 명제를 넘어서면 그때야 세상이 분명하게 보일 것이다. 말할 수 없는 것에 대해서는 침묵해야 한다."(『논고』 6.54절)

노예 상태에서 능동적인 내면의 자유로 이행하면 사람들은 자신의 존재 전체로 기쁨을 경험한다.

최근에 스피노자 철학자 중에는 스피노자 철학을 생태적으로 해석하는 것이 정당하지 않다고 주장하는 사람들도 있다.[8] 『에티카』에는 스피노자가 우리가 다른 동물을 우리에게 가장 적합한 여하의 방식으로 다루어도 좋다고 쓴 대목이 있다. E. M. 컬리E. M. Curley 교수와 제네비에브 로이드Genevieve Lloyd 교수는 스피노자의 형이상학은 인간 중심적이지 않지만, 그의 윤리학은 정당하게 인간 중심적이라고 주장했다. 동양철학에 심취했던 쇼펜하우어는 다른 동물에 대한 스피노자의 이례적인 태도를 곧바로 이해했다. "스피노자가 동물을 인간이 사용하기 위한 존재 정도로 멸시하며 권리가 없다고 선언한 것은 완전히 유대인다운 태도로, 동시에 범신론과 결합돼 부조리하며 끔찍하다." 아르네 네스와 나는 쇼펜하우어가 스피노자를 비판한 점이 옳다고 생각한다. 네스는 스피노자가 요즘 말하는 '종차별주의자'라고 인정하지만, 그의 사상 체계는 종차별주의자가 아니라고 말한다. 네스는 이렇게 말했다.

> [스피노자에게 있어] 모든 개별적인 존재는 신이 표현된 것이다. 신은 그들 모두를 통해 행동한다. 위계란 존재하지 않는다. '아래 위계'가 '높은 위계'를 위해 존재한다고 말할 수 있는 그런 목적이나 인과 관계도 없다. 존재론적 민주주의와 평등주의가 있다. 이런 민주주의와 평등주의에 대해 스피노자 당시 사람들은 불쾌해했을 수도 있지만, 오늘날 우리는 생태학 덕분에 좀 더 수용적이 된다.[9]

스피노자 사상은 통상적인 의미의 도덕이론이나 윤리 이론으로 귀결되지 않는다. 스피노자는 '도덕적 권리'나 '의무'를 말하지 않는다. 그것보다는 오늘날 우리가 '자기완성'이라고 부르는 것의 윤리학을 말한다. 우리는 다른 존재의 '권리'에 대해 계속 말할 수 있긴 하지만, 그저 비유적인 의미로만, 인간과 비인간 개별자가 '살고 꽃피우고', 고유한 자기완성과 완성의 형태에 도달할 수 있다고 말할 수 있을 뿐이다.

동양과 서구의 신비주의와 관조적인 삶은 필연적으로 세상과 세상 문제를 잊고 내면으로 물러나서 '아무것도 하지 않게' 된다고 생각하는 사람들도 있다. 그런 삶에는 다른 사람이나, 다른 생물종을 위해서, 생태계 보호를 위해 행동할 동기나 기반이 거의 없거나 아예 없을 수 있다. 그러나 네스는 그와 반대로, 스피노자 철학의 자유인은, 불교 전통의 카르마 요가* 수행자나 간디처럼, 대단히 능동적이며 강한 개인이라고 생각한다.

> 워트리즌이 해석한 스피노자에 따르면 지극히 자유로운 인간 존재는 내향적으로 평온한 사람이다. 이 표현은 활동가를 이해하는 데 도움이 된다. 자유로운 인간 존재는 영원히 그리고 점점 모멘텀을 갖고 자유의 좀 더 높은 단계를 향한 길을 가는 지혜로운 인간 존재이다. 지극히 자유로운 사람은 완벽한 평정과 강력하고 풍부하며 깊은 정서를 보여 주고, 매우 다양하게 활동적으로 "육체의 부분들"에 조응하는데, 육체의 모든 부분은 지성—사회적 정치적 행위를 포함해서—을 증진하는 것과 깊은 관계가 있다. …… 이런 현자의 이미지는 (다양한 종류의) 대승불교와 유사점이 있다. 개인이 보다 높은 단계의 자유에 도달할수록, 인간과 비인간의 모든 존재의 자유 단계를 올리지 않고서는 자신의 자유의 단계도 올리기가 점점 어려워진다는 사상이다. …… 다시금 이것은 모든 존재와의 연결성에 기초해 있다.[10]

● 악행을 끊어서 업을 소멸시키는 데 목표를 둔 요가 수행법.

우리가 개별자를 직관적인 신비의 의미로 이해함에 따라 신을 더 인식하게 되고, 우리의 내적 힘과 자유가 증가함에 따라 우리가 다른 존재와의 연결성을 인식할 수 있게 된다면, 신/자연과의 확장된 의식은 결국 생태계 또는 환경윤리와 합쳐지게 될까? 대체로 이 질문에 대한 답은 '개별자'를 어떻게 보는가에 달려 있다. 스피노자에게 있어, 개별자의 가장 명백한 (전형적인) 사례는 인간이고, 개별 인간의 본성은 동물보다는 인간끼리 더 유사하기 때문에, 우리는 우리 자신과 어쩌면 특정한 다른 인간들까지 긴 시간 집중적이고 힘든 작업을 통해 직접적인 방식으로 알 수 있게 된다. 그러나 이런 인식의 방식을 다른 동물로, 야생동물이나 가축이나 개별적인 나무로까지 확장할 수 있을까? 제인 구달 같은 생태학자들은 수년간 침팬지와 다른 동물들과 생활하고 활동하면서 이런 식으로 인식하기 시작한 것 같다. 폴 셰퍼드는 우리가 온전한 인간을 귀감으로 삼아서 온전한 인간이 되기 위해서는, 광범위한 야생동물을 이런 식으로 이해해야 한다고 주장했다.[11]

우리는 우리의 연결성에 대한 인식을 더 멀리 확장할 수 있을까? 오랫동안 내밀하게 알고 지내며 상호작용하면, 우리는 "산처럼 생각하고" 엘카피탄 암벽과 에베레스트 산을 이해하기 시작할 수 있을까? 스피노자식의 지성은 타자와 함께 존재하고 살아가는 방식이다. 폴 빈팔은 친구와 개와 집 근처의 산비탈을 이처럼 직관적으로 이해하게 되었다고 주장했다. 소로가 월든 호수를, 제퍼스가 빅서 해안을, 에드 애비가 유타와 애리조나의 사막을 이해했듯이, 존 뮤어도 요세미티와 시에라를 '신의 이해하는 사랑'으로 이해한 것이라고 생각하는 사람도 있다.

　유사 이래 많은 개인과 사회가 자연과의 상호침투와 변치 않는 충만한 '장소성'의 신비로운 직관적 의미를 개발해 온 것은 분명해 보인다. 일부 현장 생태학자들은 때로는 자연에 대한 전문적인 과학적 접근방식(가령 바이오매스 에너지 전달의 정량적 측정)을 뛰어넘어 생태계를 직관적으로 파악하기 시작한다. 레이첼 카슨과 로렌 아이슬리의 경우가 좋은 사례인 것 같다. 최근에 두 전문 생태학자가 진행한 가이아 가설("지구 생물권의 시스템은 하나의 유기체의 작용을, 심지어 살아 있는 생명체의 작용을 보여주는 것 같다")이 사실이라면, 생물권 전체가 스피노자가 말한 개별자라고 간주할 수 있고, 적어도 '신의 이해하는 사랑'의 수준에서 이론적으로는 이해할 수 있을 것이다. 물론 사회가 만들어 낸 자아를 극복하고 대자아Self를 찾으려면, 적어도 일시적으로라도 사회와 다른 사람들에게서 벗어나 야생에서 도道(신/자연의 길)와 자신의 대자아를 일치시켜야 한다고 도교 철학자/불교도는 오래전부터 생각해 왔다.

주석

1. Ervin, Laszlo, *Introduction to Systems Theory*, chapter 14(New York: Gordon and Breach, 1972)

2. S. Hampshire, *Spinoza*(New York: Penguin Books, 1951), pp. 17–81; *Freedom of the Mind and Other Essays*(New Jersey: Princeton University Press, 1971), and *Two Theories of Morality*(New York: Oxford University Press, 1977).

3. Arne Naess, *Freedom, Emotion, and Self-Subsistence: The Structure of a Central Part of Spinoza's Ethics*(Oslo: University of Oslo Press, 1975); Paul Wienpahl, *The*

Radical Spinoza (New York: New York University Press, 1979).

4. Naess, "Through Spinoza to Mahayana Buddhism, or Through Mahayana Buddhism to Spinoza?" in Jon Wetlesen, ed., *Spinoza's Philosophy of Man* (Oslo: University Press of Oslo, 1978).

5. Jon Wetlesen, *The Sage and the Way: Spinoza's Ethics of Freedom* (University of Oslo Press, 1978).

6. Jacob Needleman, *A Sense of the Cosmos* (New York: Doubleday, 1975), p. 35.

7. Paul Wienpahl, "Spinoza's Mysticism," in Wetlesen, *Spinoza's Philosophy of Man*, op. cit.

8. E. M. Curley, "Man and Nature in Spinoza," in Wetlesen, *Spinoza's Philosophy of Man*, op. cit., and Genevieve Lloyd, "Spinoza's Environmental Ethics," together with Naess's reply to Lloyd, in *Inquiry*, 23, 3 (Oslo, 1980).

9. Naess, *Freedom, Emotion and Self-Subsistance*, pp. 118–119; *Ecology, Community, and Lifestyle, A Philosophical Approach* (Oslo: University of Oslo Press, 1977).

10. Naess, "Through Spinoza to Mahayana Buddhism," op. cit.; "Spinoza and Ecology," in S. Hessing, ed., *Speculum Spinozanum* (Massachusetts: Routledge & Kegan Paul, 1978), and "Reply to Richard Watson's Critique of Deep Ecology," *Environmental Ethics*, 6, 3 (Fall 1984).

11. Paul Shepard, *Thinking Animals* (New York: Viking, 1978).

부록 E

인간중심주의

존 시드

그러나 시간은 견고한 감옥도 아니다

불성실한 업자가 지은 콘크리트 벽을 조금 긁어 내면

부스러기와 모래가 흘러내리다가 마침내 벽을 없앨 수 있다

머리에서 먼지를 털어 내라. 해안가의 이 산은 진짜다

산은 과거로 미래로 뻗어나가니까

시간을 초월한 위대한 존재이니까[1]

인간중심주의(anthtropocentrism 또는 homocentrism)는 인간우월주의를 의미한다. 성차별주의와 유사하며 '남성'의 자리에 '인간'을, '여성'의 자리에 '다른 모든 종'을 대신 써넣으면 된다.

인간우월주의는 인간이 만물의 영장이고, 모든 가치의 원천이며, 모든 것의 척도라는 개념으로, 우리의 문화와 의식에 깊게 박혀 있다.

땅의 모든 짐승과 공중의 모든 새와 땅에 기는 모든 것과 바다의 모든 물고기가 너희를 두려워하며 무서워하리니, 이것들은 너희의 손에 붙였음이니라.[2]

인간이 인간 중심적으로 아끼는 것들이 켜켜이 쌓인 겹들을 꿰뚫어 간파할 때, 의식에서 가장 심오한 변화가 일어나기 시작한다.

소외감이 줄어든다. 인간은 더 이상 아웃사이더가 아니다. 그럴 때 당신의 인간됨이란 것은 그저 당신 존재의 가장 최근 단계일 뿐이라는 사실로서만 인식된다……. 당신은 자신을 그저 최근에 열대우림에서 창발한 종, 척추동물, 포유동물로 이해하기 시작한다. 기억상실의 안개가 흩어져 사라지면, 당신과 다른 종과의 관계에, 그들을 향한 당신의 헌신에 변화가 생긴다.

여기에 묘사한 것은 그저 머리로 이해해서는 안 된다. 머리로 이해한다는 것은 이 과정에 들어가는 하나의 입구이자 소통을 하기 위해 가장 쉽게 들어갈 수 있는 문일 뿐이다. 그러나 어떤 사람에게는 이런 관점의 변화가 어머니 지구를 위해 행동하다가 뒤이어 생기기도 한다.

"내가 열대우림을 보호하고 있다"는 말은 "나는 열대우림이다. 이 열대우림이 나를 보호해 주고 있다. 나는 사람들이 최근에야 떠올리기 시작한 열대우림의 일부이다"라는 말로 발전한다.

그렇다면 얼마나 다행인가! 수천 년 동안 분리되어 있다고 상상했지만, 이제 분리는 끝났고 우리는 우리의 진정한 본성을 기억하기 시작했다. 이러한 변화는, 영적인 변화로, 산처럼 생각하는 것이고[3] 때로는 '심층생태학'이라고 불린다.

당신의 기억력이 좋아지고 진화와 생태학의 영향이 내면화되어 당신 마음의 구시대적인 인간중심주의 구조를 대체하면, 모든 생명과의 동일시가 일어난다. 그러고 나면, '생명'과 '무생물' 간의 구별은 인간이 구성해 생각해 낸 것임을 깨닫게 된다. 이 육신의 원자 하나하나는 40억 년 전 유기체가 등장하기도 전에 존재했다. 우리가 광물, 용암, 바위였던 유년 시절을 기억하는가?

바위에겐 스스로를 직조해 지금의 바위로 자신을 만들어 낼 수 있는 잠재력이 있다. 우리는 춤추는 바위다. 우리는 왜 잘난 체하며 바위를 내려다보는 걸까? 우리 안에 불멸의 것이 있다면 그건 바위이다.[4]

이렇게 내면의 여행을 떠났다가 1983년의 합의된 현실로 돌아오면, 그 경험으로 인해 환경을 위한 우리의 행동이 정화되고 강화되었다는 것을 알 수 있을 것이다.

이제 우리는 우리가 좀, 녹, 핵무기로 인한 대학살, 열대우림 유전자풀gene pool의 파괴로도 변질되지 않는 존재라는 것을 알게 되었다. 새로운 관점으로 인해 세상을 구하려는 다짐은 약해지지 않는다. 비록 우리를 움직이는 동기이기도 한 두려움과 불안이 옅어져 담담함으로 대체되더라도 말이다. 우리는 생명이 가장 중요하기 때문에 행동하지만, 담담하고 느슨한 의식에서 나온 행동이 더 효과적일 수 있다.

활동가들에겐 명상할 시간이 거의 없다. 조금 전에 언급한 담담함이 명상과 유사할 수 있다. 명상 지도자 중에는 심층생태학을 받아들이는 사람도 있고[5], 심층생태학 쪽에서 명상을 받아들이는 경우도 있다.[6]

지금까지 존재했던 생물종 중에서 지금까지 살아남은 것은 100분의 1도 존재하지 않는다고 추정된다. 나머지는 멸종했다.

환경 변화에 맞추어, 적응하고 변하고 진화하지 못한 종은 멸종한다. 모든 진화는 이런 식으로 일어난다. 이렇게 당신과 나의 선조격인, 산소가 부족했던 물고기는 육지를 개척하기 시작했다. 멸종의 위협은 모든 생명체를 빚는 도공의 손이다.

인류는 핵전쟁과 다른 환경 변화를 겪으며 목전에서 멸종 위협을 받는 수백만 종 중의 하나이다. 1만 2000년의 인류 역사 이래로 드러난 '인간의 본성'을 보면, 우리의 호전적이고 탐욕스럽고 무지한 태도를 바꿀 수 있다는 희망이 없지만, 인류보다 긴 화석의 역사를 보면 우리가 변할 수 있다고 확신을 얻는다. 우리가 그 물고기이고, 유연하게 아슬아슬하게 살아남은 숱한 존재라고 진화의 연구가 우리에게 보여 준다. 이것은 (최근 인간의 속성에도 불구하고) 어느 정도 믿을 만하다.

이런 관점에서 보면 멸종의 위협은 변화와 진화로 이끄는 초대처럼 보인다. 도공의 손을 잠시 떠났다가 지금 우리는 다시 도자기를 빚는 물레로 돌아왔다.

우리에게 필요한 변화는 방사능에 대한 새로운 저항이 아니라, 의식의 변화이다. 심층생태학은 실행 가능한 의식을 찾는 것이다.

물론 의식은 다른 여느 존재들과 동일한 법칙에 따라 생겨나고 진화했다. 즉 환경의 압력에 따라 형성되었다. 가장 가까운 과거에 우리 조상은 이전까지의 정신과 마음으로는 더 이상 견딜 수 없는 환경의 압력에 직면했을 때 분명히 당시의 정신과 마음을 뛰어넘을 수밖에 없었을 것이다.

현재의 환경 압력에서 살아남으려면 우리는 진화적으로, 생태적으로 물려받은 유산을 의식적으로 기억해야 한다. 산처럼 생각하는 법을 배워야 한다.

우리가 새로운 의식을 기꺼이 발달시키고자 한다면, 우리는 인류가 멸종에 임박했다는 것(궁극적인 환경 압력)을 온전히 받아들여야 한다. 즉 진실을 외면하는 우리 중 일부가 인간에 대한 절망감에, 중독과 분주함 속에 숨어 있다는 것, 우리는 40억 년 동안 달려왔으며, 종착점이 머리카락 한 가닥 두께만큼만 남은 유기체라는 것을 인정하는 것이다.[7]

생명 중심적 관점, 즉 바위가 춤을 출 것이고, 근원은 40억 년 이상 된다는 깨달음은 우리가 절망을 마주하고, 보다 실행 가능한 의식, 즉 지속가능하며 생명과 다시금 조화를 이루는 의식으로 나아갈 수 있도록 용기를 줄 것이다.

지구만큼이나 거대한 무언가를 보호한다는 것은 많은 이에겐 여전히 추상적으로 느껴진다. 그러나 자연계—바다, 열대우림, 토양, 초원 그리고 모든 살아 있는 존재—에 대해 우리가 느끼는 경외심이 정말로 강력해져서 정치와 경제에 기반한 협소한 이념이 이 경외심을 압도하지 못하는 날을 우리 생애에 볼 것이다.

—제리 브라운, 캘리포니아 주지사[8]

주석

1. Robinson Jeffers, "A Little Scraping," *The Selected Poetry of Robinson Jeffers*(New York: Random House, 1933).

2. 창세기 9:2

3. "산림전문가이자 생태학자인 알도 레오폴드는 인간이 자연을 지배한다는 자원-관리라는 사고방식, 얕은 청지기 생태학에서 급격한 변화를 거쳐서 인간을 생명 공동체의 평회원으로 봐야 한다고 선언한다. 레오폴드는 이렇게 전환한 후, 자신이 당시의 인간중심주의적 환상을 깨고 나왔다는 것을 지속적으로, 선명하게 알았다. 그리고 '산처럼 생각하기' 시작했다." George Sessions, 1979, "Spinoza, Perennial Philosophy and Deep Ecology"(photostat, Sierra College, Rocklin, California, 1979); Aldo Leopold, *A Sand County Almanac*(London: O.U.P., 1949).

4. 데이비드 봄 같은 저명한 물리학자(*Wholeness and the Implicate Order*, Routledge, 1980)(*국내에선 『전체와 접힌 질서』로 출간)나, 찰스 버치와 존 캅(*The Liberation of Life*, Cambridge 1981)(*국내에서는 『생명의 해방』으로 출간) 같은 생물학자와 철학자 들은 "철저한 진화론은 물질주의와 모순된다. 유물론 철학의 출발점인 원초적인 재료 또는 물질은 진화할 수 없다"라는 알프레드 노스 화이트헤드의 말에 동의할 것이다(*Science and the Modern World*, Fontana, 1975[1926년 최초 출판], p.133)(*국내에서는 『과학과 근대 세계』로 출간) 모든 '물질'('사건'이라고 하는 게 이해가 더 잘 되는)의 상호침투에 대한 이 저자들의 관점과 유사한 관점을 프리초프 카프라가 저서 *The Tao of Physics*(Fontana, 1979)(*국내에서는 『현대 물리학과 동양사상』로 출간)에서 전개했다. 한편 기원전 6세기에 쓰여진 『도덕경』은 "'도道' 혹은 봄의 표현에 따르면 '숨은 질서'는 만물의 원천이다"라고 썼다.(G, Feng과 J. English 번역, New York; Vintage, 1972).

5. "도겐 선사는, 나 자신과 다르지 않은 다른 존재들에는 산, 강, 지구도 포함된다고 보았다. 산처럼 생각한다면, 흑곰처럼도 생각할 수 있고 이것이 …… 심층생태학으로 가는 단계이다. 이 단계에서는 흑곰에 마음을 열어야 하고, 출근하려고 버스를 탈 때, 꿀이 당신의 털로 흘러내리는 게 느껴질 정도로 흑곰과 진정으로 친밀해진다." 불교 선사 Robert Aiteken Roshi, "Gandhi, Dogen and Deep Ecology", *Zero*, 4 (1980)

6. 예를 들어 시어도어 로작은 *Person/Planet*(Victor Gollanz, 1979, p. 296)에 이렇게 썼다. "지속가능한 경제학(영원의 경제학)에 우리가 준비가 되었는지 가늠하기 위한 분명한 기준으로 침묵만 한 것이 없다고 나는 생각하곤 한다." 로작은 다른 맥락에서도 이렇게 잘 표현했다. 생태학이 의식을 전환하는 일이라면, 그 이유는 생태학을 공부하는 사람들이 캐틀린 레인Kathleen Raine의 시의 한 구절에 들어 있는 진실을 알아차렸기 때문이다. "말을 하는 건 새가 아니다. 그

러나 인간은 침묵을 배운다."(*Where the Wasteland ends*, Massachusetts: Faber and Faber, 1974, p. 404.)

7. 절망을 창의적으로 사용하는 법을 보려면 조애너 메이시의 "Despair Work", *Evolutionary Blues* 1 (1981)을 볼 것. 우리의 임박한 멸종을 살펴보려면, Jonathan Schell, *The Fate of the Earth*(Pan Books, 1982)를 참조할 것.

8. "Not man Apart", Friends of the Earth의 뉴스레터, 9, 9 (1979년 8월)

부록 F

의례가 중요하다

돌로레스 라샤펠

전 세계 대부분의 선주민 사회는 세 가지 공통점이 있다. 그들은 자신의 장소와 친밀하면서 의식적인 관계를 맺는다. 그리고 종종 수천 년 동안 이어져 온, 안정적이고 지속적인 문화를 가진다. 마지막으로 그 사회는 의식과 의례의 삶이 풍성하다. 그들은 이 세 가지 특징이 밀접하게 서로 연결되어 있다고 여긴다. 이런 사례는 수백 개가 넘지만, 그중 몇 개를 살펴보자.

1. 북서 아마존강 유역의 선주민 부족 투카노족은 의식 있는 생태학자인 주술사들의 지도 아래 동물과 물고기의 남획을 막는 신화와 의례를 다양하게 이용한다. 이들은 자신의 세계를 온 우주가 참여하는 에너지의 순환으로 본다. 에너지의 기본적인 순환은 "인간과 동물, 사회와 자연 간에 끊임없이 흐르는 생식 에너지의 제한적인 양"으로 구성되어 있다. 토카노 부족은 자연자원을 어떻게 더 효율적으로 착취할 수 있을지는 거의 관심이 없지만, "생물학적 실재에 대한 실제 지식과, 그리고 무엇보다 물리적 세계가 인간에게서 무엇을 요구하는지에 대한 지식을 더 많이 쌓는 데" 상당히 관심을 갖는다고 콜롬비아 출신의 인류학자인 라이헬-돌마도프Reichel

Dolmatoff는 썼다.

2. 칼라하리 사막의 쿵족은 1만1000년 동안 똑같은 장소에서 그대로 살고 있다! 그들에게 물질적인 소유물은 거의 없지만, 의례 생활은 여느 부족보다 정교하다.

3. 뉴기니 섬의 쳄바가족은 땅에 돌이킬 수 없는 피해를 입히지 않고서, 의례를 통해 희소한 단백질을 필요로 하는 사람들에게 배분한다는 것을 로이 라파포트Roy Rappaport가 보여주었다.

4. 미국에서 인간이 가장 오랫동안 거주한 지역은 호피족의 마을 오라이비이다. 호피족은 연중 특정한 시기가 되면, 의례 활동에 시간의 절반을 보낸다.

5. 뉴멕시코주의 산타아나 푸에블로에서는 나이든 추장이 죽으면, 새로이 젊은 남자를 선발하여 새로운 추장 자리를 넘겨받도록 한다. 추장은 남은 생애에 다른 일은 아무것도 하지 않고 푸에블로의 의례 생활을 관장한다. 추장이 개인적으로 살아가는 데 필요한 모든 것은 부족에서 조달해 줄 것이다. 그렇지만 추장은 60마일(약 96km) 이상의 먼 거리나, 한 시간 이상 걸리는 곳은 갈 수 없다. 자동차를 사용하게 되면서 갈 수 있는 거리는 60마일 이상으로 늘어났지만, 푸에블로에서 한 시간 거리라는 기준은 그대로이다. 추장의 존재는 푸에블로의 지속적인 삶을 위해 중요하다. 부족민은 자신들을 그대로 보여 주는 것이 의례임을 잘 알고 있다.

우리 서유럽의 산업 문화는 위의 사례들과는 완전히 대비된다. 우리는 이상, 합리성, 제한적인 종류의 '실용성'을 우상화해 왔고, 이처럼 다른 문화의 의식적인 의례를 기껏해야 별 것 아닌 구경거리 정도로 생각했다. 그 결과는 너무나 명백하다. 우리는 지금은 미국이라고 불리는 이 땅에 고작 몇백 년 살면서, 이미 이 광활한 땅에 돌이킬 수 없는 피해를 입혔다. 그레고리 베이트슨이 지적했듯이, "도구적 합리성만으로는 반드시 병을 야기하고 생명을 파괴한다".

우리는 우리의 좌뇌만 써서 우리를 둘러싼 세상을 이해하려고 했지만, 지금도 이해하지 못하고 있다는 것이 분명하다. 유지 존속 가능한 관계를 되살리려면, 땅 및 자연계와 관계를 맺는 데는 그들 존재 전부가 필요하다는 것을 잘 아는 문화를 다시 발견해야 할 것이다. 우리가 '의식과 의례'라고 부르는 것은 수천 년 동안의 경험이 정제된, 정교한 사회적·영적 기술 체계로, 이를 통해 그들은 지금의 우리보다 훨씬 성공적으로 그런 관계를 유지해 왔다.

인류는 지난 200년 동안 너무 많은 것을 잊어버렸고, 이젠 어디서부터 시작해야 할지도 거의 모른다. 그러나 의식과 의례가 기억을 끄집어내도록 도와줄 수 있다. 우선 모든 전통문화에는 계절별 축제와 의례가 있었으며, 오래전 우리 서유럽 문화의 조상들에게도 있었다.

현대의 주요 휴일 대부분은 이런 계절 축제에서 비롯되었다. 계절 축제는 크게 네 가지가 있다. 동지와 하지(태양이 운행을 반전하는 때), 춘분과 추분(낮과 밤의 길이가 같은 때)이다. 그리고 이들 주요 휴일 사이에는 네 개의 '분기일'이 있다. 예를 들어, 춘분은 대략 3월 21

일이나 22일이지만, 그때 유럽은 진짜 봄이 시작되지도 않았다. 진정한 봄—확실하고 따듯한 봄—은 한참 뒤에야 온다. 그때가 분기일—5월 1일—이 되며 이를 맞이해 유럽인들은 5월제를 축하하며 꽃을 꽂고 풍요제를 연다. 기독교 교회가 권력을 장악하고 오월제와 축제 행렬이 '대지의 여신'이 아니라 성모 마리아에게 바쳐진 이후로 오월은 성모 마리아의 달이 되었다. 하지는 6월 21일이다. 그다음 분기일은 8월 초의 라마스 날이다. 이날은 미국이 유일하게 기념하지 않는 날이다. 교회는 성모 마리아를 기리기 위해 그날을 성모승천축일로 삼았다. 추분은 9월 21일로, 분기일은 켈트족의 고대 삼하인Samhain 축제인 할로윈이다. 그리고 나면 동지가 온다. 태양이 어둠에서 빛으로 돌아가는 때이다. 동지와 춘분 사이에 있는 분기일은 2월 초에 있다. 이날은 지금은 교회에서 성촉절로 기리고 있다

계절 축제의 목적은 주기적으로 토포코즘topocosm을 되살리려는 데 있다. 토포코즘이란 시어도어 개스터Theodore Gaster가 새로 만든 단어로, 그리스어로 장소란 의미의 'topo'와 세계질서라는 의미의 'cosmos'를 조합한 것이다. 토포코즘은 '특정 장소의 세계질서'를 의미한다. 토포코즘은 살아 있는 유기체라면 어떤 존재든, 인간 공동체뿐만 아니라 장소에 사는 식물, 동물, 토양까지 포함한 전체 공동체가 살아가는 전체 복합체이다. 토포코즘은 현재 살아 있는 공동체뿐만 아니라 지속적인 실재를 의미한다. 현재 살아 있는 공동체는 지속적인 실재가 지금의 모습으로 드러나 있는 것일 뿐이다.

계절 축제는 신화, 예술, 춤, 놀이를 이용한다. 의례의 모든 측면은 연결하는 역할을 한다. 우리 안의 본질적인 연결을 열어 두기 위해 축제는 의식과 무의식을 연결하고, 우뇌와 좌뇌를 연결하고, 대뇌피질과 세 개의 오래된 뇌(이 뇌는 배꼽에서 네 손가락만큼 아래로 내려간 지점인 단전을 포함한다)를 연결하며, 인간을 지구, 하늘, 동물, 식물과 같은 비인간 존재와 연결한다.

계절 의례 다음 단계는 당신의 장소에서 같이 살아가는 비인간 존재를 인식하는 것이다. 그곳에 살았던 선주민의 역사를 살펴보고 그들의 토템이 무엇이었는지 알아보는 것부터 시작할 수 있다. 초기 탐험가와 초창기에 정착했던 사람들의 설명을 살펴보라. 베리 로페즈Barry Lopez는 에스키모인에게서 그들의 동물 토템은 늘 그들이 배워야 할 것을 가르쳐 줄 수 있는 존재라는 말을 들었다고 한다.

이 글이 실리는 잡지 『맥락에서In Context』가 미국 북서부에서 출판되니, 연어부터 이야기해 보는 것이 적절할 것 같다. 연어는 북태평양 주변 지역의 토템 동물이다. "생물종 중에서 오직 연어만이 생물종인 인간에게 북태평양과 그 일대의 광대함과 합일성에 대해서 가르쳐 준다. …… 토템 숭배는 다른 종들의 생명력, 정신, 상호의 존성을 인식하고 존중함으로써, 장소의 힘, 선, 상호성을 인식할 수 있는 방법이다"라고 린 하우스Linn House는 설명한다. 북태평양 지역 한쪽의 유로크족, 치누크족, 살리시족, 콰키우틀족, 하이다족, 알류트족 그리고 건너편의 아이누족(일본의 선주민)은 연어 개체 수에 맞춰서 일상생활을 배치했다.

몇 년 전에 나는 켈트 신화를 심층적으로 연구하면서 켈트족에게도 연어가 토템 동물이라는 것을 알게 되었다. 켈트 신화에 따르면 해저에는 신성한 유물이 있는데 그곳에서 신성한 연어가 초자연적인 지혜를 얻는다고 한다. 켈트족의 유명한 영웅인 핀은 연어를 요리하고 나서 집어 들다가 엄지손가락을 데었는데, 데인 손가락을 핥다가 지혜를 얻었다고 전해진다. 북태평양 지역과 영국제도는 지구 북반구의 해양기후에 속한다. 지구 행성 거주자 간의 연결을 의례화할 가장 완벽한 방법이 이것이다, 즉 각 마을의 토템 동물을 이용하는 것이다.

우리는 연어에게서 어떻게 배울 수 있을까? 구체적인 방법 하나는 물길을 되살리는 것이다. 그렇게 하면 연어는 다시 번성할 수 있다. 물을 되살려서 연어가 번창할 수 있듯이 우리는 토양과 식물, 생태계의 다른 종을 되살려, 원래의 건강을 되찾을 것이다. 그렇게 하면서 우리는 우리 아이들의 건강도 온전히 되찾을 것이다.

린 하우스는 연어 산란지나 근처에서 사는 사람들은 주 정부의 어업수렵국 같은 법 집행기관이 아니라, 종간의 상호의존성을 기리는 의식과 의례를 제공하거나 교육하는 단체나 협회를 결성할 필요가 있다고 생각한다. 구에메스 섬에서 연어를 낚던 린은 지금은 캘리포니아 북부에 살면서 연어의 물길인 강을 복원하고 있다.

이런 종류의 의례가 도시에서 사는 사람들에게 무슨 관계가 있을까? 누구에게나 살아가는 곳의 계절과 자연과 관련된 의례가 필요하다. 나는 특히 한 도시의 사례를 제시하려고 한다.

이탈리아의 시에나는 인구 5만 9000명의 도시로, 비슷한 규모의 서구 여느 도시와 비교했을 때 최저의 범죄 발생률을 보인다. 청소년 비행, 약물 중독이나 폭력도 거의 알려진 바가 없다. 계층 간의 대립과 세대 간의 대립도 없다.

왜 그럴까? 시에나는 달팽이, 거북이 등을 상징 동물로 삼는 각각의 콘트라다(구역)와 매년 말 경주를 개최하는 팔리오 축제를 중심으로 형성되어, 집단적으로 일련의 정기 의례를 펼치는 도시이기 때문이다. 콘트라다는 독립적인 자치구로 기능한다. 콘트라다마다 깃발, 영역 경계, 각자의 정체성, 성가, 수호성인, 의례가 있다. 각 콘트라다별로 특별한 지형적 특징이 의례화되고 신화화되어 있다. 의례화된 도시 풍습은 로마의 달의 여신인 디아나 숭배로 거슬러 올라간다. 기독교가 유입되면서 디아나의 자리는 성모 마리아에게 넘어갔다.

헨리 제임스, 에즈라 파운드, 올더스 헉슬리 같은 유명한 작가들은 시에나의 에너지와 이곳의 축제를 느꼈고, 그것을 글로 썼다. 그러나 그들 중 누구도 축제 이면에서 1년 동안 이어지는 의례화된 삶을 희미하게라도 포착하지 못했다. 팔리오 축제일로부터 일주일 전에 시 소속의 인부들은 노란색 흙(시에나 외곽의 들에서 가져온 흙)을 가져와 중앙광장인 캄포에 뿌리기 시작하는데, 그렇게 해서 시에나 시와 그 도시의 장소의 근원을 연결시킨다. 사실 1년 중 어느 때라도 누군가 기운을 불어넣어야 할 때면 이런 말을 듣는다. "걱정 마, 곧 광장에 흙이 덮일 거야"

말 경주는 크게 두 가지 목적이 있다. 경주에서 격렬하게 경쟁할 때 콘트라다별로 동질감을 불러일으킨다. 또한 팔리오 축제는 군사의례가 그렇듯이 시에나 사람들에게 공격성을 표출할 출구가 된다. 말 경주는 실제로는 모의 전쟁이었고 종교 축제의 끝을 알리던 게임에서 유래했다.

팔리오는 사실 종교 행사이다. 1년 중 이날이 되면, 콘트라다의 말을 수호성인의 교회로 끌고 간다. 말을 축복하는 행위에서 콘트라다도 축복받는다. 말 경주는 지역공동체에서 가장 중요한 의식이다. 지역 교구 사제인 돈 비토리오에 따르면, "팔리오 축제 동안 지옥의 모든 불꽃이 천국의 빛으로 바뀐다".

만약 지속가능한 문화를 세우고 싶다면, "대지로 돌아가는 것"으로는 충분하지 않다. 이때의 대지는 개척자였던 우리의 조상이 살던 곳이고, 저명한 서구의 화가 찰스 러셀이 말했듯 "개척자란 미지의 대지에 가서 동물을 덫으로 잡아 야생동물을 죽이고, 뿌리를 갈아엎었던 인간이다. …… 개척자는 모든 걸 파괴하고선 그걸 문명이라고 불렀다".

만약 진정으로 대지와 다시 연결하고 싶다면, 대지에 대해 인식을 바꾸고 위치라는 개념을 넘어서 접근할 필요가 있다. 우리 자신을 합리성과 그에 따른 좁은 의미의 실용성으로 제한하는 한, 우리는 우리 장소에 대한 '깊은 생태학'과 연결되지 않을 것이다. 하이데거는 이렇게 말했다. "본래 거주한다는 것은 단지 서식한다는 것이 아니라, 무언가 들어와 번성할 수 있는 공간을 만들고 돌보는 것이다." 진정한 거주를 위해서는 시간과 의례가 필요하다. 마찬가지로 로이 라파포트가 관찰했듯이, "인간이 생태계를 대할 때 지식은 결코 존중을 대신할 수 없다. 인간이 참여하는 생태계는 너무도 복합적이어서 인간은 자신의 행동으로 인한 결과를 예측할 수 있을 만큼 생태계의 구조와 내용을 결코 충분히 알 수 없기 때문이다". 의례는 우리가 존중을 체험하고 표현하는 방식 모두에 집중한다.

의례는 필수적이다. 왜냐하면 의례야말로 연결하는 양식이기 때문이다. 의례는 매 단계마다 소통할 수 있게 한다. 개별 인간 유기체 내부의 모든 시스템 간에, 사람들과 단체 간에, 도시의 단체들 간에, 자연환경의 인간과 비인간 존재 간에 모든 단계를 걸쳐 소통할 수 있게 한다. 우리가 지속가능한 문화를 지향할 때, 의례는 우리에게 논리적이고, 유추적이며, 생태적인 방식으로 생각하는 법을 익힐 수 있는 도구를 제공한다. 무엇보다 중요하게, 의례의 과정에서 우리는 우리 문화의 독특함을 경험한다. 자연에 대립하거나 자연과 교감하려고 애쓰는 것이 아니라, 자연 안에 우리가 있다는 사실을 경험하는 것이다. 그리고 바로 그것이 지속가능한 문화로 가는 열쇠이다.

불교와 지구적인 문화의 가능성[1]

게리 스나이더

불교는 우주와 그 속의 모든 생명체가 본래 완전한 지혜와 사랑과 자비의 상태에 있으며, 자연스럽게 반응하면서 상호의존적으로 행동한다고 간주한다. 이처럼 본래부터 그렇다는 것을 개인이 혼자 그리고 스스로 깨달을 수는 없다. 왜냐하면 자아를 포기하고 버리지 않는 이상 깨달음은 완전히 실현되지 않기 때문이다.

　불교적 관점에서 보면, 이러한 깨달음이 자연스럽게 드러나지 못하게 막는 것은 무지다. 무지는 두려움과 쓸데없는 갈애渴愛로 드러난다. 역사적으로 불교철학자들은 사회적인 요인이 무지와 고통을 만들거나 조장하는 정도에 대해서 분석하지 않았다. 그들은 두려움과 욕망이 인간 조건으로 주어진 실재라고 간주했다. 따라서 불교철학의 주요 관심사는 인식론과 '심리학'이며, 역사적인 문제 또는 사회적인 문제에 관심이 없었다. 비록 대승불교에는 보편적 구원이라는 원대한 비전이 존재하지만, 불교가 실질적으로 성취한 것은 소수의 전념하는 개인들을 심리적인 장애와 문화적 조건화로부터 자유롭게 할 목적으로 발전시킨 실용적 시스템인 명상이었다. 제도적인 불교는 자신들이 속한 정치체제가 무엇이든 불평등과 폭정을 받아들이거나 신경 쓰지 않을 준비가 되어 있었음이 두드러진다. 이는 의미 있는 자비의 실천이 없다는 것을 뜻하므로 불교에 종

말을 가져올 수 있다. 지혜에 자비가 없다면 고통을 느끼지 못한다.

오늘날 그 누구도 현대 정부와 정치와 사회질서의 본질에 대해서 모를 수 없고, 혹은 무지에 빠질 수 없다. 현대 세계의 국가 정치란 갈망과 두려움을 의도적으로 조장하여 자신의 실존을 유지하는 '상태'다. 보호를 명분으로 갈취하는 가공할 행위다. '자유 세계'는 괴상한 시스템에 경제적으로 의존해 왔는데, 이 시스템은 충족될 수 없는 탐욕, 해소될 수 없는 성욕과 자신과 자신이 사랑해야 할 사람들 말고는 배출구가 없는 증오를 자극하며, 또 비참하고 가난에 시달리는 주변부 사회에서 혁명에 대한 열망을 부추긴다. 냉전 상황은 가장 현대적인 사회, 소비에트와 자본주의 사회 둘 모두를 인간의 진정한 잠재력을 악의적으로 왜곡하는 사회로 바꾸었다. 그러한 사회는 엄청난 식욕에 비해 목구멍은 바늘보다 작아 항상 굶주리는, 아귀라는 '떠돌아다니는 망령'의 집단을 만들어 내려고 한다. 이들 암과 같은 집단은 흙, 숲과 모든 동물들을 소비한다. 그러한 사회가 지구의 공기와 물을 더럽히고 있다.

인간 본성이나 인간 사회 조직의 요건은, 본질적으로 사회가 모순되고, 억압적이며, 폭력적이고 절망적인 사람들을 만들어 낼 것을 요구하지 않는다. 인류학과 심리학의 연구 결과들은 이를 더 더욱 분명하게 해 준다. 어떤 이는 명상을 통해서 본래의 마음을 들여다봄으로써 스스로 그것을 증명할 수 있다. 한 개인이 이렇게 신념과 통찰을 많이 갖게 되면 다양한 비폭력적인 수단으로 급진적인 사회 변화를 이뤄 낼 필요성에 대해서 깊은 관심을 가지게 된다.

불교에서 말하는, 기쁨에 찬 자발적 가난은 긍정적인 힘이 된다. 어떤 형태든 전통적으로 악의가 없고 생명을 빼앗지 않는 것은 나라를 뒤흔들 정도의 함의를 지닌다. "발 아래 땅"만 있으면 되는 명상 수행은 대중매체와 슈퍼마켓 대학들이 인간의 마음에 쏟아부어 만드는 쓰레기 산을 없앤다. 자연스러운 사랑의 욕구를 고요하고 관대하게 충족할 수 있다는 믿음은, 우리 눈을 멀게 하고 불구로 만들며 억압하는 이데올로기를 무너뜨린다. 또한 그러한 믿음은 '도덕주의자'를 놀라게 할 공동체를 만드는 길과 사랑하는 사람이 될 수 없어서 전사가 된 사람들의 군대를 변화시킬 방법을 제시해 준다.

불교의 화엄 철학은 세계를 서로 연관되어 있는 광대한 네트워크로 바라본다. 이 네트워크에서 모든 대상과 생명체는 필수적이며 환히 빛난다. 어떤 점에서 보면, 정부, 전쟁 혹은 우리가 '사악하다'고 간주하는 모든 것들이 이 전체론적 영역 안에서 빠지지 않고 포함되어 있다. 매와 습격과 토끼는 하나다. '인간'의 관점에서 보자면, 모든 존재가 똑같이 깨달은 눈으로 보지 않는 한 우리는 그러한 조건에서 살아갈 수 없다. 보살은 고통받는 이들을 기준으로 살기 때문에 고통을 겪는 이들을 힘을 다해 돕게 된다.

서구의 자비는 사회혁명이 되었다. 반면 동양의 자비는 기본적인 자아/공(空)에 대한 개인적인 통찰이었다. 우리는 둘 다 필요하다. 둘 다 '진리에 이르는 길(Dharma Path)'의 전통적인 세 가지 측면인 지혜(慧), 선정(定), 계율(戒)에 포함되어 있다. 지혜란 자아가 만드는 불안과 공격성 아래 놓인 사랑의 마음과 명료함을 직관적으로 이해하는 것이다. 선정은 당신 스스로 이것을 보기 위해서 계속해서 마음속으로 들어가는 것이다. 선정이 당신이 살아가는 마음이 될 때

까지 말이다. 계율은 개인적인 본보기와 책임 있는 행동을 통해서
마음을 다시 궁극적으로 '모든 존재'의 진정한 공동체sangha•로 향
하게 한다. 나에게 이 마지막 측면은 참으로 자유로운 세상을 향해
분명하게 나아가는 문화적, 경제적인 혁명을 지지하는 것을 의미한
다. 그것은 시민불복종, 거리낌 없는 비판, 시위, 전쟁 반대, 자발적
가난과 같은 수단을, 심지어 몰아닥치는 미친 짓을 제지하는 문제
에서는 가벼운 폭력과 같은 수단을 사용하는 것을 의미한다. 그것
은 무해한 개인행동을 가장 광범위한 스펙트럼으로 인정하는 것으
로, 대마초를 피우거나, 페요테••를 먹거나, 일부다처 또는 일처다
부를 하거나 동성애를 할 개인의 권리를 옹호하는 것을 의미한다.
유대교-자본주의-마르크스주의의 서구가 오랫동안 금지해 온 행
위와 관습 세계를 인정하는 것이다. 그것은 지성과 배움을 존중하
지만 개인적 권력에 대한 탐욕이나 수단으로서 존중하지는 않는다.
자신의 책임을 다하지만 기꺼이 집단과 함께 일하고자 한다. 70년
전 세계산업노동자동맹I.W.W의 슬로건이 내세웠듯, "오래된 사회
의 껍질 안에 새로운 사회를 만든다".

　전통적이고, 토착적이며, 문명화가 이뤄지지 않은 시골 문화는
사라질지도 모른다. 우리가 생태계의 다양성을 보호하는 것처럼 우
리는 이 문화들을 보호하고 지지해야 한다. 그것들은 모두 정신Mind

● 　sangha는 산스크리트어로 공동체, 집단 등의 뜻이며, 불교에서는 교단 혹은 승가僧伽
　 를 의미한다.
●● 　페요테 선인장에서 얻는 환각제로 북미 선주민들이 의식에서 사용했다.

의 현현이다. 예전 사회 가운데 일부는 붓다와 다르마(진리)도 거의 없이 교단sangha(공동체)이라는 조건을 만들어 냈다. 우리는 명상 수행에서 모든 시대와 장소의 사람들의 깊은 마음과 다시 접촉한다. 그리고 이것은 불법佛法의 놀라운 혁명적인 측면이다. 나는 '행성의 문화'란 비교적 최근의 제도인 국민국가라는 새로운 합의에 이어 등장할 사회, 그래서 우리가 그런 국가 개념을 뒤에 남기고 넘어갈 수 있는 사회라고 생각한다. 국가는 무질서하고, 자연적인 사회는 질서정연하다. 국가는 합법화된 탐욕이며 폭력에 대한 독점권을 갖고 있다. 반면, 자연적인 사회는 가족적이고 경계하는 사회다. 자연적인 사회는 불완전하지만 확실하게 '길을 따르는' 사회다. 그러한 이해는 원을 연결해서 우리를 과거 고대의 가장 창의적인 점들과 연결할 것이다. 운이 좋다면 우리는 결국 비교적 상호 관용적인 작은 사회들로 이뤄진 세계에 도달할 수 있다. 그러한 사회는 현지의 자연 지역과 조화를 이루면서 우주의 지성과 본질에 대한 깊은 존중과 사랑으로 전부 통합된 사회다.

나는 모계 혈통과 자유로운 형태의 결혼, '자연적인 신용natural credit' 경제, 훨씬 적은 인구와 훨씬 많은 야생지가 있는 사회를 지지하는 세계의 더 많은 덕목을 상상할 수 있다.

주석

1. 1984년 판이다. 이전 판은 게리 스나이더의 "Buddhism and the Coming Revolution," *Earth Household*(New York: New Directions Press, 1969)에 있다.

부록 H

『1984』에 덧붙임

조지 세션스

존 패스모어를 필두로 리처드 왓슨과 동물권 이론가 톤 레이건을 포함해 생태철학에 관심 있는 몇몇 철학자들은 (레오폴드가 이야기한 대지윤리와 같은) '전체론적' 생태윤리는 일종의 전체주의 또는 '에코파시즘ecological fascism'으로 귀결될 것이라고 우려를 표했다. 그들은 분리된 개인의 절대적인 실재에 대한 서구의 형이상학, 그리고 개인 인권에 대한 현대 자유주의 신조를 거스르고 어긴다면 오웰이 말한 전체주의적 악몽으로 이어질 것이라고 주장하는 듯하다. 개인 인권의 원리는 인간의 온전함과 자유 그리고 국가의 전체주의 사이에서 유일한 보루 역할을 한다.

오웰의 『1984』를 현대적으로 읽는 것은 시의적절할 뿐만 아니라 이러한 점에서 유익하다. 자신의 소설 마지막 부분에서 오웰은 자신이 국가의 권력과 침해에 대항하는 인간 개인의 중요성을 최고로 가치 있게 여긴다는 점을 분명히 한다. 그러나 전체주의 국가(Big Brother)는 모든 개개인을 좌우하는 절대권력total power을 비롯하여 궁극적인 가치인 권력을 가진다. 권력이 어떻게 획득되는지에 대한 오웰의 분석은 흥미롭다. 오웰에 따르면 국가가 개인을 통제하는 권력을 얻는 주요 방식 가운데 하나는 현실에 대한 정의定意를 통해서다. 현실은 전적으로 인간이 꾸며낸 이야기가 되고 국가의 목적에 복무하도록 만들어지고 조작된다. 언어는 이 현실을 더 창조하기 위해서 신어新語, Newspeak로 변형된다. 오웰이 위험하다고 본 것은 자신이 언급한 일종의 집단적인 인간 유아론唯我論이다. 이 유아론에서 현실은 우리의 마음에만 절대적으로 존재한다. '외부'(비인간) 세계의 독립적 존재와 현실은 부인된다. 비슷하게 이렇게 완전히 주관적인 관점에서 현실을 보면, 인간들은 쉽게 영향을 받게 되고 사회적인 환경(이러한 경우, 전체주의 국가)의 조작에 취약하게 노출된다. 완전한 조작에 저항할 능력이 인간에게는 없다.

이전에 버트런드 러셀이 그러했듯이, 오웰은 이렇게 절대적인 인간 중심적 주관성이라는 위험의 중요한 해결책은 인간의 마음과 별개로 존재하는 객관적인 실재를 자각하는 것이라고 생각했다. 따라서 보편적인 유아론은 부정된다. 과학은 인간이 간섭하거나 조작할 수 없는 객관적인 자연법칙으로 이 실재의 구조를 설명한다. 그러므로 실재는 인간의 창작물이 아니어서 국가가 자기 목적에 맞게 그리고 개별 인간을 예속시키기 위해서 조작하고 바꿀 수 없다.

오웰의 분석을 보면, 신학자 존 캅이 환경위기에서 인간 중심적인 기독교의 역할을 인정하면서도 인간 중심적인 기독교가 현대 서양철학의 발전에도 영향을 미쳤음을 시사한 것은 아이러니하게 보인다. 캅은 데카르트에서 시작해서 버클리, 흄, 칸트로 이어져 현대 현상학자와 실존주의자 들에 이르는 서양철학이 "명시적이든 암묵적이든 그 자체의 유아론만으로 인간 정신의 비전을 제시하는" 세계관을 낳았다고 주장했다. 독립적으로 존재하는 세계라는 현실은 해체되고 따라서 내재적인 가치의 대상이 될 수 없다.[1] 그러므로 오웰의 분석을 보면, 현대 서양철학의 지배적인 경향은 전체주의적 국가를 이롭게 했다. 하지만 물리학, 천문학, 지질학, 생물학과 같은 '경성hard' 과학은 비인간 중심적 관점을 제시하는 데 도움이 되었다. 반면 (특히 심리학과 사회학과 같은) 학계 사회과학의 지배적인 동향은 인간중심주의를 강화시켰으며, 인간이 사회환경에 영향을 받고 완전히 좌우된다는 관점을 조장했다.[2] 나아가 현대의 학술철학은 고도로 전문화되고, 협소하게 언어 지향적이거나 암묵적으로 초기의 실증주의적 지향에 전념하고 있어서 인간 중심의 주관주의적 세계관에 거의 저항하거나 맞서지 않았다.

돌이켜보면 오웰은 일반적인 인간의 심리발생 단계를 주장한 폴 셰퍼드의 연구와 더불어 인간과 영장류의 기본적 본성을 사실로 상정하는 행동학과 유전학의 최근 연구들을 기꺼이 받아들였을 것 같다. 오웰은 최근 부상하는 전체론적 과학, 모든 것이 완전히 상호연관되어 있다는 걸 보여 주며 '개체'의 절대적 독립성을 부정하는 '신물리학'과 생태학으로 대표되는 그런 과학 또한 받아들였을까? 그는 현실에 대한 이러한 관점이 전체주의의 지배를 조장한다고 보고 몸서리쳤을까, 아니면 주관적인 유아론인 인간중심주의를 한층 더 부정한 것이라 여기며 수용했을까? 마찬가지로 전체주의로의 흐름에 대해서 우려했던 올더스 헉슬리는 오웰보다 오래 살았고, 과잉인구의 위험을 처음으로 인식한 사람 가운데 하나였다. 그리고 1960년대까지 그는 생태적인 관점을 옹호했다.

물론 우리가 우리의 존재론적 생물학적 상태를 관계의 생태 그물망에 완전히 들어가 있는 것으로 인식하는 것과 전체주의적인 사회구조와 정책에 대해 논의하는 것은 아주 다른 일이다. '에코파시즘'에 대해서 말하는 철학자들이 이 두 가지 문제를 항상 세심하게 구별하고 있는지는 분명하지 않다. 지구의 인구과잉이라는 문제의 심각성과 함께 자연 시스템과 종의 파괴에 인구과잉이 미치는 영향은 아무리 강조해도 지나치지 않다. 인도적이고 비非전체주의적인 방법으로 생태적으로 지속가능한 수준까지 인구를 안정화시키고 줄이는 것은 인류가 직면한 가장 중요한 문제다. 생태철학에 관심 있는 모든 철학자들은 인구 역학에 관한 연구와 '환경수용력' 개념을 비롯한 생태적인 과학의 원리를 충분히 익힌 다음 환경 위기 문제를 해결할 현실적이고 전체주의적이지 않은 방법을 찾기 위해 노력할 필요가 있다.[3] 틀림없이 이것은 모든 개체(인간과 비인간)의 온전함을 존중하는 일종의 전체론적 생태윤리를 요구할 것이다. 인간과 나머지 자연 사이의 이원론은 거부되어야 할 것이다.

심층생태학을 지지하는 이들은 분권화되고, 계급적이지 않으며 완전히 민주적인 사회구조를 일관되게 요구해 왔다.[4] 심층생태학 저작들은 개인을 최대한 존중하는 것이 자연계와 통합된 인간 공동체를 지지하는 것과 어떻게 조화가 될 수 있는지에 주로 관심을 갖는다. 도교와 전통적인 아메리카 선주민과 다른 원시 사회의 사회구조와 가치체계를 연구하는 이런 과정에서 많은 것을 배울 수 있다.

주석

1. John B. Cobb, Jr., "The Population Explosion and the Rights of the Subhuman World," in R. T. Roelofs and J. N. Crowley, eds., *Environment and Society*(London: Prentice-Hall, 1974). 캅의 분석에 대한 논의는 George Sessions, "Anthropocentrism and the Environmental Crisis," *Humboldt Journal of Social Relations*, 2, 1(Fall/Winter, 1974), pp. 71-81.를 참조하라.

2. 자기완성의 견해에서 현대 심리학을 비판한 것을 보려면 Jacob Needleman, *A Sense of the Cosmos*(New York: Doubleday, 1975), chapter 5; Alan Watts, *Psychotherapy East and West*(New York: Random House, 1961)과 부록 D에 있는 스피노자의 심리학에 대한 설명을 참고하라.

3. 생태학의 원리와 인구에 관한 훌륭한 설명에 대해서는 G. Tyler Miller, *Living in the Environment* 3d ed.(Wadsworth, 1983)를 보라. '환경수용력'에 대한 설명은 William Catton, *Overshoot: The Ecological Basis of Revolutionary Change*(University of Illinois Press, 1980)을 참조하라.

4. Val and Richard Routley, "Social Theories, Self Management and Environmental Problems," in Mannison, McRobbie, and Routley, eds., *Environmental Philosophy*(Australian National University, 1980)를 참조하고, 이 책에서 생태적 유토피아를 다룬 9장도 참조하라.

- Anglemyer, Mary and Seagraves, Eleanor R. *The Natural Environment: An Annotated Bibliography of Attitudes and Values*. Washington: Smithsonian Institution Press, 1984.
  이 문헌은 857개의 주석이 달린 글들이 포함된 서지 목록이다. 미국에서 찾아볼 수 있는 생태학, 생태철학, 환경윤리에 관한 책과 기사를 가장 포괄적으로 담고 있다. 학자와 학생들에게 매우 유용하다.

- Berman, Morris. *The Reenchantment of the World*. Ithaca: Cornell, 1981.
  현대 과학 의식의 출현과 그 우월성의 도전에 관한 연구 결과다. 버만은 철학과 정치 이념으로서의 과학의 부흥을 추적한다. 아이작 뉴턴에 관한 장에서 버만은 뉴턴이 과도기적 인물이고, 중세의 참여적 과학의 세계에 속했으며, 부분적으로 유물론자라는 점을 보여 준다.
  이 책의 결론 부분은 '미래의 형이상학'과 '의식의 정치'에 할애된다. 버만은 그레고리 베이트슨의 인식론을 기계론적 세계관의 가능한 대안으로 본다. 버만에 따르면, 생태학에서 발견되는 주체/객체의 결합은 일부 함정을 가지고 있지만 포스트모던 사회의 가장 중요한 비전이다.

- Berry, Wendell. *The Unsettling of America*. San Francisco: Sierra Club, 1977. (*국내에서는 『소농, 문명의 뿌리: 미국의 뿌리는 어떻게 뽑혔는가』로 출간)
  착취적인 산업사회를 훌륭하게 비판하고, 소규모 유기농과 "제대로 된 곳에서 살아가기"를 분명하게 옹호하는 책이다. 이 책의 주된 결점은 '청지기' 모델에 토대를 두고 있다는 것과, 베리가 생태적 의식에 도달하지 못해 야생지와 야생종의 보호가 얼마나 중요한지 이해하지 못했다는 데 있다. 그런 결점이 없었으면 더 설득력이 있었을 것이다.

- Birch, Charles, and Cobb, John B. *The Liberation of Life: From the Cell to the Community*. Cambridge: Cambridge University Press, 1983. (*국내에서는 『생명의 해방: 세포에서 공동체까지』로 출간)
  굉장히 폭넓은 내용을 다룬 저작이다. 저자들은 이론과 실제 모두에서 생명의 해방에만 관심을 갖는다. 이론적으로 그들은 분자적 수준에서부터 우주적 수준에 이르는 생명체에 대한 우리의 사유방식에 활력을 불어넣고자 한다.

그리고 실천적으로는 사유방식에서 비롯되면서 새로운 사유방식을 촉진하는 사회구조의 해방과 인간 행동에 절박한 관심을 가진다. 그러나 그들은 가치를 등급에 따라 나누는 위계적 방식을 주장하고 있으며 알프레드 노스 화이트헤드의 과정철학에 기반을 두고 있다.

- Bookchin, Murray, *The Ecology of Freedom: The Emergence and Dissolution of Hierarchy*. Palo Alto, Ca.: Cheshire Books, 1982.
  공동체주의와 위계구조에 관한 가장 영향력 있는 사상가 북친이 가장 광범위하게 서술한 저서다. 북친은 유기체적 사회의 전망과 기계적 사회의 전망을 대조한다. "우리 시대의 위대한 프로젝트"는 "상대방을 눈뜨게 하는 것이어야 하고, 모든 것을 보는 것이어야 하며, 초기의 지혜와 함께 온 인류와 자연 사이의 갈라진 틈을 치유하고 초월하는 것이어야 한다"고 그는 쓰고 있다. 북친의 문체는 때로 과장되기도 하지만, 서구가 공유한 전통에 대한 그의 분석은 우리가 생태 지역의 삶에 필요한 문화적 형태를 찾을 수 있도록 몇 가지 문화적 뿌리를 보여 준다.

- Capra, Fritjof, and Spretnak, Charlene. *Green Politics: The Global Promise*. New York: Dutton. 1984.
  독일 녹색당은 정치를 의식 혁명의 일부라고 보고 있다. 그들의 프로그램은 생태학적 지혜, 사회적 책임, 풀뿌리 민주주의, 성평등과 비폭력에 기반을 두고 있다. 이 책은 독일 녹색당의 기원과 리더십 정책 및 전략을 설명하고 있으며, 미국과 다른 나라가 녹색 정치를 적용한 것에 대한 비판적인 평가이기도 하다. 지금까지 녹색 정치는 비인간 중심적 철학을 명확하게 표현하지는 않았지만, 현재 서구의 국가에서 발견되는 의식 변화에 가장 중요한 접근을 제공한다.

- Capra, Fritjof. *The Turning Point: Science, Society and the Rising Culture*. New York: Simon and Schuster. 1982. (*국내에서는 『새로운 과학과 문명의 전환』으로 출간)
  카프라는 『현대물리학과 동양사상』에서 고대 신비주의 전통과 20세기 물리학의 발견 사이에 두드러진 유사점을 보여 줌으로써 통념에 도전한 물리학자이다. 이 책에서 그는 현대 물리학의 혁명이 모든 과학과 우리의 세계관과 가치관에 임박한 변혁을 어떻게 예고하는지 보여 준다.

- Carson, Rachel, *The Sea Around Us*. New York: New American Library. 1961. (*국내에서는 『우리를 둘러싼 바다』로 출간)
  바다는 지구에서 인간에게 가장 위협받는 지역 중 하나이다. 레이첼 카슨이 해양 생태계, 그리고 해양 생태계와 인간의 연관성에 대해서 시적이면서도 과학적으로 정확하게 쓴 책으로, 그녀의 더 유명한 책인 『침묵의 봄』이 나오기 10년 전인 1951년에 처음 발행되었다. 이 책은 한 여성 자연주의자의 깊은 생태학적 직관을 보여 준다.

- Catton, William R., Jr. *Overshoot: The Ecological Basis of Revolutionary Change*. Urbana: University of Illinois Press, 1980.

  이 목록 중에서 사회학자가 쓴 유일한 책이다. 캐튼이 인류에게 적용되는 환경수용력의 의미를 설명한 부분은, 활자로 된 가장 명확한 설명 중 하나다. 캐튼은 현재 우리가 마주친 것과 비슷한 위기에 놓였던 다른 종족과 개체군의 운명을 이야기한다. 그의 마지막 장인 「현명한 미래와 마주하라」는 에코토피아적 비전을 제시하지는 않지만 이 곤경을 극복하는 데 필요한 몇 가지 정책 변화를 보여 준다.

- Cohen, Michael, *The Pathless Way*. Madison: University of Wisconsin Press, 1984.

  존 뮤어의 깊은 생태학적 지향성을 명확히 보여 주는 최초의 진지한 학문적인 연구서다. 뮤어의 깨달음에 관한 코헨의 장과 뮤어의 "폭풍 같은 설교"는 미국의 자연보호/생태운동 창시자를 생동감 있게 보여 준다.

- Colinvaux, Paul, *Why Big Fierce Animals Are Rare: An Ecologist's Perspective*. Princeton, N.J.: Princeton University Press, 1978. (*국내에서는 『왜 크고 사나운 동물은 희귀한가』로 출간)

  심층생태학을 지지하는 사람은 아니지만, 콜린보는 안정성-변화, 종의 다양성, 계승 이론, 생태학적 틈새, 그리고 지구에서 인류의 위치 등 생태학의 주요 이론을 이해할 수 있도록 설명한다.

- Diamond, Stanley, *In Search of the Primitive: A Critique of Civilization*, New Brunswick, N.J.: Transaction Books. 1974.

  다이아몬드는 문명을 설명하고 원시 사회에서의 '존재being'를 드러낸다. 그렇게 함으로써, 그는 마르크스주의 민족학과 실존적 인류학에 대한 서설을 썼다. 첫 장 「문명과 진보」는 제국주의와 끝없는 진보에 바탕을 둔 문명을 근본적으로 비판한다.

- Drengson, Alan, *Shifting Paradigms: From Technocrat to Planetary Person*, 1138 Richardson St., Victoria, B.C. V8W 3C8, Lightstar Press, 1983.

  이 캐나다 철학자는 심층생태학에 대한 전문적 설명을 제공한다.

- Ehrenfeld, David, *The Arrogance of Humanism*. New York: Oxford, 1978.

  휴머니즘은 '인류의 종교'이며, 우리에게는 자연의 세계를 재정비하고 우리가 적합하다고 생각하는 어떤 방식으로든 우리 자신의 미래를 설계할 수 있는 능력이 있다는 강한 믿음이다. 생태학자 에렌펠드는 휴머니즘에 대한 잘못된 가정과 기술 관료의 위험한 행동이라는 현실을 해부한다. 그는 감정과 이성의 결합을 요구하고, 결론을 맺는 장인 「휴머니즘을 넘어서」에서는 "어떻게든 피할 수 없는 슬픔을 견뎌 낼" 잠정적인 제안을 한다.

- Ehrlich, Paul and Anne, *Extinction: The Causes and Consequences of the Disappearance of Species*. New York: Ballantine, 1981

  폴 에얼릭은 생태학자이자 생태과학Eco-science에 관한 주요 교과서의 공동저자이다. 이 책에서 그는 식물, 동물, 하위 유기체의 상호작용을 설명하고 자연적 과정에 대한 인류의 간섭이 초래한 재앙적 결과를 극적으로 설명한다. 종의 멸종율이 증가하고 있는 사회적 경제적 원인을 논의하며, 결론 장은 보존 전략을 논의한다.

- Evernden, Neil, *The Natural Alien: Humankind and the Environment*. Toronto: University of Toronto Press, 1985.

  마음과 자연의 관계는 인간 생태학의 중심 관심사이다. 에번든은 현상학과 생물학에서 끌어모아, 현대과학에 대한 대안적 접근방식을 제시한다. 우리는 자연 속에 있는 우리 자신을 볼 수 있다. 에번든은 이렇게 말했다. "현상학은 사물들 그 자체로 돌아가는 것이 필요하다. 시골 지역이 지리학에 우선하고 꽃피움이 식물학에 우선하듯이, 지식보다 우선하는 세계로, 기본적인 것으로의 회귀가 필요하다. 이것은 처음에는 혼란스러워 보인다. 왜냐하면 우리는 지식이란 관찰과 분석을 통해 얻는 것이지 그것들에 앞서는 게 아니라고 생각하기 때문이다. 그러나 이런 개념은 세계를 관찰하고 의문을 제기하는 관찰자를 전제로 하는 것이다."(p.57) 에번든은 인류가 뿌리 없고, 집 없는 "자연의 외계인natural alien"임을 시사한다. 하지만 이 "자연의 외계인"이 성숙한 자연인으로 발전할 희망이 있다.

- Fox, Stephen, *John Muir and His Legacy: The American Conservation Movement*, Boston: Little, Brown, 1981

  이 책의 첫 부분은 뮤어의 전기로, 폭스는 이전에는 이용할 수 없었던 자료들을 활용해 뮤어의 깊은 생태학적 통찰력을 보여 주었다. 이어 폭스는 주요 환경보호단체들의 발전 과정을 기록하면서 이 운동에 거듭 활력을 불어넣은 '급진적 비전문가'들의 경력을 조명한다. 그의 마지막 장은 기독교인들과 생태학자들 사이의 계속되는 긴장을 보여 준다.

- Gray, Elizabeth Dodson, *Green Paradise Lost*. Wellesley, Mass.: Roundtable. Press, 1982.

  그레이는 기독교 신학자로서 생태학을 이해하는 사람이다. 그녀는 가부장적 사회의 영향과 자연에 대한 지배에 관해서 훌륭한 설명을 제시한다. 그레이는 생물 중심적 동등함과 심층생태학적 관점을 요청한다.

- Hughes, J. Donald, *American Indian Ecology*, El Paso: Texas Western Press, 1983.

  휴즈의 에세이는 아메리카 선주민들의 대지와 동물에 대한 존중, 그리고 아메리카 선주민 사회가 자연의 나머지 지역들과 조화를 이룰 수 있게 한 사회 구조를 보여준다. 휴즈는 아메리카 선주민의 우주론은 인종적 또는 시간적 한계가 없으며, 오늘날 우리에게 손짓하며 "미래의 원시적 마음"이라는 포스트모던 우주론에 대한 영감과 아이디어를 선사하고 있다고 시사한다.

- LaChapelle, Dolores, *Earth Wisdom*. Silverton, Colo.: Way of the Mountain Center (First published by Guild of Tudor Press, 1978.)

  라샤펠은 등산가, 스키선수, 태극권 수련가, 학자, 심층생태학자이다. 그녀는 자신의 책『지구 지혜Earth Wisdom』가 우리가 잃어버린, 원시 부족들이 수천 년 동안 알고 있던 지구와의 의사소통을 복원하기 위한 시작 단계라고 말한다. 제1부는 지구에 대한 그녀의 감정을 명확히 하고 현대 종교가 시작할 때의 산과 마음의 관계를 직관적으로 이해하게 한 저자의 삶의 특별한 경험들을 포함하고 있다. 제2부는 자연 전체와 관련하여 본성과 마음의 경계를 살펴본다. 제3부는 인간의 의식과 자연 사이의 분열을 치유하는 실질적인 결과를 설명한다. 4부는 자연이 의도한 대로 살기를 원하는 사람들에게 즉각적인 도움을 준다.

- Leopold, Aldo, *Sand County Almanac*. New York: Oxford, 1967.(*국내에서는『모래군의 열두 달』로 출간)

  1949년에 처음 출판된 이 환경 분야의 고전은 야생지에서 겪은 자신의 경험과 대지의 건강과 생태학적 다양성의 중요성에 대한 레오폴드의 에세이를 담고 있다. 그는 에세이에서 미국 남서부, 멕시코, 위스콘신 샌드 카운티에서 겪은 경험을 시적으로 설명해 놓았다. 그는 서문에 이렇게 썼다. "야생 세계 없이 살아갈 수 있는 사람들도 있고 그렇지 못한 사람들도 있다. 이 수필집은 그렇지 못한 어떤 사람의 환희와 딜레마를 담은 것이다." 이 책은 그의 유명한 '대지윤리' 발언으로 끝을 맺는다.

- Miller, George Tyler, *Living in the Environment*, 3d ed, Belmont, Calif.: Wadsworth, 1983.

  이 책은 인구 역학, 자원, 오염이 지구에 미치는 인간의 영향, 생태학의 주요 개념, 그리고 경제에 관한 장으로 이뤄진 교과서다. 윤리에 관한 결론 부분에는 '지구인 정신earthmanship'과 심층생태학에 대한 논쟁이 포함되어 있지만, 밀러 역시 자신도 모르게 '현명한 청지기에 기초한 자원 사용과 보존의 균형 있는 접근법'을 요구하고 있다.

- Nash, Roderick, *Wilderness and the American Mind*, 3d ed. New Haven, Conn.: Yale University Press, 1982.

  유럽인의 북미 침략이라는 맥락에서 생태적 다양성과 야생지에 대한 인식과 이해의 변화를 가장 철저하게 검토한다. 이 버전에는 야생지의 철학, 야생지를 공식적으로 지정하는 걸 이뤄 낸 승리가 지닌 아이러니, 그리고 국제적 관점에 관한 장들이 포함되어 있다. 철학에 관한 장에서는 심층생태학이 표현돼 있지 않지만, 뮤어, 소로, 레오폴드에 관한 장에는 있다.

- Roszak, Theodore, *Where the Wasteland Ends: Politics and Transcendence in Postindustrial Society*. Garden City, NY.: Anchor/Doubleday, 1973.
  아마도 현대 과학의 '단일 비전'과 기술의 사용과 남용에 관한 가장 흥미로운 책일 것이다. 로작의 "전문성의 요새"에 대한 비평은 공학, 임업, 천연 물 관리 등의 직업에 종사하는 사람들이 의무적으로 읽어야 한다. 그는 에코토피아를 위한 비전 있는 연합과 열광적 지성—현대 지식계의 공명과 문학주의—에 대한 장들과 도교적 무정부주의를 요구하는 훌륭한 장으로 끝을 맺는다.

- Roszak, Theodore, *Person/Planet: The Creative Disintegration of Industrial Society*, Garden City, New York: Anchor/Doubleday, 1978.
  로작은 "사람의 요구는 지구의 요구"라고 주장한다. 그는 인간성의 실현과 생태적 다양성의 추구를, 우리 삶을 지배하는 대규모 관료들로부터 자유로워지는 것과 연결시킨다. 로작은 가정, 학교, 직장, 종교, 농사에 대한 실용적인 조언을 제공한다. 그는 특히 지식인들의 책임과 대도시를 영속적인 경제로 바꾸는 정치를 다룬다.

- Sale, Kirkpatrick, *Dwellers In The Land: The Bioregional Vision*. San Francisco: Sierra Club Books, 1985.
  비록 세일이 생태 지역 비전의 핵심 요소 중 하나인 영적 장소성에 대해 논의하지는 않지만, 그는 생태 지역 비전의 정치, 역사, 경제를 훌륭하게 소개한다. 그저 학자만이 아니라 일반인들을 대상으로 쓴 책으로, 읽기 쉽고, 독자를 자기만의 생태 지역적 비전을 키우는 데 참여하도록 초대한다.

- Shepard, Paul, *The lender Carnivore and the Sacred Game*. New York: Scribners, 1973.
  셰퍼드는 수렵·채집의 전통과 "만 년 동안의 환경 위기"에 대해 논의한다. '사춘기의 카르마'와 의례에 관한 그의 도발적인 에세이는, 그의 『자연과 광기』에 제시되는 보다 이론적인 치유를 미리 보여 준다. 결론 부분에서 셰퍼드는 에코토피아적 비전으로 '수렵Cynegetic 사회'를 제안한다.

- Shepard, Paul, 1982, *Nature and Madness*, San Francisco: Sierra Club Books, 1982.
  셰퍼드는 우리가 지속적인 환경 위기와 인간 개인의 발달에 대한 분석에서 중요한 것을 간과했음을 보여준다. 광범위한 역사적 시기를 다루는 다양한 문헌을 바탕으로, 셰퍼드는 인간 발달과정을, 지난 1만 년 동안 유전적으로 프로그래밍한 서구 문화의 변화와 연결시킨다. 그는 발달에 관한 문헌을 해석하여 인간이 생애주기 동안 일정한 단계를 거쳐야 한다는 것을 알렸다. 어떤 문화는 이러한 과정을 촉진하지만, 어떤 문화는 그렇지 않다. 현대의 서구 문화는 대부분의 사람들을 평생 동안 초기 청소년기에 갇혀 있게 한다. 이 시기는 과도한 감정으로 특징지어지고, '여성적'이기보다는 '남성적인' 걸 지향하며, 퇴행적이고 유아적인 행위와 진정한 성숙과는 거리가 먼 과감하고 투쟁적인 행동 사이에서 급변하는 단계이다. 사람들이 자연적인 개체로 발생해서 성인으로, 그리고 성숙한 단계를 거쳐갈 수 있다면 많은 환경문제들이 해결될 수 있다.

- Snyder, Gary, *Turtle Island*, New York: New Directions, 1974
  시로 퓰리처상을 수상한 스나이더는 자신의 시와 수필 모음집인 이 책에서 '거북섬'은 "수천 년 동안 이곳에 있었던 사람들의 많은 창조 신화에 바탕을 둔 이 대륙의 옛/새로운 이름이며, 그들 중 일부를 최근 몇 년 동안 '북아메리카'에 다시 적용했다"고 말한다. 이 책에는 생태사상과 불교사상의 잠정적 교류가 제안되고 있다. 이 책은 1969년에 스나이더가 쓴 생태학적 선언 「네 가지 변화」로 끝을 맺는다.

- Snyder, Gery, *The Old Ways*. San Francisco: City Light Books, 1977.
  앨런 와츠를 추모하기 위해 헌정한 이 얇은 책에는 스나이더의 생물 지역 재거주에 대한 설명과 「믿을 수 없는 코요테의 생존」을 포함한 6개의 에세이가 수록되어 있다.

- Snyder, Gary, *The Real Work: Interviews and Talks: 1964-1979*. New York: New Directions, 1980.
  현대 사회에서 자아의 문제, 생태지역주의, 올바른 생계 유지 방법 등 심층생태학의 주요 주제 대부분을 다루는 강연과 인터뷰 모음이다. 스나이더의 업적과 떠오르는 생태적 의식에 아메리카 선주민의 종교와 불교가 미치는 영향과 우리 스스로를 대상으로 한 '진짜 과업'도 논하고 있다.

- Worster, Donald, *Nature's Economy: The Roots of Ecology*. San Francisco: Sierra Club Books, 1977.
  워스터는 생태학 메타포의 기원을 '자연의 경제'에서 찾고, 과학으로서 생태학에 영향을 끼쳤던 사상가들에 대해서 논한다. 그리고 생태학이 사물의 체계에서 우리 위치에 대한 현대적 인식을 어떻게 형성했는지도 논한다. 책은 영국인 목사 길버트 화이트에서 시작하여 다윈, 소로, 프레데릭 클레멘츠, 알도 레오폴드, 유진 오덤에 관한 장을 포함하고 있다. 워스터는 과학으로서의 생태학과 생태철학의 관계에 대한 장으로 이 책의 끝을 맺는다.

색인

색인

453

딥 에콜로지

2022년 4월 15일 초판 1쇄 발행

지은이 빌 드발, 조지 세션스 • **옮긴이** 김영준, 민정희, 박미숙, 함엄석
펴낸이 류지호 • **상무이사** 김상기 • **편집이사** 양동민
편집 이기선, 김희중, 곽명진 • **디자인** 쿠담디자인
제작 김명환 • **마케팅** 김대현, 정승채, 이선호 • **관리** 윤정안

펴낸곳 원더박스 (03150) 서울시 종로구 우정국로 45-13, 3층
　　　　대표전화 02) 420-3200 편집부 02) 420-3300 팩시밀리 02) 420-3400
　　　　출판등록 제300-2012-129호(2012. 6. 27.)

ISBN 978-11-90136-67-9 (03300)
＊ 이 도서는 서울연구원·서울특별시 평생교육진흥원에서 수행한 2020년 「서울 도시인문학」 사업의 지원을 받아 출간되었습니다.